D1699812

Handbuch und Planungshilfe
Urbaner Holzbau
Chancen und Potenziale für die Stadt

»Der moderne Holzbau bietet einzigartige Lösungen auf dem Weg zur klimaneutralen Stadt. Nachhaltigkeit wird erlebbar.«

Alexander Bonde, Minister für Ländlichen Raum und Verbraucherschutz Baden-Württemberg

Entstanden im Rahmen der Nachhaltigkeitsstrategie Baden-Württemberg im Themenfeld zukunftsfähige Entwicklung von Städten und Regionen im Projekt Bauen mit Holz.

N! Nachhaltig handeln Baden-Württemberg

Handbuch und Planungshilfe
Urbaner Holzbau
Chancen und Potenziale für die Stadt

*Herausgegeben von Peter Cheret, Kurt Schwaner
und Arnim Seidel*

DOM publishers

Inhaltsverzeichnis

Einleitung

8   Der neue Holzbau
Peter Cheret / Arnim Seidel

1 Die urbane Gesellschaft

18   Soziale Stadtentwicklung
Tilman Harlander

30   Gemeinschaftliches Wohnen im Holzhaus
Gerd Kuhn

38   Mehrgeschossiger Holzbau – gestern und heute
Ludger Dederich

46   Stadtentwicklung im Ballungsraum: Beispiel Stuttgart
Matthias Hahn

50   Stadtentwicklung in der »Micropole«: Beispiel Ulm
Alexander Wetzig

54   Stadtentwicklung im Unterzentrum: Beispiel Weinstadt
Thomas Deißler

2 Zukunftsfähiger Baustoff Holz

58   Kultureller, ökologischer und energetischer Nutzen des Holzbaus
Gerd Wegener

64   Nachhaltige Waldwitschaft
Thomas Deines / Sebastian Schreiber

74   Urbaner Holzbau aus Sicht der DGNB
Manfred Hegger

76   Nachhaltiges Planen, Bauen und Betreiben
Thomas Lützkendorf

86   Der Umweltbeitrag der Holznutzung
Sebastian Rüter

98   Erstellung von Ökobilanzen
Holger König

110   Urbaner Holzbau aus Sicht der Immobilienwirtschaft
Martina Klingele / Andreas Hanke

Anhang

227 Autoren und Akteure
232 Stichwortverzeichnis

3 Zeitgenössischer Holzbau

114 Holzbausysteme – eine Übersicht
Peter Cheret / Kurt Schwaner
130 Wärmeschutz im Holzbau
Robert Borsch-Laaks
138 Tauwasserschutz im Holzbau
Robert Borsch-Laaks
148 Schallschutz im Holzbau
Andreas Rabold
154 Brandschutz im Holzbau
Stefan Winter
160 Erdbebensicherheit im Holzbau
Helmut Zeitter
164 Baurechtliche Grundlagen für mehrgeschossigen Holzbau
Martin Gräfe / Stefan Winter
170 Urbaner Holzbau aus Sicht des Systemherstellers
Werner Eckert
172 Urbaner Holzbau aus Sicht des Bauunternehmers
Michael Keller
173 Urbaner Holzbau aus Sicht des planenden Ingenieurs
Konrad Merz
174 Urbaner Holzbau aus Sicht der Bauindustrie
Hubert Rhomberg

4 Dokumentation

180 Einführung
Peter Cheret
182 Neubauten im urbanen Kontext
Beispiele für neues Bauen
210 Aufstockungen
Beispiele für Nachverdichtung
222 Sanierungen
Beispiele für Sanierungskonzepte

Einleitung

Der neue Holzbau

Peter Cheret / Arnim Seidel

Typische Stadtstrukturen am Beispiel von Stuttgart: Historische Ensembles, Quartiere aus der Gründerzeit und eine von der Nachkriegsmoderne geprägte Innenstadt existieren nebeneinander.
Foto: Amt für Stadtplanung und Stadterneuerung, Stuttgart

Es scheint paradox: ausgerechnet der archaische Baustoff Holz, dessen Verwendung weit hinter unser geschichtliches Gedächtnis reicht, hat sich in den vergangenen Jahren zu einem nahezu neuen Material entwickelt. Als hätte er im High-Tech-Labor wissenschaftlich entwickelt werden müssen, gibt er Antworten auf immer drängender werdende Fragen, beginnend bei denen nach dem verantwortlichen Umgang mit natürlichen Ressourcen und deren Auswirkungen auf die Gesundheit jedes Einzelnen bis hin zu Fragen nach der Lebensqualität unserer unmittelbaren Umgebung. Dabei ist Holz geblieben, was es immer war: ein nachwachsender Rohstoff. Es kommt einem Naturwunder gleich, dass dazu unter günstigen klimatischen Bedingungen kaum mehr benötigt wird als ausreichend Erde, Licht, Luft, Wasser und dabei das in der Atmosphäre im schädlichen Übermaß vorhandene Kohlenstoffdioxyd (CO_2) in kostbaren Sauerstoff umgewandelt wird. Im Unterschied zu vielen anderen Baumaterialien verfügt Holz ebenso über sinnlich wahrnehmbare, haptische Qualitäten wie fertigungstechnische Vorteile, etwa das geringe Gewicht oder die leichte Bearbeitbarkeit. Gegenüber der konventionellen Massivbauweise besitzt der Holzbau eine Reihe von Vorteilen. Zunächst ist es aus globaler Sicht sinnvoll, ein Maximum an CO_2 langfristig in Gebäuden einzulagern und den Primärenergiebedarf markant zu senken. Hinzu kommt, dass die Verarbeitung von Bäumen zum Baustoff Holz weit weniger fossile Energie benötigt als die Herstellung von Stahl, Beton, Kunststoff, Ziegeln oder gar Aluminium. Technisch betrachtet ist Holz ein mit Zellulosefasern bewehrter Verbundbaustoff mit hohem Hohlraumanteil und deswegen das tragfähigste aller wärmedämmenden Materialien. Bei gleicher Tragfähigkeit ist es wesentlich leichter als Stahl und hat annähernd die gleiche Druckfestigkeit wie Beton, kann im Gegensatz zu diesem aber auch Zugkräfte aufnehmen. Die Fülle an guten Argumenten ließe sich bis hin zu signifikanten technischen Kennwerten erweitern.

Dennoch stellt sich die Frage: Warum findet dieser Baustoff hierzulande nach wie vor nicht die Verbreitung, wie es in seinen Möglichkeiten liegt? Die Antwort darauf ist komplex und ist zunächst in der historischen Entwicklung des Holzbaus zu finden.

Industrialisierung als Zwischentief

Konrad Wachsmann, Architekt und Pionier des industriellen Bauens, schreibt 1930 in seinem Buch *Holzhausbau*: »Holz als Baustoff war seit alters für das Baugewerbe von ausschlaggebender Bedeutung. Heute ist es fast in Verruf geraten. Die Gründe hierfür sind schwer zu finden. Vielleicht liegt es daran, dass die Umstellung der Holzbearbeitung vom Handwerksmäßigen zum Fabrikbetrieb sehr spät erfolgte. Man hing zu sehr an traditionellen Vorbildern, vielfach sah man im Holzbau eine fast romantische Angelegenheit, eine Spielerei im Schweizer Stil oder ähnlich …«.

Mit dieser Anmerkung reflektierte er eine Entwicklung, die mit der zunehmenden Industrialisierung im 19. Jahrhundert erste Konturen angenommen hatte. Bis dahin war der Baustoff Holz das dominierende Material gewesen, aus dem nahezu alles, von der einfachsten Gerätschaft bis zum Brückenbauwerk, hergestellt wurde. Innerhalb weniger Jahrzehnte ging diese über Jahrhunderte unangetastete Vormachtstellung verloren. Um die anstehenden Herausforderungen nach Versorgung, neuen Verkehrs- und Gebäudetypen zu bestehen, brauchte es alternative Konzepte. Zum einen konnte die in Zünften gehütete Zimmermannskunst dies nicht leisten. Sie hat ihre Bauweisen in einem langen Prozess der Anpassung an reale Bedingungen entwickelt. Form, Aufbau und Gefüge bis hin zu den Details der Holzverbindungen waren genau festgelegt. Zum anderen konnte sich der natürlich nachwachsende Baustoff Holz den spezialisierten Ansprüchen neuer Bautechniken nur allmählich anpassen. Holz galt in der Pionierzeit der

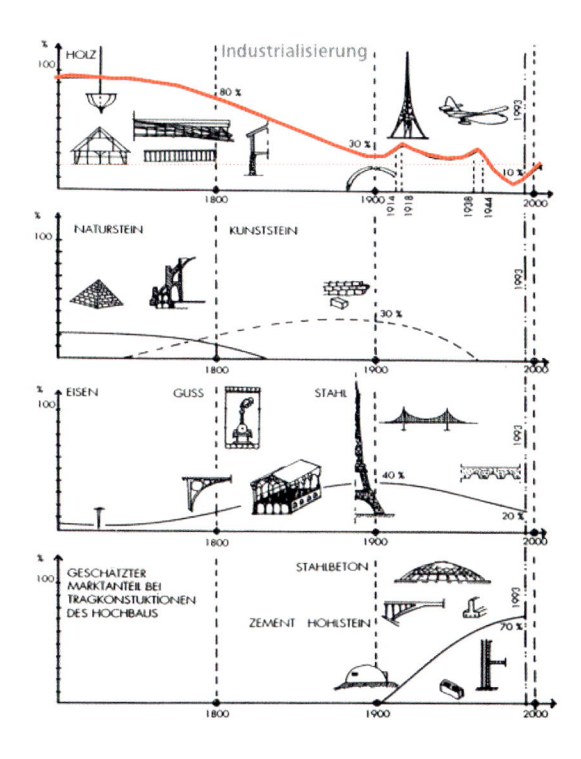

Vergleich der Marktanteile von Holz, Stein, Stahl und Beton bei Tragkonstruktionen im Hochbau seit 1700
Quelle: Prof. Wolfgang Winter, TU Wien

Einzelgebäude erzeugen eine vertikal gegliederte Stadtstruktur;
hier: Stuttgarter Westen.
Foto: Matthias Neuendorf

Horizontale Schichtungen erzeugen großvolumige Baublöcke;
hier: Karlsruhe, Quartiere Südstadt-Ost.
Foto: Peter Cheret

Industrialisierung als nicht tauglich für die Massenproduktion von Gütern, was zunächst dem Umstand, dass die chemischen und physikalischen Materialeigenschaften je nach Baumart variieren und selbst innerhalb einer Baumart nach Standort- und Wachstumsbedingungen schwanken, geschuldet ist. Hinzu kommt das Kriechen und Schwinden. Der Volksmund spricht davon, dass Holz »arbeite«. Damit sind die für das Holz charakteristischen feuchtigkeitsbedingten Abmessungsänderungen gemeint und die hiervon abhängige Dimensionsstabilität.

Neu entwickelte Materialien wie Guss, Eisen, Stahl und ab der Jahrhundertwende der Eisenbeton traten in den Vordergrund. Sie waren als Baustoffe das Ergebnis zielgerichteter, wissenschaftlicher Forschung. Dennoch konnte das Holz überall dort Marktanteile erobern, wo es weniger um die spezialisierte Anwendung als vielmehr um den Alltag des Bauens ging. In unseren Großstädten haben sich trotz der verheerenden Zerstörungen im Zweiten Weltkrieg gründerzeitliche Stadtteile erhalten. Den Gebäuden ist es äußerlich nicht anzusehen, aber diese bis heute für die urbane Stadtgesellschaft höchst attraktiven Wohnquartiere sind zu einem beträchtlichen Teil in Holzbauweise errichtet. Die Außenwände und vielfach die Decken über dem Erdgeschoss sind zwar massiv, die weiteren Geschosse jedoch sind in der Regel auf Holzbalkendecken, tragenden Wänden aus Fachwerk und Dachstühlen aus Holz aufgebaut.

Stadt im Wandel

Aktuell erleben wir in den Städten eine erstaunliche und überaus positive Entwicklung. Nach dem Trauma der Kriegszerstörungen und dem zwar quantitativ erfolgreichen, aber vielerorts von pragmatischer Ökonomie geprägten Wiederaufbau kehrt der Glaube an die Vitalität der europäischen Stadt allmählich wieder zurück.

Sie, die europäische Stadt, ist geprägt von den Überlagerungen der Epochen und vom Willen, jeweils der eigenen Zeit Gestalt und Raum zu geben, getragen von der Gelassenheit als kulturellem Konsens, es der Geschichte zu überlassen, welche Bauten für die kommenden Generationen bewahrt werden und welche vergehen. Die Geschichte zeigt uns, dass ein Bewahren ohne die erneuernde Kraft des Gebrauchs nicht möglich ist – es würde Stillstand bedeuten. Die ständige Erneuerung durch den Wandel der Zeiten schafft Urbanität im Sinne einer Lebensqualität, die sich nur an Orten entwickelt, in denen die Ökonomie und Ökologie, Kunst und Kultur zu einem Gleichgewicht finden. Heute sind die Wunden des Kriegs oder auch die aus den Sünden im Wiederaufbau weitgehend geschlossen und die öffentlichen Räume belebt. Wir erleben in vielen Städten aktuell den Prozess der Reurbanisierung. Wenn bis in die jüngere Vergangenheit von der »Flucht aufs Land« die Rede war, so scheint sich die Richtung umgekehrt zu haben: zurück in die Stadt – »Stadtlust statt Stadtfrust«.

Noch 1965 beklagt der Psychoanalytiker und Publizist Alexander Mitscherlich in der gleichnamigen Publikation *Die Unwirtlichkeit der Stadt*, das Versagen der Kommunen, die Bausünden des Wiederaufbaus in den deutschen Städten und die damit vertane Chance. Während eine Stadt früher ein »Herz« gehabt habe, mehr war als die Summe von Häusern, Plätzen und Straßen, könne der moderne Stadtbewohner kaum noch eine Bindung an seine Heimatstadt entwickeln. Auch wenn wir heute in der Einschätzung zur Urbanität der Städte zum Optimismus verleitet sind, bleiben doch die Anmerkungen Mitscherlichs aktuell, wenn er die Profitgier der Grundstückseigentümer, den Mangel an Wohnraum und dessen Auswirkungen auf das soziale Miteinander anprangert. Heute ist der Druck auf die Ballungsräume groß und der ökonomischen und gesellschaftlichen Balance zwischen den sozialen Milieus oder auch zwischen den Generationen droht latent Ungleichgewicht.

Parzellengebundene Planung erzeugt ein vielfältiges Straßenbild;
hier: Tübingen/Französisches Viertel.
Foto: Leonhard Schenk

Das Wohnquartier *Homerus* in Almere in den Niederlanden basiert auf dem Tübingen-Model; hier zu sehen ist ein Modell zu Beginn der Vermaktung.
Foto: Gemeente Almere

Nach wie vor gibt es weder genügend bezahlbare Wohnungen noch ausreichend stimmige Wohnumfelder. Einige Kommunen haben dies erkannt und entwickeln mancherorts modellhafte Stadtquartiere. Dabei ist zu beobachten, dass dort, wo vorrangig nach den Gesetzen der Gewinnmaximierung agiert wird, die Defizite schon bald nach der Fertigstellung spürbar werden.

An guten Beispielen mangelt es allerdings nicht – sowohl aktuellen aus der Gegenwart wie auch aus der neueren Geschichte, beispielsweise dem gründerzeitlichen Stuttgarter Westen. Dort setzen sich die Quartiersblöcke aus einzelnen, Adresse bildenden Gebäuden zusammen. Auch wenn der Großteil der Gebäude nicht den aktuellen energetischen Standards genügt, die Wohnungen nicht immer optimal besonnt oder die Grundrisse vermeintlich nicht zeitgemäß sind, so bilden sie dennoch hochattraktive urbane Quartiere und können in einem erweiterten Sinn durchaus als nachhaltig bezeichnet werden. Ganz im Unterschied zu den allzu oft von der Wohn- und Immobilienwirtschaft bevorzugten blockartigen Gebäudestrukturen, bei denen die Einheiten möglichst flächig zusammenhängen und sich die einzelnen Wohneinheiten baumkuchenartig zwischen horizontalen Geschossdecken organisieren. Die Gestaltqualität der Achitektur mag im Einzelfall hervorragend sein, dennoch stellt sich trotz der Erfüllung aktueller Energiestandards die Frage nach der stadtgesellschaftlichen Nachhaltigkeit. Die für eine gesunde Urbanität erforderliche soziale Mischung stellt sich nur schwer ein. Höchst problematisch sind die Erdgeschosszonen, in denen sich urbane Nutzung wie Läden, Dienstleistungen oder Gastronomie nur schwer etablieren können. Bei der Entwicklung nachhaltiger Stadtquartiere beispielsweise in Stuttgart und anderswo sollten die politisch Verantwortlichen aus den offensichtlichen Fehlern lernen und die Voraussetzung für adäquate Parzellierungen mit dem Ziel des Baus von Einzelgebäuden statt großflächiger Überbauungen schaffen. Dem zeitgenössischen Holzbau fiele es unter diesen Bedingungen leichter, verloren gegangene Marktanteile im Baugeschehen der Innenstädte zurückzuerobern.

Neue Dimensionen im Holzbau

Aufgrund ihrer spezifischen Fähigkeiten und den zeitgenössischen Entwicklungen im Systembau bleibt die Holzbauweise nicht mehr auf Gebäude geringer Höhe beschränkt, sondern gewinnt auch im mehrgeschossigen urbanen Bauen an Bedeutung. Sowohl in technischer Hinsicht als auch bei den Baugesetzen hat sich viel getan. Jüngste Gesetzesnovellierungen, neue Richtlinien sowie Erkenntnisse aus Musterprojekten und Forschungsarbeiten haben eine verbesserte Ausgangslage für den mehrgeschossigen Holzbau geschaffen. Eine Reihe neuartiger Bauwerke von ungewohnter Geschosszahl erregt in der Fachwelt besonderes Aufsehen. Weitere befinden sich in der Planungsphase, lassen Ungewöhnliches erwarten und zeugen vom enormen Potenzial des Holzbaus. So steht in London Europas derzeit höchstes Holzgebäude: Das neungeschossige, knapp 30 Meter hohe Stadthaus bilden acht Etagen aus Brettsperrholz, die auf einem Sockelgeschoss aus Stahlbeton positioniert sind. Selbst die zentral gelegenen Treppenhäuser und Aufzugsschächte sind in Holz ausgeführt. In Österreich, der Schweiz und Deutschland ist die Höhe von Holzhäusern noch auf fünf bis sechs Geschosse beschränkt – ein Neungeschosser allein rechtlich nicht machbar. In England hingegen gibt es keine Einschränkung bezüglich der Geschosszahl. Egal mit welchem Material gebaut wird, Voraussetzung ist nur, dass die brandschutztechnischen Anforderungen erfüllt werden.

Dass 2008 in Berlin ein Stadthaus mit sieben Geschossen entstanden ist, widerspricht also der gültigen Bauordnung und ist den Anstrengungen der Architekten Tom Kaden und Tom Klingbeil

Schluder Architekten: Montage Wohnbebauung Wagramer Straße, Wien, 2012
Foto: Bruno Klomfar

Waugh Thistleton Architects: Murray Grove Tower, London, 2009
Foto: Will Pryce

zu verdanken, die zwei Befreiungen von der Berliner Bauordnung bewirken konnten. Weder die tragenden Bestandteile noch die Decken mussten feuerbeständig ausgeführt werden, sondern lediglich hochfeuerhemmend, sodass Holz erstmals in Deutschland für ein siebengeschossiges Haus infrage kam. Bewiesen ist damit zweierlei: Holzkonstruktionen mit 22 Meter Höhe und sieben Geschossen lassen sich konstruktiv sicher und unter Beachtung aller Brandschutzvorgaben in Deutschland realisieren. Sie müssen im Allgemeinen und in innerstädtischen Lagen im Besonderen keine historisierenden oder anheimelnden Assoziationen wecken. Und die Gebäudeklasse »Hochhaus« ist nur noch wenige Zentimeter entfernt. Dass der mehrgeschossige Holzbau derzeit einen kleinen Boom erlebt, zeigen weitere Projekte: Unter der Regie eines Unternehmens der Wohnungswirtschaft entstand in Bad Aibling neben anderen Holzbauten ein achtgeschossiger Wohnturm und im österreichischen Dornbirn wurde als Prototyp für weitere Projekte der LifeCycle-Tower eingeweiht, das erste achtgeschossige ungekapselte Holz-Hybrid-Gebäude. Ein Expertenteam aller Sparten des nachhaltigen Bauens – Architektur, Holzbau, Bauphysik, Statik – entwickelte systematisch ein marktreifes Hybrid-Bausystem für Hochhäuser bis zu 30 Etagen. Die Stadt Wien beschäftigt sich seit längerer Zeit mit dem Thema Holzbau in der Stadt. Neuerdings lässt sich hier sieben Geschosse hoch in Holz bauen und künftig sogar noch höher. Mehrere Holzbauprojekte rücken mit zunehmender Geschosszahl immer näher zum Stadtzentrum. Auch Italien, ein Land, das bislang nur eingeschränkt Begeisterung für den Holzbau aufbot, setzt neue Maßstäbe im urbanen Holzbau. Im Osten von Mailand entsteht derzeit eine Wohnsiedlung mit vier neungeschossigen Türmen in Holzbauweise aus Brettsperrholz, die durch weitere zweigeschossige Gebäude verbunden sind. Die Bauarbeiten für 124 Wohnungen sollen innerhalb von 14 Monaten abgeschlossen sein.

Rossi Prodi Associati: vier neungeschossige Punkthäuser, Mailand, 2013
Quelle: Fabrizio Rossi Prodi

Herausforderung für Holzbaubetriebe

Die Eroberung neuer Marktanteile ist auch eine Herausforderung für die in der Praxis unmittelbar Beteiligten: die Holzbaubetriebe. Gegenüber tradionellen Methoden hat sich die Herstellung von Bauteilen dank optimierter Fertigungstechniken und den Mitteln der Digitalisierung geradezu revolutioniert. Mit der allgemeinen Neugier am Holzbau wuchs auch das wissenschaftliche Interesse und der Bedarf an Forschung. Die dem Holzbau gelegentlich immer noch anhängenden Vorurteile, dass er gegenüber dem Massivbau Defizite hinsichtlich des Raumklimas oder Probleme beim Schallschutz habe, sind heute nicht mehr berechtigt. Der neue Holzbau ist »berechenbar« geworden, nicht zuletzt durch das Zusammenwirken aus angewandter Forschung und dem Praxiswissen von Handwerkern, Architekten, Bauingenieuren und Bauphysikern. Viele Holzbaubetriebe besitzen Fertigungskapazitäten, die die Herstellung großdimensionierter Elemente in der Werkshalle ermöglichen. Unter diesen Bedingungen lassen sich qualitätsgesicherte Bauteile mit raumseitiger und äußerer Bekleidung sowie allen bauphysikalischen Leistungsebenen montagefertig auf die Baustelle liefern. Sie übernehmen häufig tragende, dämmende und dichtende Funktion zugleich und besitzen gegenüber Massivkonstruktionen deutlich schlankere Querschnitte. Das Handwerk hat es verstanden, seine Verarbeitungstechnik weiterzuentwickeln, ohne traditionelle Stärken wie Flexibilität und Variabilität einzubüßen. Die Realität zeigt aber, dass sich die Zahl der Unternehmen mit ausreichend Kapazität in Planung und Ausführung noch in einer Wachstumsphase befindet. Das sich langsam entwickelnde Potenzial zur Realisierung von Großprojekten erfährt seit 2012 einen Impuls von ungewohnter Seite: Ein führender deutscher Baukonzern hat das Potenzial des Holzbaus für sich entdeckt und eine eigene Holzbauabteilung in sein Unternehmen integriert.

Kaden Klingbeil Architekten: Mehrfamilienhaus in Berlin-Prenzlauer Berg, 2008
Foto: Bernd Borchardt

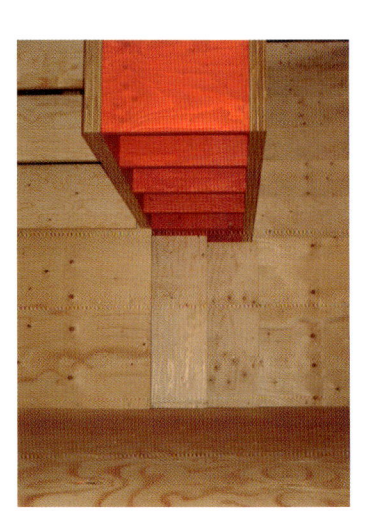

Lüderwaldt Verhoff Architekten: Wohnhaus in Köln, Einbau eines neuen Treppenkerns, 2005
Fotos: Dirk Lüderwaldt

Montage vorgefertigter Fassadenelemente
bei der Sanierung eines Schulgebäudes
Foto: Anton Ambros GmbH

Umkehrung eines bewährten Prinzips

Seit Jahren finden Holzbauten in den Fachmedien der Architektur immer mehr Beachtung. Gerade für diejenigen, die als besonders »ehrlich« erscheinen, werden Architekturpreise vergeben. Der quasi moralische Begriff der »Ehrlichkeit« steht für das Credo, dass es sich dann um einen »echten« Holzbau handelt, wenn er möglichst in allen Teilen in Holz gebaut ist und das in seinen Oberflächen auch sichtbar zeigt. Dieses nicht zuletzt akademische Prinzip wird bei urbanen Großbauten wegen den Einschränkungen aus dem Baurecht, insbesondere dem Brandschutz, nicht zu halten sein. Es müssen nicht immer die reinen Holzbauten sein, die einer Bauaufgabe am besten gerecht werden.

Die Eroberung von Marktanteilen in den Großstädten kann für den Holzbau nur mit einem gesunden Pragmatismus erfolgreich sein. An dieser Stelle werden die gründerzeitlichen Bauten zum Vorbild, bei denen Bauarten mit ihren spezifischen Eigenschaften sinnvoll kombiniert wurden. Das Ergebnis sind bis heute taugliche hybride Baukonstruktionen – einzig die Leistungsfähigkeit und die ökonomische Gesamtbilanz von Baustoffen zählt. Das Baumaterial Holz wurde für tragende Innenwände oder Decken gewählt.

Nun zeichnet sich eine Umkehrung des Prinzips der gründerzeitlichen Baukonstruktion ab: innen massiv und außen hoch wärmegedämmt in Holzbauweise. Geschosshohe Holzbauelemente werden als selbsttragende Fassadenkonstruktion vor das mineralische Tragwerk gesetzt. So lassen sich bei maximaler Dämmung wärmebrückenfreie Konstruktionen am wirtschaftlichsten realisieren. Die Tafelelemente werden im Holzbaubetrieb mit Fenstern und – falls möglich – integrierten haustechnischen Komponenenten vorgefertigt und vor Ort vom Tieflader aus direkt montiert. Das abschließende Fassadenmaterial ist natürlich frei wählbar. Diese Form der Mischbauweise findet auch bei der Sanierung von Außenwänden

Buddenberg Architekten: Einfamilienhaus in Düsseldorf, 2012
Foto: Michael Reisch

MVRDV: Aufstockungen *Didden Village*, Rotterdam, 2007
Foto: Rob 't Hart

größerer Wohn-, Büro- und Schulbauten der Sechziger- bis Achtzigerjahre Anwendung. Die Elemente werden in kürzester Zeit als Fassadenkonstruktion vor die alte Tragstruktur gesetzt. Gegenüber den üblichen, teilweise unbefriedigenden Methoden zur energetischen Sanierung von Gebäudehüllen stellt diese Methode eine interessante Alternative dar.

Bauen im Bestand fängt erst an

Neben Neubaumaßnahmen, dem Bau neuer Stadtquartiere oder dem Schließen von Baulücken, darf man nicht übersehen, dass das größte Potenzial im Bereich der Bestandssanierung liegt, dem »Bauen im Bestand«. Umnutzung, Aufstockung und auch Nachverdichtung haben mittlerweile übermächtige Bedeutung erlangt. Heute fließen in Deutschland mehr als die Hälfte aller Bauinvestitionen in bestehende Gebäude – und das mit steigender Tendenz. Der behutsame und schonende Umgang mit bereits Gebautem ist auch als eine Form nachhaltigen Handelns zu sehen. Eine kluge Ressourcennutzung muss in Architektur und Städtebau zu einem Umdenken führen: Weg von der marktwirtschaftlich orientierten Schnelllebigkeit im Lebenszyklus, hin zu einer neuen Wertschätzung der Dauerhaftigkeit. Was aber umgekehrt nicht heißt, dass das Bestehende unantastbar ist. Vielmehr geht es um Strategien des Umbaus und auch um neue Baustrukturen an und auf bestehenden Gebäuden. Umrüsten, Umnutzen und Umwandeln sind heute ein wesentliches Element der Planung. Aufstockungen oder Aufbauten auf brach liegenden Flachdächern lassen sich oft nur in Holzbauweise realisieren, da der Bestand nicht für weitere große Belastungen ausgelegt ist. Auch bei Anbauten und der Schließung von Baulücken lassen sich vorgefertigte Bauteile wie Wände, Decken und Dächer mit Hilfe von Mobilkränen in einem Arbeitsgang auch in unzugängliche Bereiche bewegen und schnell montieren.

Kurze Bauzeiten und damit eine geringstmögliche Störung der Anwohner waren schon immer ein Faktor, der beim Bauen im Bestand eine besondere Rolle spielte. Der Einsatz von Bauelementen in Holz- und Leichtbauweise schafft nicht nur Flächengewinne, sondern bedingt auch eine höhere Nutzungsflexibilität. Diese »Soft-Skills« der Bauweise wurden in der Vergangenheit oftmals übersehen. So ist ein Großteil der Wohngebäude, die im Zeitraum von 1950 bis 1970 errichtet wurden, zunehmend schwerer vermietbar und verkaufbar, da die damals akzeptablen kleinzelligen Raumprogramme der Wohnungen heute nicht mehr angenommen werden. Eine Veränderung von Raumgrößen lässt sich jetzt nur mit kostenintensiven Eingriffen in die massive Bausubstanz umsetzen. Deutschland- und europaweit belegt eine Reihe von Neubauten nicht nur die Machbarkeit von mehrgeschossigen Holzbauten in den Innenstädten, sondern auch städtebauliche und architektonische Potenziale. Mit dieser Publikation wollen wir Anregungen geben, über Fachdisziplinen hinweg den Diskurs anstoßen und nicht zuletzt Missverständnisse oder gar Vorurteile gegenüber dem Baustoff Holz abbauen.

1 Die urbane Gesellschaft

18 **Soziale Stadtentwicklung**
Tilman Harlander

30 **Gemeinschaftliches Wohnen im Holzhaus**
Gerd Kuhn

38 **Mehrgeschossiger Holzbau – gestern und heute**
Ludger Dederich

46 **Stadtentwicklung im Ballungsraum: Beispiel Stuttgart**
Matthias Hahn

50 **Stadtentwicklung in der »Micropole«: Beispiel Ulm**
Alexander Wetzig

54 **Stadtentwicklung im Unterzentrum: Beispiel Weinstadt**
Thomas Deißler

Soziale Stadtentwicklung

Tilman Harlander

Nicht allein Klimaschutz und Energiefragen, sondern auch ein dynamischer, zunehmend deutlich werdender sozialer Wandel erfordern, ja erzwingen sogar, flexiblere und nachhaltiger nutzbare Gebäude- und Wohnungstypen. Die urbane Gesellschaft hat sich in den vergangenen Jahrzehnten tief greifend verändert. Mit diesem Wandel geht eine Veränderung der Nachfragestrukturen auf den Wohnungsmärkten einher, die das Gros der überkommenen, auf die Norm-Familie bezogenen Standard-Wohnungstypen und Wohnungsgrundrisse zunehmend obsolet werden lässt. Im Hintergrund stehen neue Dynamiken und Muster der Stadtentwicklung sowie der demografische Wandel.

Von den Medien vielstimmig als »Renaissance der Städte« und »Abschied vom urbanen Pessimismus« beschworen und verstärkt, ist zunächst der in der Einleitung als »Reurbanisierung« angesprochene Trendwechsel, der die soziale Zusammensetzung der Stadtgesellschaften nachhaltig zu verändern beginnt, zu nennen. Dieser ist inzwischen statistisch-empirisch greifbar geworden. Nicht allein in Deutschland, sondern auch in zahlreichen anderen westlichen Industrieländern konnten Großstädte und ihre Kernbereiche nach Jahrzehnten anhaltender Bevölkerungsverluste in den vergangenen Jahren wieder Einwohnerzuwächse verzeichnen.[1] Mit dieser Trendwende erwächst zugleich die Chance, die sozial höchst selektiven Wirkungen des – trotz aller planerischen Bekenntnisse zur »Innenentwicklung« – in den zurückliegenden Jahren nur schwer zu stoppenden Suburbanisierungsprozesses abzuschwächen.

Sozial selektiv war dieser Prozess vor allem deshalb, weil sich mit der urbanen oder suburbanen Standortwahl über Jahrzehnte hinweg auch jeweils spezifische Eigentumsformen und Haustypologien verbanden. Das suburbane Wohnen hatte seinen idealtypischen Fluchtpunkt im möglichst frei stehenden Eigenheim im Grünen, während attraktive Typologien des Stadtwohnens auf der Etage in Deutschland, anders als in unseren Nachbarländern, eher eine architektonische und städtebauliche Randnotiz blieben.[2] So wurde das suburbane Einfamilienhaus in der gesamten Nachkriegsära zu einem der wirkmächtigsten Symbole für individuellen Lebenserfolg und sozialen Aufstieg – wer es sich irgendwie leisten konnte, zog in die »B-Vororte« der Beamten, Besserverdienenden und Bonzen, während in den von der Tertiarisierung nicht erfassten »A-Bereichen« der Innenstädte tendenziell eine urbane Gesellschaft der Armen, Alten, Ausländer und Auszubildenden zurückzubleiben drohte.[3] Mit der Wiederentdeckung der Werte der historischen Stadt seit der Mitte der Siebzigerjahre, mit der Sanierung, der steuerlichen Förderung des Erwerbs von

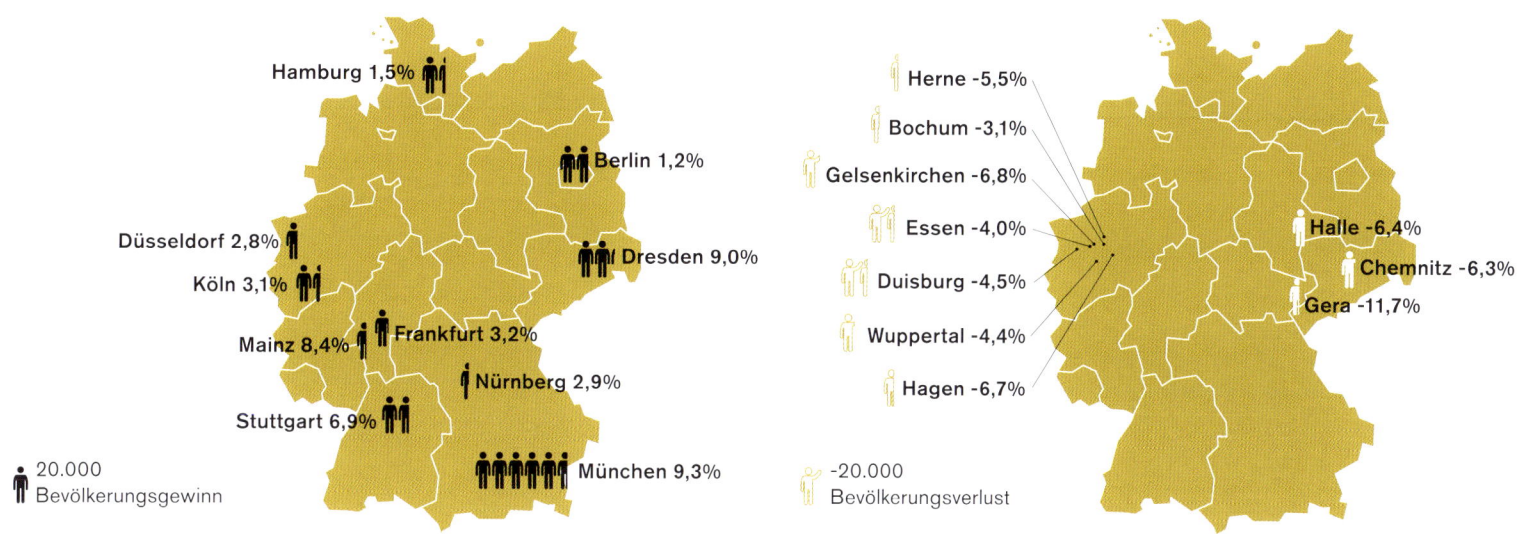

Wachstum und Schrumpfung von Großstädten zwischen 2000 und 2010 (jeweils die Top Ten)
Quelle: BBSR-Berichte kompakt 9/2011, S. 3.

Wohneigentum auch im Bestand und den Modernisierungs- und Wohnumfeldprogrammen, wurde dann ein Umdenken eingeleitet, das der drohenden weiteren sozialen Entmischung und »Amerikanisierung der Städte« neue, an der Tradition der dichten, sozial und funktional gemischten europäischen Stadt orientierte städtebauliche Leitbilder entgegenstellte.[4] Tatsächlich waren die negativen Folgen anhaltender Abwanderung der jungen, aktiven und für den bürgerschaftlichen Zusammenhalt in den Städten[5] so wichtigen Bevölkerungsgruppen in das Umland immer deutlicher hervorgetreten: Mit der demografischen Auszehrung litten und leiden die Städte nicht allein an Steuer- und Kaufkraftverlusten, sondern auch an der Vereinseitigung ihrer Sozialstrukturen, zunehmender sozialer Segregation, Unterauslastung von Infrastrukturen etc. Andererseits kumulierten auch bei den scheinbaren Gewinnern des langjährigen Suburbanisierungsprozesses, den Umlandgemeinden, zunehmend die Folgelasten der Ausbreitung des »urban sprawls«: wachsender Flächenverbrauch zu Lasten der Umwelt, Pendlerströme, Bodenpreissteigerungen, Überfremdung der alten Ortsidentitäten. Obwohl sich zunächst in der Praxis alle Versuche, die in der Stadtflucht wirksame »Abstimmung mit den Füßen« aufzuhalten und umzusteuern, als wenig wirkungsvoll erwiesen, scheint nun seit der Wende zum 21. Jahrhundert ein veritabler Umschwung im Gange. Obwohl von Maklern, Wohnungsbauunternehmen und Praktikern unterschiedlichster Couleur weithin bestätigt, wird er unter Wissenschaftlern vor allem hinsichtlich seiner Ursachen, siedlungsstrukturellen Ausformungen und vermuteten Dauerhaftigkeit noch immer höchst kontrovers diskutiert. Immer wieder scheint dabei die Sorge auf, dass hier im Rahmen eines »wishful thinking« (Robert Kaltenbrunner, 2012) aus einigen, zum Teil noch widersprüchlichen und möglicherweise instabilen empirischen Belegen vorschnell und in überzogener Weise ein dauerhafter Trendwechsel konstruiert werde.[6] Mögen in dieser Diskussion im Einzelfall auch »empirische Belege, begründete Erwartungen und normativer Impetus eine nicht leicht entwirrbare Verbindung eingehen«[7], so ist vor dem Hintergrund einer Vielzahl empirischer Teilstudien[8] inzwischen die grundsätzliche Evidenz des Reurbanisierungstrends doch weitgehend anerkannt.

Sehr pointiert fassen etwa Günter Herfert und Frank Osterhage (2012) ihre Untersuchung von 78 deutschen Stadtregionen dahingehend zusammen, dass man »im Ergebnis der vorliegenden Analyse – im Gegensatz zu vielen Stimmen im aktuellen Diskurs – von einem neuen Leittrend der stadtregionalen Entwicklung in Deutschland sprechen kann. Die Reurbanisierung hat demnach die Suburbanisierung als dominantes Raummuster der Neunzigerjahre weitestgehend abgelöst.«[9] Zurückhaltender formuliert das angesehene Bundesinstitut für Bau-, Stadt- und Raumforschung (BBSR) noch 2011 in einer »Zwischenbilanz« der *Renaissance der Großstädte*[10], dass diese »Renaissance« die Suburbanisierung zwar nicht »abgelöst« habe, die Großstädte aber wieder »konkurrenzfähig« geworden seien. Viele Städte hätten die Chancen genutzt und seien durch sanierte Altbauquartiere und neue Wohnformen vor allem in Konversionsgebieten wieder zu attraktiven Wohnstandorten geworden.

Allerdings stößt die neue Affinität zum städtischen Wohnen in wachsenden und schrumpfenden Regionen auf mittlerweile extrem divergierende Dynamiken und Problemlagen. Reurbanisierung erweist sich mithin als ein selektiver Prozess, an dem Städte je nach ihrer ökonomischen Stärke und großräumigen Lage in sehr unterschiedlicher Weise teilhaben. Während die Städte in Regionen, die stark von Deindustrialisierung betroffen sind, wie in den östlichen Bundesländern, im Ruhrgebiet, den Werftenstandorten oder dem Saarland, mit sinkenden Einwohnerzahlen, einem hohen Wohnungsleerstand und anhaltenden sozialen Entmischungstendenzen zu kämpfen haben, bildet sich in den Städten der

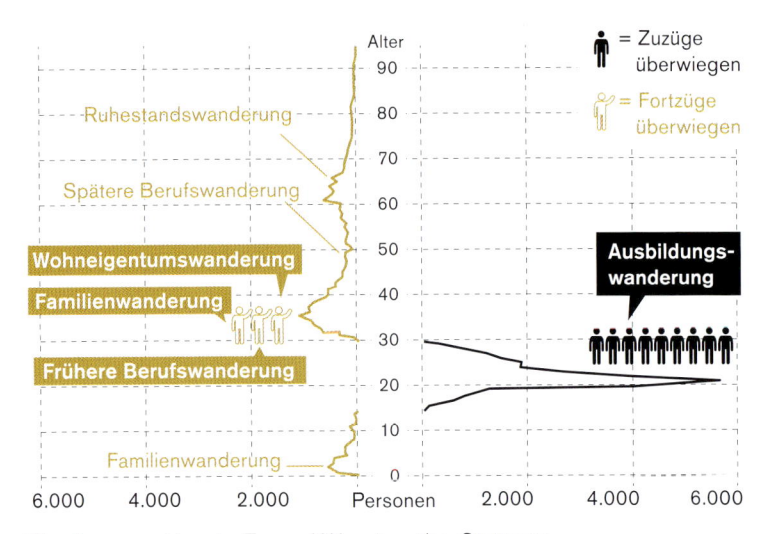

Wanderungssalden der Zu- und Wegzüge über Stuttgarts
Gemeindegrenzen nach Altersgruppen, Stuttgart 2002 bis 2006
Quelle: Michael Haußmann: Wohnstandortmobilität von Familien mit Kindern in Stuttgart.
Die Trends der letzten fünf Jahre, in: Statistik und Informationsmanagement 12/2007, S. 349.

Wachstumsregionen parallel zu einem emporschnellenden Nachfragedruck auf den gehobenen Wohnungsteilmärkten ein immer deutlicher spürbarer Mangel an bezahlbaren Mietwohnungen heraus. Die wachsende Bedeutung der Auseinanderentwicklung von wachsenden und schrumpfenden Städten spiegelt sich eindrucksvoll in den Bilanzen der Bevölkerungsstatistik wider: Obwohl die Großstädte insgesamt, gemäß der laufenden Raumbeobachtung des BBSR, der einzige Städte- und Gemeindetypus waren, der im Zehnjahreszeitraum zwischen 2000 und 2009 im Durchschnitt noch ein Bevölkerungswachstum verzeichnen konnte[11], zeigt ein differenzierender Blick, dass keineswegs alle Städte von diesem Wachstum profitieren konnten: 48 der durch das BBSR in die Betrachtung einbezogenen Städte wuchsen mehr oder weniger stark, aber 37 erlitten auch zum Teil empfindliche Bevölkerungsverluste (siehe Abbildungen S. 19).

In der Konsequenz der alles in allem noch relativ instabilen Datenlage scheint es vor allem geboten, hinsichtlich der Chancen der Reurbanisierung sehr deutlich »zwischen Realität und Potenzial« zu unterscheiden.[12] Die sich abzeichnenden neuen Potenziale hoben bereits seit den Neunzigerjahren eine Vielzahl von Wanderungsmotivuntersuchungen der Städte[13] und wissenschaftliche Studien[14] hervor, die deutlich machten, dass von einer »Stadtflucht« aus prinzipiellen Gründen in aller Regel keine Rede mehr sein kann. Abwanderung wird vor allem dann gleichsam »erzwungen«, wenn – insbesondere im Fall des Wunschs nach Wohnflächenvergrößerung – in der Stadt selbst kein nach Größe, Qualität und vor allem Kosten akzeptables Wohnungsangebot zur Verfügung steht. In einer solchen Perspektive erschöpft sich die Frage der Reurbanisierung nicht in der statistischen Frage nach Bevölkerungsgewinnen und -verlusten von Kernstadt und Umland. Sie wird vielmehr zu einer kommunalpolitischen Herausforderung, die den möglichen Trendwechsel nicht als »Selbstläufer« begreift, sondern durch aktive flankierende boden-, wohnungs- und städtebaupolitische Weichenstellungen maßgeblich zu unterstützen sucht.[15] Dabei darf nicht unterschätzt werden, dass es auch gewichtige, dem Trendwechsel in der Praxis entgegenwirkende Faktoren gibt: In erster Linie betrifft dies die wachsende Knappheit geeigneter (inner-)städtischer Wohnbauflächen, das weitgehende Fehlen einer suprakommunalen Wohnflächen-Entwicklungsplanung, aber auch die beispielsweise im konkreten Einzelfall nicht leicht zu lösenden Konflikte zwischen dem Wohnen mit den ihm inhärenten Ruhebedürfnissen und der Aufwertung, ja zum Teil auch der Übernutzung der öffentlichen Räume durch eine um sich greifende »Eventkultur« und die »Festivalisierung« der Städte.[16] Wie groß der hier noch bestehende Handlungsbedarf ist, unterstreicht der differenzierende Blick auf die sozialen Adressaten der neuen Stadtaffinität. So sind es bislang gerade in den wachstumsstarken Städten vor allem Studierende, Auszubildende und junge Erwerbstätige, die den Großteil der Zuwanderung ausmachen. Beispielhaft dafür mag die Stadt Stuttgart stehen, die ihre Bevölkerungsgewinne seit 2000 fast ausschließlich den »Bildungswanderern« zwischen 18 und 30 Jahren verdankt. In allen anderen Altersgruppen, also auch bei den so umworbenen Senioren und jungen Familien, verliert die Stadt weiterhin überproportional viele Einwohner an ihr suburbanes Umland[17] (siehe Abbildung oben). Angesichts der aber auch in Stuttgart etwa in den Wohnwünschen der Bürgerumfragen erkennbaren steigenden Attraktivität der Kernstadt als Wohnstandort für alle Altersgruppen[18] indiziert dieser Befund nicht so sehr anhaltenden »Stadtflucht-Willen«, sondern kann, wie dies durch einen Mitarbeiter des Bundesamts für Bauwesen und Raumordnung (BBR) 2006 formuliert wurde, wohl zutreffender als eine »Messgröße für die Knappheiten« im Wohnungsangebot der Stadt interpretiert werden.[19] Was begründet nun auf der Nachfrageseite die neue Attraktivität der Städte als Wohnstandort?

Auf der einen Seite haben natürlich die Städte über mehrere Jahrzehnte hinweg durch Sanierungs- und Modernisierungsmaßnahmen, Wohnumfeld-Verbesserungsmaßnahmen, Verkehrsberuhigung und Stadtbildpflege sehr an Lebensqualität gewonnen. Nutzungsgemischte Strukturen und das im Vergleich zum Umland oder gar den Ländlichen Räumen ungleich differenziertere Angebot sowie die gute Erreichbarkeit von Handel, Dienstleistungen, kulturellen, Bildungs- und Freizeiteinrichtungen werden höher geschätzt. Auf der anderen Seite hat auch das Wohnen in »Suburbia« an Glanz verloren. Schon allein aus pragmatischen Gründen werden die langen Pendlerzeiten und steigenden Pendlerkosten immer weniger toleriert. Zugleich wirken sich der Abbau staatlicher Vergünstigungen und, genereller noch, ein Strukturwandel aus, der unter den Vorzeichen wachsender Flexibilisierung und Globalisierung der Arbeitsmärkte das familienzentrierte und kapitalaufwändige Wohnen im suburbanen Eigenheim für viele Berufstätige zunehmend obsoleter macht. Das suburbane Wohnen gründete auf den traditionellen Berufs- und Familienrollen der Geschlechter und einer familiären Arbeitsteilung, die im Zuge steigender Berufsorientierung und Erwerbstätigkeit von Frauen immer fragwürdiger geworden ist: »Das Wohnen im Umland im Eigenheim war ein ›Hausfrauenmodell‹, das heißt, dass die unbezahlte Arbeit der Ehefrau notwendig war, um ein von umfassender Mobilität der Familienmitglieder gekennzeichnetes Leben zu organisieren. Da heute die Qualifikation der jungen Frauen das gleiche Niveau erreicht hat wie das der jungen Männer, finden sich eben immer häufiger Paare, in denen beide auf eine qualifizierte Beschäftigung aus sind. Der Suburbanisierung geht also gleichsam das Personal aus«.[20] Plausibel ist daneben, dass mit dem Eintritt in die Informations- und Wissensgesellschaft ein tief greifender Wandel einhergeht, in dem die genuin städtischen Standortvorteile eine neue, auch ökonomisch begründete Wertschätzung und Bedeutung erfahren.

Inzwischen ist vielfach belegt, dass der Übergang zur Informations- und Wissensgesellschaft eben nicht ohne Weiteres zu Dezentralisierung und räumlicher Dispersion führt. Nach Jahrzehnten der Suburbanisierung und zum Teil auch der Desurbanisierung zeige sich, so etwa der Hamburger Stadtforscher Dieter Läpple, in den westlichen Industrieländern in einem eindrucksvollen »urban turnaround«, gleichsam dem »siedlungsstrukturellen Echo«[21] dieses Übergangs, eine zunehmend deutlichere »Herausbildung einer neuen Form städtischer Zentralität und einer neuen Attraktivität der Stadt«.[22] »Vielfältige neue Formen einer Wissens- und Kulturökonomie« hätten »eine große Affinität zu städtischen Standorten«.[23] Gerade die sogenannte »creative class«[24], also Angehörige wissens- und kulturbasierter Dienstleistungen wie Software-Entwickler, Medienleute, Wissenschaftler und ihr Umfeld, seien auf die soziale und räumliche Dichte des »privilegierten Innovationsfelds« innerstädtischer Quartiere mit seinen vielfältigen urbanen Milieus angewiesen und brächten damit neue städtische Standortkonzentrationen hervor.[25]

»Auseinanderdriften der Stadtgesellschaften« oder soziale Mischung?

Das neue Stadtwohnen ist quantitativ erfolgreich, in den Wachstumszentren wie München, Hamburg, Frankfurt oder Berlin mittlerweile schon fast zu erfolgreich. Abzulesen ist dies sowohl am vehement anwachsenden Nachfragedruck im Bestand als auch am boomenden Neubau von mehr oder weniger »abgeschirmten« hoch- und höchstpreisigen Wohnprojekten[26] in Baulücken und auf den noch verbliebenen Brachflächen. Doch der Preis hierfür scheint in sozialer Hinsicht durch die damit einhergehende Fragmentierung des Stadtraums und die tendenziell flächenhafte Verdrängung der auf niedrige Mieten angewiesenen Bevölkerungsgruppen hoch.[27]

Info-Flyer zu dem 2007 in das Programm *Die Soziale Stadt* aufgenommenen Stuttgarter Quartier Hallschlag
Quelle: zukunft-hallschlag.de/files/Flyer2011.pdf, Zugriff am 12. März 2012

Während die Städte in den Schrumpfungsregionen mit Haltestrategien um die verbliebenen Einwohner kämpfen, droht in den Boomregionen mit den die »Renaissance des Stadtwohnens« begleitenden exorbitanten Preissteigerungen[28] und Gentrifizierungs- und Verdrängungsprozessen eine neuerliche Vereinseitigung der Sozialstrukturen – diesmal in der anderen Richtung.[29] Entwickelt sich, so die seit einigen Jahren auch zunehmend von den Medien aufgeworfene neue soziale Frage in den Städten, das Stadtwohnen zu einer Domäne der Reichen und Superreichen, in der für Arme, ja selbst für klassische mittelständische Familien kein Platz mehr sein wird? »Platz für alle« forderte der *Der Spiegel* schon 2008 und konstatierte: »Viele junge Familien träumen davon, in der Stadt zu leben. Doch sie finden keinen Wohnraum. Die Citys werden so teuer, dass abgeschottete ›Wohlstandsinseln‹ drohen.«[30] Soziale Mischung ist wieder – nicht nur in Deutschland – zu einem erstrangigen Politikziel geworden, über das Auswege und Alternativen zu dem weltweit zu beobachtenden besorgniserregenden »Auseinanderdriften der Stadtgesellschaften« gesucht werden.[31] In den wachstumsstarken Städten geht es dabei im Umgang mit den Bestandsquartieren um eine nicht leicht zu justierende Balance: Die Aufwertung degradierter Altstadtquartiere ist ja grundsätzlich erwünscht und eröffnet mit dem Zuzug einkommensstärkerer Gruppen zumindest anfänglich neue soziale Mischungsoptionen, muss aber, wie der Münchner Oberbürgermeister Christian Ude wiederholt unterstrich, durch den Einsatz aller verfügbaren Schutzinstrumente flankiert werden, um unerwünschte soziale Folgen wenigstens abzuschwächen.[32] Auf der anderen Seite gilt es, auch weiterhin die »überforderten Nachbarschaften« der Großsiedlungen mit ihren städtebaulichen und infrastrukturellen Defiziten sowie oft durch einen überproportionalen Anteil an Migranten, Arbeitslosen und Hartz-IV-Empfängern geprägten einseitigen Sozialstrukturen behutsam zu stabilisieren und aufzuwerten.

Anstelle von preiswerten Wohnungen für die Masse werden Luxus-Wohnungen für Einzelne angeboten; hier: Luxus-Wohnungen im Münchner Angerhof.
Foto: Tilman Harlander, 2010

Wohnbauquote für mehr preisgünstigen Wohnraum: Das Stuttgarter Innenentwicklungsmodell (SIM) soll sozialer Entmischung entgegenwirken.
Quelle: stuttgart.de/img/mdb/item/428459/64422.pdf, Zugriff am 10. März 2012

Das 1999 gestartete Bund-Länder-Programm *Soziale Stadt* mit über 600 Programmgebieten hat sich zum wichtigsten städtebaulichen Instrument in diesem Bereich entwickelt, droht aber durch eingeleitete Kürzungen gerade bei den sozial besonders effektiven »nicht investiven« Maßnahmen seine Wirkungskraft einzubüßen. Bezogen auf die Nutzung »Wohnen« wurde bei diesem Programm von Anfang an – neben den Zielen der qualitativen Verbesserung des Wohnraums, der Sicherung preiswerten Wohnraums und des Schutzes der Bewohner vor Verdrängung – ausdrücklich auch das Ziel einer »schrittweisen Wiederherstellung von gemischten Bewohnerstrukturen durch Verbesserung der Attraktivität für Zuziehende« aufgenommen.[33] Moderne Stadtentwicklungspolitiken verfolgen im Kontext derartiger Mischungsziele nicht mehr das Ziel der Nivellierung und Einebnung von ethnischen und sozialen Unterschieden, sondern man strebt, wie dies der Frankfurter Magistrat in seiner Integrations- und Diversitätspolitik formuliert hat, gerade umgekehrt »eine Balance von Integration und Diversität, von geteilter Gemeinsamkeit und individueller Vielfalt« an.[34]

Soziale Mischung benötigt eine ausreichende Zahl an preiswerten Wohnungen zur Wohnungsversorgung der Bevölkerungsgruppen, die sich am Wohnungsmarkt nicht aus eigener Kraft mit angemessenem Wohnraum versorgen können. Doch gerade in den Wachstumsregionen sehen sich die Kommunen durch den Rückzug des Bunds aus der Wohnungsbauförderung, die Privatisierung kommunaler Sozialwohnungsbestände und das unaufhaltsame »Abschmelzen« sozial gebundener Wohnungsbestände zunehmend der wichtigsten Ressourcen für ein sozial gemischtes Wohnen beraubt. In Stuttgart hat sich der Bestand an Sozialwohnungen von 33.500 Ende der Achtzigerjahre bis 2011 auf 16.500 mehr als halbiert.[35] Jährlich fallen weitere 400 bis 500 Wohnungen aus der Bindung; die Neubauleistungen (2012: 43 Sozialwohnungen) können diesen Schwund in keinster Weise kompensieren.

Sozialer (Miet-)Wohnungsbau genießt in der Regel weder fördertechnische Priorität noch soziale Akzeptanz. Insgesamt wird sich der derzeitige belegungsgebundene Mietwohnungsbestand im Land Baden-Württemberg bis zum Jahr 2025 noch einmal halbieren. Im August 2012 schreckte das Pestel-Institut die Öffentlichkeit mit der Alarmmeldung auf, dass bundesweit mittlerweile vier Millionen Sozialwohnungen fehlten.[36] In Baden-Württemberg bestehe ein Bedarf von rund 436.000 Sozialwohnungen.

Die »Wohnungsbau-Initiative« als Auftraggeber der Studie, zu der unter anderem der Deutsche Mieterbund, die IG BAU (Industriegewerkschaft Bauen-Agrar-Umwelt) und der BDB (Bund deutscher Baumeister, Architekten und Ingenieure e.V.) gehören, forderten die umgehende Auflage eines »Masterplans für den sozialen Wohnungsbau«. Als Reaktion auf das sich verstärkende Bewusstsein über die anwachsenden quantitativen Defizite ist gegenwärtig quer durch die ganze Republik nach Jahren wohnungspolitischen »Stillstands« ein deutliches Bemühen zu verzeichnen, den sich auf den unteren Wohnungsteilmärkten verschärfenden Problemen entgegenzuwirken. Dies geschieht zum einen mithilfe eines verstärkten Neubaus öffentlich geförderter Wohnungen und zum anderen durch den Ankauf von Belegungsrechten.

Mehr und mehr Kommunen experimentieren außerdem mit sogenannten Förderquoten, also der Verpflichtung, im Zuge der Entwicklung neuer Baugebiete auch in einem gewissen Umfang Wohnraum für einkommensschwächere Gruppen zu schaffen. Mit einer Förderquote von 30 Prozent (auf städtischen Grundstücken sogar 50 Prozent) nimmt die Stadt München hierbei eine Schrittmacherrolle ein. Inzwischen haben zahlreiche weitere Städte wie Hamburg, Nürnberg, Heidelberg, Freiburg, Regensburg oder auch Stuttgart mit dem Stuttgarter Innenentwicklungsmodell SIM und damit einer entsprechenden 20-Prozent-Quote ähnliche Förderquoten eingeführt.

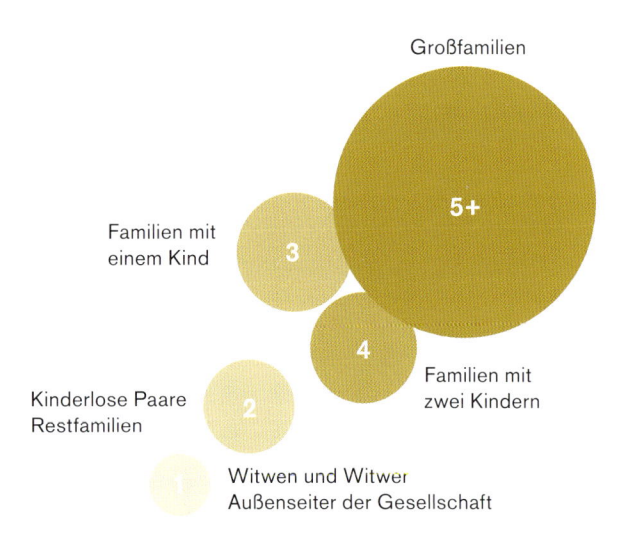

Um 1900: Es dominiert eindeutig die Großfamilie (nach Matthias Horx).
Quellen: Reiner Götzen: Wohnungsbau: Handbuch und Planungshilfe, Berlin 2010, S. 24f.

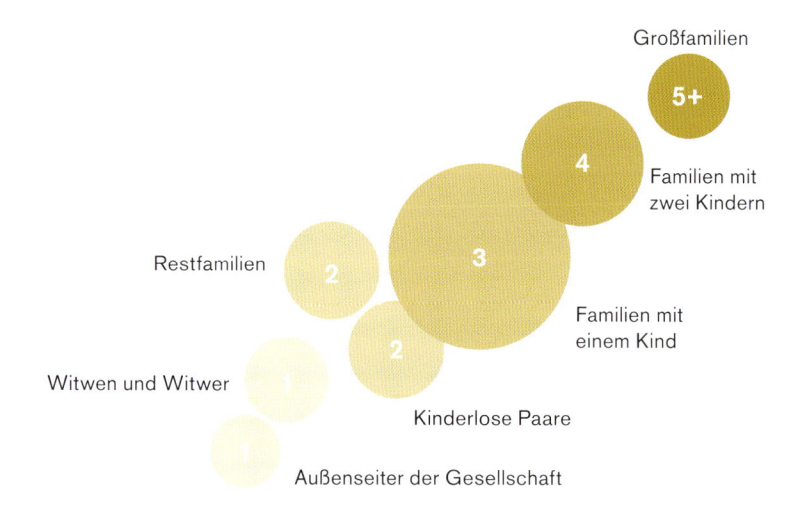

Um 1960: Es dominiert die dreiköpfige Kleinfamilie (nach Matthias Horx).

Demografische Entwicklung und Differenzierung

Was die Entwicklung der quantitativen Nachfrage betrifft, so sind hier zunächst einmal die demografischen Schrumpfungsperspektiven in Betracht zu ziehen: »Wir werden weniger«. Orientiert man sich an der 12. Bevölkerungsvorausberechnung des Statistischen Bundesamts, so haben wir aufgrund der nur zu einem kleineren Teil durch Zuwanderung kompensierten anhaltend niedrigen Geburtenrate (1,4 statt der notwenigen 2,1 Kinder je Frau) bis 2060 deutschlandweit mit einem Rückgang der Bevölkerung von gegenwärtig 81,7 Millionen auf 65 beziehungsweise 70 Millionen Menschen (2030: etwa 77 Millionen) zu rechnen.

Die Prognosen fallen durch die positiven Wanderungsbilanzen für den wirtschaftsstarken Süden insgesamt etwas günstiger aus. Dennoch geht auch in Baden-Württemberg das Statistische Landesamt davon aus, dass sich die Bevölkerung, regional differenziert, bis 2030 um 3,5 Prozent verringern wird.[37] Bedeutsamer als die Zahlen der Bevölkerungsstatistik ist für den Wohnungsbau aber die Entwicklung der Zahl der Haushalte, die die eigentlichen Nachfrager auf den Wohnungsmärkten sind. Bei ihnen ist aufgrund der weiterhin zu erwartenden Tendenz zur Verkleinerung der Haushaltsgrößen auch in den nächsten Jahren noch mit Wachstum zu rechnen – in Baden-Württemberg geht man zumindest bis 2020 noch von einer Zunahme und erst danach von einer allmählichen Abnahme aus. Bezieht man darüber hinaus auch weitere Nachfragekomponenten wie eine wachsende Eigentumsquote, die Alterung, Wohnflächenzuwächse etc. ein, dann erscheinen, wie kürzlich das Leibniz-Institut für ökologische Raumentwicklung in einer Studie für Baden-Württemberg herausstellte, in dem Zeitraum bis 2030, ungeachtet des sich abzeichnenden Bevölkerungsrückgangs, noch ganz erhebliche Neubauleistungen (etwa 30.000 Fertigstellungen pro Jahr) erforderlich.[38]

Wichtiger noch als die quantitativen Bedarfsschätzungen sind die qualitativen Veränderungen, die sich mit dem fundamentalen sozialen Wandel der Verkleinerung der Haushaltsgrößen (in Deutschland durchschnittlich nur noch etwa zwei Personen) verbinden. Noch in den Fünfziger- und Sechzigerjahren standen allein die Familienhaushalte für »Normalität«, Wohnweisen jenseits der Familie galten als »Sonderwohnformen«.[39] Inzwischen hat sich mit dem Emporschnellen der Zahl der Singles, Alleinerziehender, nicht ehelicher Lebensgemeinschaften homo- und heterosexueller Paare, Wohngemeinschaften etc. eine »Pluralisierung der Haushaltstypen« Bahn gebrochen, die diese Verhältnisse regelrecht umkehrt.[40] Allein von 1991 bis 2010 stieg die Zahl der Haushalte noch einmal von 35,3 Millionen auf 40,3 Millionen an, begleitet insbesondere von einem markanten Anstieg der Einpersonenhaushalte als mittlerweile dominantem Haushaltstyp von 11,9 Millionen auf 16,2 Millionen (40,2 Prozent) im selben Zeitraum.[41]

Die Ursachen für diese Entwicklung sind außerordentlich komplex und wurzeln unter anderem in der Verlängerung der Ausbildungszeiten, dem Bedeutungsverlust der Ehe und vermehrten Scheidungszahlen, dem allgemeinen Wertewandel und nicht zuletzt auch der steigenden Lebenserwartung.[42] Noch auffälliger ist der Wandel in den Großstädten, in denen die Zahl der Einpersonenhaushalte inzwischen häufig die 50-Prozent-Marke übersteigt. In einer Stadt wie etwa Stuttgart (Anteil der Singlehaushalte 2011: 50,8 Prozent) lebt im Bezirk Mitte in zwei Dritteln, im Westen in 61 Prozent der Haushalte nur eine Person.[43] Die statistische Größe »Einpersonenhaushalte« kann allerdings auch leicht miss- beziehungsweise überinterpretiert werden.[44] Bezieht man die Singlezahlen statt auf die Haushalte auf die Gesamtbevölkerung, dann relativiert sich das Gewicht dieser Gruppe (Stuttgart: 26 Prozent) deutlich. Noch immer lebt selbst in Großstädten nach absoluten Zahlen die Mehrheit der Erwachsenen in Familienhaushalten.

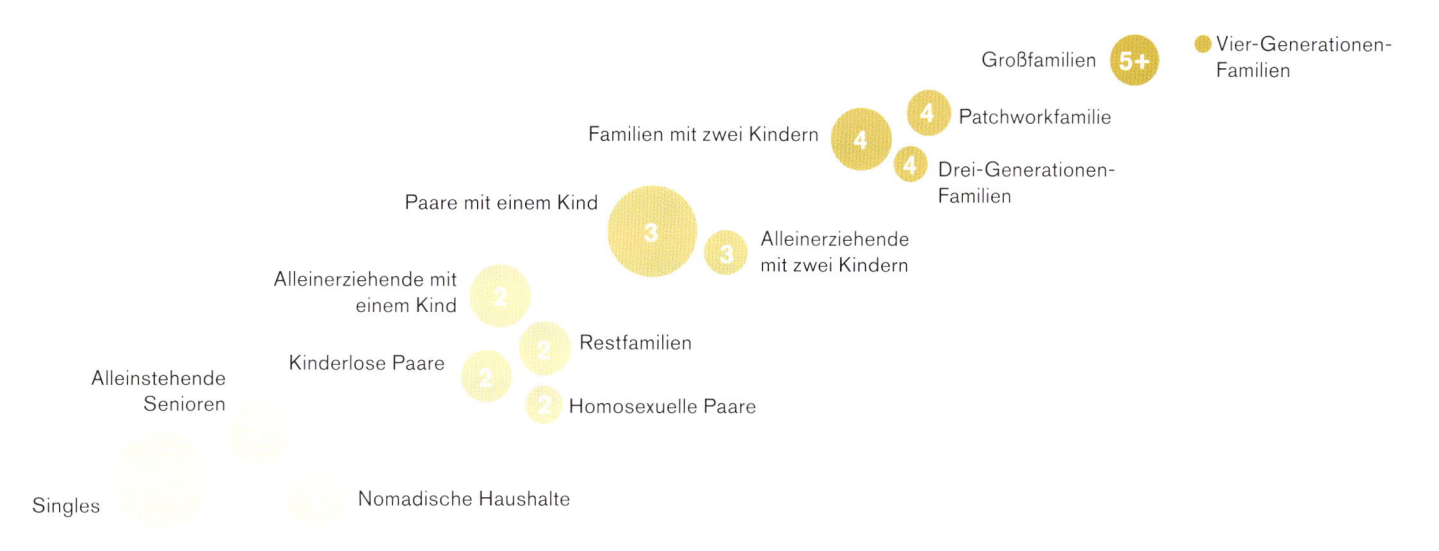

Heute und in naher Zukunft: Viele unterschiedliche Lebensformen existieren nebeneinander (nach Matthias Horx).

Zudem ist zu berücksichtigen, dass auch innerhalb der zu den Singles gerechneten Gruppe nur ein gewisser Teil tatsächlich allein lebt. Viele Singlehaushalte praktizieren neue Formen des »living apart together« oder leben in temporären Wohngemeinschaften etc. Der Trend zur Singularisierung der Haushalte darf also nicht ohne Weiteres mit Vereinzelung oder gar Vereinsamung gleichgesetzt werden, obwohl vor allem mit steigendem Alter in dieser Gruppe Armuts- und Vereinsamungsrisiken überproportional wachsen. Befördert, begleitet und überlagert wird der Prozess der Pluralisierung der Haushaltstypen in einer übergreifenden Perspektive, wie dies vor allem von dem Sozialwissenschaftler Ulrich Beck herausgearbeitet wurde, von einem säkularen Prozess zunehmender Individualisierung, in dessen Gefolge sich die Lebensstile unterschiedlicher Bevölkerungsgruppen immer weiter ausdifferenzieren.[45] Als ein empirischer Versuch, die sich neu entwickelnde Vielfalt der Lebensstile und Wohnbedürfnisse einprägsam zu erfassen und darauf aufbauend auch einen möglichst zielgruppenspezifischen städtischen Wohnungsbau zu entwickeln, können die Milieu- und Lebensstilstudien verstanden werden. Im Hintergrund steht die in weiten Bereichen der Medien-, Wahl- oder auch Möbelforschung längst selbstverständliche Einsicht, dass für Konsumpräferenzen nicht allein die traditionellen Schichtkriterien (Einkommen, Beruf, Bildung), sondern zunehmend auch Wertorientierungen maßgeblich sind. Am bekanntesten ist der mittlerweile auch von zahlreichen Städten aufgegriffene Ansatz des Sinus-Instituts (siehe Abbildung nächste Seite).[46] Dieser erweitert die traditionelle, vertikal gegliederte Schichtungsperspektive von Gesellschaft um eine horizontale Achse, die den Wandel der Wertorientierungen weg von einem durch Pflichterfüllung, Ordnung und Tradition geprägten Arbeitsethos hin zu einem »moderneren«, experimentell und hedonistisch orientierten Lebensgefühl darstellt. »Milieugruppen« sind also soziale Gruppen, die sich gleichermaßen in ihrer »objektiven« Lage wie in ihren Werthaltungen, Lebensauffassungen und Lebensweisen ähneln. Das »Milieu der Performer« (sieben Prozent) umfasst nach der Sinus-Kurzcharakteristik »die multi-optionale effizienzorientierte Leistungselite mit global-ökonomischem Denken und stilistischem Avantgardeanspruch«[47]. Obwohl wissenschaftlich nicht unumstritten und in ihren Grenzziehungen und Prozentangaben fragwürdig, haben die von unterschiedlichen Autoren vorgelegten Blasenkonfigurationen insgesamt zweifellos anregend und weiterführend gewirkt. Urbane Affinität wird bei den meisten Autoren – freilich wenig überraschend – eher den »jüngeren, besser gebildeten Lebensstilgruppen mit vielseitigen Interessen und etablierten Lebensstilgruppen mit hochkulturellen Interessen« attestiert als »älteren, traditionelleren oder familienorientierten Lebensstilgruppen«[48].

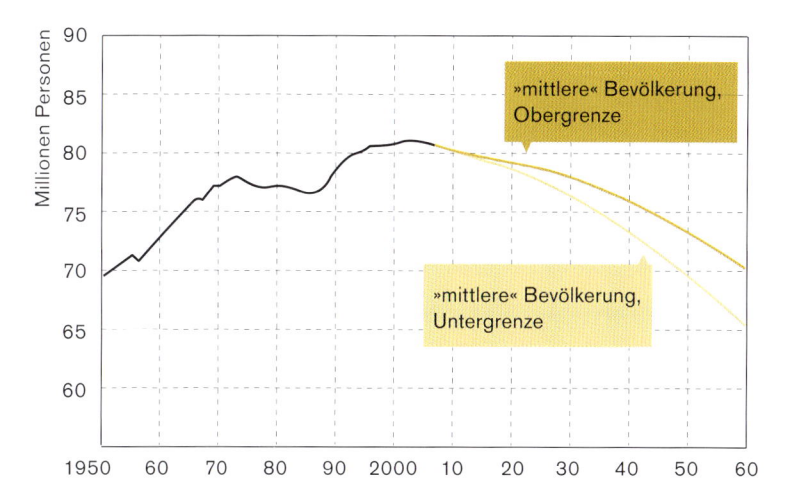

Entwicklung der Bevölkerungszahl bis 2060 nach der 12. koordinierten Bevölkerungsvorausberechnung des Statistischen Bundesamts

Quelle: Statistisches Bundesamt: Bevölkerung Deutschlands bis 2060. 12. koordinierte Bevölkerungsvorausberechnung, Wiesbaden 2009, S. 12.

Soziale Stadtentwicklung

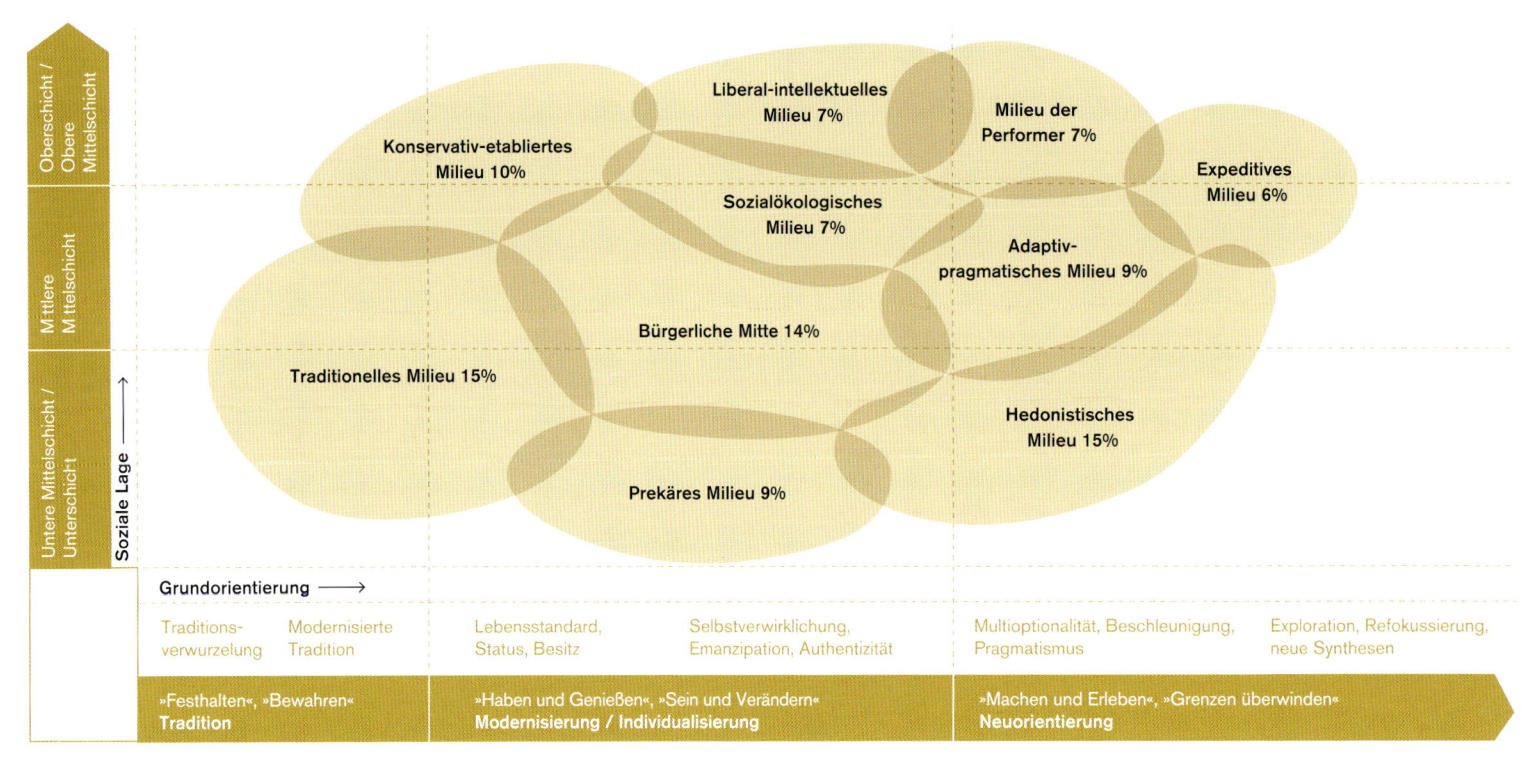

Sinus-Milieus in Deutschland 2011: Die jüngere, besser gebildete und vielseitige Gesellschaftsschicht gilt als Bevölkerungsgruppe mit urbaner Affinität.
Quelle: Sinus-Institut, Heidelberg, 2011

Alterung

Wir werden nicht allein »weniger«, sondern auch »älter«. Möglicherweise gehen für das Wohnen von der weiter stark steigenden Lebenserwartung und der damit verknüpften Alterung der (Stadt-)Gesellschaften in quantitativer und qualitativer Hinsicht die größten Herausforderungen aus.[49] Bis 2060 ist nach den Berechnungen des Statistischen Bundesamts, um nur zwei besonders aussagekräftige Zahlen zu nennen, mit einer weiteren deutlichen Steigerung der Lebenserwartung (um sechs bis sieben Jahre) und mit mehr als der Verdoppelung der Zahl der Hochaltrigen, also über 80-Jährigen, von gegenwärtig etwa vier Millionen auf über neun Millionen zu rechnen.[50] Die Zahl der Pflegebedürftigen wird damit immens steigen, während die Akzeptanz traditioneller Heimunterbringung weiter sinkt und zugleich die Tragfähigkeit familiärer Netzwerke, die die notwendigen Pflegeleistungen bislang noch überwiegend erbracht haben, weiter abnimmt.

Mit dem altengerechten, barrierearmen oder barrierefreien Umbau der Wohnungen des in ganz unterschiedlichem Maß hilfsbedürftigen Kreises der älteren Menschen, der Verbesserung der verschiedenen Formen des betreuten Wohnens, der Initiierung innovativer generationenübergreifender Wohnprojekte und der Einrichtung von ambulant betreuten Wohngemeinschaften stehen wir dagegen immer noch weitgehend am Anfang.[51] Gerade die Städte könnten, ja müssen aufgrund ihrer Lagevorteile hier eine Schrittmacherrolle spielen. Ältere Menschen benötigen, vor allem dann, wenn sie alleinstehend sind und/oder in die Pflegebedürftigkeit hineinwachsen, nicht die suburbane Isolation, sondern einen mit öffentlichen Verkehrsmitteln gut erreichbaren Wohnstandort und ein möglichst anregendes und unterstützendes Umfeld. Gekonnte bauliche Lösungen sind nur eine wesentliche Vorbedingung dafür, dass ältere Menschen in ihrer angestammten Wohnumgebung verbleiben können. Die andere ist eine qualitativ hochwertige – und bezahlbare – Versorgungssicherheit im Quartier. Dabei ist zu bedenken, dass viele der Anforderungen der älteren Menschen an die Stadt und das Wohnen deckungsgleich mit den Anforderungen an eine kinder- und familienfreundliche Stadt sind.

Typologische Vielfalt für eine differenzierte Nachfrage

Die urbane Gesellschaft erweist sich vor dem Hintergrund des gesellschaftlichen und demografischen Wandels als ein komplexer sozialer Kosmos mit außerordentlich differenzierten, zum Teil auch auseinanderstrebenden und schwer kompatiblen Wohnwünschen. Die überkommenen Standardangebote der Wohnungsmärkte entsprechen dieser Vielfalt längst nicht mehr. Sollte dieser wachsenden Differenzierung nun ein ähnlich differenziertes, jeweils möglichst perfekt angepasstes Wohnangebot gegenüberstehen? In dieser Frage ist grundsätzlich wohl eher dem Stadtsoziologen Walter Siebel zuzustimmen, der – nicht zuletzt mit Blick auf die lange Lebensdauer von Wohnungen – angesichts der Unterschiedlichkeit und Widersprüchlichkeit unserer Wohnwünsche

Altengerechtes Wohnen als Antwort auf die demografische Entwicklung; hier: Baugemeinschaft Sonnenhof Freiburg mit integrierter Demenz-WG
Foto: Tilman Harlander, 2010

Partizipativer Planungsprozess im Baugemeinschaftsprojekt *Solidarité* in Tübingen mit Architektin Ute Schlierf
Foto: Gerd Kuhn, 2005

gerade umgekehrt für eine gewisse »Distanz« zwischen dem sozialen Leben und den Räumen, die wir dafür schaffen, plädiert.[52] In diesem Sinn kommt es beim Wohnen auf eine größtmögliche Vielfalt – und damit Wahlmöglichkeit – von unterschiedlichen Haus- und Wohnungstypen mit möglichst großen und nutzungsneutralen, anpassbaren Grundrissen an.[53] Die Suche nach der idealen städtischen Wohnform, dem Block, der Zeile, dem Stadthaus, der Stadtvilla, dem Townhouse, Loft oder auch dem Wohnhochhaus ist, wenn sie verabsolutiert wird, ein Irrweg – städtisches Bauen ist Bauen in typologischer Vielfalt. Typologische Vielfalt entsteht nicht im großmaßstäblichen Investorenstädtebau, sondern konvergiert am besten mit einem kleinteiligen, funktional und sozial gemischten Parzellenstädtebau.[54] Der Vielfalt und Mischung verschiedener Gebäude- und Wohnungstypen entspricht dabei auch die Mischung unterschiedlicher Bauträgertypen. Vor allem in den Großstädten, aber auch in zahllosen Mittel- und Kleinstädten ist der Einsatz neuer Bauträgerformen wie Baugemeinschaften und neuen Baugenossenschaften fast schon selbstverständlich geworden.[55] Viele Städte haben mittlerweile ihre Innovationskraft zu schätzen gelernt und sehen in ihnen zunehmend einen starken stadtentwicklungspolitischen Partner. Für immer mehr Kommunen werden sie gerade in der Umsetzung der Ziele der Innenentwicklung, einer gewissen städtebaulichen Dichte, der ökologischen Nachhaltigkeit, der Nutzungsmischung, sozialer Mischung und generell der Herstellung architektonischer und städtebaulicher Vielfalt zu einem kaum mehr wegzudenkenden Kooperationspartner.[56] Zentrale Bedeutung bei der Entwicklung urbaner(er) Quartiere hat insbesondere die Nutzungsmischung und die Belebung der Erdgeschosszonen. Die Tübinger Südstadtplanungen waren auf diesem Feld in der Vergangenheit besonders erfolgreich: In der gezielt als »Mischgebiet« – und nicht, wie sonst üblich, als »allgemeines Wohngebiet« – ausgewiesenen Tübinger Südstadt wurden die beiden Nutzungen »Wohnen« und »Arbeiten« beispielhaft funktional verflochten; für jedes Erdgeschoss musste eine gewerbliche Nutzung nachgewiesen werden.[57] Auch neue Genossenschaften haben mittlerweile als alternative Bauträgerform einen bemerkenswerten Aufschwung genommen. Dort, wo sie, wie in Darmstadt-Kranichstein oder im Münchner Ackermannbogen realisiert wurden, entwickeln sie sich häufig zu regelrechten »Ankerprojekten« einer sozialen Quartiersnutzung. In derartigen Projekten kommt es auch am ehesten zur Verwirklichung dezidiert sozialer Mischungsziele. Häufig schwingt in der Diskussion um das Pro und Contra der kommunalpolitischen Unterstützung von neuen Bauträgerformen noch etwas von einer Haltung mit, die in deren Förderung eine Art »Zugeständnis« an eine bestimmte politische Klientel erblickt. In Wahrheit ist es eher umgekehrt: Die Städte sind für die Entwicklung einer vielfältigen, kleinteiligen, innovativen urbanen Baukultur und lebendiger Stadtgesellschaften unbedingt auch auf das Engagement dieser Bauträgerformen angewiesen. Die Gemeinden erhalten, wie dies der Tübinger Baubürgermeister Cord Soehlke ausgedrückt hat, durch das hohe soziale, ökologische und baukulturelle Engagement der Baugemeinschaften »einen hohen Mehrwert«.[58] Dieser baukulturelle Mehrwert hat sicher auch wirtschaftliche Aspekte, reicht aber in seinen sozialen und kulturellen Auswirkungen weit darüber hinaus und leistet mit dem Beitrag zum aktiven Aufbau selbstbestimmter nachbarschaftlicher Netzwerke einen kaum zu überschätzenden Beitrag zur sozialen Stabilisierung der Stadtgesellschaften.

Literaturverweise und Quellen

1 Vgl. Johann Jessen / Stefan Siedentop / Philipp Zakrzewski: Rezentralisierung der Stadtentwicklung, in: Klaus Brake / Günter Herfert (Hg.): Reurbanisierung. Materialität und Diskurs in Deutschland. Wiesbaden 2012, S. 198–215, hier: S. 198.
2 Vgl. Tilman Harlander / Harald Bodenschatz / Gerhard Fehl / Johann Jessen / Gerd Kuhn (Hg.): Stadtwohnen. Geschichte, Städtebau, Perspektiven, Ludwigsburg / München 2007.
3 Vgl. Tilman Harlander u. a. (Hg.): Villa und Eigenheim. Suburbaner Städtebau in Deutschland, Stuttgart / München 2001.
4 Vgl. Walter Siebel (Hg.): Die europäische Stadt, Frankfurt am Main 2004.
5 Vgl. Ulrich Hatzfeld / Franz Pesch: Stadt und Bürger, Darmstadt 2006.
6 Robert Kaltenbrunner: Zurück in die Stadt – Kurzfristiger Modetrend oder langfristige Entwicklung? Eröffnungsvortrag Wiesbaden 5. September 2012, unveröffentlichte Mitschrift. Vgl. auch: Hans-Peter Gatzweiler / Steffen Maretzke: Städte im demografischen Wandel – Stadtentwicklung zwischen Sub- und Reurbanisierung, in: Steffen Maretzke (Hg.): Städte im demografischen Wandel, Wiesbaden 2008; Johann Jessen / Stefan Siedentop: Reurbanisierung zwischen Wunsch und Wirklichkeit, in: DISP 1 / 2010, S. 16–23; Stefan Siedentop: Die Rückkehr der Städte? Zur Plausibilität der Reurbanisierungshypothese, in: Informationen zur Raumentwicklung 3, 4 / 2008, S. 193–210.
7 Johann Jessen / Stefan Siedentop / Philipp Zakrzewski: Rezentralisierung der Stadtentwicklung, in: Klaus Brake / Günter Herfert (Hg.): Reurbanisierung. Materialität und Diskurs in Deutschland, Wiesbaden 2012, S. 198–215, hier: S. 198.
8 Vgl. Klaus Brake / Günter Herfert (Hg.): Reurbanisierung. Materialität und Diskurs in Deutschland, Wiesbaden 2012.
9 Günter Herfert / Frank Osterhage: Gibt es eine Trendwende zur Reurbanisierung?, in: Klaus Brake / Günter Herfert (Hg.): Reurbanisierung. Materialität und Diskurs in Deutschland, Wiesbaden 2012, S. 86–112, hier: S. 107.
10 Bundesinstitut für Bau-, Stadt- und Raumforschung (Hg.): Renaissance der Großstädte – eine Zwischenbilanz. BBSR-Berichte KOMPAKT 9 / 2011, Bonn 2011; Bundesministerium für Verkehr, Bau und Stadtentwicklung (Hg.): Weißbuch Innenstadt. Starke Zentren für unsere Städte und Gemeinden, Berlin / Bonn 2011.
11 BBSR-Berichte kompakt 9 / 2011, S. 3.
12 Vgl. Johann Jessen / Stefan Siedentop / Philipp Zakrzewski: Rezentralisierung der Stadtentwicklung, a. a. O., S. 200.
13 Vgl. Landeshauptstadt Stuttgart, Statistisches Amt: Ergebnisse der Zuzugs- und Wegzugmotivbefragungen 1997 und 1998, Statistik und Informationsmanagement Themenheft 2 / 1999, S. 15ff.
14 Am breitesten rezipiert: Hasso Brühl u. a.: Wohnen in der Innenstadt – eine Renaissance? Difu-Beiträge zur Stadtforschung 41, Berlin 2005.
15 Vgl. für Baden-Württemberg etwa die Dokumentation der landesweiten Wettbewerbs-Initiative 2005 / 2006: Arbeitsgemeinschaft Baden-Württembergischer Bausparkasse (Hg.): Wohnen im Zentrum. Strategien für attraktive Stadt- und Ortskerne, Schwäbisch Hall 2006.
16 Harald Bodenschatz / Tilman Harlander: Stadtwohnen, in: Annette Harth / Gitta Scheller (Hg.): Soziologie in der Stadt- und Freiraumplanung, Wiesbaden 2010, S. 297–318, hier: S. 310; vgl. auch Gerd Kuhn / Susanne Dürr / Christina Simon-Philipp (Hg.): Räume zum Leben. Strategien und Projekte zur Aufwertung des öffentlichen Raums, Stuttgart 2012.
17 Michael Haußmann: Abwanderung von Best-Agern aus Stuttgart. Derzeit keine Trendwende, in: Landeshauptstadt Stuttgart (Hg.): Statistik und Informationsmanagement 12 / 2007, S. 4f.
18 Vgl. Inge Heilweck-Backes: Wohnwünsche der Stuttgarter Bevölkerung. Ergebnisse aus der Bürgerumfrage 2007, in: Statistik und Informationsmanagement, 7 / 2008, S. 195–219.
19 Markus Sigismund: Zurück in die Stadt?, in: Bundesbaublatt 5 / 2006, S. 16.
20 Hartmut Häußermann: Was bleibt von der europäischen Stadt?, in: Oliver Frey / Florian Koch (Hg.): Die Zukunft der europäischen Stadt, Wiesbaden 2011, S. 23–35, hier S. 30.
21 Johann Jessen / Stefan Siedentop / Philipp Zakrzewski: Rezentralisierung der Stadtentwicklung, a. a. O., S. 198.
22 Dieter Läpple: Städte im internationalen Kontext – Herausforderungen und Chancen der Globalisierung, in: Schader-Stiftung (Hg.): Zuhause in der Stadt. Herausforderungen, Potenziale, Strategien, Darmstadt 2008, S. 20–31, hier: S. 25.
23 Ebd., S. 26.
24 Richard Florida: The rise of the Creative Class, New York 2002.
25 Christine Hannemann / Herbert Glasauer / Jörg Pohlen / Andreas Pott (Hg.) und Volker Kirchberg (Gasthg.): Jahrbuch Stadtregion 2009 / 2010. Schwerpunkt: Stadtkultur und Kreativität, Leverkusen-Opladen 2010; Dieter Läpple: Phönix aus der Asche. Die Neuerfindung der Stadt, in: Helmuth Berking / Martina Löw (Hg.): Die Wirklichkeit der Städte, Baden-Baden 2005, S. 397–413.
26 Vgl. unter vielen Medienberichten etwa Alex Rühle: Aber sicher!, in: Süddeutsche Zeitung vom 14. / 15. Juli 2012, S. 1.

27 Vgl. Christoph Twickel: Gentrifidingsbums oder Eine Stadt für alle, Hamburg 2010; Andrej Holm: Paradoxien und Begleiterscheinungen der Reurbanisierung, in: Klaus Brake / Günter Herfert (Hg.): Reurbanisierung. Materialität und Diskurs in Deutschland. Wiesbaden 2012, S. 239–256; ders.: Wir Bleiben Alle! Gentrifizierung – Städtische Konflikte um Aufwertung und Verdrängung, Münster 2010.
28 Vgl. aktuell etwa »Immobilienpreise in Großstädten steigen drastisch«, Spiegel online vom 2. August 2012.
29 Gerd Kuhn: Reurbanisierung der Städte: Zwischen Aufwertung und Verdrängung (Gentrifizierung), in: Tilman Harlander / Gerd Kuhn (Hg.): Soziale Mischung in der Stadt, Stuttgart / Zürich 2012, S. 324–339.
30 Susanne Beyer / Julia A. Heyer: Platz für alle, in: Der Spiegel 31 / 2008, S. 140.
31 Tilman Harlander / Gerd Kuhn / Wüstenrot Stiftung (Hg.): Soziale Mischung in der Stadt, Stuttgart 2012.
32 Christian Ude: Wohnungsmangel – und die Antworten der Stadt, Artikel vom 9. August 2011 (muenchen.de/Rathaus/dir/presseservice/ 2011/Pressemitteilungen/Woh, Zugriff am 8. März 2012).
33 Deutsches Institut für Urbanistik gGmbH: Leitfaden zur Ausgestaltung der »Gemeinschaftsinitiative Soziale Stadt«, o.O. 1998 / 2000 (sozialestadt.de/veroeffentlichungen/arbeitspapiere/band1/1_leitfaden. shtml, Zugriff am 3. April 2012).
34 Magistrat der Stadt Frankfurt am Main: Vielfalt bewegt Frankfurt. Integrations- und Diversitätskonzept für Stadt, Politik und Verwaltung, Frankfurt am Main 2010.
35 Barbara Czimmer-Gauss / Jürgen Lessat: Eine Sozialwohnung ist reine Glückssache, in: Stuttgarter Nachrichten vom 12. Oktober 2012, S. 20.
36 Pestel-Institut: Bedarf an Sozialwohnungen in Deutschland, Hannover 2012.
37 Statistisches Landesamt Baden-Württemberg: Voraussichtliche Bevölkerungsentwicklung in den Stadt- und Landkreisen Baden-Württembergs 2008 bis 2030, statistik.baden-wuerttemberg.de/ BevoelkGebiet/BevProg/Kreisdaten.asp, Zugriff am 6. Juli 2012.
38 Leibniz Institut für ökologische Raumentwicklung: Nachfragepotenzial nach Wohnungsneubau in Baden-Württemberg bis 2030, Schwäbisch Hall / Dresden 2011.
39 Gerd Kuhn: Selbstbestimmt, unabhängig, vielfältig. Erwachsenenwohnen heute, in: Fachausschuss Haushalt und Wohnen der Deutschen Gesellschaft für Hauswirtschaft e.V. (Hg.): Wohnen. Facetten des Alltags, Baltmannsweiler 2010, S. 100–109.
40 Statistisches Bundesamt (Hg.): Datenreport 2011. Ein Sozialbericht für die Bundesrepublik Deutschland, Bonn 2011.
41 Bundesministerium des Innern (Hg.): Demografiebericht. Berlin 2011, S. 44.
42 Vgl. etwa Stefan Hradil: Die Sozialstruktur Deutschlands im internationalen Vergleich, Wiesbaden 2004, S. 90–128.
43 Armin Käfer: Die Deutschen werden ein Volk von Singles, in: Stuttgarter Zeitung vom 12. Juli 2012, S. 4.
44 Vgl. Christine Hannemann: Heimischsein, Übernachten und Residieren – wie das Wohnen die Stadt verändert, in: Aus Politik und Zeitgeschichte 17 / 2010, S. 15–19.
45 Ulrich Beck (Hg.): Riskante Freiheiten: Individualisierung in modernen Gesellschaften, Frankfurt am Main 1994.
46 Vgl. etwa Rainer Geißler: Die Sozialstruktur Deutschlands. Zur gesellschaftlichen Entwicklung mit einer Bilanz zur Vereinigung, Wiesbaden 2011, S. 109–112; Bernhard Schäfers: Stadtsoziologie. Stadtentwicklung und Theorien – Grundlagen und Praxisfelder, Wiesbaden 2010, S. 172–175.
47 sinus-institut.de/loesungen/sinus-milieus.html
48 Nicole Schneider / Annette Spellerberg: Lebensstile, Wohnbedürfnisse und räumliche Mobilität, Opladen 1999, S. 85.
49 Vgl. zum Folgenden: Tilman Harlander: Wohnen im Alter, in: Heinz Häfner / Konrad Beyreuther / Wolfgang Schlicht (Hg.): Altern gestalten. Medizin Technik Umwelt, Berlin / Heidelberg 2010, S. 121–132.
50 Statistisches Bundesamt: Bevölkerung Deutschlands bis 2050. 12. koordinierte Bevölkerungsvorausberechnung, Wiesbaden 2009.
51 Vgl. für Baden-Württemberg: Ministerium für Arbeit und Soziales (Hg.): Neue Wohnformen für ältere Menschen – Stand und Perspektiven, Broschüre, Stuttgart 2006.
52 Walter Siebel: Neue Lebensbedingungen in der Stadt, in: BMVBS / BBR (Hg.): Stadtquartiere für Jung und Alt, Berlin / Bonn 2007, S. 12–21, hier S. 20.
53 Vgl. Sigrid Loch: Das adaptive Habitat. Dissertation Universität Stuttgart 2009.
54 Andreas Feldtkeller: Zur Alltagstauglichkeit unserer Städte: Wechselwirkungen zwischen Städtebau und täglichem Handeln, Berlin 2012.
55 Tilman Harlander / Gerd Kuhn: Baugemeinschaften im Südwesten Deutschlands, Stuttgart 2010.
56 Stefan Krämer / Gerd Kuhn: Städte und Baugemeinschaften, Stuttgart / Zürich 2009.
57 Cord Soehlke: Stadt bauen mit privaten Baugemeinschaften. Die Tübinger Südstadtentwicklung, in: Die alte Stadt 1 / 2010, S. 19–28.
58 Cord Soehlke: Bürgernahes Bauen und kommunales Interesse – Tübinger Erfahrungen, in: Tilman Harlander / Gerd Kuhn: Baugemeinschaften im Südwesten Deutschlands, Stuttgart 2010, S. 42–48, hier S. 47.

Gemeinschaftliches Wohnen im Holzhaus

Gerd Kuhn

Baugemeinschaften haben sich in den vergangenen beiden Dekaden als dritte Säule der Wohnungswirtschaft – neben den Bauträgern und Einzelbauherren – etabliert. Sie liefern wichtige Impulse für den verdichteten Wohnungsbau in den Städten. Ebenso spielen sie bei der Entwicklung neuer Wohnungsangebote eine herausgehobene Rolle.

Rentrop und Brockhoff: Ökologische Siedlung *Laher Wiesen*, Hannover, 1985
Foto: Rentrop und Brockhoff Architekten

Bereits in den Vorläuferprojekten der heutigen Baugemeinschaftsbewegung bemühten sich Baugruppen um eine ökologische Bauweise. So realisierte Anfang der Achtzigerjahre eine selbstorganisierte Baugruppe die Grasdach-Siedlung *Laher Wiesen* in Hannover[1] (Rentrop und Brockhoff Architekten); in Merzhausen entstand der *Wohnhof* auf dem Gelände einer ehemaligen Ziegelei (Rolf Disch), in Aachen wurde das Wohnprojekt *Haus Heydenhof* (Lothar Jax und Christoph Schulten) mit großen Selbsthilfeanteilen umgesetzt. Diese experimentellen Bauprojekte in Holzbauweise sah man als Alternative zum suburbanen Einfamilienhausbau. Deshalb wurden eine hohe städtebauliche Dichte angestrebt und neue Wege der ökologischen Bauweise (Ziegel für Trennwände, Holzverschalung, Grasdach beziehungsweise Holzständerbauweise) sowie alternative Energiekonzepte erprobt. An diese frühen Experimente knüpften die heutigen Baugemeinschaften an, die sich seit den Neunzigerjahren vor allem in Konversionsgebieten im Südwesten Deutschlands[2], unter anderem in Freiburg im Breisgau oder in Tübingen, sowie in Hamburg oder Berlin entfalteten. Diese Baugruppen entwickelten neue Formen des gemeinschaftlichen Planens, Bauens und Wohnens. Gleich ob als Passivhäuser oder als mehrgeschossige Holzhäuser[3], Baugemeinschaftsprojekte wie die *Zogelmannstraße* oder *Wohnen und Arbeiten* bereiteten neue Wege für das klimaneutrale und ressourcenschonende Bauen im urbanen Raum. Da Selbstbestimmung und Selbstverantwortung einen hohen Stellenwert in Baugemeinschaftsprojekten einnehmen, können in diesen Wohnprojekten exemplarisch Motive für das gemeinsame Planen, Bauen und Wohnen in Holzbauweise erfragt werden. Besteht eine Differenz zwischen den ursprünglichen Erwartungen und den alltäglichen Wohnerfahrungen? Welche Qualitäten haben sich aus der Nutzerperspektive bewährt? Welche Erfahrungen haben die Architekten gesammelt und wie beurteilen sie die weitere Entwicklung?

Siedlungswerkstatt GmbH:
Baugemeinschaft *Zogelmannstraße*, Konstanz, 2012
Foto: Gerd Kuhn

Common Gies Architekten (heute Gies Architekten):
Baugemeinschaft *Wohnen und Arbeiten*, Freiburg-Vauban, 1999
Foto: Gerd Kuhn

Für diesen Beitrag wurden Baugruppen aus den Städten Freiburg, Konstanz, Tübingen, Straßburg und Berlin als Referenzprojekte ausgewählt. Die Baugemeinschaftsprojekte (entweder selbst initiiert oder von Architekten angeregt) wurden zu unterschiedlichen Zeiten (zwischen Mitte der Neunzigerjahre und heute) fertiggestellt. In den einzelnen Projekten werden unterschiedliche Holzbaumethoden und verschiedenste Haustypen (urbanes Wohnen in der Wohngruppe oder im Etagenhaus) angewandt.

Unterschiedliche Traditionen und Gewohnheiten

Das Bauen mit Holz ist heute in den Städten in unterschiedlichem Maße präsent. Während im Süden Deutschlands, beispielsweise in Konstanz, die Holzbauweise alltäglich wahrnehmbar ist und als selbstverständlich zugehörig empfunden wird, stellen reine Holzhäuser im Mehrfamilienhausbau beispielsweise in Nord- oder Ostdeutschland im Bewusstsein der Bauwilligen ortsfremde Ausnahmen dar. Ein Bewohner der Baugemeinschaft *Zogelmannstraße* in Konstanz antwortete beispielsweise auf die Frage, ob für ihn das Bauen und Wohnen in einem Holzhaus ungewöhnlich sei: Wohnen in Holzhäusern sei für ihn nichts Ungewohntes. Früher habe er in einem Altbau aus Holz gewohnt. Die das neue Wohnprojekt umgebende Bebauung stamme aus dem 15. und 16. Jahrhundert und bestehe größtenteils aus Holzhäusern. Dies zeige, dass Holzhäuser langlebig und beständig seien. Mit dem Neubau seiner Baugemeinschaft – es handelt sich um eine Nachverdichtung im Blockinneren – setze man nun eine jahrhundertealte, bewährte Bautradition, so der Bewohner, fort.

Beim Berliner Wohnprojekt *e3* in der Esmarchstraße war es der explizite Wunsch der Baugruppe, ein Mehrfamilienhaus in Holzbauweise zu errichten. Da heute in der deutschen Hauptstadt »Holzhäuser« unüblich sind (es wirkt das Bild vom »steinernen Berlin« fort, das Werner Hegemann prägte), fragte die Baugruppe bei verschiedenen Architekturbüros an, ob sie die Realisierung eines mehrgeschossigen Etagenhauses in dieser Stadt für realisierbar hielten.[4] Die meisten Büros erwarteten erhebliche Probleme bei der Genehmigung und beim Bau eines Holzhauses der Gebäudeklasse 5. Das Büro Kladen Klingbeil hingegen sah, trotz der Problemlagen (Baurecht, feuerpolizeiliche Anforderungen), realistische Chancen zur Umsetzung. In enger Kooperation mit den Bauherren gelang im Mai 2008, nach einer neunmonatigen Bauzeit, die Fertigstellung des Projekts als Hybridkonstruktion.

Die Traditionen im Holzhausbau sind auch in den Nachbarländern unterschiedlich ausgeprägt. In Frankreich beginnt sich erst seit jüngerer Zeit das selbstbestimmte und ökologische Bauen (»habitat participatif«) in einer Baugruppe zu entwickeln. Dort sind zudem Traditionen im Holzhausbau kaum mehr präsent. Deshalb kooperierte im Elsass bei Straßburg die Baugruppe *EcoLogis* mit dem Freiburger Architekt Michael Gies, um gemeinsam mit dem örtlichen Büro Tekton Architectes ein Wohnprojekt in Holzbauweise zu realisieren. Die Erfahrungen der Freiburger Architekten und auch diejenige deutscher Holzbaufirmen erleichterten die Fertigstellung des ökologisch und architektonisch ambitionierten Holzhauses, des »ersten Holzhauses seit den Fachwerkhäusern«[5].

Nutzerperspektiven

Interviews, die mit Mitgliedern unterschiedlicher Baugemeinschaften durchgeführt wurden, zeigten vergleichbare Motive, die sie zum Bau eines Holzhauses in einer Baugemeinschaft bewegten. Mitglieder von Baugemeinschaften gehören überproportional häufig einem akademisch gebildeten Milieu an. Aufgrund ihrer gehobenen Bildung, ihrer beruflichen Kenntnisse und Neigungen verfügen sie als Bauherren in der Regel über eine hohe »Laienkompetenz«

Gies Architekten: Baugemeinschaft *Kleehäuser*,
Freiburg-Vauban, 2010
Foto: Christine Falkner

Siedlungswerkstatt GmbH: Baugemeinschaft *Zogelmannstraße*,
Konstanz, 2012
Foto: Gerd Kuhn

Kaden Klingbeil Architekten: Baugemeinschaft *e3*, Esmarchstraße,
Berlin, 2009
Foto: Bernd Borchardt

Kaden Klingbeil Architekten: Baugemeinschaft *sw_40*, Scharnweberstraße,
Berlin, 2012
Foto: Gerd Kuhn

und große Motivation (Frau Sch.: »Man hat vieles überlegt«). Sie sind in der Regel auch experimentierfreudig (Architekt Tom Kaden: »Es war kein Zufall, dass die ersten Projekte Baugemeinschaften waren«). Fast alle Baugruppen strebten danach, neue Wege bei der Planung und dem Bau ökologischer Häuser zu beschreiten. Die Wohnexperimente bezogen sich weniger auf ungewöhnliche Grundrissbildungen oder extravagante Architekturen, sondern es standen vorrangig Aspekte der Prozessorientierung (Selbstbestimmung, -verantwortung) und Aspekte des nachhaltigen Bauens und Wohnens im Mittelpunkt. Diese Prioritätensetzungen, die

auch aus anderen Projekten berichtet werden[6], wurden in den Interviews bekräftigt: Es sollten unter anderem nachwachsende und klimaneutrale Baustoffe angewandt werden; es wurde auf eine energiearme und CO_2-neutrale Verarbeitung Wert gelegt, der Primärenergieverbrauch sollte gesenkt und neue Solartechniken erprobt werden. Während bei einigen Gruppen diese Ziele in der Realisierungsphase aus finanziellen Erwägungen abgeschwächt wurden, waren für andere Baugruppen gerade die ökologischen Aspekte von zentraler Bedeutung. So wollte die Baugemeinschaft *Kleehäuser* in Freiburg-Vauban nicht nur ein energetisch

Gies Architekten / Tekton Architectes: Baugemeinschaft *EcoLogis*, Straßburg, 2010
Foto: Julia de Cooker

Planungs-ARGE B28 (Dorothea Riedel, Ute Schlierf, Klaus Sonnenmoser): Passivhaus B28, Tübingen, 2001
Foto: Gerd Kuhn

vorbildliches Haus (»Nullemissionshaus« oder »Zerohaus«) bauen, sondern die Bewohner verpflichteten sich auch, den persönlichen Energiebedarf pro Kopf und Jahr auf 17.500 kWh einzuschränken – dies entspricht einer Leistung von etwa 2.000 Watt.[7] Die beiden Gebäude der Baugemeinschaft *Kleehäuser* sind in einer Hybridbauweise ausgeführt.

Der Bau eines urbanen Holzhauses in einer Baugemeinschaft ist, so der durchgehende Tenor in allen Interviews, auch ein Statement für ökologisch verantwortliches und nachhaltiges Bauen.

Materialität, Klima und Atmosphäre

Die Sichtbarkeit des Holzes nach außen wurde in den ersten Baugemeinschaftsprojekten häufig sehr bewusst angestrebt. Inzwischen ist in dieser Frage eine gelassenere Haltung festzustellen. Während einige Baugruppen unbehandelte Fassaden etwa aus Lärchenholz als sichtbares Zeichen des Holzbaus wünschen, hat die optische und haptische Oberflächen-Präsenz des Werkstoffs Holz für andere Bauherren heute keine herausgehobene symbolhafte Bedeutung mehr. In einigen Projekten, so beispielsweise im Passivhaus B28 im Französischen Viertel in Tübingen, musste die Fassade, aufgrund »des hohen Holz- und Holzwerkstoffanteils«[8], aus feuerpolizeilichen Gründen mit einer Umhüllung aus Metall verkleidet werden. Inzwischen wird vermehrt die Auffassung vertreten, dass Holzhäuser sich in verdichteten städtischen Wohnungsquartieren dem äußeren Erscheinungsbild der städtischen Umgebung unterordnen sollten. Für die Wahl der Fassade sollen, so Tom Kaden, vorrangig bauphysikalische Gesichtspunkte maßgeblich sein und weniger optische Effekte. Wichtig ist dem Büro vor allem die »Einordnung in den städtischen Kontext«. So wurden bei den Bauprojekten von Kladen Klingbeil Architekten in der Esmarch- und Boyenstraße in Berlin-Mitte/Pankow oder in der Scharnweberstraße in Berlin-Friedrichshagen statt Holzfassaden beziehungsweise Holzverkleidungen bewusst »städtische« Putzfassaden und Verkleidungen mit Faserzementplatten gewählt.

Beim *Tannenhof* (2003) in Konstanz ist die Holzbekleidung programmatisch ausgewählt worden. In dem einige Jahre später realisierten Nachfolgeprojekt in der Zogelmannstraße (2006), ebenfalls in Konstanz, wünschte die Bauherrenschaft – so die Auskunft des Architekten Jochen Czabaun[9] – ein »wertiges Erscheinungsbild«. Daher entschied sich die Baugruppe für eine witterungsbeständige Fassade aus roten und dunkelgrauen Faserzementplatten.

Die Baugruppe *EcoLogis* in Straßburg setzte beim elsässischen Pionierprojekt im Holzbau auf die äußere Sichtbarkeit des »Holzhauses« und entschied sich daher für eine Fassade, die ein Wechselspiel aus sichtbaren unbehandelten und weiß lasierten Holzelementen aufweist.

Die Sichtbarkeit des Holzes im Hausinneren ist bei den einzelnen Projekten sehr unterschiedlich und kann auch nicht aus der Materialität der äußeren Hülle abgeleitet werden. Während einige Bauherren die Auffassung vertreten, dass durch die Sichtbarkeit des Holzes eine besonders wohnliche und angenehme Atmosphäre entstehe, wünschen andere Bewohner diese Sichtbarkeit gerade nicht. Die Wahl der Holzelemente im Innern beruht oftmals nicht auf architektonischen oder konstruktiven Erwägungen, sondern auf den individuellen Vorlieben der Bauherren. Die haptischen Eigenschaften des Holzes und die Produktion von anheimelnden Wohnatmosphären werden jeweils individuell unterschiedlich empfunden. Während eine Familie in der Zogelmannstraße in Konstanz Holzelemente wünschte, zog eine andere Familie in der gleichen Baugruppe einen neutralen Putzanstrich in ihrer Wohnung vor. Die Diskussion dieser Frage wird häufig, selbst unter Ehepaaren, sehr leidenschaftlich geführt. In einem Interview äußerte beispielsweise Frau S., Bewohnerin des Projekts in der Boyenstraße

Siedlungswerkstatt GmbH / Innenarchitektur Raumwerk Konstanz: Innenraum in den Wohnungen der Baugemeinschaft *Zogelmannstraße*, Konstanz, 2012
Foto: Ben Wiesenfarth Fotodesign, Konstanz

Kaden Klingbeil Architekten: Innenraum in den Wohnungen der Baugemeinschaft *sw_40*, Scharnweberstraße, Berlin, 2012
Foto: Bernd Borchardt

in Berlin, dass für sie die nachhaltige Bauweise von entscheidender Bedeutung war, weshalb sie auch ein urbanes Holzhaus bauen wollte. In der Realisierung legte sie aber Wert auf eine neutrale Gestaltung der Oberflächen, sodass weder in der Außenfassade – sie ist mit grauen Faserplatten verkleidet –, noch in den meisten Innenräumen Holzelemente vordergründig sichtbar sind. Ihr Ehemann hingegen bedauerte im Gespräch, dass nach seinem Empfinden zu wenig Holz im Innenraum sichtbar sei. Während sich bei ästhetischen Entscheidungen und bei Fragen der Material- und Farbauswahl deutliche Unterschiede zwischen den verschiedenen Projekten zeigen, wird die subjektive Raumwahrnehmung und das Raumklima in den urbanen Holzhäusern generell als sehr angenehm beschrieben. Oftmals wurde in den Gesprächen ein Vergleich mit dem Wohnen in den Altbauten aus der Gründerzeit, in denen einige Bauherren vorher wohnten, gezogen. Das Raumklima sei in dem Neubau aus Holz, in dem beispielsweise ihre Familie jetzt im ersten Jahr wohne, so Frau R., Bewohnerin des Projekts in der Scharnweberstraße, ebenso angenehm wie in der Berliner Altbauwohnung, in der sie vorher lebten.

Da die meisten urbanen Holzhäuser in Niedrigenergiebauweise oder als Passiv- beziehungsweise Plushäuser errichtet werden, ist eine kontrollierte Be- und Entlüftung notwendig. Wenngleich unter so manchen Bewohnern eine anfängliche Skepsis gegenüber der kontrollierten Lüftung bestand, sind inzwischen alle Interviewpartner mit der Raumluftqualität zufrieden. »Es ist schön, eine frische Wohnung zu haben.«, so Frau Sch. von der Baugemeinschaft *Tannenhof* in Konstanz. Das bestätigt auch Herr S. von der Baugemeinschaft *Zogelmannstraße*, der es als angenehm empfindet, dass alle Wohnräume immer dieselben Temperaturen hätten. Im Sommer sei die Wohnung, so Herr S., angenehm kühl und in der Übergangszeit und im Winter angenehm warm. Nachteilig wäre, dies wurde teilweise kritisch angemerkt, dass die Temperaturen im Schlafzimmer oder im Keller sich nicht wesentlich von jenen in den Wohnräumen unterscheiden würden. Die bisherigen Gewohnheiten (warme Wohnräume, kühlere Schlafräume) mussten deshalb umgestellt werden. Teilweise waren aber auch Kostengründe entscheidend, weshalb Bauherren auf eine differenzierte Regulierung der Raumtemperatur verzichteten.

Schall- und Brandschutz

Gelegentlich berichteten Interviewpartner im Zuge der Beschreibung von Nutzungserfahrungen über akustische Probleme in ihrem Holzhaus. Darüber hinaus wiesen die interviewten Bewohner der beschriebenen Projekte auf höhere feuerpolizeiliche Anforderungen hin, die zu zusätzlichen Kosten geführt hätten.
Während Architekten die Schallübertragung in Holzbauten inzwischen als eine beherrschbare Angelegenheit beschreiben, äußerten sich die Bauherren gelegentlich kritischer. So ist Herr S. von der Baugemeinschaft *Zogelmannstraße* beispielsweise sehr zufrieden mit der Schalldämmung nach außen, jedoch nicht im gleichen Maße mit der Schalldämmung zu den Nachbarn. Andere Bauherren verzichteten bewusst auf die Verlegung eines Estrichs und leben damit, dass »jetzt alles schwingt« (Frau Sch.).
Die partielle Kritik schmälert aber keineswegs die generell hohe Wohnzufriedenheit: »Mit der Zeit habe ich das sehr angenehme Leben im Holzhaus schätzen gelernt.« (Frau Sch.).
In der Boyenstraße 27 in Berlin kritisierte ein Bauherr die seiner Ansicht nach gegenüber einer traditionellen Bauweise unverhältnismäßig hohen Kosten für Holzelemente (insbesondere die verputzte Holzfassade) und Brandschutzauflagen. Eine ähnlich deutliche Unzufriedenheit wurde in anderen Projekten nicht formuliert.

Kaden Klingbeil Architekten: frei stehendes Treppenhaus aus Stahlbeton, Baugemeinschaft e3, Esmarchstraße, Berlin, 2009
Foto: Bernd Borchardt

Partizipation, Wohnzufriedenheit und Holzbau

Die Vorteile des Bauens in einer Baugemeinschaft werden auf verschiedene Art und Weise beschrieben. Da in der Regel neue Wege im Wohnungsbau beschritten wurden, war es für die Baugemeinschaftsmitglieder wichtig, ihre bisherigen Kenntnisse auszutauschen und sich Informationen über die zum Teil komplizierten bautechnischen Details anzueignen. Erst dieses Wissen ermöglichte, dass gemeinsam mit den Architekten Entscheidungen getroffen werden konnten. Unterschiedliche Auffassungen erforderten auch die Etablierung einer »Konflikt- und Konsenskultur«. Letztlich hätten die intensiven, aber auch teilweise nervenaufreibenden Prozesse die Gruppe zusammengeschweißt. Eine Bewohnerin (Frau Sch.) betonte, in der Baugemeinschaft »erlebt man Planen und Bauen anders und man befasst sich intensiv damit«. Da sich einzelne Baugemeinschaftsmitglieder zum Teil sehr gründlich in einzelne Themen (alternative Energien, CO_2-neutrale Verarbeitung, nachhaltiges Wohnen etc.) einarbeiteten oder aufgrund ihrer beruflichen Qualifizierung Spezialisten waren, konnten sie sich wechselseitig informieren und dadurch auch ungewöhnliche Wege beschreiten. Mehrfach wurde berichtet, dass die Baugemeinschaftsmitglieder sich bei anderen Gruppen informierten und bereits realisierte Modellprojekte besuchten. So war der Kenntnisstand der Bauherren vor Baubeginn vergleichsweise hoch.

Die Interviews verdeutlichen, dass das Bauen eines Holzhauses in der Regel eine sehr bewusste Entscheidung war. Ganz egal ob die Architekturbüros Grundstrukturen des Holzhauses als Ausgangspunkt vorschlugen oder ob es eine Entscheidung aller am Projekt beteiligten Personen in einem offenen Diskussionsprozess war, alle Bauherren in den untersuchten Projekten tragen die Entscheidung für den Holzhausbau engagiert mit. Dabei ist es unerheblich, ob es sich um eine sozial und generativ homogene Gruppe oder um eine eher durchmischte Baugemeinschaft handelt. Die gemeinsamen Konflikt- und Alltagserfahrungen werden durchweg als sehr positiv beschrieben: »… auf jeden Fall sehr angenehmes soziales Klima«, »…nach zehn Jahren immer noch sehr herzlich.« (Frau Sch.); »…sehr gute Erfahrungen«, »… würden wir wieder machen.« (Frau S.); »Trotz gravierender Unterschiede – die älteste Bauherrin war 84 Jahre alt (d.V.) – sind die Erfahrungen sehr gut.« (Herr S.).

Baugemeinschaften entwickeln nach einer Phase der Klärung, die in der Gründungsphase auch zur Fluktuation einzelner Bauinteressierter führen kann, ausgesprochen stabile Nachbarschaften. Es besteht anscheinend eine unmittelbare Wechselbeziehung zwischen dem Wunsch nachhaltig zu bauen, verantwortlich Energien zu nutzen und sozial in der Gemeinschaft zu leben. Das Bewusstsein, Pioniere im nachhaltigen Bauen gewesen zu sein, erfüllt auch Jahre später die Bauherren immer noch mit Stolz.

Zukunft des Holzhausbaus

Alle befragten Architekten[10], die urbane Holzhäuser mit Baugemeinschaften errichteten, hoben die Bedeutung der Baugruppen hervor. Besonders die hohe Bereitschaft der Bauwilligen, neue Wege im urbanen, »neuen« Holzhausbau zu beschreiten, hätten Experimente erst ermöglicht. Jetzt, da die Büros verschiedene Referenzprojekte vorweisen können, seien auch traditionelle Investoren zunehmend am urbanen Holzhausbau interessiert.[11]

Seit den ersten urbanen Holzhausprojekten mit Baugemeinschaften habe sich der Wohnungsbau in vielfacher Hinsicht – etwa bei den Holzbautechniken, Materialien und ökologischen Standards – verändert. Die verschiedenen Modellprojekte hätten zahlreiche

Frau Sch., Baugemeinschaft *Tannenhof*, Konstanz, 2012
Foto: Gerd Kuhn

Familie S., Baugemeinschaft *Tannenhof*, Konstanz, 2012
Foto: Gerd Kuhn

Impulse ausgelöst, sodass inzwischen von einem regelrechten Aufbruch im Holzhausbau gesprochen werden könne. Deutlich spürbar ist auch eine hohe Identifikation der Architekten mit dem Holzbau (Jochen Czabaun: »Wir denken in Holzbau.«). Auffällig ist zudem die pragmatische Haltung, die Architekten im urbanen Holzhausbau inzwischen einnehmen. Es wird kaum noch das »reine« Holzhaus im städtischen Kontext angestrebt. Vielmehr wird flexibel nach individuellen Lösungsansätzen gesucht. Innerhalb des Gesamtrahmens des ökologischen, energieoptimierten und partizipativen Bauens wird mit unterschiedlichen Prioritäten gearbeitet. Die divergierenden Erfahrungen der Architekten münden in der Einsicht, dass für die Zukunft des städtischen Geschosswohnungsbaus statt reiner Holzbauten nun hybride Holzbausysteme als sinnvoller betrachtet werden (Tom Kaden: »Wir sehen die Zukunft in der mehrgeschossigen urbanen Holzkonstruktion im Hybrid«). Neben den ökologischen Aspekten werden auch Vorteile der Baulogistik im Holzbau genannt, denn innerhalb eines bestehenden Quartiers existiert in der Regel nur eine kleine Fläche, um das Baumaterial zu lagern. Die gesamte Bauzeit ist deutlich verkürzt. Anscheinend haben sich auch die Haltungen der Baupolizei und Feuerwehr gewandelt. Holzbauten haben für die Feuerwehr ihren Schrecken verloren, da sie in ihrem Abbrandverhalten gut berechenbar seien. Dies zeigten beispielsweise Experimente, die im Rieselfeld in Freiburg zum Brandverhalten unterschiedlicher Holzbausysteme durchgeführt wurden.[12] Vor diesem Hintergrund sei »konstruktive Reinheit« (Czabaun) nur noch dann sinnvoll, wenn diese keine Nachteile gegenüber einer hybriden Bauweise aufzeige – also ausschließlich in niedrigen gereihten Einfamilienhäusern oder in Etagenhäusern bis maximal drei Geschossen. Ab der Gebäudeklasse 3 (Gebäude mit einer Höhe über sieben Metern) seien, so Czabaun, hybride Formen aufgrund der zu erwartenden Kosten und aus feuerpolizeilichen Erwägungen angemessener.

Erschien die Realisierung des Wohnprojekts *e3* in der Esmarchstraße in Berlin (Bauklasse 5/Oberkante Fertigfußboden unter 22 Meter) aufgrund der erforderlichen feuerpolizeilichen Befreiungen schwierig zu sein (Befreiung von § 27 – tragende Bauteile nicht feuerbeständig, sondern feuerhemmend und § 31 Decken Bauteile nicht feuerbeständig, sondern feuerhemmend), so wird inzwischen in diesem Büro sogar über den Bau von Wohnhochhäusern über 22 Meter in Holzbauweise nachgedacht.

Je nach Bauaufgabe und Prämissen der Baugemeinschaft sowie der zuständigen Architekten werden heute sehr unterschiedliche Holzbausysteme und hybride Bauweisen angewandt. Wählten die Baugruppen in Freiburg-Vauban (Baugemeinschaft *Wohnen und Arbeiten* sowie *Kleehäuser*) Mischbauweisen, so wurde im Straßburger Projekt *EcoLogis* von der Baugemeinschaft explizit ein reines Holzhaus gewünscht. Reine Holzhäuser stellen inzwischen Ausnahmen im urbanen Holzhausbau dar. Der Regelfall ist das hybride Holzhaus mit unterschiedlichen Ausprägungen und Kombinationen. Verbreitet ist die Bauausführung eines massiven »Regals« in Kombination mit einer Pfosten-Riegel-Fassade.

Dieses Konzept wurde beispielsweise bei einem kleineren Haus im Loretto-Quartier in Tübingen von Krisch und Partner Architekten erprobt und später auf andere größere Projekte übertragen. So entsteht zurzeit im Konversionsgebiet der *Alten Weberei* (Egeria) in Tübingen das Baugruppenprojekt *Open*. Der Innenausbau und die Fassade werden weitgehend vom Tragwerk gelöst, um den Mitgliedern der Baugemeinschaft größtmögliche Freiheiten bei der Raumorganisation zu gewähren. In zahlreichen Baugemeinschaftsprojekten wird auch eine Kombination von Massivbauweise mit einer abschließenden Etage in Holz umgesetzt. Ein Beispiel für diese Anwendung ist die Baugemeinschaft *Porta Gallica* in Tübingen. Dort wurde vom Büro Nassal Wiehl im Mehrfamilienhaus der Massivbau mit einem Holzdach (Lignatur) kombiniert.

Nassal Wiehl Architekten: Hybridhaus (Mischbauweise) *Porta Gallica*,
Tübingen / Französisches Viertel, 2009
Foto: Dietmar Wiehl

Fazit

Zusammenfassend kann festgestellt werden, dass Baugemeinschaften eine hohe Affinität zum urbanen Holzhausbau haben. Oftmals waren sie Pioniere im Holzhausbau. Es besteht verbreitet der Eindruck, dass wir uns erst am Beginn einer dynamischen Entwicklung im Holzbau befinden. Diese Einschätzung wird durch den hohen Pragmatismus gestützt, der inzwischen zu hybriden Bauweisen mit vielfältigen Anwendungsmöglichkeiten im städtischen Kontext führt. Zugleich sind viele Innovationen bei der Verarbeitung und Konstruktion des »alten« Werkstoffs Holz festzustellen. Die Akzeptanz der Bauherren ist zudem sehr gestiegen. Holzhäuser besitzen ein positives Image.

Bedenken, die lange Zeit den urbanen Holzhausbau hemmten, wie feuerpolizeiliche Auflagen, sind inzwischen nachgestellt.

Die Baugemeinschaftsmitglieder in den befragten Projekten äußerten durchweg eine hohe Wohnzufriedenheit. Der Prozess des Planens und Bauens, aber auch die zum Teil inzwischen langen Phasen des Zusammenlebens, ließen stabile Nachbarschaften entstehen. Die hohe Identifikation mit ihren Holzbauten korrespondiert mit den Beschreibungen der als sehr angenehm empfundenen Wohnatmosphären.

Literaturverweise und Quellen

1. Johann Jessen: Siedlung Laher Wiesen in Hannover, in: Tilman Harlander u.a.: Villa und Eigenheim – Suburbaner Städtebau in Deutschland, München 2001, S. 422–431.
2. LBS Stiftung Bauen und Wohnen / Gerd Kuhn / Tilman Harlander (Hg.): Baugemeinschaften im Südwesten Deutschlands, Stuttgart 2010; Wüstenrot Stiftung / Stefan Krämer / Gerd Kuhn (Hg.): Städte und Baugemeinschaften, Stuttgart / Zürich 2009.
3. Vgl. beispielhaft die Broschüre: Forum Vauban (Hg.): Einführung in das Bauen mit Holz. Ein alter Werkstoff wird neu entdeckt, Freiburg im Breisgau 1997.
4. Interview mit Architekt Tom Kaden vom 3. August 2012; vgl. ders.: Sieben aus Holz. Siebengeschossiges Wohnhaus als Holzkonstruktion, in: Deutsche Bauzeitung 6 / 2008, S. 83.
5. Christoph Gunser: Haus hinter grünem Pelz. Ecologis – Baugruppenhaus in Straßburg von Gies Architekten, in: Baumeister B4, 108. Jg., April 2011, S. 24–25; vgl. auch: Habitat participatif à Strasbourg, in: Quences Bois, N. 88, Janvier 2012, S. 4–6: »220 tonnes de pin d'Autriche manufacture en Allemagne du sud, ont été nécessaires pour réaliser le gros œuvre«, S. 6.
6. Vgl. Burkhard M. Sambeth: Baugemeinschaften und die ökologischen Aspekte des Bauens, in: LBS-Stiftung Bauen und Wohnen / Gerd Kuhn / Tilman Harlander: Baugemeinschaften im Südwesten Deutschlands, Stuttgart 2010, S. 142–145.
7. Christine Falkner: Kleehäuser Freiburg, in: LBS Stiftung Bauen und Wohnen / Kuhn / Harlander, a.a.O., S. 94–97.
8. Andreas Feldtkeller: Städtebau. Vielfalt und Integration. Neue Konzepte für den Umgang mit Stadtbrachen, Stuttgart / München 2001, S. 142.
9. Interview mit Architekt Jochen Czabaun vom 13. August 2012.
10. Jochen Czabaun (Siedlungswerkstatt GmbH, Konstanz); Tom Kaden (Kaden Klingbeil Architekten, Berlin); Michael Gies (früher Common Gies Architekten, heute Gies Architekten, Freiburg im Breisgau); Hubert Burdenski (Amann Burdenski Munkel, Freiburg im Breisgau); Dietmar Wiehl (Nassal Wiehl Architekten, Tübingen); Rüdiger Krisch (Krisch und Partner, Tübingen); Rolf Disch (Freiburg im Breisgau) u.a.
11. So baut Kaden Klingbeil etwa in Hamburg ein Holzhaus mit einem Investor.
12. Vgl. u.a. zum Vergleich einer Holzständerbauweise mit einer Massholzbauweise: Simone Höhl: Brandversuch: Feuer frei im Rieselfeld. Badische Zeitung vom 23. Juli 2010 (badische-zeitung.de/freiburg/brandversuch-feuer-frei-im-rieselfeld--33545699.html, Zugriff am 21. September 2012).

Mehrgeschossiger Holzbau – gestern und heute

Ludger Dederich

Die Anfänge der Verwendung von Holz reichen weit hinter unser historisches Gedächtnis zurück. Bereits die steinzeitlichen Pfahlbauten sind ein eindrückliches Beispiel für das gleichermaßen bautechnisch-innovative wie kulturbildende Potenzial dieses nachwachsenden Baustoffs.

Es ist schwer vorstellbar, wie sich die Menschheit entwickelt hätte, stünde Holz nicht bereits seit Jahrtausenden als Werk- wie als Baustoff zur Verfügung. Die Antwort bleibt Spekulation, wenn wir danach fragen, wie wir heute arbeiten, wie wir uns fortbewegen würden, wäre Holz zur Entwicklung von Geräten und Fahrzeugen aller Art, für den Schiffbau, für die Entwicklung der Städte im Mittelalter und selbst für den Flugzeugbau zu Beginn des 20. Jahrhunderts nicht verfügbar gewesen.

Höhepunkt einer handwerklich aufgestellten Holzverarbeitung im großen Stil sind die Fachwerkbauten aus dem 16. und 17. Jahrhundert. Die meist ziegelsichtigen oder verputzten Herren- und Bürgerhäuser werden nicht nur in Norddeutschland mit häufig aufwändig farbig gefassten Holzbalkendecken und Fachwerkwänden im Inneren förmlich zusammengehalten[1].

Die umfassende Kenntnis der Eigenschaften sowie der Leistungsfähigkeit von Holz und Holzprodukten in der heute verfügbaren Tiefe sind Resultat des vertrauten Umgangs mit dem Werkstoff während dieser Zeit. Auswahl, Sortierung und Einsatz erfolgen bis heute unter Berücksichtigung der Natürlichkeit des Rohstoffs *Holz* zielgerichtet, um den vielfältigen Anforderungen an das Endprodukt *Haus* zu entsprechen.

Während der Industriellen Revolution im 19. Jahrhundert wurde das handwerkliche Material Holz von Stahl und ab dem Beginn des 20. Jahrhunderts vom Beton als dem wichtigsten Produkt der neuen Industrien abgelöst. Parallel dazu demokratisierte man das Wissen um technische Grundlagen und Zusammenhänge sowie die Vermittlung dieses Wissens. Die Entwicklung von Brettschichtholz durch Otto Hetzer mit dessen Patentierung im Jahr 1906 ist zwar dank der Verwissenschaftlichung zur Bemessung von Baukonstruktionen möglich geworden, doch führt der Ingenieurholzbau ungeachtet spektakulärer Konstruktionen und Bauwerke bis heute in wirtschaftlicher Hinsicht ein Nischendasein.

Die Bauschaffenden konnten zu Beginn des 20. Jahrhunderts nicht viel mit dem »weichen« Baustoff Holz anfangen. Und spätestens mit der Charta von Athen (1933) war Holz als Baustoff inopportun, maximal zu dekorativen Zwecken geduldet. Schließlich positionierte sich die Charta gegen das aus dem Mittelalter überlieferte und zu Beginn des Jahrhunderts noch erlebbare – auch von Holz geprägte – Stadtbild der Enge, das im Zuge der fortschreitenden Industrialisierung und der damit verbundenen Landflucht noch verstärkt wurde. Bauen mit Holz galt nicht als romantisch, sondern als rückwärtsgewandt.[2]

Nach 1945 blieb die Verwendung von Holz als Baustoff zunächst auf Konstruktionen für Dachtragwerke und vereinzelte Sonderbauten beschränkt. Die seit den Sechzigerjahren angebotenen Fertighäuser auf der Grundlage standardisierter Hausentwürfe waren zunächst nicht marktrelevant. Der Baustoff Holz rückte erst wieder in den Blickpunkt der breiten Öffentlichkeit, als man infolge der Ölkrisen sowie der Umweltschutzdebatte erkannte, dass der bisherige technische Fortschritt mit einem gewaltig steigenden Ressourcenverbrauch erkauft wurde, der zu einer erheblichen Belastung der Umwelt geworden war und die natürlichen Lebensgrundlagen kommender Generationen gefährdet. Nun erschien Holz wegen seiner Eigenschaft als natürlicher, nachwachsender Rohstoff in neuem Licht. Das ungeachtet aller Brüche tradierte Wissen um den Baustoff Holz wird seit Mitte der Achtzigerjahre durch zahlreiche Innovationen ergänzt. Dank der technologischen Entwicklung des Holzbaus in diesen drei Jahrzehnten erfuhr dieser eine Steigerung der Wertschätzung. Grundlage sind die seitdem mittels maschineller Festigkeitssortierung deutlich verbesserten Schnittholzqualitäten sowie innovative Vollholzprodukte, leistungsfähige moderne Holzwerkstoffe und neuartige Verbindungsmittel. Holz wird als moderner Baustoff akzeptiert. Darüber hinaus gewährleistet die software- und maschinengestützte Vorfertigung

Holzbau-Relikte aus dem 16. und 17. Jahrhundert: Mehrgeschossige Fachwerkbauten in Frankenberg
Foto: Thomas Koculak, INFORMATIONSDIENST HOLZ

Nach 1945: Visionäres Bauen im Sinne einer konsequenten Umsetzung der Charta von Athen in Köln-Chorweiler
Foto: Ludger Dederich

Mehrgeschossiger Holzbau – gestern und heute

Außenansicht eines Baugebiets frei stehender Einfamilienhäuser am Rande einer Stadt
Foto: Ludger Dederich

Rudolf Schroeder: Strandhaus *Schroeder* in Heikendorf / Kieler Förde, 1931
Foto: Ludger Dederich

von Holzbauteilen unter optimalen Bedingungen in Handwerksbetrieben die für die Umsetzung komplexer Planungen erforderlichen Ausführungsqualitäten. Es ist nicht länger die Produktion des immer gleichen Teils, die die Wirtschaftlichkeit der Herstellung ausmacht. Längst ist die individuelle Einerserie möglich.

Diese Aspekte machen heute das Grundverständnis des Holzbaus aus, der – lange beschränkt auf kleine Gebäude – mittlerweile für unterschiedlichste Nutzungen über das Wohnen hinaus Anwendung findet. So wurden unter Zuhilfenahme dieser Innovationen und Werkstoffentwicklungen dem Holzbau historisch zugestandene Potenziale wieder zugänglich.

Mehrnutzen durch verdichtetes Bauen

Das Bedürfnis des Menschen, seine Behausung standfest, dauerhaft und unabhängig vom Zufall zu gestalten, ist uralt. Gleichzeitig ist verdichtetes Leben nicht vom zivilisatorischen Fortschritt zu trennen. So beschleunigen städtische Siedlungen seit dem dritten vorchristlichen Jahrtausend infolge engerer räumlicher Kontakte zeitlich ablaufende Veränderungen, die diesen Fortschritt bewirken, der letztlich die Zäsur zwischen Vorgeschichte und Geschichte ausmacht. Aus dörflichen Strukturen entwickelte sich die Stadt dort, wo handwerkliche Arbeiten nicht mehr von denen verrichtet wurden, die den Boden bewirtschafteten. Die Arbeitsteilung sorgte für eine kontinuierliche Verbesserung von Produkten und Dienstleistungen und bedingte, dass die Menschen erstmals in die Lage versetzt wurden, Entwicklung zu planen.[3]

Davon ausgehend gilt nach Leonardo Benevolo, dass die physische Gestalt der Städte tendenziell beharrend ist und zwischen Gegenwart und Vergangenheit vermittelt: »Mit ihrer Hilfe ist es möglich, die Gegenwart auf die Zukunft hin auszurichten.«[4]

Anlieferung von Wandelementen in Holzrahmenbauweise mit weitgehender Vorfertigung bei der Aufstockung der Siemens-Siedlung in Erlangen
Foto: Klaus-Reiner Klebe, INFORMATIONSDIENST HOLZ

Montage der Wandelemente in Holzrahmenbauweise bei der Aufstockung der Siemens-Siedlung in Erlangen
Foto: Klaus-Reiner Klebe, INFORMATIONSDIENST HOLZ

Werden Städte verändert, so sind die Probleme der Gegenwart als Anlass für entsprechende Maßnahmen zu sehen, die für kommende Zeiträume bindend sind – selbst dann noch, wenn die Art zu denken und zu leben längst eine andere geworden ist.

So gilt aktuell: Konzepte, die darauf abzielen, die Stadtränder und Speckgürtel von Großstädten immer weiter auszuweiten, haben ausgedient. Den damit verbundenen Flächenverbrauch und die, bezogen auf die Gebäudenutzfläche, unverhältnismäßigen Aufwendungen für die Ver- und Entsorgungsinfrastruktur können wir uns nicht mehr leisten. Im Vergleich zu einer Wohneinheit mit etwa 120 Quadratmetern im geschlossenen städtebaulichen Umfeld ist der Grundstücksbedarf für ein frei stehendes Einfamilienhaus auf der grünen Wiese durchschnittlich dreimal so groß.

Gleichzeitig sind diese Neubaugebiete die Refugien gewesen, aus denen heraus der Holzbau seit den Achtzigerjahren in den städtischen Raum zurückkehrte. Bauherren formulierten zur damaligen Zeit verstärkt den Anspruch, umweltschonend und energiesparend bauen zu wollen. Der Baustoff Holz entsprach aufgrund seiner Eigenschaft als natürlicher und nachwachsender Rohstoff dieser Maßgabe.

Realisierte man zunächst vornehmlich Holzskelettkonstruktionen im Sinne moderner Fachwerkbauten, wurde parallel dazu Ende der Siebzigerjahre der in Nordamerika und Skandinavien bereits seit mehr als 100 Jahren flächendeckend umgesetzte Holzrahmenbau für den deutschsprachigen Raum wiederentdeckt. Dabei wurden bereits seit den Zwanzigerjahren in Deutschland immer wieder Projekte im Geiste des Neuen Bauens in Holzrahmenbauweise errichtet. Sehr gute Beispiele hierfür sind die 1927 errichteten Häuser 21 und 22 von Richard Döcker[5] in der Weißenhofsiedlung in Stuttgart und das 1931 erbaute Strandhaus *Schroeder* von Rudolf Schroeder in Heikendorf[6] an der Kieler Förde.[7]

Richard Döcker: Wohnhäuser 21 und 22 der Weißenhofsiedlung Stuttgart im Bauzustand (ganz oben) und kurz nach der Fertigstellung (oben), 1927
Quelle: Archiv der Akademie der Künste, Berlin

Equator Stockholm Architekten: Wohnquartier *Klara Zenit* auf dem Gebäude der ehemaligen Postbank in der Stockholmer Innenstadt, Stockholm, 2003
Foto: Max Plunger

Arkitektbolaget: Innenansicht des Baustellenzelts mit Kranbahn für das Projekt *Limnologen* im schwedischen Växjö, 2009
Foto: Ludger Dederich

Darstellung der Nutzungsbereiche des Wohnquartiers *Klara Zenit*
Quelle: Skogsindustrierna, Stockholm

Rückkehr in den urbanen Kontext

Bauland ist teuer. Und wieder einmal ist in Ballungszentren der Wohnraum knapp. Das macht das Bauen kostenträchtig und hindert Bauwillige an der Realisierung ihrer Vorhaben. Die beinahe schon klassische Vorgehensweise, Dachgeschosse auszubauen, ist nur noch bedingt umsetzbar. Die Nachverdichtung von Rest-, Brach- und Dachflächen sowie die Umnutzung von ehemals industriell-gewerblich oder militärisch genutzten Flächen bietet Optionen für erweiterte Nutzungskonzepte. Dabei kann aber auf keinen Fall das vermeintliche Idyll der mittelalterlichen Stadt Orientierung sein, sondern eine Herangehensweise, die glaubwürdig nachhaltiges Bauen spiegelt: schonender Umgang mit endlichen und verstärkte Nutzung erneuerbarer Ressourcen. Nicht zuletzt lassen sich in diesem Sinne Großbauten ehemals monofunktionaler Ausrichtung nutzen, die in den Jahren nach 1945 errichtet wurden und das Bild der Innenstädte prägen. Beispielhaft sei hier auf das Projekt *Klara Zenit* von Equator Stockholm hingewiesen, bei dem ein ehemaliges Gebäude der Postbank, das einen ganzen Block einnimmt, unter Beibehaltung seiner Kubatur, eine Aufwertung erhielt. Im Zuge des Umbaus wurde die in historischen Stadthäusern übliche vertikale Funktionsstruktur in zeitgemäßer Interpretation wiederhergestellt: Im Erdgeschoss befinden sich Ladenlokale für den Einzelhandel, darüber sind Büroflächen für Dienstleistungen eingerichtet und auf dem Dach des Bestands planten die Architekten eine Wohnsiedlung in Holzbauweise mit einem Netz von Gassen mit halbprivaten Höfen und Straßenbeleuchtung – eine eigenständige Quartierstruktur auf der zweiten Ebene in hochverdichteter Innenstadtlage. Die Architektur ist in ihrer Individualität nicht spektakulär, aber pragmatisch angelegt. Der Maßstab der umgesetzten Struktur und die Angemessenheit der eingesetzten Mittel sind entscheidend.

Arkitektbolaget: Projekt *Limnologen* während der Bauphase (oben) und nach der Einweihung (rechts) der achtgeschossigen Passivhäuser, Växjö, 2009
Fotos: Ludger Dederich (oben) / Ole Jais (rechts)

Regelungen für den Holzbau im verdichteten Stadtraum

Möglich wurden diese Projekte, da parallel zur technischen Entwicklung des Holzbaus wissenschaftlich festgestellt werden konnte, dass moderne Holzbauten eine lange Lebensdauer und hohe Wertbeständigkeit aufzuweisen haben.[8] Und nicht zuletzt erfüllen die modernen Holzbauweisen die brandschutztechnischen Anforderungen. Es wurde nachgewiesen, dass bei mehrgeschossigen Gebäuden und Aufstockungen in Holzbauweise das brandschutztechnische Sicherheitsniveau erreichbar ist. Die Ergebnisse trugen dazu bei, im Rahmen der Novellierung der Musterbauordnung (MBO) im Jahr 2002 die Möglichkeit zu schaffen, bis zu fünfgeschossige Gebäude in Holzbauweise errichten zu können.[9,10]
Im Zuge der Angleichung grundsätzlicher Vorgaben ist in Europa eine Neubewertung der Schutzziele vorgenommen worden.
In Abweichung der bis dato gehandhabten Baurechtspraxis, bauwerks- und bauteilbezogene Detailanforderungen zu formulieren, stehen nunmehr Funktionsanforderungen im Vordergrund. So ist bereits seit 1994 vor diesem Hintergrund in den Bauvorschriften für Schweden (»Boverkets byggregler«) formuliert:

»Gebäude sind so zu gestalten, dass
· der Brandentstehung vorgebeugt wird,
· die Ausbreitung von Feuer und Brandgasen
  innerhalb des Gebäudes begrenzt wird,
· Personen im Gebäude dieses verlassen können oder
  auf eine andere Art und Weise gerettet werden sowie
· die Sicherheit der Rettungskräfte beachtet wird.«[12]

Daraus folgt für Schweden bei Berücksichtigung dieser Vorgaben keinerlei Höhenbeschränkung für Gebäude in Holzbauweise.[13] Gleiches gilt für Norwegen, Großbritannien, Frankreich und Italien.

In Österreich dürfen Gebäude mit einem Fluchtniveau von bis zu 22 Metern in Holzbauweise errichtet werden; in der Schweiz sind bis zu sechs[14] und in Finnland seit April 2011 bis zu acht Geschosse erlaubt. Trotz der Maßgabe zur Harmonisierung der nationalen Bauvorschriften erfolgt die Umsetzung einheitlicher Möglichkeiten für den mehrgeschossigen Holzbau in den verschiedenen Ländern Europas mit mehr oder minder langer Holzbautradition uneinheitlich. Nicht einmal im deutschsprachigen Raum lassen sich die Möglichkeiten uneingeschränkt vergleichen.[15]

Was kommt danach?

Mehrgeschossige Konstruktionen erfordern im Interesse aller Beteiligten eine exakte Planung und Ausführung. Die Qualitätssicherung erhält daher eine besondere Bedeutung und steht in unmittelbarem Zusammenhang mit einer zur Umsetzung festgelegten, von allen Mitwirkenden getragenen Planung. Der abgestimmten Planung wird im Sinne der Qualitätssicherung mit der Vorfertigung der Bauteile entsprochen. Eine vorbildliche Baustelleneinrichtung kam beim Bau vier achtgeschossiger Gebäude in Holzbauweise im schwedischen Växjö zum Einsatz. Die »mitwachsende« Zeltkonstruktion während der Bauphase garantierte die witterungsunabhängige Montage ohne Zeiteinbußen und ermöglichte bei höherer Effektivität der Montagearbeiten im Prinzip die Qualität einer Werkstattfertigung. Mit einer unter dem Dach laufenden Kranbahn wurden die Bauelemente versetzt; integrierte Mastkletterbühnen ersetzten zudem Fassadengerüste.

Qualitätssicherung bedeutet nicht unbedingt einen Mehraufwand. Vielmehr ist auf intelligente Weise mit geringem Aufwand eine Qualitätssicherung zu gewährleisten, die zu Holzbauten mit langfristigem Mehrwert führt. Daher werden künftig Verfahren entwickelt werden, die aufbauend auf dem bereits heute hohen

Kaden Klingbeil Architekten: Visualisierung einer Wohnsiedlung
mit vier bis zu zehngeschossigen Holzbauten für Flensburg, 2012
Quelle: Kaden Klingbeil Architekten

Grad der Vorfertigung den wachsenden Ansprüchen an die bautechnische Qualität entsprechen. Unabhängig von technischen Fragestellungen gilt es, für die Planung und Umsetzung von mehrgeschossigen Bauvorhaben in Holzbauweise flächendeckend Kompetenzen und eine andere Planungskultur zu etablieren. Der moderne Holzbau fordert – unabhängig davon, ob es sich um einfache oder mehrgeschossige Projekte handelt – aufgrund seiner Eigenarten eine besondere Form der Kommunikation und der damit verbundenen Transparenz innerhalb des Planungsprozesses. So wie Holzkonstruktionen bereits seit einiger Zeit in Mischbauweise als hoch wärmegedämmte Gebäudehülle im Zusammenspiel mit mineralischen Gebäudekernen zur Anwendung kommen[16], werden im mehrgeschossigen Bauen Bauteile in Holzbauweise mit solchen in anderen Bauweisen sinnvoll kombiniert. Nicht um jeden Preis ist die Umsetzung eines Treppenhauses in Holzbauweise erstrebenswert. Funktional wie nutzungsbezogen kann das 2012 eröffnete Wälderhaus in Hamburg von Andreas Heller, konzipiert als Ausstellungs- und Fortbildungseinrichtung mit Beherbergungsbetrieb, Vorbild für zukünftige Lösungen sein: Auf einen in mineralischer Bauweise errichteten Sockel (und um ebensolche Treppenhauskerne herum) sind drei Geschosse in Holzmassivbauweise gestapelt. Wenn zukunftsfähiges Bauen so nachhaltig sein soll, wie es überall gefordert wird, dann gilt es für die Spezies Mensch im Allgemeinen und für die Gruppe der Baufachleute im Besonderen über den Schatten des uneingeschränkten Fortschrittsglaubens zu springen. Es gilt da anzuknüpfen, wo die Generation der Großeltern unserer Großeltern stand. Unerlässlich ist dabei jedoch die Reflexion darüber, was sich seitdem zugetragen hat und nicht zuletzt im Bauwesen als eindeutige Fehlentwicklung zu identifizieren ist. Für die bauliche Umsetzung von Konzepten, die der Schaffung sozialer Sicherheit, der Gestaltung von Städten, bezogen auf den Menschen als Maßstab, und der Übertragung des Prinzips Nachhaltigkeit auf das Bauwesen dienen, liefert Holz als der biogene Leitbaustoff die originären, zukunftsfähigen Antworten. Im Detail sind die Lösungen bereits umgesetzt und werden von einer Schar hoch qualifizierter Fachleute beständig weiter entwickelt und optimiert.

Kombiniert mit der Wiederbelebung traditioneller, in ihrer Maßstäblichkeit angemessener Nutzungskonzepte und einer revidierten Zuordnung von Wohn- und Arbeitsumfeld mit dem Effekt der Reduzierung der Individualmobilität aufgrund attraktiver Lebensumfelder in urbanen Strukturen könnte am Ende die Versöhnung der Aufklärung, die ohne Menschheitsgeschichte in der Stadt nicht denkbar gewesen wäre, mit der Stadt von heute und für morgen im Allgemeinen sowie mit dem Holzbau im Besonderen gelingen. Der Holzbau ist die einzige bautechnisch-konzeptionelle Konstante, die bereits vor der Industriellen Revolution Stand der Technik gewesen ist und die auch mit Blick auf die postindustriellen Herausforderungen und das postmaterielle Dasein seine Berechtigung nicht verloren hat – in diesem Sinne prägend präsent sein wird.

Literaturverweise und Quellen

1. Ludger Dederich / Thomas Stolte:
   Holzbau in Schleswig-Holstein und Hamburg, Kiel 2004.
2. Thilo Hilpert (Hg.): Le Corbusiers Charta von Athen.
   Texte und Dokumente, Braunschweig / Wiesbaden 1988.
3. Charles Delfante: Architekturgeschichte der Stadt, Darmstadt 1999.
4. Leonardo Benevolo: Die Geschichte der Stadt, Frankfurt 1983.
5. M. v. Hugo: in Der Deutsche Zimmermeister, Ausgabe vom 5. Januar 1929.
6. Ulrich Höhns (Hg.): Rudolf Schroeder.
   Neues Bauen für Kiel 1930–1960, Hamburg 1998.
7. Konrad Wachsmann: Der Holzhausbau. Technik und Gestaltung, Zürich 1995.
8. Stefan Winter / Daniel Kehl: Untersuchung zur Objektivierung der Bewertung des Verkehrswerts von Gebäuden in Holzbauweise im Vergleich zu anderen Bauweisen. Abschlussbericht, Leipzig 2001.
9. Klausjürgen Becker u. a.: Theoretische und experimentelle Grundlagenuntersuchungen zum Brandschutz mehrgeschossiger Gebäude in Holzbauweise. Untersuchungsbericht Teil 1, Braunschweig 1997.
10. Dietmar Hosser u. a.: Theoretische und experimentelle Grundlagenuntersuchungen zum Brandschutz bei mehrgeschossigen Gebäuden in Holzbauweise; Forschungsauftrag der Deutschen Gesellschaft für Holzforschung unter Beteiligung des iBMB / MPA der TU Braunschweig sowie der VHT Heusenstamm. Stufe 1: Theoretische Grundlagenuntersuchungen. Stufe 2: Experimentelle Grundlagenuntersuchungen. Abschlussbericht, Braunschweig 2000.
11. Mandy Peter / Claus Scheer u. a.: Holz Brandschutz Handbuch, Berlin 2009.
12. Boverket: Boverkets byggregler 94 (BBR 94), Stockholm 1993.
13. Sveriges träbyggnadskansli (Hg.): Sverige bygger åter stort I trä, Stockholm 2007.
14. Vgl. Anton Steurer / Charles von Büren: Der andere Holzbau: drei, vier, viele Geschosse, in: ARCH+ 193 / 2009, S. 78–84.
15. Beat Bart / Reinhard Wiederkehr u. a.: Lignum-Dokumentation Brandschutz 7. Außenwände – Konstruktion und Bekleidung, Zürich 2009.
16. Barbara Bredenbals / Heinz Hullmann u. a.:
    Holzkonstruktionen in Mischbauweise, Bonn 2006.

Stadtentwicklung im Ballungsraum: Beispiel Stuttgart

Matthias Hahn

Stuttgart gilt als attraktiver und sicherer Wohnstandort. Der Wohnungsmarkt ist dynamisch, auch aufgrund des Kapitalzuflusses auf wertstabile Lagen. Die ungebrochene Wirtschaftskraft, gute Bildungs- und Arbeitsplatzangebote, ein pulsierendes Kulturleben und Integrationserfolge entwickeln eine ungeahnte Anziehungskraft. Das Wohnen mit Aussicht in der bewegten Stadtlandschaft gehört genauso zur Identität der Stadt wie das in den dichten, lebendigen gründerzeitlichen Innenstadtbezirken. Hierin liegen die auf die Wohnnutzung bezogenen besonderen Standortvorteile Stuttgarts gegenüber anderen Regionen und dem eigenen Umland. Die ausgeprägte Topografie polarisiert zugleich nach exklusiven und eher benachteiligten Wohnlagen. Hieraus resultieren im Einzelnen auch Integrationserfordernisse, die auf das Generationengefüge und den Zusammenhalt in einer internationalen Stadtgesellschaft abzielen.

Eine ausreichend gute Wohnungsversorgung ist die Voraussetzung für eine prosperierende und lebenswerte Stadt, Wohnungsbau ist der Treibriemen eines funktionsfähigen Wohnungsmarkts. Das meiste dessen, was benötigt wird, ist zwar gebaut, aber die Suche nach einer preiswerten Wohnung ist für viele dennoch beschwerlich. Mit 30 Prozent Eigentumsquote hat Stuttgart bereits einen Spitzenplatz unter deutschen Großstädten, zugleich ist aber auch ein qualitätsorientierter und kostenbewusster Mietwohnungsbau erforderlich. So nehmen die hohen und wieder steigenden Mieten im Ranking der Probleme eine Spitzenposition ein.

Und der Markt wird dabei unübersichtlicher, denn die Wohnvorstellungen ändern sich. Die Menschen sind mobiler und leben länger, der Trend der Individualisierung ist ungebrochen und geht neue Formen des Zusammenlebens ein. Ökologische Argumente wie der Schutz der Freiflächen und ein in bewegter Topografie sensibles Stadtklima sind in den vergangenen Jahren wichtiger geworden. Darüber hinaus kam man zu der Einsicht, dass das Leben weit draußen an den Peripherien der Stadt nicht nur Vorteile besitzt. Mit neuen Initiativen für urbanes Wohnen und einem vielfältigen Angebot soll nun in Stuttgart vor allem der Trend »Zurück in die Stadt« gefördert werden.

Wir gewinnen Menschen

Stuttgart ist ein überregionaler »Wanderungsmagnet«, ganz selbstverständlich regionalisieren sich Stadt und urbanes Leben. Die Dynamik der innerregionalen Randwanderung ist zugleich abhängig von der Standortqualität und dem konkreten Wohnungsangebot in der Kernstadt. Im gesamten Stuttgarter Verdichtungsraum wird mit einem sich nivellierenden Preisgefälle und konkurrierenden Wohnungsbauschwerpunkten gebaut. Die Jahrzehnte dauernde Suburbanisierung ist jedoch kein Automatismus, zu lange hat man sie als unumstößliches Faktum angesehen. Die Zeiten sind vorbei, in denen die Möbelwagen der sogenannten Mittelstandsfamilie und der wohlhabenden Ruheständler nur eine Richtung kannten und die sozial Benachteiligten und die Migranten in der engen und unruhigen Stadt blieben. Wir verzeichnen eine Abschwächung der Randwanderung. Die Mehrheit der Gründerfamilien möchte unbedingt in Stuttgart bleiben, ein weiteres Fünftel kann sich mit den Verhältnissen einer Großstadt unter bestimmten Umständen arrangieren. Mehr noch: Wir sehen eine Veränderung der Wanderungs- und Segregationsmuster, einen gegenläufigen Trend beziehungsweise eine signifikante Verschiebung positiver Wanderungssalden zugunsten der regionalen Kernzone.

Wohnen in der Stadt ist »trendy« und hat konkrete Nachfrage – die Leitmilieus für diesen Trend sind einerseits jung, aber sie sind auch kapitalkräftig und zunehmend älter. Laut den Angaben des Statistischen Amts leben in Stuttgart viele Angehörige der »Kreativen Klasse« (Hochkreative: Wissenschaftler, Ingenieure; kreative

Stuttgarter Fernsehturm vor der Innenstadt
Foto: Stadt Stuttgart

Professionals: Manager, Juristen, Techniker und angestellte Bohemians [Schriftsteller, Designer, Musiker]; Freiberufliche Künstler). Die Hälfte der versicherungspflichtig Beschäftigten sind kreativ tätig (30 Prozent der Einwohner). Stuttgart liegt damit an vierter Stelle unter allen Stadt- und Landkreisen in Deutschland und an zweiter Stelle hinter Frankfurt unter den Großstädten.

Urbane Milieus als Herausforderung

Mit der zunehmenden Wissens- und Kulturorientierung in der Generationenfolge entstehen neue anspruchsvollere urbane Milieus, die den Mainstream im großstädtischen Wohnungsmarkt bilden und in vielerlei Hinsicht als Zielgruppen progressiver Kommunalpolitik angesehen werden können. Aber sie fordern den Wohnungsmarkt mit ihrem Anspruchsniveau auch heraus. So gibt es mittlerweile einen Wanderungsdruck in die Städte; sie haben damit gute Wettbewerbsvoraussetzungen, müssen aber auch die sozialen Folgen abfedern. Heute wird von der Stadtentwicklungspolitik Stuttgarts bei konkret geplanten Stadtteilen und Investitionsprojekten eine ausreichende Kenntnis urbaner Lebensstilgruppen, ihrer Mobilitäts- und Haushaltsformen sowie ihres Investitions- und Konsumverhaltens zugrunde gelegt. Markt- und Milieuanalysen sind gefragt. Die Generation »60-plus« ist demografisch im Kommen. Die Stadt ist der ideale Ort für eine verlängerte aktive Lebenshälfte, dafür müssen generationenübergreifend Lösungen geboten werden. Wie jung Stuttgart bleiben kann, wird die Zukunft zeigen. In den vergangenen Jahren zeichnete sich ein Trend ab, der die demografische Entwicklung positiv überlagert. Während das Umland deutlich altert (auf derzeit knapp 43 Jahre), stagniert das Durchschnittalter in der Kernstadt seit 2005 bei etwas mehr als 41 Jahre. Im Alter wurde die Kernstadt vom Umland zwischen 2000 bis 2005 »überholt«.

Stuttgarter Innenstadt mit Rathaus, Schlossplatz (Bildmitte)
und Hauptbahnhof (oberer Bildrand)
Foto: Stadt Stuttgart

Das Statistische Landesamt sagt für das Jahr 2020 voraus, dass Stuttgart die zweitjüngste Stadt in Baden-Württemberg sein wird. Bei der Betrachtung der Wanderungssalden wird klar, dass die Stadt ganz deutlich bei jungen Haushalten (18 bis 30 Jahre), also zum Berufseinstieg und bereits in Familiengründung, gewinnt. Sie repräsentieren einen Großteil der derzeitigen Zusatznachfrage nach Wohnraum und sind hoch mobil. Der Anstieg der weiblichen Haushaltsvorstände im Familiengründungsalter ist dabei besonders zu beachten. Diese jungen Haushalte zu binden, ist eine der wichtigsten Aufgaben. Mehr als die Hälfte der Gründerhaushalte lebt innenstadtnah wie im Stuttgarter Westen. Und hier bekommen sie derzeit auch weit überdurchschnittlich häufig ihre Kinder. Das verblüfft und ist ein Vertrauensvorschuss. Hier ist eine neue Generation unterwegs, die die Vorteile des »Laboratoriums Großstadt« und neue Antworten auf ihre Wohnwünsche sucht.

Mit den Bürgern die Stadt entwickeln

Urbanität hat Konjunktur und bietet einer nachhaltigen Stadtentwicklung im Rahmen der inneren Stadterweiterung und beim Stadtumbau neue strategische Handlungsmöglichkeiten. Der Strukturwandel führt zu einer wahrnehmbaren Zunahme von Wohnbaupotenzialen. Mit der aus dem Stuttgarter Stadtentwicklungskonzept abgeleiteten Handlungsstrategie *urban Wohnen* setzt die Stadt nicht nur auf ein Leitthema der Stadtentwicklung, sondern auch auf bauland- und wohnungspolitische Akzente für eine sozial ausgewogene und städtebaulich qualifizierte Praxis. Veränderte Marktbedingungen bedingen mit Blick auf die Revitalisierung der Wohnungsbestände und die Entwicklung neuer Stadtteile eine stärkere Nachfrageorientierung, erhöhte Integrationsbemühungen und eine konsequente bürgerschaftliche Beteiligung.

Durch den Standortwettbewerb wohnungspolitisch gefordert, beabsichtigt die Landeshauptstadt Baden-Württembergs mit einer vorausschauenden Angebotssteuerung neue Marktsegmente zu erschließen. Dabei ist nicht alles mit Geld lösbar, es braucht auch eine systematische Suche nach konzeptionellen Antworten. Die ausgeprägten topografischen Qualitäten der Stadtlandschaft kompositorisch zu nutzen und mit profilierten Wohnbauprojekten sichtbare Zeichen zu setzen, gehört hier zum Gestaltungsauftrag der Stadtentwicklungsplanung. Im Dialog mit der Wohnungswirtschaft ist zudem ein Qualitätswettbewerb angestoßen worden.

Die Innenentwicklung bietet Stuttgart perspektivisch große Urbanisierungschancen, ist aber auch als eine besondere gesellschaftspolitische Herausforderung anzusehen. Denn die zivilgesellschaftlichen Kräfte spielen in der Stadtentwicklung – im ehrenamtlichen, auf das Gemeinwesen orientierten Bereich zur Ergänzung öffentlichen Handelns ebenso wie in Form einer Nachfrage nach ansprechend gestalteten Stadtquartieren und öffentlichen Räumen, nach maßgeschneiderter Infrastruktur, nach Wohnraum oder Baumöglichkeiten – eine unverkennbare und noch zunehmende Rolle. Nicht zuletzt geht es darum, die Bürgerschaft an der Entwicklung neuer Stadtteile vielfältig und verstärkt zu beteiligen, etwa durch auf Dialog angelegte Planungsverfahren oder durch Vergabe von Grundstücken an Baugemeinschaften.

Baugemeinschaften sind wohnungspolitische Avantgarde und bieten auf zusammenhängenden Arealen oder in städtebaulich integrierter Lage ein neues Angebot kostengünstig selbst geplanter Wohnprojekte. Seit Jahren entsteht eine Nachfrage nach Dichte, generationsübergreifender Gemeinschaft und urbanen Wohnformen auf der Parzelle beziehungsweise in der Baulücke. Damit ändert sich die wohnungs- und städtebaupolitische Programmatik. Wie andere Städte, die auf dieses wachsende Marktsegment setzen, verfolgt auch Stuttgart das Thema nun mit Nachdruck. Baugemeinschaften gibt es seit Ende der Achtzigerjahre in Stuttgart. Derzeit existieren lediglich an acht Standorten 180 Wohnungen, die in einer Baugemeinschaft errichtet wurden. Aber Stuttgart kommt: Bei den aktuell geplanten sieben Vorhaben lassen sich bis zu 350 Wohnungen, bei weiteren Quartiersprojekten nochmals mindestens 700 Wohnungen realisieren.

Um Baugemeinschaften eine Chance zu geben, bedarf es einer Reihe organisatorischer Randbedingungen. Dazu zählt die Sicherstellung eines transparenten, für alle Seiten möglichst unaufwändigen, an den Bedürfnissen und angestrebten Konzeptqualitäten orientierten und damit fairen Verfahrens. Aber es geht auch darum, ein Grundstück zu finden, einen Ansprechpartner zu kennen und damit Planungssicherheit zu bekommen. So ist die Praxis der Zielgruppenansprache durch eine andere Form der Grundstücksvergabe anzupassen.

Baugemeinschaften haben auch in der Landeshauptstadt gute Aussichten, nicht nur als Grundbaustein einer nachhaltigen und partizipativen Stadtentwicklung verstanden, sondern auch zur »urbanen Normalität« im Baugeschehen zu werden.

Sozial verantwortlich handeln

Wie vielen prosperierenden Städten fehlt auch dem Stuttgarter Wohnungsmarkt bezahlbarer Wohnraum. Jährlich gehen auf absehbare Zeit zwischen 200 und 300 Wohnungen mit auslaufenden oder vorzeitig abgelösten Belegungsbindungen verloren. Der preisgebundene Teilmarkt ist angesichts der vergleichsweise geringen Leerstandsquote und niedrigen Umzugsquote, aber auch angesichts des nachlassenden Engagements der Wohnungswirtschaft und der steigenden Wohnkosten bei modernisierten Wohnsiedlungen der Zwischen- und Nachkriegszeit außerordentlich angespannt. Das im Zuge der Einführung der Zweitwohnsitzsteuer gesunkene, aber generell noch existierende strukturelle Wohnungsdefizit und die sichtbare Polarisierung des Wohnungsmarkts verschärfen die Probleme benachteiligter Bevölkerungsgruppen. Der lange chronisch unterversorgte Wohnungsmarkt verliert seine Integrationskraft.

Um den kommunalen Handlungsspielraum bestmöglich zu nutzen, fasste der Gemeinderat 2011 den baulandpolitischen Grundsatzbeschluss für ein neues Stuttgarter Innenentwicklungsmodell (SIM). Das Modell greift unterschiedliche baulandpolitische Initiativen auf. Das in der Außenentwicklung über Jahrzehnte erfolgreiche *Erweiterte Stuttgarter Modell der Bodenordnung* kann so künftig in der Innenentwicklung stärker zum Tragen kommen. Das SIM soll stadtweit und grundsätzlich dann gelten, wenn im Zuge der Innenentwicklung ein neues Planungsrecht zugunsten einer höherwertigen Nutzung geschaffen wird. Es soll mit einheitlich festgelegten Wohnbau(förder)quoten von 20 Prozent und Qualitätsstandards zur Umsetzung der genannten Zielstellung einer sozial integrativen und auf Lebensqualität zielenden Stadtentwicklung beitragen, gleichzeitig eine Gleichbehandlung aller Planungsbegünstigten gewährleisten und für alle Verfahrensbeteiligte nachvollziehbar und transparent sein.

Die hier beschriebenen Ansätze und Instrumente sind Bestandteile einer langfristigen Stadtentwicklungsstrategie für eine wirtschaftlich starke, sozial gerechte, kulturell vielfältige, vor allem aber lebenswerte Stadt, die es mit ihren Bürgern, ihren Institutionen und Unternehmen, kontinuierlich weiterzuentwickeln gilt. Stadt als gemeinsamer Prozess!

Matthias Hahn ist seit 1997 Beigeordneter für Städtebau und Umwelt der Landeshauptstadt Stuttgart, zuständig für das Amt für Stadtplanung und Stadterneuerung, das Baurechtsamt und das Amt für Umweltschutz.

Stadtentwicklung in der »Micropole«: Beispiel Ulm

Alexander Wetzig

Wie die meisten deutschen Großstädte wurde Ulm durch die Bombardements im Zweiten Weltkrieg vor allem in der Innenstadt erheblich zerstört. Über 80 Prozent der in Jahrhunderten gewachsenen altdeutschen Bürger- und ehemals freien Reichsstadt lagen in Trümmern. Und wie in vielen anderen deutschen Städten sah man beim Neuanfang nach 1945 in der Zerstörung auch eine Chance – nämlich die alte Enge und Kleinteiligkeit von Stadtgrundriss und Stadtkörper den Bedürfnissen und Funktionen der neuen Zeit anzupassen.

Der Wiederaufbau der kriegszerstörten Altstadt geriet zu ihrer »zweiten Zerstörung«: mit der Aufweitung der Straßenräume, der Aufgabe der fein abgestimmten Parzellenstruktur der Ulmer Bürgerhauskultur in den neuen Grundstücksumlegungen, all den Begradigungen und Bereinigungen der historischen Unregelmäßigkeiten des alten Stadtkörpers, die den großen Reichtum des Stadtbilds der Vorkriegszeit ausmachten. Die Stadt der Moderne im Gegenentwurf zur tradierten europäischen Stadt war immer wieder durchscheinendes und manchmal unreflektiertes Leitbild, das im Wiederaufbau auf das Trümmerfeld Ulms projiziert wurde. Die Strategie war leider erfolgreich. Nach rund zweieinhalb Jahrzehnten war der sogenannte Wiederaufbau abgeschlossen. Im Konflikt zwischen den städtebaulichen Modernisierern und den bürgerschaftlichen Pragmatikern entschied man sich für nur einige wenige, dann aber radikale Eingriffe in den Stadtkörper und ansonsten für kleinere, vermeintlich moderne, im Ergebnis aber banalisierende Korrekturen. Einig war man sich allerdings immer in der planerischen Dominanz des motorisierten Verkehrs. So mutierte auch Ulm zur autogerechten Stadt, die Stadtplätze degenerierten zu Parkplätzen und die Stadtgassen zu Autotrassen.

Kritischer Diskurs mit der Wiederaufbauzeit

Zunehmend greifbar wurde allerdings die stadtentwicklungspolitische Sackgasse, in die man sich hineinmanövriert hatte. Zusammen mit der seit Mitte der Siebzigerjahre aufgekommenen städtebaulichen Erneuerung erhalten gebliebener historischer Bereiche entwickelte sich ein grundlegender Strategiewechsel. Unterstützt wurde dieses Vorgehen durch die tief greifende und anhaltende Strukturkrise der Ulmer Industrie und damit der Stadtwirtschaft insgesamt, die eine stadtpolitische Neuausrichtung erzwang. Die griffige Markenbotschaft der modernen »Wissenschaftsstadt« beschreibt seither den erfolgreichen Umbau der alten Industriestadt zur Stadt der Forschung und Entwicklung sowie der Bildung und Dienstleistung.

In einer beispiellosen Konzentration der Kräfte auf eine umfassende Umgestaltung des Ulmer Stadtzentrums wurde ein anhaltender Prozess in Gang gesetzt, der der Innenstadt ein in hohem Maße identitätsstiftendes neues Stadtbild verschafft hat. Diese städtebauliche Modernisierung ist untrennbar verbunden mit einer kritischen Auseinandersetzung mit den Prinzipien der Wiederaufbauzeit. Die alten Leitbilder der städtebaulichen Moderne in der »gegliederten und aufgelockerten Stadt« werden von einer Neuinterpretation der Kategorien der traditionellen europäischen Stadt abgelöst. Dabei geht es nicht um einen rekonstruierenden Rückbau hin zu den Vorkriegsstrukturen, sondern um eine Weiterentwicklung der alten Stadt mit zeitgemäßen modernen Mitteln. Drei Leitthemen prägen das strategische Konzept dieser Stadtbaupolitik: die »Versöhnung der Moderne mit der europäischen Stadt«, die »Neue Urbanität« und der »Städtebau im Bürgerdiskurs«. Diese

Ulmer Innenstadt mit Münsterplatz, Rathaus und Neuer Mitte
Foto: Stadt Ulm

drei Zielfelder stadtplanerischen Handelns reflektieren in unterschiedlicher Weise das Erbe der europäischen Stadt. Die Versöhnung der Moderne mit der europäischen Stadt steht als plakatives Motto für das wohl auffälligste Element Ulmer Innenstadtstrategie: nämlich das unbeirrbare Eintreten für eine zeitgemäße Architektursprache bei den neuen Bauaufgaben – der formale Rückgriff auf historische Stilformen verbietet sich dabei. Auch in Nachbarschaft zu Baudenkmälern wird das moderne Bauen eingefordert. Freilich geht es hier um eine weiterentwickelte Moderne und das nicht nur im Hinblick auf ihr stilistisches Repertoire, sondern vor allem bezogen auf ihre städtebauliche Funktion. Anders als die traditionelle Moderne des Wiederaufbaus mit ihrer Negation stadträumlicher Bezüge wird der entschiedene städtebauliche Bezug zur Umgebung eingefordert: Jedes moderne Haus muss sich auch der Prüfung seines Beitrags zum Stadtraum unterziehen. Unter »neuer Urbanität« versteht man heute die seit den Achtzigerjahren immer konsequenter verfolgte grundlegende Abkehr von den Prinzipien der Wiederaufbauplanungen. Es geht um neue Dichten, kompakte Baustrukturen, klare Räume und Rückbesinnung auf die gemischte Stadt als Grundlage jeder Urbanität. Neben der früheren einseitigen Betonung der traditionellen Handels- und Dienstleistungsfunktionen wird besonderer Wert auf das innerstädtische Wohnen und die Kultur als Urbanitätsfaktor gelegt. Allerwichtigster Aspekt ist jedoch die Abkehr vom verkehrsgerechten Ausbau des Stadtkerns zugunsten von Verkehrsberuhigung und stadtverträglicher Mobilitätsentwicklung sowie der damit einhergehenden Rückeroberung des Stadtraums für den Fußgänger. Solche Veränderungen lassen sich erfolgreich nicht von oben verordnen. Das alte Wechselspiel von Politik und Verwaltung, Gemeinderat und Fachleuten mit planungstechnokratischen Abläufen wurde in Ulm schon früh zugunsten engagiert geführter bürgerschaftlicher Beteiligung aufgebrochen. Der Städtebau im Bürgerdiskurs ist

Neue Mitte Ulm: Hans-und-Sophie-Scholl-Platz
Foto: Achim Bunz

Steidle + Partner Architekten: Ingenieurwissenschaftliche Fakultät Ulm, 1992
Foto: Michael Weseley, Steidle Architekten

seitdem ein zentrales Leitmotiv stadtentwicklungspolitischer Entscheidungsfindung. Nirgendwo sonst als in einer ehemals freien Reichsstadt, in der die Bürger seit jeher ihre ureigensten Dinge selbst verantwortet haben, könnte man solches Postulat überzeugender und selbstverständlicher umsetzen. Es geht um das Grundverständnis, dass Stadtplanung immer auch ein Kommunikationsprozess ist.

Planungskultur – Wertkultur – Dialogkultur

Hinter allen Einzelfragen und -themen der räumlichen Entwicklung in den Städten steht am Ende letztlich die Frage nach der Baukultur. So gern diese Frage auch vermieden wird, sie wird unvermeidlich im Alltag des Bauens jedesmal neu gestellt und durch das Ergebnis planenden Handelns beantwortet. Das Weiterbauen der Stadt bedarf daher zwingend der Leitbilder und grundsätzlichen Wertvorstellungen, die Baukultur überhaupt erst entstehen lassen. Ulmer Baukultur definiert sich über drei Kategorien:

· Ulmer Planungskultur: Qualitätvolle Ergebnisse haben qualitätsorientierte Methoden und Verfahren – vom systematischen Planungshandeln bis zum Architektenwettbewerb und ganzheitlicher Prozessorganisation – zur Voraussetzung.
· Ulmer Wertkultur: Das einzelne Bauen ist immer auch Bauen am Stadtganzen. Im Vordergrund stehen Werthaltigkeit und -beständigkeit der Bauwerke, ganz im Sinne der Vitruv'schen »Firmitas« oder der modernen »Nachhaltigkeit«.
· Ulmer Dialogkultur: Ohne einen öffentlichen Diskurs scheitern beste Planungsmethodik und noch so anspruchsvolle Konzepte des Stadtbauens – nur im Bürger- und stadtgesellschaftlichen Kommunikationsprozess bewährt und behauptet sich das engagierte fachliche Ziel.

Diese Trias baukultureller Kriterien, die in enger Wechselwirkung zueinander den erfolgreichen Umbau der Ulmer Innenstadt prägen, ist gleichsam das magische Dreieck Ulmer Baukultur. Die Stadt weiterbauen – mit zeitgemäßer Architektur und in der Tradition der europäischen Stadt –, das ist die Botschaft der alten und immer wieder neuen Bürgerstadt, der sie sich zutiefst verpflichtet fühlt.

Neue Herausforderung in der Stadt: der Holzbau

Der Baustoff Holz hat es nicht leicht in den Städten – so auch nicht in Ulm. Ihm wird zwar grundsätzlich viel Wohlwollen entgegengebracht, das öffentliche Meinungsbild vermittelt aber den Eindruck, als hätte er im urbanen Raum wenig zu suchen. Bauen auf dem Land gilt eher als sein angestammtes Revier. In städtischen Ballungsräumen wird Holz meistens allenfalls bei Nebenanlagen und in Sonderfällen in Betracht gezogen. Zu stark sind offensichtlich die unreflektierten Assoziationen zum Ländlichen beziehungsweise Naturnahen. Zu tief im kollektiven Unbewussten sind vielleicht auch die Bedenken zur Dauerhaftigkeit oder Feuersicherheit des Baustoffs verankert. Von den mittelalterlichen Stadtgroßbränden bis zu den Feuerstürmen der Weltkriegsbomben, die nur die steinernen Fassadenhüllen überstanden, reicht der kollektive Erfahrungsschatz im städtischen Bauen und seiner Materialwahl.
Die Fachwelt weiß längst um den neuen alten Baustoff Holz, seine moderne Technologie, seine umfassende und vielseitige Einsetzbarkeit, seine nachgewiesene Gebrauchstüchtigkeit, Dauerhaftigkeit und Schönheit und, nicht zuletzt, um seine originäre Nachhaltigkeit. Für viele Aufgaben in der Stadt existieren Lösungen mit Holz. Dabei bedarf es nicht einmal neuer Entwicklungen, neuer Konstruktionen oder Pilot- und Modellversuche. Wie so oft gilt auch hier: Man muss es nur tun! Es geht darum, dem Baustoff Holz auch in der Stadt eine Chance zu geben. Es geht um eine

Die urbane Gesellschaft

Rathaus und neue Stadtbibliothek
Foto: Stadt Ulm

vorurteilsfreie nüchterne Analyse, Bewertung und Entscheidung bei der Wahl von Konstruktion und Material in der Planung. Vielfach wird der Naturbaustoff Holz gar nicht erst in die Auswahlentscheidung miteinbezogen. Dort, wo – überraschenderweise – doch bei anspruchsvollen Bauaufgaben eine bewusste Entscheidung für den Holzbau von den fachlich Verantwortlichen erfolgt, begegnet das gebaute Ergebnis manchmal anhaltender Kritik vonseiten der Nutzer, wie beim Neubau der Ingenieurwissenschaftlichen Fakultäten der Universität Ulm von Steidle + Partner Architekten.

Dass urbaner Holzbau von daher ein Schattendasein fristet, verwundert nicht – der Baustoff hat kein Sachproblem, sondern vor allem ein Kommunikationsproblem. Dieses zu lösen, ist allerdings keine leichte Aufgabe: Sie gelingt nur auf längere Sicht und im Zusammenwirken vieler Akteure. Das beginnt bei den Planern in Aus- und Fortbildung, wo Hochschulen und Architekten- und Ingenieurkammern gefragt sind, und endet schließlich bei den Medien, die einer breiteren Öffentlichkeit das Thema nahebringen. Gezielte Initiativen bei den großen Bauherren wie der Wohnungswirtschaft oder den öffentlichen Auftraggebern können ihrerseits positive Ergebnisse bewirken. Der seit dem Jahr 1979 verliehene Holzbaupreis Baden-Württembergs, der sich für eine aktuelle Ausrichtung auf den urbanen Holzbau besonders anbietet, ist ein gutes Beispiel für solche Arbeit.

Das bauliche Gehäuse der Stadt ebenso wie die Stadtgesellschaft selbst unterliegen einem permanentem Wandel. Neue Werte, neue Lebenszusammenhänge und -formen führen zu neuen Strukturen. Nach Jahrzehnten einer verfehlten ausufernden Siedlungspolitik weit hinaus in die Fläche kehren wir allmählich in die Städte und damit auch zu stärkerer Verdichtung zurück. In einer neuen Urbanität der Zukunft hätte Holz als Baustoff eine gute Chance und einen nicht unbedeutenden Platz, diese Urbanität mitzugestalten. Das soll allerdings nicht heißen, dass mit dem Baustoff Holz die

Stadthaus und Münsterplatz
Foto: Achim Bunz

Anmutung des Ländlich-Dörflichen in die Stadt hineingetragen werden soll. Es geht ganz im Gegenteil darum, dem städtischen Lebensgefühl – ob im verdichteten Wohnungsbau oder im modernen City-Büro – auch mit einem urban geprägten Holzbau Ausdruck zu verschaffen. Und das ist eine Herausforderung, der wir uns alle stellen sollten!

Alexander Wetzig ist seit 1991 Baubürgermeister der Stadt Ulm, verantwortlich für Stadtentwicklung, Bauen und Umwelt.

Stadtentwicklung im Unterzentrum: Beispiel Weinstadt

Thomas Deißler

Beutelsbach im Remstal, einer der fünf Ortsteile von Weinstadt, 2005
Foto: Stadt Weinstadt

»Fünf Sahnehäubchen und gleichzeitig Stadt und Dorf«, so wird im Volksmund die aus fünf historischen Weinorten zusammengesetzte Kreisstadt Weinstadt im Remstal beschrieben. Die enge Verzahnung mit der umgebenden Kulturlandschaft aus Weinbergen und Streuobstwiesen prägt das Bewusstsein der 26.500 Einwohner ebenso wie die Lage vor den Toren von Stuttgart. Historische Fachwerkgebäude bilden in allen Stadtteilen die Kerngebiete und geben der Stadt im Zusammenspiel mit der Weinlandschaft sowie den damit zusammenhängenden gastronomischen Angeboten ihre Identität und ihren Namen. Seit dem Zusammenschluss 1975 ist alle zehn Jahre eine Zunahme um etwa 1.000 Einwohner zu verzeichnen. Diese Entwicklung hat sich in den vergangenen zehn Jahren etwas abgeschwächt, nämlich auf 650 Neubürger.

Kennzeichnend für diesen Zeitraum ist ein langsames, organisches Wachsen des Orts. Die Entwicklungspotenziale des Flächennutzungsplans wurden nicht ausgenutzt, obwohl eine große Nachfrage bei niedrigem Angebot und hohen Grundstückspreisen spürbar ist.

Wohnwünsche von heute

Die örtlichen Bauträger vermelden aktuell eine verstärkte Nachfrage im Wohnungssektor. Derzeit werden bei der Stadt vor allem Einfamilienhäuser und Doppelhäuser verlangt. Die Lage im Speckgürtel von Stuttgart mit guter Anbindung durch die S-Bahn und die Bundesstraße sowie der positive Arbeitsmarkt der gesamten Region bestimmen die hohe Werthaltigkeit der Immobilien in Weinstadt. Wichtige Standortfaktoren bilden darüber hinaus die zahlreichen Einkaufsmöglichkeiten, die ärztliche Versorgung und das öffentliche Angebot an Betreuungseinrichtungen für junge und alte Menschen. Die Verzahnung der städtischen Qualitäten von Weinstadt mit der Landschaft des 78 Kilometer langen Flusstals östlich von Stuttgart, dem Remstal, wird außerdem als erheblicher Vorteil angesehen. Besonders jüngere Familien bevorzugen verkehrsgünstig gelegene, grüne Lagen am Ortsrand oder an Ausfallstraßen. Sie verlangen zumeist nach Doppel- oder Reihenhäusern. Daneben sind ältere Gebäude mit Gartengrundstücken kaum noch zu finden, da sie als Nachverdichtungsfläche bei Bauträgern großes Interesse auslösen. Wegen der hohen Grundstückspreise werden von ihnen optimierte Flächennutzungen und kompakte Bauformen realisiert, die gleichzeitig ausreichend Privatsphäre bieten. Die Gebäude sollen auf familiäre, demografische und berufliche Veränderungen reagieren können und effizient in Bezug auf Bau- und Betriebskosten über den ganzen Lebenszyklus sein.

Eine kurze Bauzeit zur Vermeidung doppelter finanzieller Belastungen wird ebenso angestrebt wie eine Vereinfachung des Bauprozesses durch Vorfertigung und die Verringerung der Schnittstellen zwischen den Einzelgewerken. Die wachsende Gruppe von Einzelpersonen, die alleine wohnen, aber nicht alleine leben wollen, sucht zentrale Lagen mitten im Versorgungskern, auch an stark befahrenen Straßen oder unmittelbar an Gewerbe angrenzend.

Identität und Individualität als Standortfaktor

Daneben lässt sich auch in Weinstadt eine Entwicklung beobachten, die den zentrumsnahen Bereichen neue Bedeutung zukommen lässt. Der sich zunehmend in virtuellen Umfeldern bewegende Mensch sucht offensichtlich verstärkt nach Halt, Identität und Individualität. Dies eröffnet neue Möglichkeiten für Ortszentren mit historischen Bauwerken. Die gegenwärtige Hinwendung zur Stadt als Lebensraum ist offensichtlich auf die Attraktivität der Innenstädte zurückzuführen. Die Stadt ist Schauplatz des öffentlichen Lebens und Bühne der Freizeitgesellschaft: Authentische, besonders lebhafte Viertel faszinieren die Menschen. Charaktervolle, nicht zu moderne Gebäude mit vielfältigen kleingliedrigen Nutzungskoppelungen und einem breiten gastronomischen Angebot bilden die Kulisse für soziale Begegnung.

Vor diesem Hintergrund erhält ein im Rahmen der Ortsentwicklung individuell erarbeitetes Konzept für die Formensprache der Bauwerke sowie deren Materialität und Detaillierung maßgebliche Bedeutung. Die Qualität und Wiedererkennbarkeit eines Ortskerns verbessert die Positionierung konkurrierender Kommunen jenseits der Städte und schafft vor allem verbesserte Lebensbedingungen für die Menschen. Hierbei erfährt der traditionell vorhandene Baustoff Holz neue Wertschätzung.

Fachwerk in Strümpfelbach, einem Ortsteil von Weinstadt im Remstal
Foto: Thomas Deißler

Holz – Baustoff und Mythos

Der Stoff, aus dem die Bäume sind, ist umweltschonend und energiesparend, er entsteht aus Kohlendioxid, Wasser und Sonnenenergie in der »Fabrik Wald«. Das Naturmaterial Holz gewinnt neue Akzeptanz in der Bevölkerung und erweist sich auch in der Baupraxis als konkurrenzfähig gegenüber anderen Baustoffen. Holz ist aber mehr, es ist ein Mythos. Angefangen bei den Holzbauklötzen in frühester Kindheit begleitet es die Menschen in Form von Schuhwerk, Schmuck, Kochwerkzeugen und Möbeln durch das Leben buchstäblich bis zum letzten Gang. Deshalb ist der Baustoff Holz auch in Weinstadt auf dem Vormarsch. Kein anderes Baumaterial löst uneingeschränkt positive Assoziationen aus. Holz sorgt für eine Individualisierung der gebauten Form, die eigentlich schon verloren schien, und verstärkt somit die Eigenständigkeit des Ortsbilds. In Weinstadt belegt eine Reihe moderner Holzbauten diese Aufbruchsstimmung.

Thomas Deißler ist seit 2011 Erster Bürgermeister der Stadt Weinstadt, verantwortlich für Stadtentwicklung und Planungsamt, Hochbau, Tiefbau und Eigenbetriebe der Stadt.

2 Zukunftsfähiger Baustoff Holz

58 **Kultureller, ökologischer und energetischer Nutzen des Holzbaus**
Gerd Wegener

64 **Nachhaltige Waldwitschaft**
Thomas Deines / Sebastian Schreiber

74 **Urbaner Holzbau aus Sicht der DGNB**
Manfred Hegger

76 **Nachhaltiges Planen, Bauen und Betreiben**
Thomas Lützkendorf

86 **Der Umweltbeitrag der Holznutzung**
Sebastian Rüter

98 **Erstellung von Ökobilanzen**
Holger König

110 **Urbaner Holzbau aus Sicht der Immobilienwirtschaft**
Martina Klingele / Andreas Hanke

Kultureller, ökologischer und energetischer Nutzen des Holzbaus

Gerd Wegener

In der *Sylvicultura Oeconomica*, 1713 verfasst von Carl von Carlowitz, Leiter des Sächsischen Oberbergamts, findet sich die erste Definition des heute in allen Bereichen der Gesellschaft geläufigen Begriffs der Nachhaltigkeit: Die Nutzung des Walds kann nur erhalten bleiben, wenn seine wesentliche Eigenschaft erhalten bleibt – die der Fähigkeit zur natürlichen Regeneration.

Die Menschheit steht im Ausklang einer in historischen Dimensionen gemessen sehr kurzen, aber die Welt einschneidend prägenden Epoche: dem Zeitalter der fossilen Ressourcen. Betrachtet man im Besonderen die Nutzung des Erdöls als Energieträger sowie als Rohstoff für die große Palette der Kunststoffe, so geht es um einen »Wimpernschlag« in der Menschheitsgeschichte, der absehbar in diesem Jahrhundert zu Ende geht.

Holz ist dagegen wie kein zweiter Rohstoff, Baustoff und Energieträger von Anfang an mit der Menschheits- und Kulturgeschichte verbunden und er geht, anders als die fossilen Rohstoffe, nicht zu Ende, sondern erlebt gerade eine Renaissance im Übergang in eine postfossile Zukunft, die geprägt sein muss von der Bewahrung intakter Lebensräume, von zukunftsfähigen Energielösungen, von zukunftsfähigen Technologien zur Ressourceneinsparung und nachhaltiger Nutzung nachwachsender Rohstoffe.

Wichtige Elemente und Kriterien für Rohstoffe, Produkte und Produktionen in einer menschenwürdigen Wirtschafts- und Konsumwelt mit »ökosozialer Perspektive«[1] sind unter anderem:

- nachhaltige Verfügbarkeit der Ressourcen,
- umwelt- und menschenverträgliche Eigenschaften der Rohstoffe und Produkte sowie der Produktions- und Veredelungsprozesse,
- Ressourcen- und Energieeffizienz über den gesamten Lebensweg,
- C-Speicherungs- und CO_2-Vermeidungspotenziale,
- Eingliederung in Natur- und Wirtschaftskreisläufe.

Nachhaltigkeit im Spannungsfeld zwischen Ökologie, Ökonomie und Sozialem kann erfolgreich nur von Menschen und Gesellschaften erreicht werden, wenn es gelingt, die Bewahrung der Naturgrundlagen und den Einsatz moderner, intelligenter Technik durch kulturelle Impulse so harmonisch wie möglich zu gestalten.

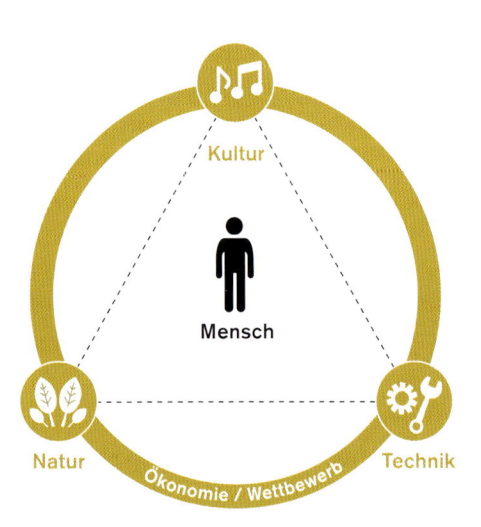

Spannungsfeld der Nachhaltigkeit zwischen Natur, Technik und Kultur in den Grenzen von Ökonomie und Wettbewerb
Quelle: Gerd Wegener / Ralf Rosin, Holzforschung München

Jeder Einzelne muss dabei Verantwortung übernehmen, um die unterschiedlichen Interessen im Gleichgewicht zu halten oder sie ins Gleichgewicht zu bringen. Letztlich soll daraus eine gesamtgesellschaftlich akzeptierte Kultur der Nachhaltigkeit entstehen.

Da Bäume und der Rohstoff Holz sowohl Natur- als auch Wirtschafts- und Kulturgüter darstellen, bietet der technische Einsatz des Baustoffs Holz in der traditionellen und modernen Holzbauarchitektur vielfältigste Möglichkeiten zur Verwirklichung einer zukunftsfähigen Baukultur im Ländlichen und urbanen Raum, die dem Klimaschutz, der Energieeffizienz und der Ressourcenschonung ebenso verpflichtet ist wie der Schaffung hoher Wohn- und Lebensqualität.

Holz wird durch Fotosynthese in der grünen »Fabrik Wald« produziert und erfüllt damit bei geregelter und nachhaltiger Forstwirtschaft ein wesentliches Kriterium naturnaher und nachhaltiger Wirtschaftsweise. Da Wälder jedoch nicht nur Rohstoff- und Energieproduzenten sind, sondern Ökosysteme mit vielfältigster Pflanzen- und Tierwelt sowie positiven Wirkungen auf Boden, Wasser, Luft, Wetter, Klima und Landschaft, aber auch Lebens-, Arbeits- und Erholungsraum für Menschen, sind sie als Produktionsstandorte einzigartig.

Die Wertschöpfungskette vom Wald bis zu den vielfältigen Holzprodukten und holzbasierten Materialien steht darüber hinaus mit zahlreichen Alleinstellungsmerkmalen für weitere Kriterien einer energie- und kohlenstoffeffizienten Wirtschaftsweise, die moderne Entwicklungen wie »Green Chemistry«, »Green Technology«, »Green Economy« oder »Eco-Products« erst anstreben oder verwirklichen müssen. Unsere Wirtschaftswälder, nachhaltige Forst- und Holzwirtschaft und vor allem das Bauen mit Holz sind dagegen schon heute wirksamer Natur- und Klimaschutz. Die Wertschöpfungskette Wald-Forst-Holz-Bau kann als Modell eines zukunftsfähigen Umgangs mit der Natur und dem Einsatz

Naturnaher Wirtschaftswald mit Laub- und Nadelholz
Foto: Ralf Rosin, Holzforschung München

Steinzeithaus in Holz, 3000 v. Chr., Rekonstruktion
Foto: Rüdiger Kelm

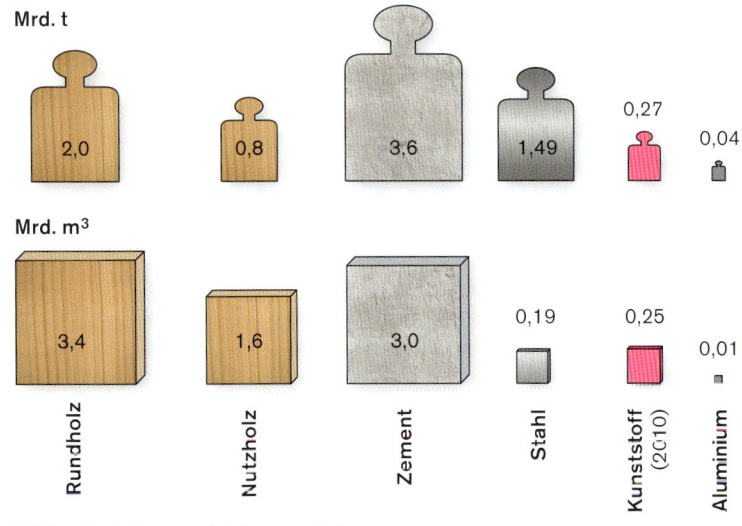

Weltweite Jahresproduktion von Holz
und anderen wichtigen Roh- und Baustoffen (2011)
Quelle: Gerd Wegener / Ralf Rosin, Holzforschung München

Bauernhaus in Bayern, um 1850
Foto: Gerd Wegener / Ralf Rosin

umweltfreundlicher Technologien bei der Rohstoffbereitstellung sowie der Herstellung kreislauffähiger Produkte und Baustoffe gesehen werden. Durch die verschiedenen traditionellen und modernen Gewerke und Dienstleistungen entstehen dann ressourcen- und energieeffiziente Gebäude und Bauwerke.

Historischer Exkurs

Holz war die längste Zeit der Menschheitsgeschichte als Brennstoff, Material und Kulturgut unersetzlich, etwa für Werkzeuge, Waffen, Kunstwerke sowie den Schiffs- und Hausbau. Die Entwicklung der vergangenen 20 Jahre hin zu einer neuen Epoche des Bauens mit Holz als kulturelle und ökologische Aufgabe sowie technische Herausforderung führt eine jahrtausendealte Tradition des handwerklichen Umgangs mit dem Baustoff Holz in den verschiedensten Kulturepochen der Menschheit fort.[2]

Heutzutage wird das überlieferte handwerkliche Wissen um das Baumaterial Holz durch die Möglichkeiten des ingenieurbasierten Entwerfens, Konstruierens und Bauens mit einer großen Vielfalt an Holzprodukten und Verbundmaterialien stetig und dynamisch erweitert. Dazu tragen unter anderem qualifiziert getrocknete, hochtragfähige, maschinell sortierte Konstruktionsvollhölzer (etwa Duobalken, Triobalken etc.), hochleistungsfähige Holzwerkstoffe (Furnierschichtholz, OSB etc.), großformatige Wand- und Deckenbauteile (aus Brettschichtholz oder Brettsperrholz), verschiedenste Trägersysteme sowie innovative Verbindungsmittel und leistungsfähige Klebstoffe bei.[3] EDV- und modellgestützte Planung sowie industrielle Vorfertigungs- und Abbindetechniken eröffnen wettbewerbsfähiges und schnelles Bauen mit Holz in neuen Einsatzgebieten der Tragwerkplanung und neuen Dimensionen des mehrgeschossigen Bauens.[4,5]

Vom Wald zum Rohstoff

Weltweit liefern die Wälder 3,5 Milliarden Kubikmeter (2,1 Milliarden Tonnen) jährlich an Rundholz (Nadelholz: 1,2 Milliarden Kubikmeter, Laubholz: 2,3 Milliarden Kubikmeter). Davon wird mehr als die Hälfte (54 Prozent) energetisch genutzt, 46 Prozent verbleiben für die sogenannte stoffliche Nutzung zur Umwandlung in Produkte (Nutzholz). Damit ist Holz insgesamt der bedeutendste nachwachsende Rohstoff und auch im Vergleich mit Wettbewerbsmaterialien wie Zement und Stahl einer der großen Drei.

Die 1,6 Milliarden Kubikmeter Nutzholz für die nicht energetische Verwendung werden zu 400 Millionen Kubikmeter Schnittholz, 280 Millionen Kubikmeter an Holzwerkstoffen für das Bauen und Wohnen (Konstruktion, Ausstattung, Möbel) sowie zu 400 Millionen Tonnen Papier und Pappe verarbeitet.[6] Die wichtigsten Rohstoffproduzenten für unseren Holzbau sind die Wälder in Deutschland und Europa. Auf elf Millionen Hektar Wald in Deutschland beziehungsweise 190 Millionen Hektar in der EU steht ein Holzvorrat von 3,4 Milliarden und 22,5 Milliarden Kubikmeter zur Verfügung.

Jährlich wachsen 80 Millionen, also 660 Millionen Kubikmeter Holzvorrat nach. Da der durchschnittliche Holzeinschlag in unseren Wirtschaftswäldern jährlich 70 beziehungsweise 420 Millionen Kubikmeter beträgt, ist der Rohstoffspeicher also nachhaltig gefüllt und steht im Interesse der Waldpflege und Waldverjüngung zur nachhaltigen Holzverwendung zur Verfügung.[7] Für das Bauen mit Holz in Deutschland hat Hermann Kaufmann modellhaft berechnet, dass etwas mehr als ein Drittel der oben genannten Holzernte von 70 Millionen Kubikmetern ausreichen würde, um das gesamte jährliche Neubauvolumen aus Holz zu errichten.[8]

Knapp 60 Prozent der deutschen Waldflächen sind mit Nadelbäumen besetzt, wobei Fichte und Kiefer die mengenmäßig bedeutendsten Baumarten sind und die Fichte die für den Holzbau wichtigste Holzart darstellt. Weitere regional wichtige Nadelhölzer sind Lärche, Douglasie und Weißtanne. Gut 40 Prozent der Waldfläche machen Laubbäume aus, mit Buche und Eiche als den dominierenden Holzarten und einer großen Zahl von weiteren Laubhölzern, wie unter anderem Esche, Ahorn, Kirsche, Birke oder Pappel und andere.

Die Forstwirtschaft liefert unterschiedliche Rundholzsortimente (starkes Stammholz, schwächere Rundholzabschnitte, schwaches Durchforstungsholz) in verwendungsorientierten Stärkeklassen, Längen und Qualitäten. Die verschiedenen Holzarten haben ausgeprägte Gattungs- und Arteigenschaften, die sich unter anderem im mikroskopischen Aufbau des Holzes und seiner chemischen Zusammensetzung zeigen.[9]

Das Material Holz vereint dadurch in besonderem Maße naturgegebene mit technischen Eigenschaften. Von der Natur gegeben sind die gespeicherte Sonnenenergie (nutzbar als Heizwert) und der gespeicherte Kohlenstoff, resultierend aus dem bei der Fotosynthese aus der Luft aufgenommenen Kohlendioxid, sowie durch die Natur des Baums entstehende baumartenspezifische Zellstrukturen und die chemische Zusammensetzung. Daraus ergeben sich verwendungsrelevante technische Kenngrößen wie etwa die Rohdichte und die damit korrelierten mechanischen Festigkeiten, die bei vergleichsweise geringen Dichten von Bauholz (400 kg/m³ bis 1000 kg/m³) massebezogen höher sind als bei Wettbewerbsbaustoffen. Härte, Wärmeleitfähigkeit, natürliche Dauerhaftigkeit oder Farbe und Oberflächenbeschaffenheit[10] sind weitere Eigenschaften, wodurch unter anderem bauphysikalische, wohnhygienische und dekorative Anforderungen im Bauwesen erfüllt werden.

Vom Rohstoff zum Produkt

Der Forstwirtschaft ist die Holz- und Papierwirtschaft nachgelagert, die in häufig klein- und mittelständischen Unternehmen, fast ausschließlich im Ländlichen Raum, eine vielfältige Produktpalette herstellt. Für das Bauwesen relevant sind vorrangig die Sägeindustrie, Holzwerkstoff- und Dämmstoffhersteller, das Zimmerer- und Holzbaugewerbe, Fassaden- und Fensterbauer, Furnierwerke, Parkett- und Fußbodenhersteller sowie das Schreinerhandwerk.

Eisenbahnhalle München:
Stahlstich um 1850 von Jobst Riegel (nach Rudolf Wilhelm Gottgetreu)
Quelle: Stadtmuseum München (Inv.-Nr. G P 1301)

Der 163 Meter hohe Sendeturm in Ismaning wurde im Jahr 1932 als Holzfachwerkkonstruktion errichtet und 1983 abgerissen.
Foto: Gerd Wegener / Ralf Rosin

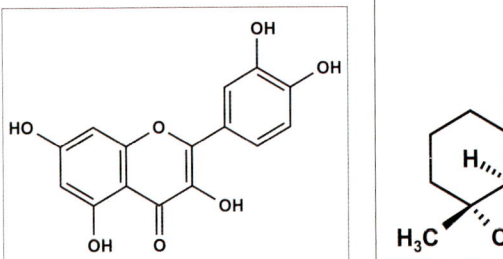

Die Sägeindustrie verarbeitet typischerweise gutes bis hochwertiges Stammholz und Rundholzabschnitte zu Schnittholz für Konstruktions- und allgemeine Bauzwecke (Schalung etc.) sowie für Ausstattung und Möbel. In den vergangenen Jahrzehnten wurde das Angebot für das Bauen mit Holz ergänzt durch spezialisierte Bauprodukte wie etwa Konstruktionsvollholz (KVH), Balkenschichtholz (Duo-, Triobalken)[11], Brettschichtholz sowie seit einigen Jahren Brettsperrholz[12]. Diese genormten Produkte garantieren anwendungsorientierte Qualität, unter anderem in Bezug auf Dimensionsstabilität, Festigkeit und das optische Erscheinungsbild durch technische Trocknung, visuelle oder maschinelle Sortierung sowie Keilzinkung und ausgehobelte Oberflächen. Das große Segment der Holzwerkstoffe umfasst Produkte, die durch qualifizierte und genormte sowie verwendungsorientierte Verklebung von Holzteilen (Bretter, Leisten, Furniere, Späne, Fasern oder Holzwolle) mit Kunstharzen, anorganischen Bindemitteln (Gips, Zement) oder auch durch Ausnutzen von Faser-Faser-Bindungen (Faserdämmplatten) entstehen.[13–15] Wichtige Produktgruppen sind:

· Brettschichtholz, Brettsperrholz,
· Mehrschichtplatten, Tischlerplatten,
· Furniersperrholz, Furnierschichtholz,
· Spanplatten, OSB-Platten,
· Faserplatten (hart, mittel, weich),
· Faserdämmplatten, Holzwolle-Leichtbauplatten.

Ökologisch-energetische Dimension des Bauens mit Holz

Das Bauwesen ist grundsätzlich in hohem Maße rohstoff- und energierelevant und einer der wichtigsten Sektoren einer auf Nachhaltigkeit, Ressourcen- und Energieeffizienz sowie Klimaschutz ausgerichteten deutschen und europäischen Politik. Um deren Ziele und Programme (darunter die Reduzierung der Kohlendioxid-Emissionen um 20 Prozent bis 2020, »Energiewende« in Deutschland) zu realisieren, bedarf es im Bauwesen wichtiger Veränderungen. Dazu gehören beispielsweise der zunehmende Einsatz von nachwachsenden Rohstoffen, die Kohlenstoffspeicherung, die effiziente Nutzung erneuerbarer Energien sowie eine Minimierung der »Grauen Energie« ebenso wie aller Energieaufwendungen zur Gebäudeerstellung, zum Betrieb und zum Rückbau.[7, 16] Instrumente zur Erfassung, Quantifizierung und Bewertung sind etwa Ökobilanzierung und Lebenszyklusanalysen, die bereits erfolgreich zur Bestimmung der Klima- und Umweltentlastung von Gebäuden in Holzbauweise eingesetzt wurden.[17] Für das Baumaterial Holz können bezüglich der ökologisch-energetischen Dimension folgende grundsätzliche Kernaussagen getroffen werden:

1. Der Rohstoff Holz wird im Ökosystem Wald unter umweltfreundlichsten Bedingungen produziert.
2. Holz wird mit geringem Energieaufwand zur Be- und Verarbeitung bereitgestellt (etwa fünf Prozent der im Rohstoff gespeicherten Energie).

Vom Baum zum Stamm und zur Struktur und Chemie des Holzes;
linke Spalte: Nadelholz (Fichte), rechte Spalte: Laubholz (Eiche)
Quelle: Gerd Wegener / Ralf Rosin, Holzforschung München

3. Die CO_2-Senkenwirkung unserer Kultur- beziehungsweise Wirtschaftswälder wird nur durch deren nachhaltige Bewirtschaftung gesichert.
4. Die Herstellung von Schnittholz und Bauprodukten aus Holz und Holzwerkstoffen erfordert im Vergleich mit Wettbewerbsbaustoffen sehr wenig Energie, die zudem zu hohen Anteilen aus Holzreststoffen (Sägemehl, Hackschnitzel, Hobelspäne etc.) stammt, die nicht zur Holzwerkstoffproduktion genutzt werden.
5. Niedriger Energieaufwand und energetische Nutzung von Holzreststoffen bedeuten auch geringe Mengen an fossilen CO_2-Emissionen.
6. Holz und holzbasierte Produkte verlagern den Kohlenstoff und den Energieinhalt in Gebäude und Bauwerke, in denen beide klimaentlastend über lange Zeiträume (40 bis 100 Jahre) gebunden bleiben. So entsteht durch das Bauen mit Holz kontinuierlich und langfristig ein stetig wachsender Kohlenstoff- und Energiespeicher.
7. Der Einsatz von Holz substituiert fossile und nicht nachwachsende Rohstoffe, die aktuell kein Kohlendioxid gebunden haben sowie daraus energieaufwändig hergestellte Produkte (Kunststoffe, Stahl, Aluminium etc.). Dadurch werden große Mengen an Energie, vor allem »Grauer Energie«, und CO_2-Emissionen eingespart.
8. Holz und holzbasierte Dämmstoffe besitzen ausgezeichnete Wärmedämmeigenschaften. Dadurch eignen sich Holzbaustoffe ideal für energieoptimierte Gebäude.
9. Am Ende der Nutzungsphase lassen sich Holzbauten energiearm rückbauen.
10. Durch stoffliches Recycling können hohe Anteile als Sekundärrohstoffe genutzt werden (für Holzwerkstoffe etc.). Alternativ lässt sich der Energieinhalt des gebrauchten Holzes (Heizwert) CO_2-neutral nutzen.

Energiebilanzen über den gesamten Lebensweg zeigen, dass Holz und holzbasierte Produkte von der Herstellung über die Nutzung, Instandhaltung und Entsorgung weniger Energie verbrauchen können, als aus den Reststoffen der Herstellung und der Endnutzung erzeugt werden kann (»Plusenergieprodukte«).
Die skizzierten Eigenschaften des Roh- und Baustoffs Holz und die Alleinstellungsmerkmale der Wertschöpfungskette Wald-Forstwirtschaft-Holzwirtschaft-Holzbau können Vorbild und Modell zugleich für ökologische Produktqualität beziehungsweise eine nachhaltige, energie- und kohlenstoffeffiziente Wirtschaftsweise sein, die in einzigartiger Weise Natur und Technik miteinander verbindet. Dies ermöglicht eine neue Holzbaukultur, die mit material- und menschengerechter Architektur städte- und landschaftsplanerische Konzepte sowie Visionen in besonders eindrucksvoller Weise erfüllen kann.

Literaturverweise und Quellen

[1] Franz Josef Radermacher/Bert Beyers: Welt mit Zukunft. Die ökosoziale Perspektive, Hamburg 2011.
[2] Mamoun Fansa/Dirk Vorlauf (Hg.): Holzkultur. Von der Urzeit bis in die Zukunft, Oldenburg 2007.
[3] Holzabsatzfonds (Hg.): INFORMATIONSDIENST HOLZ, Holzbau Handbuch, Reihe 4, Teil 1, Folge 1. Holz als konstruktiver Baustoff, Bonn 2008.
[4] Julius Natterer: Tragwerkplanung im Holzbau, in ders./ Thomas Herzog: Holzbau Atlas, München 2003, S. 78–95.
[5] Yves Weinand: Timber Project, Presses polytechniques et universitaires romandes, Lausanne 2010.
[6] Food and Agriculture Organization FAO (Hg.): State of the World's Forests, Rom 2011.
[7] Gerd Wegener: Der Wald und seine Bedeutung, in: Hermann Kaufmann/Winfried Nerdinger u.a.: Bauen mit Holz. Wege in die Zukunft, München/London/New York 2011, S. 10–16.
[8] Hermann Kaufmann/Winfried Nerdinger u.a.: Bauen mit Holz. Wege in die Zukunft, a.a.O., S. 17.
[9] Holzabsatzfonds/Dietger Grosser/Wolfgang Teetz (Hg.): Einheimische Nutzhölzer, Loseblattsammlung, Bonn 1998.
[10] Holzabsatzfonds/Dietger Grosser/Wolfgang Teetz (Hg.): Einheimische Nutzhölzer und ihre Verwendungsmöglichkeiten. INFORMATIONSDIENST HOLZ, Holzbau Handbuch, Reihe 4, Teil 2, Folge 2, Bonn 1998.
[11] Überwachungsgemeinschaft KVH Konstruktionsvollholz e.V. (Hg.): Technische Informationen, Wuppertal 2009.
[12] Studiengemeinschaft Holzleimbau e.V. (Hg.): Bauen mit Brettsperrholz, Wuppertal 2010.
[13] Holzabsatzfonds (Hg.): INFORMATIONSDIENST HOLZ Spezial, Span- und Faserplatten, OSB, Braunschweig/Gießen 2009.
[14] Holzabsatzfonds (Hg.): INFORMATIONSDIENST HOLZ, Holzbau Handbuch, Reihe 4, Teil 5, Folge 2, Holzfaserdämmstoffe, Bonn 1998.
[15] Michael Volz: Grundlagen, in: Julius Natterer/ Thomas Herzog: Holzbau Atlas, München 2003, S. 8–46.
[16] Gerd Wegener/Andreas Pahler/Michael Tratzmiller: Bauen mit Holz = aktiver Klimaschutz. Ein Leitfaden, München 2010.
[17] Holger König: Bauen mit Holz als aktiver Klimaschutz, in: Bauen mit Holz. Wege in die Zukunft, München/London/New York 2011, S. 18–39.

Nachhaltige Waldwirtschaft

Thomas Deines / Sebastian Schreiber

Die Anforderungen an den Wald und seine natürlichen Ressourcen sowie deren verantwortungsvolle Nutzung nehmen aufgrund globaler Entwicklungen weiter zu. Zentrale Herausforderungen für eine wachsende Weltbevölkerung sind Ernährungssicherung, Rohstoff- und Energieversorgung, die Erhaltung unserer natürlichen Umwelt und biologischen Vielfalt sowie der Klimawandel. In einer auf Nachhaltigkeit ausgerichteten Entwicklung kommt klima-, umwelt- und naturschonender Produktion nachwachsender Rohstoffe eine zentrale Bedeutung zu.

Generationengerechtigkeit: Die Ernte des hiebsreifen Baums schafft für die heranwachsenden Waldgenerationen Platz, Licht und Nährstoffe.
Foto: ForstBW

Knapper werdende endliche Rohstoffe sollen effizienter genutzt und soweit möglich durch nachwachsende Rohstoffe ersetzt werden. Dem ökologischen Rohstoff Holz kommt bei dieser Entwicklung eine Schlüsselrolle zu, weil er im stofflichen und energetischen Bereich als nachwachsender Rohstoff und erneuerbarer Energieträger eingesetzt werden kann. Holz ist der bedeutendste nachwachsende Rohstoff in Deutschland.

Generationengerechtigkeit

Der Wald als Produktionsstätte des Rohstoffs Holz hat für die Menschen in Deutschland eine besondere Bedeutung. Er prägte die deutsche Kultur und fand Niederschlag in Mythen, Sagen, Gedichten und Liedern. Schon immer war der Wald aber auch Wirtschaftsfaktor, Rohstofflieferant, Klimaregulator, Lebensraum für Flora und Fauna und Rückzugsraum für die Menschen.
Sein Erscheinungsbild wurde dabei im Laufe der Zeit wesentlich durch die Einflussnahme und wirtschaftliche Tätigkeit des Menschen geprägt. Eine wachsende Bevölkerung und ein immens steigender Holzbedarf führte bis ins 19. Jahrhundert zu einer massiven Übernutzung der Wälder. Großflächig verschwanden die Wälder; selbst Waldgebiete wie der Schwarzwald wurden weitgehend kahl geschlagen.
In Zeiten wachsender Holznot und drohender Ausbeutung der Wälder reifte in Deutschland deshalb vor rund 300 Jahren die Erkenntnis, dass nur ein nachhaltiges Wirtschaften künftigen Generationen denselben Nutzen aus dem Wald sichern kann. Während sich dieser Grundsatz in den Anfängen zunächst nur auf die Holzversorgung bezog, entwickelte die Forstwirtschaft das Prinzip der Nachhaltigkeit bis in die heutige Zeit kontinuierlich weiter. Heute verfolgt die nachhaltige Forstwirtschaft das Ziel, dauerhaft die vielfältigen ökonomischen, ökologischen und sozialen Leistungen

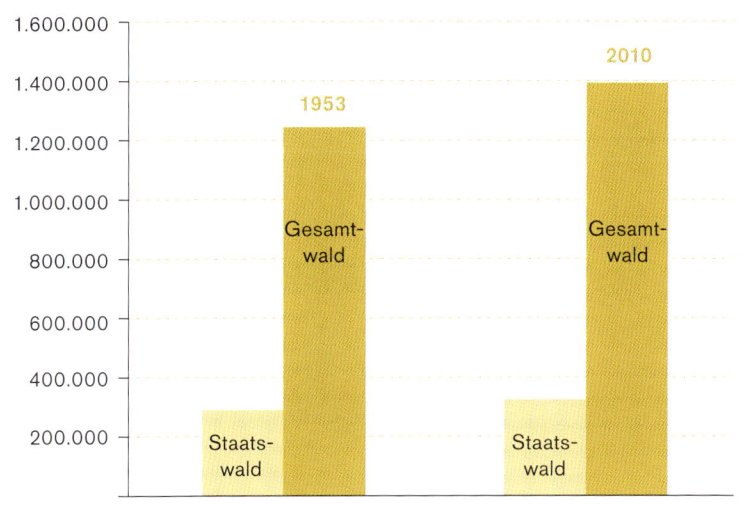

Entwicklung der Waldflächen in Baden-Württemberg
Quelle: Forststatistisches Jahrbuch 1953, Jahresbericht 2010

des Walds zum Nutzen gegenwärtiger und zukünftiger Generationen sicherzustellen. Diese Zielsetzung ist anspruchsvoll und wird in Deutschland über den integrativen Ansatz einer nachhaltigen, multifunktionalen Forstwirtschaft verfolgt.

Waldfläche und Vorrat

Die Landesfläche in Deutschland beträgt elf Millionen Hektar. Etwa ein Drittel dieser werden – und das meist seit mehreren Generationen – nachhaltig forstlich bewirtschaftet. In Baden-Württemberg sind es fast 40 Prozent der Landesfläche, die zur forstlichen Bewirtschaftung genutzt werden. In den vergangenen 40 Jahren nahm die Waldfläche deutschlandweit um eine Million Hektar zu. Bei überwiegend günstigen Wuchsbedingungen in Deutschland ist der jährliche Holzzuwachs seit Jahrzehnten größer als die Holzentnahme. Dadurch wurden erhebliche Holzvorräte aufgebaut. Im Gesamtwald von Baden-Württemberg entspricht dies einer Fläche von rund 370 Kubikmetern je Hektar. Von allen europäischen Ländern beherbergt der deutsche Wald die größten Holzvorräte.

Wald: Problem und Lösung zugleich

Wald und Forstwirtschaft sind eng mit dem Klima und dem Klimawandel verbunden. Der Wald ist Problem und Lösung zugleich. Während der Erhalt der Wälder sowie eine nachhaltige Waldwirtschaft und Holznutzung das Klima positiv beeinflussen, wirken sich Klimaänderungen negativ auf Waldbestände aus. Durch die Kohlenstoffspeicherung in den Wäldern, den Ersatz fossiler Energieträger und durch Einlagerung von Kohlenstoff in langlebigen Holzprodukten kann CO_2-Freisetzung vermieden beziehungsweise reduziert werden. Die Potenziale der heimischen Wälder zur Verbesserung des Klimaschutzes über die Nutzung von Holz aus

Vorräte 1987 und 2002

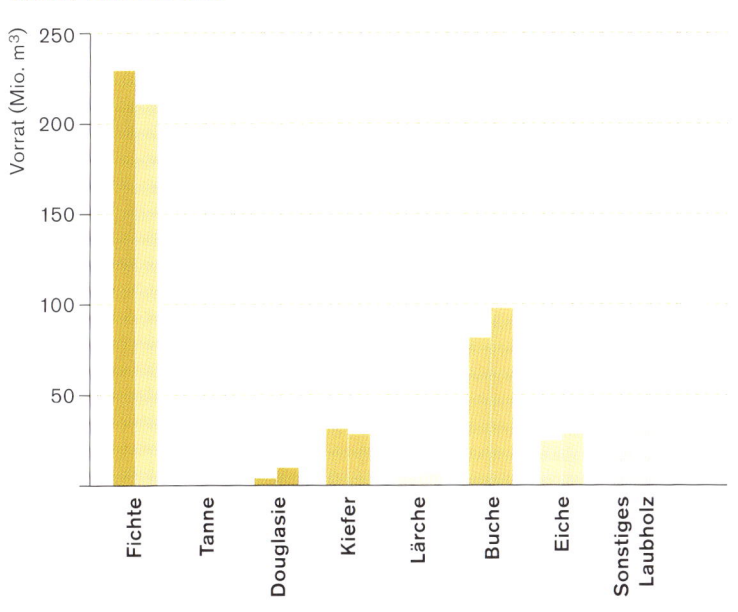

Holzvorrat in Baden-Württemberg, Vorratsentwicklung nach Baumarten:
Die Zunahme von insgesamt 21,34 Millionen Kubikmeter Holzvorrat entspricht einem Plus von 4,6 Prozent.
Quelle: Bundeswaldinventuren (BWI) 1 und 2; BWI 1 (linker Balken), BWI 2 (rechter Balken)

Holzvorrat

Gesamtwald	367 m³/ha
Staatswald	331 m³/ha
Körperschaftswald	342 m³/ha
Privatwald	418 m³/ha

Holzvorrat in Baden-Württemberg:
Genutzt wird weniger als nachwächst – der Holzvorrat der Wälder nimmt zu!
Quelle: ForstBW

Schleswig-Holstein
1.576.880
162.466 = 10,3%

Mecklenburg-Vorpommern
2.317.104
534.962 = 23,1%

Niedersachsen, Hamburg und Bremen
4.877.307
1.162.522 = 23,8%

Brandenburg und Berlin
3.036.659
1.071.733 = 35,3%

Sachsen-Anhalt
2.044.683
492.128 = 24,1%

Nordrhein-Westfalen
3.407.986
887.550 = 26,0%

Sachsen
1.841.282
511.578 = 27,8%

Thüringen
1.617.170
517.903 = 32,0%

Hessen
2.111.482
880.251 = 41,7%

Rheinland-Pfalz
1.984.686
835.558 = 42,1%

Bayern
7.054.796
2.558.461 = 36,3%

Saarland
257.019
98.458 = 38,3%

Baden-Württemberg
3.575.163
1.362.229 = 38,1%

Landesfläche, Waldfläche und Waldflächenanteile in Deutschland (Angaben in Hektar)
Quelle: Bundeswaldinventur 2 (BWI 2), 2002
(siehe auch: bundeswaldinventur.de)

● Waldfläche   ○ Gesamtfläche

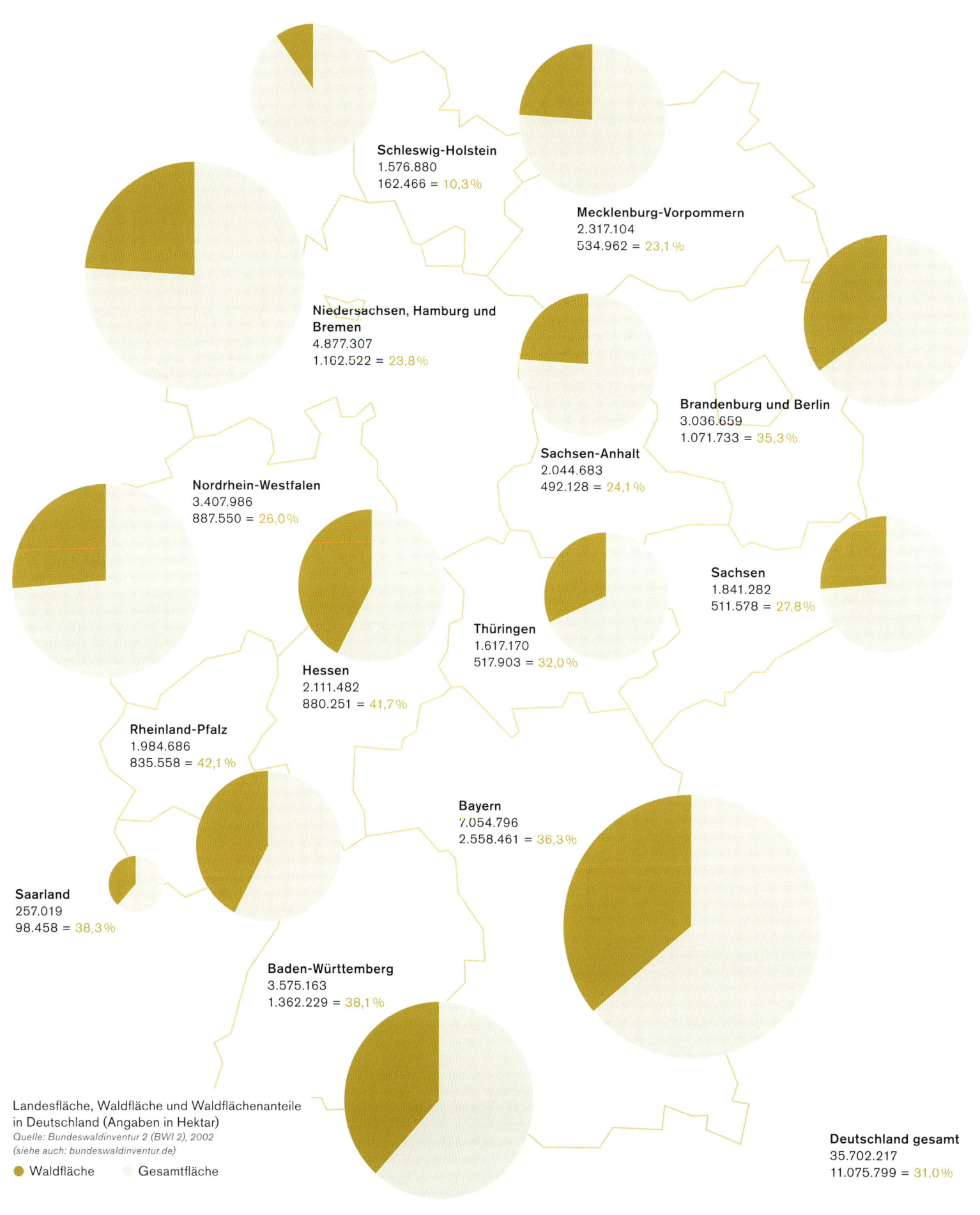

Deutschland gesamt
35.702.217
11.075.799 = 31,0%

Geerntetes Holz wird vermessen, in Listen erfasst und zum Verkauf angeboten.
Foto: ForstBW

Stammholzabschnitte zur Herstellung von Bauholz und Holzwerkstoffen
Foto: ForstBW

der Region werden laut aktuellem Stand noch immer nicht ausgeschöpft. Auf der anderen Seite unterliegt der Wald den klimatischen Veränderungen, die geeignete Anpassungsmaßnahmen erfordern. Dies ist oft durch die langen Zeiträume bei der Waldbewirtschaftung eine besondere Herausforderung. Waldbestände die heute begründet werden, müssen auch mit dem Klima im 22. Jahrhundert zurechtkommen.

Cluster *Forst und Holz*

Eine effiziente und nachhaltige Waldwirtschaft, der sparsame Umgang mit den zur Verfügung stehenden Ressourcen sowie eine regionale, verarbeitungsnahe Rohstofferzeugung sind nicht nur unter Aspekten der Ökobilanz betrachtet von hoher Relevanz. Sie sind auch eine wichtige Grundlage für eine leistungsfähige und wettbewerbsfähige Holzwirtschaft. Das Cluster *Forst und Holz* in Baden-Württemberg erwirtschaftet mit 29.000 Unternehmen und 200.000 Beschäftigten einen Umsatz von 31 Milliarden Euro (Quelle: Clusterstudie *Forst und Holz* Baden-Württemberg). Versorgungssicherheit aus heimischen und globalen Märkten ist gleichermaßen Voraussetzung zur Sicherung von Arbeitsplätzen und Wertschöpfung vor allem im Ländlichen Raum. Jeden Tag werden in den Wäldern Baden-Württembergs über 27.000 Kubikmeter Holz nachhaltig geerntet. Das entspricht rund 1.000 mit Holz beladenen Lastwagen. Mit dieser Menge könnten rein rechnerisch etwa 200 Einfamilienhäuser aus Holz gebaut werden. Dreiviertel des anfallenden Holzes wird als Stammholz überwiegend für die Sägeindustrie bereitgestellt. Das übrige Holz wird als Industrieholz an Papier- und Zellstoffbetriebe beziehungsweise an die Span- und Faserplattenindustrie geliefert. 14 Prozent des geernteten Holzes werden als Energieholz verkauft, das zur Energiegewinnung für Strom und Wärme verbrannt wird.

Transport von Tannenstämmen für die Dresdner Frauenkirche
Foto: ForstBW

Nachhaltige Waldwirtschaft

Baumartenzusammensetzung Baden-Württemberg

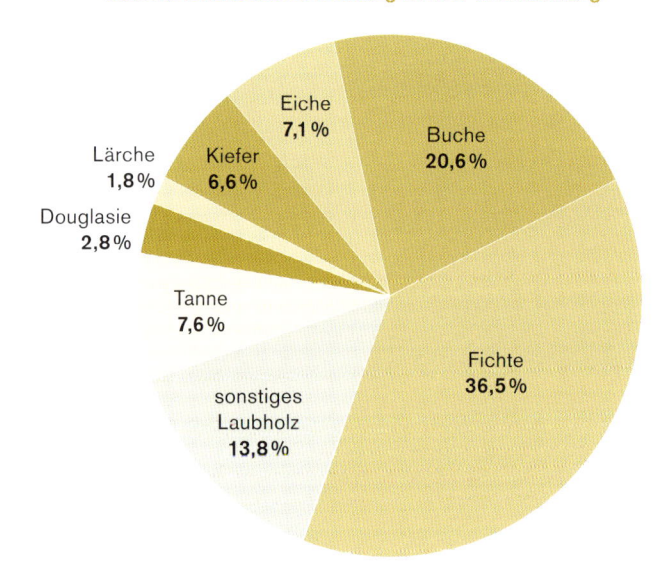

- Buche 20,6 %
- Eiche 7,1 %
- Kiefer 6,6 %
- Lärche 1,8 %
- Douglasie 2,8 %
- Tanne 7,6 %
- sonstiges Laubholz 13,8 %
- Fichte 36,5 %

Ausgehaltene Sortimente (2010)

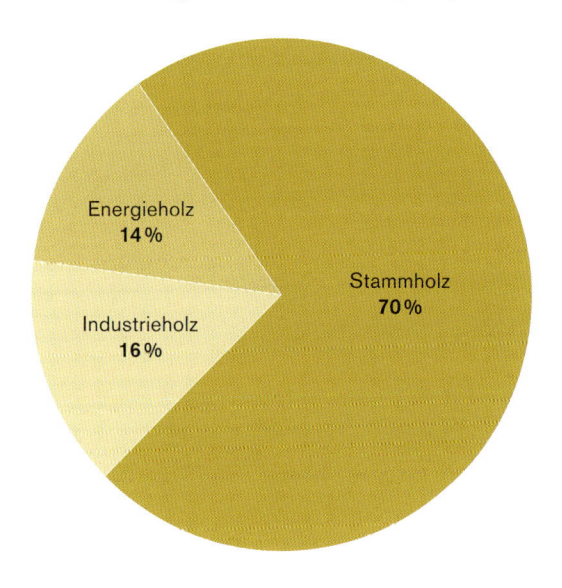

- Stammholz 70 %
- Industrieholz 16 %
- Energieholz 14 %

Baumartenzusammensetzung Deutschland gesamt, BWI 2

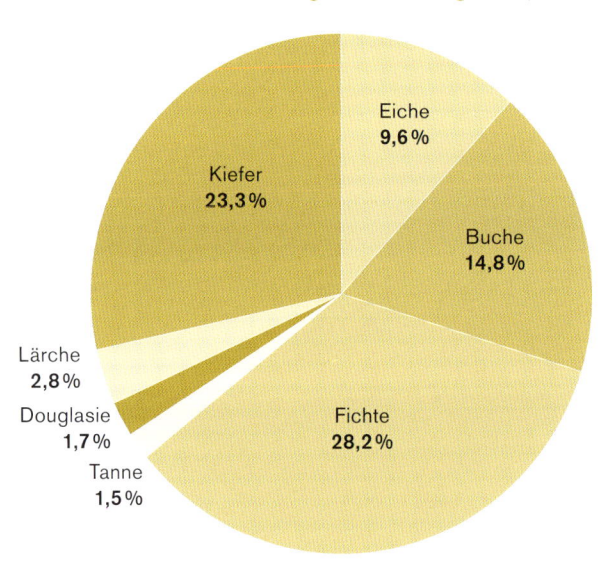

- Eiche 9,6 %
- Buche 14,8 %
- Kiefer 23,3 %
- Lärche 2,8 %
- Douglasie 1,7 %
- Tanne 1,5 %
- Fichte 28,2 %

Umsatz nach Käufergruppen (2010)

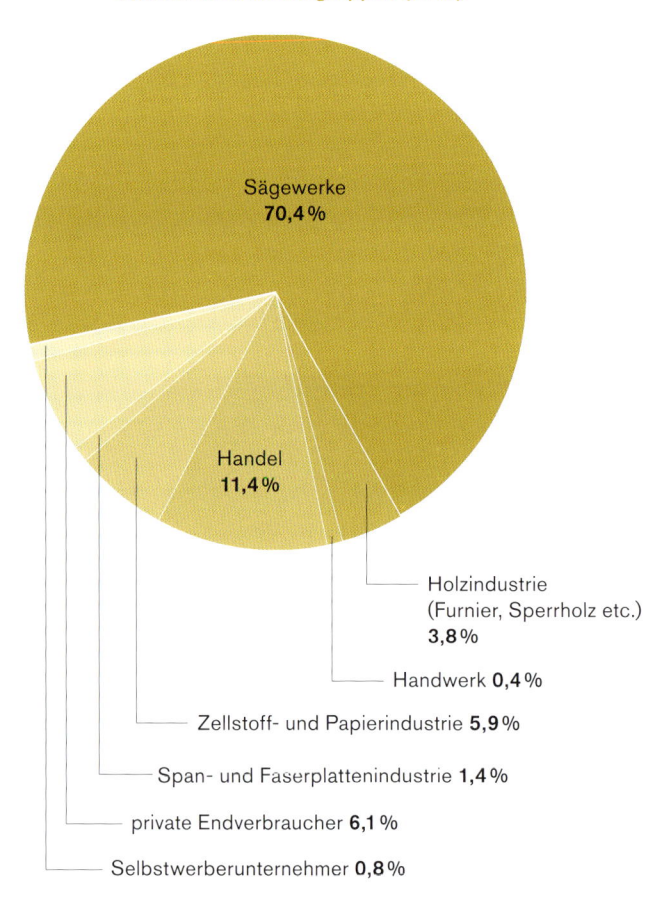

- Sägewerke 70,4 %
- Handel 11,4 %
- Holzindustrie (Furnier, Sperrholz etc.) 3,8 %
- Handwerk 0,4 %
- Zellstoff- und Papierindustrie 5,9 %
- Span- und Faserplattenindustrie 1,4 %
- private Endverbraucher 6,1 %
- Selbstwerberunternehmer 0,8 %

Baumartenzusammensetzung in Baden-Württemberg /
Baumartenzusammensetzung in Deutschland
Quelle: ForstBW, Bundeswaldinventur 2 / 2002

Ausgehaltene Sortimente /
Umsatz nach Käufergruppen in Baden-Württemberg
Quelle: ForstBW

Einschnitt im Sägewerk
Foto: ForstBW

Multifunktionaler Wald

Der Wald erfüllt darüber hinaus wesentliche Funktionen für Mensch, Natur und Umwelt. Er ist Lebensraum für Tiere und Pflanzen, Klimaregulator, Schutzwald in Steillagen, Trinkwasser- und Luftfilter, Erholungsraum und vieles mehr. Die Funktionen des Walds und die Maßnahmen zur dauerhaften Sicherung sind in den Wald- und Naturschutzgesetzen verankert. Der größte Teil der Waldfläche ist auf Basis hochwertiger Kriterien nachhaltiger Forstwirtschaft zertifiziert. Der Staatswald in Baden-Württemberg (rund 330.000 Hektar) wird derzeit nach FSC (Forest Stewardship Council) zertifiziert und ist nach dem System des PEFC (Programme for the Endorsement of Forest Certification Schemes) anerkannt. Für Verbraucher und Holzverwender wird damit eine geschlossene Rohstoffkette vom Wald ins Werk dokumentiert und sichergestellt, dass das Holz tatsächlich aus nachhaltiger Forstwirtschaft stammt.

In der Bevölkerung nimmt allerdings das Wissen über das Ökosystem Wald und die elementaren Zusammenhänge nachweislich ab. Die Leistungen und Handlungserfordernisse nachhaltiger Forstwirtschaft werden nicht mehr verstanden, der Holzeinschlag als Teil nachhaltiger Waldbewirtschaftung wird gerade in urbanen Regionen immer stärker in Frage gestellt. Wissen und Verständnis sind jedoch Voraussetzung für die Akzeptanz einer auf Nachhaltigkeit ausgerichteten Waldbewirtschaftung.

Zunahme der Ansprüche an Wald und Forstwirtschaft in Deutschland

In Baden-Württemberg besuchen beispielsweise täglich bis zu zwei Millionen Menschen den Wald. Bedürfnisse und Freizeitverhalten befinden sich im Wandel. Mountainbiker wollen spektakuläre Abfahrten durch den Wald, Geocaching-Fans möchten besondere Verstecke im Wald und Eventagenturen versuchen den Wald stärker für ihre Angebote zu nutzen. Wanderer, Sportler und Jäger wollen in Ruhe ihrem Hobby nachgehen.

Forderungen zur Sicherung der Umwelt- und Naturschutzleistungen des Walds auf der einen Seite stehen einem weiter steigenden Holzbedarf auf der anderen Seite gegenüber. Der prognostizierte rasch verlaufende Klimawandel und die Anforderungen aus der Europäischen Schutzgebietskulisse Fauna-Flora-Habitat (FFH-Richtlinie) stellt die naturnahe Waldwirtschaft vor neue Herausforderungen.

FFH-Richtlinie und Natura 2000

Die Fauna-Flora-Habitat-Richtlinie ist eine Naturschutz-Richtlinie der Europäischen Union, die 1992 von den Mitgliedstaaten der EU einstimmig beschlossen wurde. Zusammen mit der Vogelschutzrichtlinie dient sie der Umsetzung der Berner Konvention. Wesentliches Instrument ist ein zusammenhängendes Netz von Schutzgebieten, das unter dem Begriff *Natura 2000* zusammengefasst wird. Das Verschlechterungsverbot für die Lebensräume der Tier- und Pflanzenarten in FFH-Gebieten veränderte die Sensibilität im Umgang mit dem Wald. Für die mit dem Wald wirtschaftenden Beschäftigten erweiterte sich das ökologische Bewusstsein.

Die ökologische Säule im Dreiklang der Nachhaltigkeit bekommt dadurch eine deutliche Aufwertung. Jede Eingriffsmaßnahme, etwa die Holzernte, wird auf das Verschlechterungsverbot ausgerichtet. Alte, starke Bäume beziehungsweise absterbende Bäume und Baumgruppen bleiben beispielsweise im Wald für Arten wie Spechte und Käfer stehen. Dieser bewusste Nutzungsverzicht ist ein monetärer Beitrag der Waldbesitzenden für die Erhaltung der Artenvielfalt und ihrer Lebensräume. Dies hat auch Auswirkungen

Naturnähestufen Gesamtwald in Deutschland BWI 2 (2002)

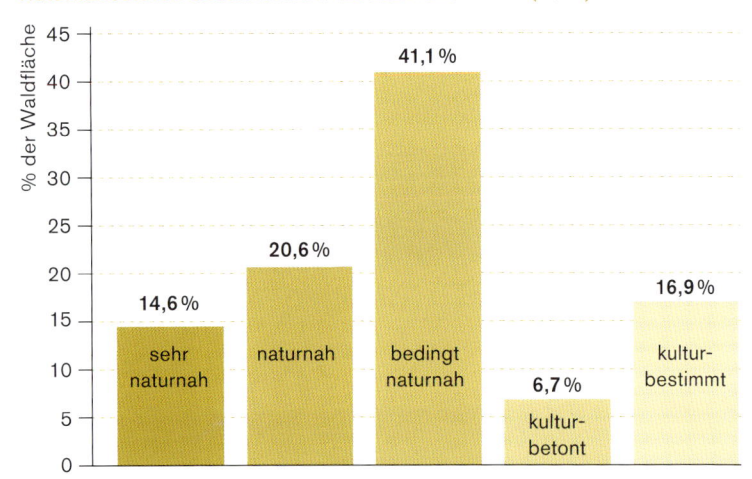

Stufe	% der Waldfläche
sehr naturnah	14,6 %
naturnah	20,6 %
bedingt naturnah	41,1 %
kulturbetont	6,7 %
kulturbestimmt	16,9 %

Naturnähestufen Gesamtwald in Baden-Württemberg BWI 2 (2002)

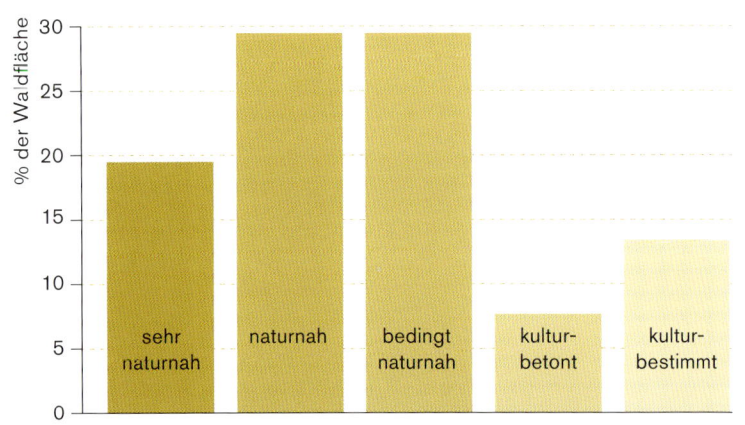

Stufe	% der Waldfläche
sehr naturnah	ca. 19,5 %
naturnah	ca. 29,5 %
bedingt naturnah	ca. 29,5 %
kulturbetont	ca. 7,5 %
kulturbestimmt	ca. 13,5 %

Naturnähe der Wälder: Baden-Württemberg besitzt im bundesweiten Vergleich einen hohen Anteil an naturnahen Wäldern.
Quelle: Bundeswaldinventur 2/2002

auf die Arbeitssicherheit und demzufolge für die Organisation bei der Holzernte. Gewinnen Wälder an horizontaler und vertikaler Struktur werden sie unübersichtlicher. Die Arbeit in diesen wertvollen Wäldern muss sorgfältiger organisiert und durchgeführt werden. Absterbende Bäume oder unkontrolliert herabfallende Äste erfordern eine höhere Aufmerksamkeit. Neue Sicherheitssysteme wie Sprechfunk oder Baumfällungen mit Seilwindenunterstützung schaffen die nötige Sicherheit für die Beschäftigten und erlauben gleichzeitig eine schonende und pflegliche Holzernte. Ziel der Forstwirtschaft ist es, eine den zukünftigen Anforderungen angepasste, tragfähige Balance zwischen den steigenden Ansprüchen an den Wald und seiner nachhaltigen Leistungsfähigkeit zu entwickeln. Grundlage dafür ist die gleichrangige Beachtung der drei Dimensionen der Nachhaltigkeit: Ökologie, Ökonomie, Soziales. Eine nachhaltige Nutzung des Walds erfordert die gleichgewichtige Verbindung wirtschaftlicher Leistungsfähigkeit mit ökologischer Verantwortung und sozialer Gerechtigkeit.

Naturnahe Waldwirtschaft

Der Staatswald von Baden-Württemberg wird seit über 30 Jahren naturnah bewirtschaftet. Im Wesentlichen geht es dabei um die Erhaltung, Pflege und Entwicklung naturnaher, leistungsstarker sowie ökologisch und physikalisch stabiler Wälder und ihre genetische Vielfalt. Der Waldbau orientiert sich dabei an der Natur und richtet sich multifunktional und integrativ aus. So werden die ökonomischen, ökologischen und sozialen Ziele auf der gesamten Waldfläche optimal erreicht. Grundlage bildet eine an den Standort angepasste Baumartenwahl. Dabei werden natürliche Abläufe und Selbsterneuerungsmechanismen ausgenutzt. Hat zum Beispiel ein Sturm Fichten auf einem für diese Baumart ungeeigneten Standort geworfen, wird die baumlose Fläche unter

Nutzung natürlicher Abläufe – mit Bäumen, die an den jeweiligen Standort angepasst sind und ohne menschliches Handeln in der Vergangenheit darauf wachsen würden – wieder bewaldet. Die Wirtschaftenden begleiten die An- und Aufwuchsphase des neuen Walds, indem schädigende Begleitvegetation entfernt und die Pflanzen vor Verbiss geschützt werden. Verbiss entsteht beispielsweise durch Rot- und Rehwild. Laubholzknospen und Triebe sind für die Tiere besondere Leckerbissen, die sie bevorzugt äsen. Eine Bejagung ist deshalb notwendig, damit die Population von Rot- und Rehwild ihrem Lebensraum angepasst bleibt und das waldbauliche Ziel eines strukturreichen, naturnah aufgebauten Mischwalds nicht gefährdet wird.

Die Wälder werden unter Schonung von Boden und Bestand gepflegt und genutzt. Eine flächige Befahrung der Wälder ist zum Beispiel nicht erlaubt. Gefahren wird nur auf festgelegten, schmalen Rückegassen, die einen Abstand von ein bis zwei Baumlängen (20 bis 40 Meter) haben. Sie werden bei jeder Pflegemaßnahme benutzt und gelten für einen sehr langen Bewirtschaftungzeitraum von mehreren 100 Jahren. Die eingesetzte Forsttechnik ist an die jeweiligen örtlichen Verhältnisse angepasst und entsprechend ausgerüstet. In den Steillagen kommen Seilkräne (mobile Seilbahnen) zum Einsatz. In der Ebene arbeiten Maschinen mit breiten Reifen und geringem Reifeninnendruck, um den Bodendruck während der Holzernte zu reduzieren.

Biodiversität im Wald

Das Nebeneinander verschiedener Nutzungsarten, beispielsweise von Einzelbäumen oder Baumgruppen, gewährleistet ein hohes Maß an Lebensräumen und biologischer Vielfalt. Zusätzlich werden im baden-württembergischen Staatswald planmäßig Einzelbäume, Baumgruppen und kleine Waldflächen der natürlichen

Naturnaher Waldbau führt zu gemischten Wäldern: Bergmischwald im Schwarzwald.
Foto: ForstBW

Verschiedene Zerfallsphasen von Alt- und Totholz sind für die Erhaltung der Artenvielfalt wichtig. Das Holz wird nicht genutzt.
Foto: ForstBW

Waldentwicklung (Alt- und Totholzkonzept von ForstBW) überlassen. Dieser ökonomische Nutzungsverzicht auf sieben Prozent der Waldfläche generiert in ökologischer Hinsicht einen bedeutsamen Mehrwert für die Biodiversität und den Artenschutz. Alters- und Zerfallsphasen bleiben in einem ausreichenden Umfang erhalten. Diese natürlichen Waldentwicklungsphasen mit stehendem und liegendem Totholz geben zahlreichen Tierarten wie Spechten, Fledermäusen und Käfern wichtigen Lebensraum.

Waldbewirtschaftung und Klimawandel

Der prognostizierte rasch verlaufende Klimawandel stellt die naturnahe Waldwirtschaft vor besondere Herausforderungen: Zeitpunkt, Art und Umfang sowie regionale Auswirkungen zugrunde liegender Klimaszenarien sind mit einem hohen Maß an Unsicherheit behaftet. Die waldbauliche Planung muss aus diesem Grund künftig flexibler sein und kontinuierlich adaptiert werden. Deshalb kommt einer standortsorientierten Baumarteneignung besondere Bedeutung zu (Beispiel: Baumarteneignungskarten). Risikoreiche Wälder und Risikostandorte werden analysiert und ein auf das Risiko abgestimmtes Behandlungskonzept durchgeführt. Darüber hinaus wird das Risiko vermindert, beispielsweise durch Mischwälder, Erweiterung der Baumartenzahl und Förderung wärmeangepasster und trockentoleranter Baumarten. Der Anteil anpassungsfähiger, dynamischer Waldverjüngungsphasen wird erhöht. Einzelbäume und Waldbestand werden durch verschiedene Maßnahmen, etwa die Waldkalkung, vitalisiert und stabilisiert. Bei Holzerntemaßnahmen werden beispielsweise kranke und beschädigte Bäume entnommen.

Manuelle Holzernte: Der fallende Baum darf die verbleibenden Bäume nicht beschädigen; kranke und beschädigte Bäume werden entnommen.
Foto: ForstBW

Maschinelle Holzernte: Die »sanften Giganten« werden für Pflegeeingriffe vor allem in Nadelwäldern (Brusthöhendurchmesser 10 bis 60 cm) eingesetzt.
Foto: ForstBW

Laubholz wird an Bedeutung gewinnen

Die Nachfrage nach Holz in Deutschland ist in den vergangenen Jahren kontinuierlich angestiegen. 2002 lagen Einschlag und Verbrauch von Rohholz in Deutschland bei rund 48 Millionen Kubikmeter. Bis 2010 erhöhten sich Einschlag und Verbrauch auf rund 70 Millionen Kubikmeter. Der Nadelholzverbrauch stieg sowohl für die stoffliche als auch für die energetische Verwertung. Einschlag und Verwendung von Laubrohholz zur energetischen Verwendung stiegen ebenfalls dynamisch; dagegen war für den Verbrauch für stoffliche Zwecke ein Rückgang von 30 Prozent zu beobachten. Der Anteil von Laubholz an der stofflichen Verwertung im Inland sank bei einem Anstieg des Gesamtverbrauchs um rund zehn Millionen Kubikmeter von 15 Prozent auf 8,5 Prozent. Diese Verwendungsstrukturen stehen im Moment noch im deutlichem Widerspruch zur Holzartenverteilung im deutschen Wald. Laubbäume haben einen Anteil von 43 Prozent an der bestockten Holzbodenfläche von rund zehn Millionen Hektar, Tendenz steigend. Der moderne Holzbau muss mit neuen Produkten aus Laubholz darauf Antworten finden und sich dieses Potenzial erschließen, um auch in Zukunft mit Holz aus der Region bauen zu können.

Literaturverweise und Quellen

1 Bundesministerium für Ernährung, Landwirtschaft und Verbraucherschutz (BMELV): Waldstrategie 2020, Bonn 2011.
2 BMELV: Charta für Holz, Berlin 2004.
3 Clusterstudie Forst und Holz, Baden-Württemberg 2010.
4 Bundeswaldinventur 1 und 2 (bundeswaldinventur.de).
5 Geschäftsberichte ForstBW 2009, 2010 (forstbw.de).

GEWICHTUNG DER KRITERIEN

Neubau Büro- und Verwaltungsgebäude, Version 2012

THEMENFELD	KRITERIENGRUPPE	KRITERIENNUMMER	KRITERIENBEZEICHNUNG	BEDEUTUNGSFAKTOR	ANTEIL AN DER GESAMTBEWERTUNG
ÖKOLOGISCHE QUALITÄT (ENV)	WIRKUNGEN AUF GLOBALE UND LOKALE UMWELT (ENV1)	ENV 1.1	Ökobilanz — emissionsbedingte Umweltwirkungen	7	7,9 %
		ENV 1.2	Risiken für die lokale Umwelt	3	3,4 %
		ENV 1.3	Umweltverträgliche Materialgewinnung	1	1,1 %
	RESSOURCENINANSPRUCHNAHME UND ABFALLAUFKOMMEN (ENV2)	ENV 2.1	Ökobilanz - Primärenergie	5	5,6 %
		ENV 2.2	Trinkwasserbedarf und Abwasseraufkommen	2	2,3 %
		ENV 2.3	Flächeninanspruchnahme	2	2,3 %
ÖKONOMISCHE QUALITÄT (ECO)	LEBENSZYKLUSKOSTEN (ECO1)	ECO 1.1	Gebäudebezogene Kosten im Lebenszyklus	3	9,6 %
	WERTENTWICKLUNG (ECO2)	ECO 2.1	Flexibilität und Umnutzungsfähigkeit	3	9,6 %
		ECO 2.2	Marktfähigkeit	1	3,2 %
SOZIOKULTURELLE UND FUNKTIONALE QUALITÄT (SOC)	GESUNDHEIT, BEHAGLICHKEIT UND NUTZERZUFRIEDENHEIT (SOC1)	SOC 1.1	Thermischer Komfort	5	4,3 %
		SOC 1.2	Innenraumluftqualität	3	2,6 %
		SOC 1.3	Akustischer Komfort	1	0,9 %
		SOC 1.4	Visueller Komfort	3	2,6 %
		SOC 1.5	Einflussnahme des Nutzers	2	1,7 %
		SOC 1.6	Außenraumqualitäten	1	0,9 %
		SOC 1.7	Sicherheit und Störfallrisiken	1	0,9 %
	FUNKTIONALITÄT (SOC2)	SOC 2.1	Barrierefreiheit	2	1,7 %
		SOC 2.2	Öffentliche Zugänglichkeit	2	1,7 %
		SOC 2.3	Fahrradkomfort	1	0,9 %
	GESTALTERISCHE QUALITÄT (SOC3)	SOC 3.1	Verfahren zur städtebaulichen und gestalterischen Konzeption	3	2,6 %
		SOC 3.2	Kunst am Bau	1	0,9 %
		SOC 3.3	Grundrissqualitäten	1	0,9 %
TECHNISCHE QUALITÄT (TEC)	QUALITÄT DER TECHNISCHEN AUSFÜHRUNG (TEC1)	TEC 1.1	Brandschutz	2	4,1 %
		TEC 1.2	Schallschutz	2	4,1 %
		TEC 1.3	Wärme- und feuchteschutztechnische Qualität der Gebäudehülle	2	4,1 %
		TEC 1.4	Anpassungsfähigkeit der technischen Systeme	1	2,0 %
		TEC 1.5	Reinigungs- und Instandhaltungsfreundlichkeit des Baukörpers	2	4,1 %
		TEC 1.6	Rückbau- und Demontagefreundlichkeit	2	4,1 %
		TEC 1.7	Immissionsschutz	0	0,0 %
PROZESSQUALITÄT (PRO)	QUALITÄT DER PLANUNG (PRO1)	PRO 1.1	Qualität der Projektvorbereitung	3	1,4 %
		PRO 1.2	Integrale Planung	3	1,4 %
		PRO 1.3	Nachweis der Optimierung und Komplexität der Herangehensweise in der Planung	3	1,4 %
		PRO 1.4	Sicherung der Nachhaltigkeitsaspekte in Ausschreibung und Vergabe	2	1,0 %
		PRO 1.5	Schaffung von Voraussetzungen für eine optimale Nutzung und Bewirtschaftung	2	1,0 %
	QUALITÄT DER BAUAUSFÜHRUNG (PRO2)	PRO 2.1	Baustelle / Bauprozess	2	1,0 %
		PRO 2.2	Qualitätssicherung der Bauausführung	3	1,4 %
		PRO 2.3	Geordnete Inbetriebnahme	3	1,4 %
STANDORTQUALITÄT (SITE)	STANDORTQUALITÄT (SITE1)	SITE 1.1	Mikrostandort	2	0,0 %
		SITE 1.2	Image und Zustand von Standort und Quartier	2	0,0 %
		SITE 1.3	Verkehrsanbindung	3	0,0 %
		SITE 1.4	Nähe zu nutzungsrelevanten Objekten und Einrichtungen	2	0,0 %

Urbaner Holzbau aus Sicht der Deutschen Gesellschaft für Nachhaltiges Bauen (DGNB)

Manfred Hegger

Die Deutsche Gesellschaft für Nachhaltiges Bauen (DGNB) versteht sich als ein gemeinnütziger Verein zur Förderung des nachhaltigen Bauens und Betreibens der gebauten Umwelt. Dabei ist die DGNB gesellschaftlichen Zielen verpflichtet. Sie ist eine von ihren Mitgliedern getragene Organisation, die Nachhaltigkeit auch als Ausweitung des Demokratieverständnisses auf künftige Generationen begreift. In den vergangenen fünf Jahren haben die Mitglieder der DGNB ein Nachhaltigkeitszertifizierungssystem für Gebäude entwickelt und erfolgreich zur Anwendung gebracht. Inzwischen gibt es Nutzungsprofile für eine Vielzahl unterschiedlicher Gebäudetypen. Sie alle folgen dem Wunsch von Bauherrn und Nutzern, die Qualität und Wirkung von Gebäuden beschreiben zu können und einen entsprechend zielgerichteten Planungs-, Bau- und Nutzungsprozess sicherzustellen.

Zunächst als Kriterienkatalog herausragender Bauten konstruiert und verwendet, entwickelten sich die Inhalte und Anforderungen des Zertifizierungssystems zu Baustandards, denen langfristig alle Gebäude genügen sollten, bis sie schließlich in die Baugesetzgebung, Normen und Richtlinien Eingang finden. Die Entwicklung von Zertifizierungssystemen für Gebäude ist letztlich einer Folge von Ereignissen und Erkenntnissen der vergangenen Jahrzehnte geschuldet, die auch das Bauen und Betreiben von Gebäuden veränderte. Die Ereignisse reichen von der Ölkrise, die die Abhängigkeit von endlichen Ressourcen ins Bewusstsein rief, über den Klimawandel, der als Folge menschlichen Handelns in seinen Folgen zu bewältigen sein wird, bis hin zum Wachstum der Weltbevölkerung und zu steigendem Wohlstand. Diese und weitere Phänomene verdeutlichen, dass es an der Zeit ist, die gebaute Umwelt zum Wohle aller so zu planen, zu betreiben und zu nutzen, dass die Interessen der nach uns kommenden Generationen nicht darunter leiden – dies so weit wie möglich ohne spürbare Einschränkung der Interessen der heutigen Generation.

Die Verwendung von Holz leistet an dieser Stelle einen wichtigen Beitrag. Als nachwachsender Rohstoff, der standortnah gewonnen werden kann und eine jahrhundertealte Tradition besitzt, aber auch in hochmodernen Ingenieurbauwerken vielfältigen Einsatz findet, ist Holz ein wichtiger Baustein des nachhaltigen Bauens. Auf der Suche nach einer natürlichen und klimaschonenden Alternative zu gebräuchlichen Baustoffen verwenden Bauherren und Architekten wieder verstärkt Holz und Holzwerkstoffe. Doch auch hier ist Augenmaß gefragt. Wie bei jedem Ressourceneinsatz kommt es auch beim Holz auf eine maßvolle Nutzung an. In unseren Breiten sind wir allerdings weit entfernt von einer Übernutzung des Forsts. Global betrachtet gefährdet die unkontrollierte Rodung von Wäldern aber unser Klima, die Artenvielfalt und den Lebensraum vieler Menschen. Hier muss sich das Prinzip der Nachhaltigkeit, das wir der Forstwirtschaft verdanken, erst noch durchsetzen.

Die DGNB unterstützt beides: die innovative Nutzung nachhaltig gewachsenen Holzes ebenso wie die Vermeidung des Einsatzes von unkontrolliert gerodetem Holz. Sie betrachtet es als ihre Aufgabe, das öffentliche Bewusstsein für notwendige Änderungen zu wecken. Gestalterisch hochwertige Holzbauten zeigen Möglichkeiten der Entwicklung einer nachhaltigen und zugleich lebenswerten gebauten Umwelt auf. Gerade dies kommt dem Ziel der DGNB entgegen, Nachhaltigkeit nicht nur zu einer blanken Notwendigkeit, sondern zur Lebensphilosophie, zum Freude bereitenden Lifestyle zu erheben.

Manfred Hegger, Prof., Architekt BDA, ist Professor für Entwerfen und Energieeffizientes Bauen am Fachbereich Architektur der TU Darmstadt und Präsident der Deutschen Gesellschaft für Nachhaltiges Bauen.

Nachhaltiges Planen, Bauen und Betreiben

Thomas Lützkendorf

Die Planung, Errichtung und Bewirtschaftung von Gebäuden ist eine Aufgabe, deren Komplexität in den vergangenen Jahren nochmals deutlich zugenommen hat. Über die Formulierung und Erfüllung funktionaler und technischer Anforderungen sowie die Sicherung einer hohen gestalterischen und städtebaulichen Qualität hinaus soll ein Beitrag zur nachhaltigen Entwicklung geleistet werden. Die Notwendigkeit der Umsetzung von Prinzipien einer nachhaltigen Entwicklung durchdringt heute alle Bereiche und Branchen. Voraussetzungen für die erfolgreiche Anwendung sind die Erarbeitung eines anerkannten Nachhaltigkeitsverständnisses, die Einordnung in die Abläufe der Planung und Entscheidungsfindung sowie die Weiterentwicklung von Methoden, Instrumenten und Hilfsmitteln. Daher werden die prinzipiellen Anforderungen an ein nachhaltiges Planen, Bauen und Betreiben hier formuliert. Auch wird diskutiert, ob und welche Bewertungskriterien geeignet sind, mögliche Vorteile des Holzbaus darzustellen. Dieser nimmt keine Sonderstellung ein. Zunächst sind sämtliche Anforderungen und Auflagen zu erfüllen, die für alle Bauwerke und -weisen gelten.

Im Baubereich hat sich in Deutschland in den vergangenen Jahren ein weitgehend einheitliches und allgemein akzeptiertes Nachhaltigkeitsverständnis herausgebildet. Danach leitet sich die Bedeutung der Planung, Errichtung und Bewirtschaftung von Gebäuden sowie der Weiterentwicklung des Gebäudebestands für eine nachhaltige Entwicklung aus folgenden Überlegungen ab:

Die gebaute Umwelt ist Lebensraum, Arbeitsumgebung sowie Produktivkraft und bindet Kapital. Städtebauliche Strukturen und Bauwerke haben wesentlichen Einfluss auf die Qualität des Zusammenlebens sowie die Gesundheit, Sicherheit, Zufriedenheit und Leistungsfähigkeit der Menschen. Gebäude und Siedlungsstrukturen repräsentieren zudem einen kulturellen Wert. Die mit ihrer Herstellung, Errichtung und Bewirtschaftung verbundenen Energie- und Stoffströme nehmen natürliche Ressourcen in Anspruch und zeigen Wirkung auf die globale und lokale Umwelt. Gleichzeitig haben die Lebenszykluskosten sowie weitere Zahlungsflüsse und der ökonomische Wert von Gebäuden betriebs- und volkswirtschaftliche Konsequenzen. Auch aus Sicht der Nachhaltigkeit ist der Erhalt von Kapital ein Ziel. Die Baubranche trägt daneben zur Schaffung und Erhaltung von Arbeitsplätzen bei.

Vor diesem Hintergrund werden Gebäude besonders dann als nachhaltig bezeichnet, wenn sie die Erfüllung heutiger und künftiger Anforderungen der Nutzer an die funktionale und technische Lösung mit einer hohen gestalterischen und städtebaulichen Qualität verbinden und dabei sowohl wirtschaftlich und wertstabil als auch umwelt- und gesundheitsverträglich sind. In die Beurteilung der Wirtschaftlichkeit fließen die Positionen, Sichtweisen und Interessen der beteiligten Akteure ein. Damit ergibt sich ein anzustrebendes Gleichgewicht aus der technischen und funktionalen sowie der ökonomischen, ökologischen und sozialen Qualität des zu realisierenden oder zu betreibenden Objekts.

Eine Voraussetzung für die Verbesserung von baulichen Lösungen (Objektqualität) betrifft die Güte der Prozesse der Planung, Errichtung und Bewirtschaftung (Prozessqualität). Diese beginnt bereits mit der Formulierung der Aufgabenstellung, der Auslobung eines Wettbewerbs und der Zusammenstellung des Planungsteams. Merkmale eines nachhaltigen Gebäudes können damit auch mit Begriffen wie dauerhaft, zukunftsverträglich, zukunftsfähig oder zukunftssicher umschrieben werden. An die Traditionen des ökologischen beziehungsweise umwelt- und gesundheitsverträglichen Bauens wird ebenso angeknüpft wie an kosten- und flächensparendes Bauen. Elemente eines »design for environment«, »design for deconstruction« sowie des »design to life-cycle cost« fließen mit ein.

Den Ausgangspunkt des nachhaltigen Planen und Bauens liefern zumeist Anforderungen an die funktionale Qualität. Diese lassen sich zur Schaffung einer Basis für Variantenvergleiche zu einem funktionalen Äquivalent zusammenfassen. Ihre Erfüllung ist die Grundlage für die Erarbeitung gestalterischer und technischer Lösungen, deren soziale, ökonomische und ökologische Zulässigkeit oder Vorteilhaftigkeit letztlich dem Bauherren nachzuweisen ist. Dieser Ansatz befindet sich in Übereinstimmung mit dem Konzept des »performance based building«.

Nachhaltiges Planen, Bauen und Betreiben ist nicht eine weitere Strömung unter vielen. Vielmehr werden die bisherigen Ziele und Ansätze im Bereich von Teilthemen in einem sinnvollen Gesamtkonzept gebündelt. Aktuelle Entwicklungen wie Gebäude mit ausgeglichener beziehungsweise positiver Energie- und/oder CO_2-Bilanz beziehungsweise die Forderung nach einem klimaneutralen Gebäudebestand ordnen sich in dieses Gesamtkonzept als Teilthemen ein, müssen aber ebenso nachweisen, ob und wie sie insgesamt zu einer nachhaltigen Entwicklung beitragen.

Ausgangspositionen, Themen und Trends

Anforderungen an das Planen, Bauen und Betreiben lassen sich aus einer Vielzahl von Rahmenbedingungen, Gesetzen und Normen ableiten, die einer ständigen Weiterentwicklung unterliegen und daher intensiv beobachtet werden müssen.

Gleichberechtigung der Nachhaltigkeitsdimensionen

Der Baubereich orientiert sich an den aus der Brundtland-Kommission hervorgegangenen Definitionen der Begriffe »Nachhaltigkeit« und »nachhaltige Entwicklung«. Ihre Übersetzung und Anpassung im Bereich des von der Politik als für die nachhaltige Entwicklung ganz wesentlich anerkannten Bedürfnisfelds »Bauen und Wohnen« erfolgte frühzeitig. Anforderungen an das »Bauen und Wohnen« wurden bereits 1998 von der Enquete-Kommission des Deutschen Bundestags formuliert.

Erkennbar ist die Orientierung an den drei Dimensionen der Nachhaltigkeit. Dabei werden Anforderungen und Ziele des sich an den Prinzipien einer nachhaltigen Entwicklung orientierenden Planens und Bauens sowie Betreibens und Nutzens jeweils der ökologischen, ökonomischen oder sozialen Dimension zugeordnet. Festgelegt wurde, dass diese Dimensionen als gleichberechtigt anzusehen sind und ihnen gleichermaßen Rechnung zu tragen ist.

Konsequenzen für Standortanalyse und Bauleitplanung

Von Anfang an wurde aber auch deutlich, dass nachhaltiges Planen und Bauen über die Auseinandersetzung mit dem einzelnen Bauwerk hinausgeht und Fragen der Gestaltung des Umfelds und des Einflusses auf Siedlungsstrukturen einbezieht. In die 2002

Ausgewählte Zieldimensionen für den Bereich »Bauen und Wohnen«

Ökonomische Dimension

- Minimierung der Lebenszykluskosten von Gebäuden (Erstellung, Betrieb, Instandhaltung, Rückbau, Recycling etc.)
- Relative Verbilligung von Umbau- und Erhaltungsinvestitionen im Vergleich zum Neubau
- Optimierung der Aufwendungen für technische und soziale Infrastruktur
- Verringerung des Subventionsaufwands

Ökologische Dimension

- Reduzierung des Flächenverbrauchs
- Beendigung der Zersiedelung der Landschaft
- Geringhaltung zusätzlicher Bodenversiegelung und Ausschöpfung von Entsiegelungspotenzialen
- Orientierung der Stoffströme im Baubereich an den Zielen der Ressourcenschonung
- Vermeidung der Verwendung und des Eintrags von Schadstoffen in Gebäuden bei Neubau, Umbau und Nutzung; Beachtung dieser Prinzipien bei der Schließung des Stoffkreislaufs bei Baumaterialien
- Verringerung der CO_2-Emissionen der Gebäude

Soziale Dimension

- Sicherung bedarfsgerechten Wohnraums nach Alter und Haushaltsgröße; erträgliche Ausgaben für »Wohnen« auch für Gruppen geringeren Einkommens im Sinne eines angemessenen Anteils am Haushaltseinkommen
- Schaffung eines geeigneten Wohnumfelds, soziale Integration, Vermeidung von Ghettos
- Vernetzung von Arbeiten, Wohnen und Freizeit in der Siedlungsstruktur
- »Gesundes Wohnen« innerhalb wie außerhalb der Wohnung
- Erhöhung der Wohneigentumsquote unter Entkopplung von Eigentumsbildung und Flächenverbrauch
- Schaffung beziehungsweise Sicherung von Arbeitsplätzen im Bau- und Wohnbereich

Ziele für ein nachhaltiges »Bauen und Wohnen« (Bonn 1998)
Quelle: Deutscher Bundestag (Hg.): Abschlussbericht der Enquete-Kommission »Schutz des Menschen und der Umwelt des Deutschen Bundestages »Konzept Nachhaltigkeit – Vom Leitbild zur Umsetzung«.

formulierte Strategie zur nachhaltigen Entwicklung in Deutschland flossen deshalb auf direktem Wege Anforderungen an die Nachhaltigkeit der Siedlungsentwicklung ein.

Der Holzbau kann und soll, wie übrige Bauformen und Bauweisen, die sich für innerstädtische Lösungen eignen, einen Beitrag zur Verringerung einer täglichen Zunahme der Siedlungs- und Verkehrsfläche leisten. Durch das Prinzip einer »Innenentwicklung vor Außenentwicklung« soll das Erreichen nationaler Ziele im Bereich der Reduzierung der Flächeninanspruchnahme und -umwandlung unterstützt werden. Die städtebaulichen und gestalterischen Qualitäten sind dabei ebenso von Interesse wie die Einflussnahme auf das Wohnumfeld. Durch die Wahl des Energieträgers und des Heizungssystems kann Einfluss auf die lokale Immissionssituation genommen werden.

Ein Gebäude muss mit seinen technischen Eigenschaften auf die konkrete Standortsituation und die anzutreffenden Umweltmerkmale reagieren. Im Sinne der Dauerhaftigkeit der Konstruktion sollen dabei auch die künftigen Folgen eines bereits eintretenden Klimawandels beachtet werden. Insofern stellen sich neue Anforderungen an die Standortanalyse, die neben traditionellen Themen nun auch zum Beispiel die Besonnungssituation und langfristige Folgen des Klimawandels am Standort berücksichtigen muss. Für die Planung von Holzbauten ist es wie für andere Bauformen und Bauweisen auch von Interesse, ob und wie auf sich verändernde Bedingungen im Bereich der Beanspruchung durch Regen oder Schneelasten zu reagieren ist und ob das Risiko von Hochwasser am Standort in der Tendenz zunimmt.

Anforderungen, die sich aus den Prinzipien einer nachhaltigen Entwicklung an das Planen und Bauen ergeben sowie Hinweise auf die Themen der verantwortungsvollen Bodennutzung, des Klimaschutzes und der Anpassung an den Klimawandel sind bereits Bestandteil der Bauleitplanung. Das Baugesetzbuch enthält hierfür spezielle Passagen.

Bewertbarkeit der Nachhaltigkeit

Aufbauend auf einem weitgehend anerkannten gemeinsamen Nachhaltigkeitsverständnis steht die Baubranche vor der Aufgabe, Nachhaltigkeitsaspekte sowohl in die Planung und in die Investitionsentscheidungen zu integrieren sowie sich über Art und Umfang der Beschreibung und Bewertung der Nachhaltigkeit von Einzelbauwerken zu verständigen. Betrachtungsgegenstand ist jeweils das Gebäude mit Grundstück, entsprechend der Verantwortung und Einflussnahmemöglichkeiten der Bauherren beziehungsweise der Eigentümer. In die Planung fließen die Konsequenzen getroffener Entscheidungen im vollständigen Lebenszyklus ein.

Die Erarbeitung einer Verständigungsgrundlage und die handhabbare Ausgestaltung der Beschreibung und Bewertung der Nachhaltigkeit von Einzelbauwerken ist auch eine Aufgabe der Normung. Im Ergebnis liegen auf internationaler als auch auf europäischer Ebene bereits eine Reihe von Normen vor, die teilweise bereits vom DIN (Deutsches Institut für Normung) übernommen wurden. Weitere Normen, die sich zum Beispiel einerseits mit den Besonderheiten von Ingenieurbauwerken befassen und andererseits die Erarbeitung konkreter Grundlagen für die Berechnung und Beurteilung von Teilaspekten zum Ziel haben, befinden sich noch in der Entwicklung.

Wesentliche Grundlagen zur Beschreibung und Beurteilung der Nachhaltigkeit von Bauwerken liefert die ISO 15392:2008 Sustainability in building construction – General principles. Hierin werden wesentliche Begriffe vorgestellt und erläutert, der Umgang mit den drei Nachhaltigkeitsdimensionen Ökologie, Ökonomie und soziale Aspekte dargestellt sowie Prinzipien formuliert. Untere anderem auf dieser Grundlage wurde ein Mindestumfang von Indikatoren zur Beschreibung und Beurteilung der Nachhaltigkeit von Einzelbauwerken erarbeitet und in der ISO 21929-1:2011 Sustainability in building construction – Sustainability indicators – Part 1: Framework for the development of indicators and a core set of indicators for buildings zusammengefasst. Dieser Mindestumfang von Indikatoren stellt eine Empfehlung für die bei einer Nachhaltigkeitsbewertung zu behandelnden Teilaspekte dar. Die Indikatoren behandeln die Konsequenzen der Standortwahl, der Gestaltung des Grundstücks sowie der Planung des Gebäudes für die Nachhaltigkeitsbewertung. Es wird ausdrücklich darauf verwiesen, dass ausgewählte Merkmale und Eigenschaften von Gebäuden sich auf mehr als eine Nachhaltigkeitsdimension auswirken können. In diesem Fall handelt es sich dann nicht um »Doppelzählungen«, sondern um »Mehrfachwirkungen«. Dies kann als Beleg für die Komplexität der Nachhaltigkeitsbewertung angesehen werden, die auch derartige Wirkungen zwischen Teilaspekten zu berücksichtigen hat.

Eine Übersicht zum Mindestumfang an Indikatoren ist auf der nächsten Seite dargestellt. Diese Indikatoren sind unabhängig von Bauform und Bauweise auf alle Gebäude anzuwenden. Es besteht die Möglichkeit, Stärken aufzuzeigen und die Lösung kritischer Punkte nachzuweisen. Die Holzbauweise kann so unter anderem demonstrieren, dass sich bei ihrer Anwendung der Aufwand an nicht erneuerbarer Primärenergie sowie der Verbrauch an nicht energetischen, nicht erneuerbaren Rohstoffen verringern lässt. Sowohl in der Planung als auch bei der Beschreibung und Bewertung der Nachhaltigkeit von Bauwerken ist jeweils der vollständige Lebenszyklus zu berücksichtigen. Von besonderer Bedeutung ist daher die internationale Normenreihe der ISO 15686 Buildings and constructed assets – Servive life planning, die in ihren einzelnen Teilen Elemente für die Lebenszyklusanalyse (etwa zu Fragen der Abschätzung realistischer Nutzungsdauern von Bauteilen unter Nutzung der Faktorenmethode beziehungsweise zur Lebenszykluskostenrechnung) liefert. Aufbauend auf diesen internationalen Grundlagen führten Aktivitäten bei CEN (Comité Européen de Normalisation – Europäisches Komitee für Normung) zur Entwicklung von Normen, die in besonderer Weise auf die Gegebenheiten und Gesetzeslage in Europa eingehen: Die Basis bildet hier die

Nachhaltige Siedlungsentwicklung

Eine nachhaltige Steuerung der Siedlungsentwicklung parallel zur Verringerung der Flächeninanspruchnahme muss aber auch auf eine qualitative Verbesserung der Flächeninanspruchnahme setzen.

So kann etwa die Verbesserung des Wohnumfelds in Innenstädten die Bereitschaft der Bevölkerung steigern, das Wohnen in der Stadt wieder als attraktive Alternative zum Haus im Grünen anzuerkennen. Wo eine Siedlungserweiterung aufgrund steigender Wohnraumnachfrage erforderlich ist, ist dies auch am Stadtrand vertretbar, wenn dies zu ökologisch verträglichen, ökonomisch effizienten und sozial vertretbaren Siedlungsstrukturen führt.

Bauleitplanung

Die Bauleitpläne sollen eine nachhaltige städtebauliche Entwicklung, die die sozialen, wirtschaftlichen und umweltschützenden Anforderungen auch in Verantwortung gegenüber künftigen Generationen miteinander in Einklang bringt, und eine dem Wohl der Allgemeinheit dienende sozialgerechte Bodennutzung gewährleisten. Sie sollen dazu beitragen, eine menschenwürdige Umwelt zu sichern, die natürlichen Lebensgrundlagen zu schützen und zu entwickeln sowie den Klimaschutz und die Klimaanpassung, insbesondere auch in der Stadtentwicklung, zu fördern, sowie die städtebauliche Gestalt und das Orts- und Landschaftsbild baukulturell zu erhalten und zu entwickeln.

Den Erfordernissen des Klimaschutzes soll sowohl durch Maßnahmen, die dem Klimawandel entgegenwirken, als auch durch solche, die der Anpassung an den Klimawandel dienen, Rechnung getragen werden.

Ganz oben: Anforderungen an eine nachhaltige Siedlungsentwicklung
Quelle: Bundesregierung: Perspektiven für Deutschland – unsere Strategie für eine nachhaltige Entwicklung, Berlin 2002.

Oben: Anforderungen an die Bauleitplanung
Quelle: Baugesetzbuch, § 1 Aufgabe, Begriff und Grundsätze der Bauleitplanung, Baugesetzbuch, § 1a Ergänzende Vorschriften zum Umweltschutz.

Mindestumfang von Indikatoren zur Bewertung der Nachhaltigkeit von Gebäuden (»Core indicators«)

in Bezug auf den Standort
- Zugang zum öffentlichen Nah- und Fernverkehr
- Zugang zum Individualverkehr
- Zugang zu Grün- und Freiflächen
- Nähe zu nutzer- und nutzungsrelevanten Dienstleistungen

in Bezug auf das Grundstück
- Flächeninanspruchnahme und Einfluss auf Art und Qualität der Flächennutzung
- Zugänglichkeit des Grundstücks

in Bezug auf das Bauwerk
- Treibhauspotenzial (GWP) als Wirkungskategorie der Ökobilanz
- Ozonabbaupotenzial (ODP) als Wirkungskategorie der Ökobilanz
- Aufwand an Primärenergie, nicht erneuerbar
- Aufwand an nicht energetischen, nicht erneuerbaren Rohstoffen
- Trinkwasserverbrauch
- Aufkommen an gefährlichen Abfällen
- Aufkommen an ungefährlichen Abfällen
- Zugänglichkeit zum Gebäude / Barrierefreiheit
- Thermischer Komfort
- Visueller Komfort
- Akustischer Komfort
- Raumluftqualität
- Anpassbarkeit in Bezug auf sich ändernde Nutzung oder Nutzerbedürfnisse
- Anpassbarkeit an die Folgen des Klimawandels
- Lebenszykluskosten
- Instandhaltungsfreundlichkeit
- Sicherheit in Bezug auf die Standsicherheit
- Sicherheit in Bezug auf den Brandschutz
- Sicherheit in Bezug auf die Nutzung
- Funktionale Qualität im Sinne der Erfüllung aktueller Nutzeranforderungen
- Gestalterische Qualität

Minimalliste von Indikatoren zur Nachhaltigkeitsbewertung gemäß ISO (International Organization for Standardization)
Quelle: ISO 21929-1:2011 »Sustainability in building construction – Sustainability indicators, Part 1 Framework for the development of indicators and a core set of indicators for buildings«, geordnet durch den Verfasser

EN 15643-1:2010 Sustainability of construction works – Sustainability assessment of buildings – Part 1: General framework, die unter dem Titel Nachhaltigkeit von Bauwerken – Bewertung der Nachhaltigkeit von Gebäuden – Teil 1: Allgemeine Rahmenbedingungen auch als DIN-Norm verfügbar ist. Sie bildet die Grundlage für die Einordnung der Nachhaltigkeitsthematik in die Planung sowie für die Durchführung und Ergebnisdarstellung einer Nachhaltigkeitsbewertung. Gemäß DIN EN 15643-1, die auch für den urbanen Holzbau angewendet werden kann, ist der Ausgangspunkt sowohl für die Planung als auch für die Nachhaltigkeitsbewertung die Formulierung von technischen und funktionalen Anforderungen an das Bauwerk. Die Berücksichtigung einer sich auch an den Prinzipien einer nachhaltigen Entwicklung orientierenden Standortwahl im Gesamtablauf wird als gegeben vorausgesetzt und in der Norm nicht behandelt. Die technischen und funktionalen Anforderungen resultieren aus den als vorausgesetzt zu betrachtenden Merkmalen und Eigenschaften, die zur Erfüllung von Gesetzen und Normen erforderlich sind sowie aus den Merkmalen und Eigenschaften, die mit dem Bauherrn vereinbart werden. Erstmalig bringt die Norm zum Ausdruck, dass über die technischen und funktionalen Anforderungen hinaus auch Anforderungen an ökonomisch, ökologisch oder sozial orientierte Merkmale und Eigenschaften möglich und wünschenswert sind. So formulieren heute sowohl die öffentliche Hand als auch private Investoren und Bauherren zum Teil Anforderungen an die Nachhaltigkeit. Sie bedienen sich hierbei sowohl komplexer Anforderungsniveaus (beispielsweise Erfüllungsgrad beziehungsweise Qualitätsstufe eines Nachhaltigkeitszertifizierungssystems) als auch detaillierter Anforderungskataloge im Ergebnis einer Zielfindungsdiskussion inklusive Zielvereinbarung. Die Summe der Anforderungen kann zu einem »Funktionalen Äquivalent« zusammengefasst werden. Dieses bildet die Grundlage für die Erarbeitung von Varianten sowie für Variantenvergleiche.

Je nach Planungsaufgabe werden Lösungen für Neubau- oder Modernisierungsaufgaben entwickelt oder zunächst bestehende Bauten hinsichtlich ihrer prinzipiellen Eignung für eine Weiter- oder Umnutzung, einen Umbau oder eine Modernisierung überprüft. Die jeweils technische Lösung ist zu beschreiben. Ferner sind Art und Umfang der Erfüllung funktionaler Anforderungen zu überprüfen. Eine oder mehrere Varianten bilden anschließend die Grundlage für eine Nachhaltigkeitsbewertung. Unter Nutzung von Bewertungskriterien mit Bewertungsmaßstäben sind die ökonomische, ökologische und soziale Qualität zu beurteilen. Die Übergänge zwischen der Feststellung einer ausreichenden funktionalen Qualität und der Bewertung der sozialen Qualität sind dabei fließend, wie am Beispiel von Anforderungen hinsichtlich barrierefreier Lösungen deutlich wird.

Die konkreten Bewertungskriterien, Indikatoren sowie Regeln für die Berechnung werden in weiteren Normen von CEN behandelt, die allmählich vom DIN übernommen werden. Zumeist orientiert sich die eigentliche Nachhaltigkeitsbewertung an national oder

Kommunikation:

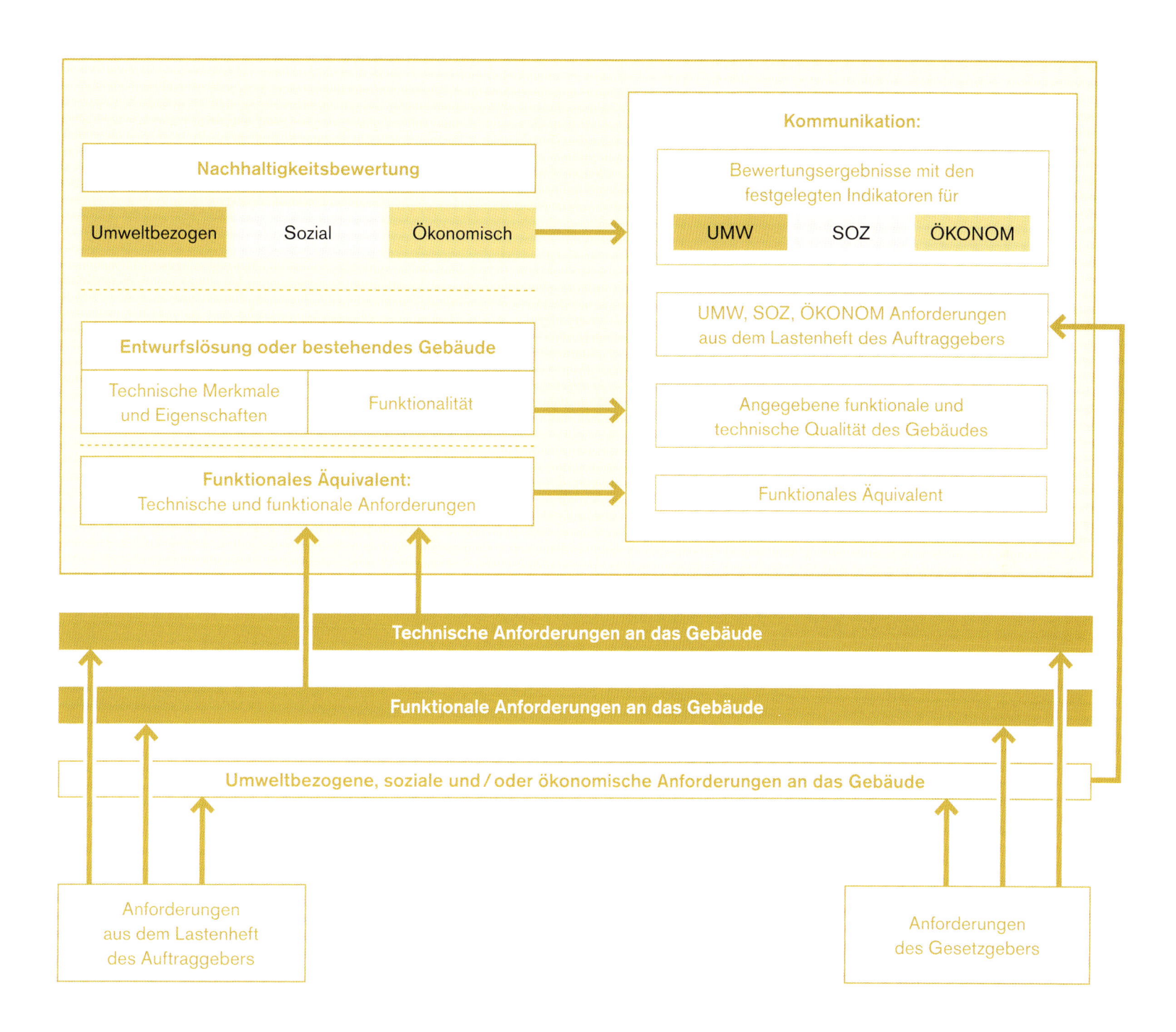

Nachhaltigkeitsbewertung

| Umweltbezogen | Sozial | Ökonomisch |

Bewertungsergebnisse mit den festgelegten Indikatoren für

| UMW | SOZ | ÖKONOM |

Entwurfslösung oder bestehendes Gebäude

| Technische Merkmale und Eigenschaften | Funktionalität |

UMW, SOZ, ÖKONOM Anforderungen aus dem Lastenheft des Auftraggebers

Angegebene funktionale und technische Qualität des Gebäudes

Funktionales Äquivalent:
Technische und funktionale Anforderungen

Funktionales Äquivalent

Technische Anforderungen an das Gebäude

Funktionale Anforderungen an das Gebäude

Umweltbezogene, soziale und/oder ökonomische Anforderungen an das Gebäude

Anforderungen aus dem Lastenheft des Auftraggebers

Anforderungen des Gesetzgebers

Konzept der Nachhaltigkeitsbewertung von Gebäuden (DIN EN 15643-1:2010-12)

auch international verfügbaren Nachhaltigkeitsbewertungs- und Zertifizierungssystemen. Die Anwendung derartiger Systeme dient unterschiedlichen Zwecken und kann die Zielvereinbarung mit dem Bauherrn, die Qualitätssicherung von Planung und Ausführung sowie die Darstellung der Objekt- und Prozessqualität gegenüber Dritten unterstützen. EN 15643-1 konzentriert sich auf den letzten Aspekt. Gegenüber Dritten ist danach im Minimum die Beschreibung des »funktionalen Äquivalents«, die Beschreibung der funktionalen und technischen Qualität des Bauwerks auch im Hinblick auf den Nachweis der Einhaltung von vereinbarten Merkmalen und Eigenschaften, der Nachweis der Erfüllung von spezifischen Nutzeranforderungen im Bereich ökologischer, ökonomischer und sozialer Aspekte (soweit vorhanden) sowie das Ergebnis der Nachhaltigkeitsbewertung unter Nutzung von Kriterien zur Beurteilung der ökologischen, sozialen und ökonomischen Qualität darzustellen.

Für den Holzbau bedeutet dies bei Nutzung dieser Systematik zum Beispiel ausgewählte Vorteile im Bereich der Umweltqualität aufzeigen und die Einhaltung aller technischen Anforderungen nachweisen zu können.

Weiterentwicklung der Bauproduktenverordnung

Neben der Erarbeitung von Normen und Nachhaltigkeitsbewertungssystemen fließen Anforderungen an die Nachhaltigkeit implizit und explizit in Gesetze ein. Ein Beispiel hierfür ist die Bauproduktenverordnung, die in konsequenter Weiterentwicklung der Bauproduktenrichtlinie auf Ebene der Europäischen Union entstand. In ihr werden unter anderem Anforderungen an Bauwerke formuliert. Auch hier wird deutlich, dass sich die Anforderungen jeweils auf den vollständigen Lebenszyklus der Immobilie beziehen. Neben der Sicherheit und Gesundheit der Bewohner und Nutzer muss auch die Verantwortung für Sicherheit und Gesundheit der Arbeitnehmer und Anwohner übernommen werden. Im Bereich der umweltrelevanten Themen wurden die Anforderungen erweitert. Neben den bereits bestehenden Anforderungen hinsichtlich Umwelt und Klimaschutz geht es nun zusätzlich um die nachhaltige Nutzung von Ressourcen.

Weiterentwicklung von Indikatoren

Gebäude und bauliche Anlagen werden bei der Beurteilung ihres Beitrags zu einer nachhaltigen Entwicklung einheitlichen Anforderungen und Bewertungskriterien unterzogen. Nicht die Auswahl der Bewertungskriterien, sondern das Aufzeigen von überdurchschnittlichen Parametern bei gleichzeitiger Erfüllung aller übrigen (Mindest-)Anforderungen ist geeignet, Vorteile einzelner Lösungsvarianten zu diskutieren. Dabei steht das Bauwerk als komplexe Lösung für die Erfüllung von Nutzeranforderungen bei gleichzeitiger Beachtung von Anforderungen an eine technische, ökonomische, ökologische, soziale, gestalterische und städtebauliche Qualität im Vordergrund. Ausgewählte Bauweisen und Hauptbaustoffe leisten hierzu ihren Beitrag, sind jedoch nicht der eigentliche Betrachtungs- und Bewertungsgegenstand. Ohnehin setzen sich Bauwerke, die sich über ihre Bauweise auf einen Hauptbaustoff konzentrieren, dennoch aus einer Vielzahl von Bauprodukten zusammen. Für die Entwicklung und Anwendung von Bewertungssystemen erwächst damit eine besondere Verantwortung. Sie müssen sowohl ausgewogen als auch in der Lage sein, mögliche Stärken und Vorteile von Lösungen abzubilden, wenn diese für eine nachhaltige Entwicklung von Bedeutung sind.

Ein Schutzgut sind die Ressourcen in Form natürlicher Rohstoffe. Sie werden in biotische und abiotische Rohstoffe unterteilt. Eine Strategie zum Erreichen entsprechender Schutzziele ist die

Verringerung der Inanspruchnahme und Verknappung nicht erneuerbarer Rohstoffe, zum Beispiel durch eine längere Nutzungsdauer, die Rückbau- und Recyclingfreundlichkeit von Konstruktionen bei gleichzeitigem Ausbau der Nutzung von Sekundärrohstoffen sowie die verstärkte Nutzung erneuerbarer Rohstoffe.

Über längere Zeit gab es methodisch bedingte Schwierigkeiten in der quantitativen Beschreib- und Bewertbarkeit einer Inanspruchnahme nicht erneuerbarer beziehungsweise erneuerbarer Rohstoffe. Qualitativ begründete Argumente ließen sich kaum in die seit einiger Zeit zumindest in Deutschland überwiegend quantitativ ausgerichteten Bewertungssysteme integrieren. Eine erste Möglichkeit ergab sich über den Indikator »Aufwand an Primärenergie – nicht erneuerbar«. Produkte aus Holz benötigen für ihre Herstellung zumeist nur wenig Energie und können so zu günstigen Werten bei diesem Indikator führen. Zu Missverständnissen und Fehlinterpretationen führte jedoch die Tatsache, dass eine Einbeziehung ihres Heizwerts (stoffliche Nutzung von potenziellen Energieträgern) in die Berechnung und Bewertung entsprechende Werte auch erhöhen konnte. Im Minimum muss daher stets zwischen den erneuerbaren und nicht erneuerbaren Anteilen des Primärenergieaufwandes unterschieden werden.

Die Situation im Bereich der Beschreib- und Bewertbarkeit der Verknappung von Ressourcen, die – wie mineralische Rohstoffe oder Erze – nicht den Energieträgern zuzuordnen sind, war lange Zeit unbefriedigend. Inzwischen hat man sich auf den Indikator ADP (»Abiotic Resource Depletion«) verständigt. Dargestellt wird der abiotische Ressourcenverbrauch als Summenparameter. Damit wird der Beitrag zur Verknappung nicht energetischer Ressourcen bewertbar, die wiederum in biotische und abiotische unterschieden werden können. Es ist somit erstmals möglich, den Beitrag von Holz zur Schonung von nicht erneuerbaren und nicht energetischen Ressourcen aufzuzeigen. Zum Nachweis der Herkunft des Holzes aus nachhaltigen Quellen wurde bereits ein entsprechender Indikator in die Nachhaltigkeitsbewertung eingeführt. Er ist ein »Platzhalter« für die übergreifende Thematik des Schutzes und der Erhaltung der Biodiversität. Nach Überwindung von bewertungsmethodischen Problemen bestehen nun erweiterte Möglichkeiten, die ökologischen Vorteile einer Nutzung von Holz darzustellen und zu quantifizieren.

Nachweis der Zukunftsfähigkeit

Um die Inhalte der Nachhaltigkeit besser zu kommunizieren, wird das Konzept in Teilthemen untersetzt. Im Rahmen der Zukunftsfähigkeit stellt sich die Frage, inwieweit das Gebäude in der Lage ist, heutige wie künftige Nutzeranforderungen zu erfüllen. Auf diese Markt- und Umweltänderungsrisiken reagierend sollen Gebäude langlebig, flexibel und anpassbar sein, soweit dies für die jeweilige Gebäude- und Nutzungsart sinnvoll ist. Sie müssen darüber hinaus wirtschaftlich und wertstabil (im Sinne der ökonomischen Dimension der Nachhaltigkeit), umwelt- und gesundheitsverträglich sowie ressourcenschonend und recyclingfreundlich (im Sinne der ökologischen Dimension der Nachhaltigkeit) sein und einen Beitrag zur Sicherheit und Gesundheit der Bewohner und Anwohner sowie zur gestalterischen und städtebaulichen Qualität leisten (soziokulturelle Dimension der Nachhaltigkeit). Derartige Aspekte werden teilweise unter dem Begriff der »Zukunftsverträglichkeit« zusammengefasst. Gebäude und bauliche Anlagen sollen im Interesse der Nachhaltigkeit sowohl zukunftsfähig als auch zukunftsverträglich sein. Die in den obigen Abschnitten diskutierte Vielschichtigkeit von Nachhaltigkeitsaspekten mit ihren Wechselwirkungen ist zunächst in der Aufgabenstellung, Grundlagenermittlung und im Entwurf zu bewältigen und soll zur integralen Planung mit ausführlichen Variantenvergleichen führen. Bereits Festlegungen zum

> **Grundanforderungen an Bauwerke**
>
> Bauwerke müssen als Ganzes und in ihren Teilen für deren Verwendungszweck tauglich sein, wobei insbesondere der Gesundheit und der Sicherheit der während des gesamten Lebenszyklus der Bauwerke involvierten Personen Rechnung zu tragen ist. Bauwerke müssen diese Grundanforderungen an Bauwerke bei normaler Instandhaltung über einen wirtschaftlich angemessenen Zeitraum erfüllen.

Wärmeschutz haben sofort Auswirkungen auf die Bau- und Nutzungskosten und die Wertstabilität (Ökonomie), die thermische Behaglichkeit (soziale Aspekte), die Nutzbarkeit (Funktionalität) sowie die Ressourceninanspruchnahme und die Wirkungen auf die globale und lokale Umwelt (Ökologie). Zu betrachten ist jeweils der komplette Lebenszyklus von der Wiege (der Herstellung der Bauprodukte) bis zur Bahre (dem Rückbau und der Entsorgung). Zur Lösung der Aufgabe stehen unterschiedliche Strategien zur Verfügung. Über die Suffizienz wird zunächst die Berechtigung von Art und Umfang eines Baubedarfs hinterfragt. Über die Effizienz sollen eine funktionale und soziale Qualität mit einem Minimum an finanziellem Einsatz, an Ressourceninanspruchnahme, an unerwünschten Wirkungen auf die Umwelt sowie an Risiken für Umwelt, Gesundheit und Kapitalerhalt realisiert werden. Über die Konsistenz soll sich dies in die natürlichen Kreisläufe einordnen. Hier sind Lösungen gefragt, die auf der Nutzung nachwachsender Rohstoffe und dem Einsatz erneuerbarer Energie basieren und dabei auch recyclinggerecht sind, um einem weiteren Lebenszyklus zur Verfügung zu stehen.

Für den Holzbau bedeutet dies im Nachweis der Zukunftsfähigkeit nicht nur die Nutzung nachwachsender Rohstoffe zu betonen, sondern die Gebäude auch rückbaufreundlich und recyclinggerecht bei gleichzeitiger Gewährleistung der Sicherung ihrer Dauerhaftigkeit mit umwelt- und gesundheitsverträglichen Mitteln zu realisieren. Die Schaffung flexibler und anpassbarer Strukturen mit hoher gestalterischer Qualität ist für den Holzbau gerade im urbanen Kontext eine leicht zu erfüllende Anforderung.

Als Checkliste in der Planung und Systematik für das Kommunizieren der Zukunftsfähigkeit von Gebäuden stehen Bewertungs- und Zertifizierungssysteme für den Nachweis eines überdurchschnittlichen Beitrags eines Einzelbauwerks zu einer nachhaltigen Entwicklung zur Verfügung. In Deutschland existieren die Ansätze des Bewertungssystems Nachhaltiges Bauen (BNB) des Bundesministeriums für Verkehr, Bau und Stadtentwicklung, des Deutschen Gütesiegels Nachhaltiges Bauen der Deutschen Gesellschaft für Nachhaltiges Bauen (DGNB) sowie des Bewertungssystems Nachhaltiger Wohnungsbau (NaWo) der Wohnungswirtschaft. Allen Ansätzen ist gemeinsam, dass sie auf überwiegend quantitativen Bewertungskriterien basieren und Ergebnisse der Ökobilanzierung und Lebenszykluskostenrechnung voraussetzen.

Für den Holzbau bietet sich die Möglichkeit, seine Stärken und Vorteile sowie die Erfüllung übriger Anforderungen zu quantifizieren, zu objektivieren und zu kommunizieren. Eine intensive Auseinandersetzung mit der Thematik Nachhaltigkeit auch unabhängig von einer unmittelbaren Nachhaltigkeitszertifizierung wird empfohlen. Diese Auseinandersetzung geht allmählich in eine Betrachtung der »Gesamtqualität« über, die geplant, hergestellt, aufrechterhalten und kontinuierlich zu verbessern ist.

1. Mechanische Festigkeit und Standsicherheit

Das Bauwerk muss derart entworfen und ausgeführt sein, dass die während der Errichtung und Nutzung möglichen Einwirkungen keines der nachstehenden Ereignisse zur Folge haben:

1. Einsturz des gesamten Bauwerks oder eines Teils,
2. größere Verformungen in unzulässigem Umfang,
3. Beschädigungen anderer Teile des Bauwerks oder Einrichtungen und Ausstattungen infolge zu großer Verformungen der tragenden Baukonstruktion,
4. Beschädigungen durch ein Ereignis in einem zur ursprünglichen Ursache unverhältnismäßig großen Ausmaß.

2. Brandschutz

Das Bauwerk muss derart entworfen und ausgeführt sein, dass bei einem Brand:

1. die Tragfähigkeit des Bauwerks während eines bestimmten Zeitraums erhalten bleibt,
2. die Entstehung und Ausbreitung von Feuer und Rauch innerhalb des Bauwerks begrenzt wird,
3. die Ausbreitung von Feuer auf benachbarte Bauwerke begrenzt wird,
4. die Bewohner das Bauwerk unverletzt verlassen oder durch andere Maßnahmen gerettet werden können,
5. die Sicherheit der Rettungsmannschaften berücksichtigt ist.

3. Hygiene, Gesundheit und Umweltschutz

Das Bauwerk muss derart entworfen und ausgeführt sein, dass es während seines gesamten Lebenszyklus weder die Hygiene noch die Gesundheit und Sicherheit von Arbeitnehmern, Bewohnern oder Anwohnern gefährdet und sich über seine gesamte Lebensdauer hinweg weder bei Errichtung noch bei Nutzung oder Abriss insbesondere durch folgende Einflüsse übermäßig stark auf die Umweltqualität oder das Klima auswirkt:

1. Freisetzung giftiger Gase,
2. Emission von gefährlichen Stoffen, flüchtigen organischen Verbindungen, Treibhausgasen oder gefährlichen Partikeln in die Innen- oder Außenluft,
3. Emission gefährlicher Strahlen,
4. Freisetzung gefährlicher Stoffe in Grundwasser, Meeresgewässer, Oberflächengewässer oder Boden,
5. Freisetzung gefährlicher Stoffe in das Trinkwasser oder von Stoffen, die sich auf andere Weise negativ auf das Trinkwasser auswirken,
6. unsachgemäße Ableitung von Abwasser, Emission von Abgasen oder unsachgemäße Beseitigung von festem oder flüssigem Abfall,
7. Feuchtigkeit in Teilen des Bauwerks und auf Oberflächen im Bauwerk.

4. Sicherheit und Barrierefreiheit bei der Nutzung

Das Bauwerk muss derart entworfen und ausgeführt sein, dass sich bei seiner Nutzung oder seinem Betrieb keine unannehmbaren Unfallgefahren oder Gefahren einer Beschädigung ergeben, wie Gefahren durch Rutsch-, Sturz- und Aufprallunfälle, Verbrennungen, Stromschläge, Explosionsverletzungen und Einbrüche. Bei dem Entwurf und der Ausführung des Bauwerks müssen insbesondere die Barrierefreiheit und die Nutzung durch Menschen mit Behinderungen berücksichtigt werden.

5. Schallschutz

Das Bauwerk muss derart entworfen und ausgeführt sein, dass der von den Bewohnern oder von in der Nähe befindlichen Personen wahrgenommene Schall auf einem Pegel gehalten wird, der nicht gesundheitsgefährdend ist und bei dem zufriedenstellende Nachtruhe-, Freizeit- und Arbeitsbedingungen sichergestellt sind.

6. Energieeinsparung und Wärmeschutz

Das Bauwerk und seine Anlagen und Einrichtungen für Heizung, Kühlung, Beleuchtung und Lüftung müssen derart entworfen und ausgeführt sein, dass unter Berücksichtigung der Nutzer und der klimatischen Gegebenheiten des Standorts der Energieverbrauch bei seiner Nutzung gering gehalten wird. Das Bauwerk muss außerdem energieeffizient sein und während seines Auf- und Rückbaus möglichst wenig Energie verbrauchen.

7. Nachhaltige Nutzung der natürlichen Ressourcen

Das Bauwerk muss derart entworfen, errichtet und abgerissen werden, dass die natürlichen Ressourcen nachhaltig genutzt werden und insbesondere Folgendes gewährleistet ist:

1. Das Bauwerk, seine Baustoffe und Teile müssen nach dem Abriss wiederverwendet oder recycelt werden können.
2. Das Bauwerk muss dauerhaft sein.
3. Für das Bauwerk müssen umweltverträgliche Rohstoffe und Sekundärbaustoffe verwendet werden.

Grundanforderungen an Bauwerke gemäß Bauproduktenverordnung der EU
Quelle: Bauproduktenverordnung (BauPVo, Verordnung EU 305/2011)

Der Umweltbeitrag der Holznutzung

Sebastian Rüter

Gegenwärtig steht die Gesellschaft vor zwei Herausforderungen: dem weltweit steigenden Energiebedarf bei gleichzeitig fortschreitender Verknappung der fossilen Ressourcen und in Folge deren Verbrennung, der anthropogene Klimawandel. Die Zeit drängt nach allgemein verbindlichen, wissenschaftlich begründeten Prinzipien und Standards zur Bewertung von Nachhaltigkeit.

Spricht man heute von nachhaltigen Gebäuden, so ist es selbstverständlich, dass diese eine ganze Reihe von ökologischen, ökonomischen, soziokulturellen und funktionalen Kriterien erfüllen müssen. Diese beschreiben die verschiedensten Anforderungen der Gesellschaft an das Bauen und Wohnen über den gesamten Lebenszyklus von Häusern. Aber auch technische Kriterien und Gesichtspunkte der Prozessqualität im Bausektor fließen in die Beurteilung von Gebäuden mit ein. So wurden mit der Entwicklung von entsprechenden Bewertungssystemen bis dahin allgemeine Leitlinien einer nachhaltigen gesellschaftlichen Entwicklung für den Bausektor konkretisiert. Damit werden nun beispielsweise auch prozedurale Aspekte bei der Inbetriebnahme von Gebäuden, eine Übererfüllung gesetzlich vorgegebener technischer Standards oder die gestalterische Qualität von öffentlichen Gebäuden gewürdigt und fließen in den mittlerweile im Bausektor gebräuchlichen Nachhaltigkeitsbegriff mit ein.[1]

In Mitteleuropa tauchte der Begriff der Nachhaltigkeit bereits ab Mitte des 14. Jahrhunderts in den Forstordnungen auf und gewann im Zuge einer immer stärkeren Nutzung der Wälder zunehmend an Bedeutung. Große Mengen an Holz wurden beispielsweise für die Verwendung im Schiffs- und Bergbau gebraucht oder für die Gewinnung von Salz, bei der Holz in großen Mengen als Brennstoff für die Verdampfung der salzhaltigen Sole benötigt wurde. Die kontinuierlich steigende Nachfrage nach Holz sorgte damit mancherorts für eine solch dramatische Verknappung, dass sich ab Ende des 16. Jahrhunderts das Prinzip der Nachhaltigkeit in der Forstwirtschaft unaufhaltsam durchsetzte. Danach sollte dem Wald nie mehr Holz entnommen werden als dauerhaft nachwachsen konnte – ein Prinzip, welches sich lange Zeit auf die Massennachhaltigkeit

bei der Bewirtschaftung der Wälder beschränkte und eine langfristige Verfügbarkeit des nachwachsenden Rohstoffs sicherstellen sollte. Seit Anfang der Neunzigerjahre erlangten die Themen Umweltschutz und Ressourcensicherheit eine immer größere Bedeutung in Gesellschaft und Politik, wozu die Veröffentlichung des Brundtland-Reports im Jahr 1987 maßgeblich beigetragen hatte. Dieser stellte erstmalig einen Zusammenhang zwischen Themen wie der globalen wirtschaftlichen Entwicklung, Armutsbekämpfung und Umweltzerstörung her und schaffte somit das Leitbild einer nachhaltigen Entwicklung im heutigen Sinne. In der Folge rückten besonders die wachsenden negativen Auswirkungen des zunehmenden Energie- und Ressourcenverbrauchs in das Zentrum der weltweiten öffentlichen Wahrnehmung. Auch in der Nachhaltigkeitsstrategie für Deutschland werden ein wirksamer Klimaschutz und eine nachhaltige Energiepolitik als eine der größten globalen Herausforderungen der nächsten Jahrzehnte genannt.[2] Konsequenterweise nehmen die Klima- und Energiepolitik mittlerweile einen großen Raum in der gesellschaftlichen Debatte ein. Die Diskussion um die Auswirkung der Endlichkeit der fossilen Ressourcen auf die Gesellschaft und die Welt, wie wir sie kennen, ist in vollem Gange. Nach Berechnungen der Internationalen Energieagentur (IEA) ist neben dem Industrie- und Verkehrssektor vor allem der Gebäudebereich für den globalen Energieverbrauch verantwortlich. So schätzt die IEA, dass bis zu 40 Prozent der weltweit produzierten Energie in diesem Sektor verbraucht werden. Ebenso hoch ist der globale Beitrag zu den CO_2-Emissionen, welche direkt und indirekt mit dem Bereich »Bauen und Wohnen« zusammenhängen.[3] Die Bereitstellung und Nutzung von Energie sowie die Auswirkungen von Gebäuden auf das Klimasystem werden in den beiden in Deutschland vertretenen Bewertungssystemen des Nachhaltigen Bauens (BNB und DGNB) anhand folgender Kriterien bewertet:
• Treibhauspotenzial (GWP),
• Primärenergiebedarf, nicht erneuerbar (PENE),
• Gesamtprimärenergiebedarf (PEGES) und Anteil erneuerbarer
• Primärenergiebedarf (PEE).

Allerdings geht das Treibhauspotenzial aufgrund der momentanen Gewichtung, beispielsweise bei der Bewertung von Bürogebäuden und der großen Anzahl an Kriterien (elf Kriterien in der ökologischen Säule mit einer Gewichtung von 22,5 Prozent im System BNB), mit nur annähernd 3,5 Prozent in die Gesamtbewertung eines Gebäudes ein. Der Energieverbrauch trägt mit nur 5,5 Prozent zur Gesamtnote bei (Stand 10/2012). In Anbetracht der für den Baubereich »neu« definierten Kriterien zur Bestimmung der Nachhaltigkeit und vor dem Hintergrund der dargestellten Zusammenhänge muss dieser Umstand aber kritisch hinterfragt werden. Neben der Vielzahl an Indikatoren, an denen sich Gebäude aus den unterschiedlichsten Baustoffen gleichermaßen messen lassen müssen, ist zudem das Bewertungskriterium »Nachhaltige Materialgewinnung/Holz« als Teil der ökologischen Säule speziell für den Baustoff Holz geschaffen worden. Seine Erfüllung wird anhand des Nachweises der Verwendung von zertifiziertem Holz (FSC, PEFC oder vergleichbare Zertifikate oder Einzelnachweise) gemessen.[1] Somit werden durch den verlangten Produktkettennachweis (Chain of Custody, CoC) für im Gebäude verwendetes Holz indirekt auch Gesichtspunkte einer nachhaltigen Waldbewirtschaftung bei der Gebäudebewertung berücksichtigt.

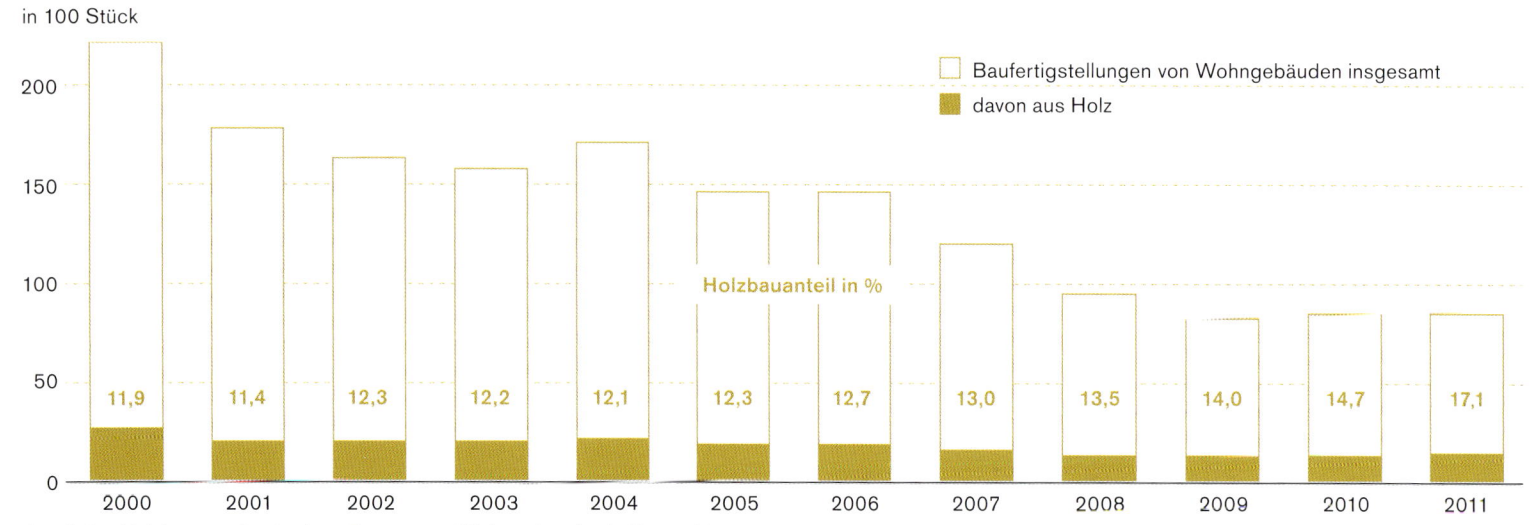

Anteil des Holzbaus an Baufertigstellungen von Wohngebäuden in Deutschland
Quelle: Statistisches Bundesamt, 2012

Energetische und stoffliche Holznutzung in Deutschland

Holz ist der Brennstoff schlechthin – ein Umstand, der vor Entdeckung und Ausbeutung der fossilen Energieträger Kohle, Erdöl und Gas wesentlich zu seiner Verknappung und somit ursprünglich zur Entstehung des Nachhaltigkeitsbegriffs geführt hat. Zugleich ist Holz auch eines der ältesten Baumaterialien der Menschheit. Lange Zeit wurden fast alle Gegenstände des Alltags aus Holz gefertigt. Hiervon kann sich jeder beim Besuch von Freilichtmuseen und Museumsdörfern selbst überzeugen.

Die globale Ressourcenverknappung und die Debatte um die Auswirkungen des anthropogenen Klimawandels rücken den nachwachsenden Rohstoff zunehmend in den Fokus der Aufmerksamkeit. Holz wird als Teil der Lösung der globalen Herausforderungen gesehen. Dies manifestiert sich in Deutschland beispielsweise in den Strategien der Bundesregierung zur stofflichen beziehungsweise energetischen Nutzung von nachwachsenden Rohstoffen, von welchen Holz mit deutlichem Abstand den größten Massenanteil hat. Vor allem die energetische Nutzung nachwachsender Rohstoffe wird vonseiten der Politik, beispielsweise durch die Nachhaltigkeitsverordnung zum Erneuerbare-Energien-Gesetz (EEG), massiv gefördert. Hierbei ist Holz der mit Abstand wichtigste Bioenergieträger: Etwa 25 Prozent des Holzeinschlags werden gegenwärtig als Brennholz genutzt; auch die Rinde des Holzes wird von der Holzindustrie für die Bereitstellung von thermischer Energie verwendet. Ein Teil des entlang der Verarbeitungskette anfallenden Industrierestholzes wird ebenfalls als Brennstoff verwertet. 78 Prozent des auflaufenden Altholzes werden hierfür erfasst, sodass letztlich annähernd 55 Prozent von dem ursprünglich geernteten Holz der Energiegewinnung dienen.[4]

Der Großteil des stofflich genutzten Holzes kommt in Deutschland hingegen im Bausektor zum Einsatz. So wurde für das Jahr 2007 ermittelt, dass ungefähr 65 Prozent des Schnittholzes und 35 Prozent der Holzwerkstoffe als Bauteile beziehungsweise Bauprodukte Verwendung fanden. Doch nicht nur in Holzgebäuden wird der nachwachsende Rohstoff eingesetzt, auch in konventionellen Gebäuden wird Holz für Dachstühle, Fenster und Türen oder für Bodenbeläge verwendet. Allerdings wird in Ein- und Zweifamilienhäusern in Holzbauweise gut zwei- bis dreimal so viel Holz verbaut wie in Häusern in Massivbauweise.[3]

Insgesamt ging die Zahl der Baufertigstellungen von Wohngebäuden in den vergangenen Jahren rasant zurück, doch während sich die Anzahl der aus konventionellen Baumaterialien erstellten Gebäude im Schnitt der vergangenen fünf Jahre um weitere 20 Prozent reduzierte, konnte die Anzahl der erstellten Holzgebäude im selben Zeitraum um zwei Prozent gesteigert werden, sodass die Holzbauquote im Jahr 2011 bereits bei über 17 Prozent lag.

Aber auch bei der Sanierung von Gebäuden und im Nichtwohnbau spielt Holz eine zunehmend wichtige Rolle als Baumaterial. Seit dem Jahr 2000 stieg der Marktanteil von Holzgebäuden im Nichtwohnbau von zwölf Prozent auf fast 19 Prozent und im Segment der Büro- und Verwaltungsgebäude verdoppelte sich der Anteil in den vergangenen elf Jahren beinahe.[5] Damit bestätigt sich der langjährige Trend eines steigenden Holzhausanteils bei den Baufertigstellungen in Deutschland. Doch welchen Umweltbeitrag liefert die nachwachsende Ressource Holz mit ihrer stofflichen Nutzung in Gebäuden im Hinblick auf die Ziele der Gesellschaft, verstärkt Ressourcen und Energie einzusparen sowie klimaschädliche Treibhausgasemissionen zu vermeiden? Und wie kann dieser Beitrag gemessen werden?

Ökobilanzen bei der Umweltbewertung von Gebäuden

Bei der Verarbeitung des Rohstoffs zu Bauprodukten, Bauteilen oder Gebäuden wird, wie bei allen Industrieprozessen und der Verarbeitung anderer Rohstoffe üblich, thermische und elektrische Energie benötigt. Deren Bereitstellung ist ebenfalls wieder mit der Entstehung von Treibhausgasen verbunden. Zur Abschätzung der mit einem Produktsystem verbundenen Umweltwirkungen wird die Methode der Produktökobilanz nach ISO 14040 und 14044 angewandt. Sie stellt auch die zentrale Methode bei der Ermittlung eines Großteils der bei der Nachhaltigkeitsbewertung für Gebäude benötigten ökologischen Indikatoren dar. Die Norm definiert eine Ökobilanz als die »Zusammenstellung und Beurteilung der Input- und Output-Flüsse und der potenziellen Umweltwirkungen eines Produktsystems im Verlaufe seines Lebensweges«[6].

Das Produktsystem untergliedert sich in ein Vordergrundsystem, das oftmals dem Werk oder Unternehmen entspricht, das die untersuchten Produkte oder das untersuchte Produkt herstellt, und einem Hintergrundsystem, das die dem Produktionsprozess vorgelagerten Vorketten umfasst. Nach dem ersten Schritt einer Ökobilanz, der Festlegung der Systemgrenzen des Produktsystems und der Definition der funktionalen Einheit werden alle ein- und ausgehenden Produkt-, Stoff- oder Energieflüsse in einer Sachbilanz aufgelistet. Hierfür werden die Aufwendungen des Systems dem Produkt zugeordnet, für das die Umweltauswirkung abgeschätzt werden soll. Sofern es mehrere Produkte gibt, die das System verlassen, können Allokationsverfahren notwendig werden, um die Flussgrößen den jeweiligen Produkten adäquat zuordnen zu können. In einem dritten Schritt werden die Sachbilanzergebnisse für die Berechnung entsprechender Indikatorwerte definierten Wirkungskategorien zugeordnet und mit festgelegten Charakterisierungsmodellen beschrieben. Somit lassen sich mit Ökobilanzen, neben dem mit der Herstellung eines Bauprodukts verbundenen Energiebedarf, auch die mit dem Produktsystem verbundenen potenziellen Umweltauswirkungen ermitteln. Zu den klassischen Bewertungskategorien zählen beispielsweise die potenziellen Wirkungen auf den Treibhauseffekt, die Versauerung

Informationen für den Lebensweg des Gebäudes				Ergänzende Informationen
Produkt	Bau	Nutzung	Ende Lebensweg	Potenziale
A1 – Rohstoffbereitstellung / -Verarbeitung A2 – Transport zum Hersteller A3 – Herstellung	A4 – Transport zur Baustelle A5 – Einbau in das Gebäude	B1 – Nutzung / Anwendung des Produkts B2 – Instandhaltung B3 – Reparatur B4 – Ersatz B5 – Umbau / Erneuerung B6 – Energieeinsatz für TGA B7 – Wassereinsatz für TGA	C1 – Rückbau / Abriss C2 – Transport C3 – Abfallbehandlung C4 – Deponierung	D – Wiederverwendungs- / Rückgewinnungs- / Recyclingpotenzial

Einteilung der Lebenszyklusinformationen nach EN 15643-2 / EN 15804
Quelle: S. Rüter / S. Diederichs: Ökobilanz-Basisdaten für Bauprodukte aus Holz, Hamburg 2012.

Indikatoren Umweltwirkung

Globales Treibhauspotenzial (GWP); Abbaupotenzial der stratosphärischen Ozonschicht (ODP); Versauerungspotenzial (AP), Eutrophierungspotenzial (EP); Potenzial zur Bildung für troposphärisches Ozon (POPC); Potenzial für den abiotischen Ressourcenabbau – Elemente für nicht fossile Ressourcen (ADP-Stoffe); Potenzial für den abiotischen Ressourcenabbau – fossile Brennstoffe (ADP-fossile Energieträger)

Indikatoren Ressourceneinsatz

Einsatz erneuerbarer Primärenergie ohne die als Rohstoff verwendeten erneuerbaren Energieträger (PERE); Einsatz der als Rohstoff verwendeten erneuerbaren Primärenergieträger (stoffliche Nutzung – PERM); Gesamteinsatz erneuerbarer Primärenergie (PERT); Einsatz nicht erneuerbarer Primärenergieträger ohne die als Rohstoff verwendeten nicht erneuerbaren Primärenergieträger (PENRE); Einsatz der als Rohstoff verwendeten nicht erneuerbaren Primärenergieträger (stoffliche Nutzung – PENRM); Gesamteinsatz nicht erneuerbarer Primärenergie (PENRT); Einsatz von Sekundärstoffen (SM); Einsatz von erneuerbaren Sekundärbrennstoffen (RSF); Einsatz von nicht erneuerbaren Sekundärbrennstoffen (NRSF); Einsatz von Süßwasserressourcen (FW)

Indikatoren anfallende Abfälle

Gefährliche Abfälle zur Deponierung (HWD); Entsorgung nicht gefährlicher Abfall (NHWD); Entsorgung radioaktiver Abfall (RWD)

Indikatoren Output Stoff- und Energieflüsse

Komponenten für die Weiterverwendung (CRU); Stoffe zum Recycling (MFR); Stoffe für die Energierückgewinnung (MER); Exportierte Energie (EE + Medium)

Indikatoren für die Bewertung von Bauprodukten nach EN 15804 (nach CEN 2012)

(»Saurer Regen«) und Überdüngung der Umwelt oder die Bildung von Sommersmog. Für die Abschätzung der Auswirkungen eines Produkts auf den Treibhauseffekt werden neben dem wichtigsten Treibhausgas Kohlendioxid auch die mit dem Produktsystem verbundenen Mengen anderer Gase erfasst, die auf den Strahlungsantrieb der Atmosphäre wirken und deren Wirkungspotenzial über Kohlendioxid-Äquivalente (CO_2e) bemessen wird. Da die der Ökobilanzierung zugrunde liegenden Regeln für eine adäquate Verwendung dieser Umweltinformationen auf Gebäudeebene bislang zu unterschiedlich ausgelegt werden konnten, wurde im Rahmen des europäischen Normungsprozesses im CEN/TC 350 eine Präzisierung speziell für eine Verwendung bei der Nachhaltigkeitsbewertung von Gebäuden notwendig.[7] Zugleich fand man in den Umweltproduktdeklarationen (Environmental product declaration, EPD) nach ISO 14025 ein ideales Instrument, um die benötigten Informationen über die Auswirkungen der Herstellung der verbauten Baustoffe auf Gebäudeebene zusammenzutragen: Neben einer Dokumentation über die bei der Herstellung verwendeten Grundstoffe, die Verarbeitungs- und Entsorgungsmöglichkeiten der Bauprodukte, bilden die Ergebnisse von Ökobilanzberechnungen den Kern von EPDs. Die neue Norm EN 15804 (Nachhaltigkeit von Bauwerken – Umweltproduktdeklarationen – Grundregeln für die Produktkategorie Bauprodukte) sieht nunmehr als eines der wesentlichen Ergebnisse des europäischen Normungsprozesses eine Untergliederung der bereitgestellten Umweltinformationen in Lebenszyklusabschnitte vor. Nicht nur über die bis zur Fertigstellung eines Gebäudes (Module A) oder die während seines Betriebs anfallenden Umweltlasten (Module B) muss Klarheit herrschen. Auch die Aufwendungen am Ende des Gebäudelebenszyklus sollen sichtbar gemacht werden (Module C) und somit eine vorausschauende Planung und nachhaltiges Handeln im Sektor erst ermöglichen.[8] Danach lassen sich nach

EN 15804 grundsätzlich drei mögliche Varianten der Ausgestaltung von Umweltproduktdeklarationen unterscheiden – je nachdem, welche Stadien des Lebenswegs von Bauprodukten bei der Bilanzierung erfasst und kommuniziert werden sollen:

1. Von der *Wiege bis zum Werkstor* (»cradle to gate«) beinhaltet die Aufwendungen nur für das Produktstadium (A1–A3).
2. Von der *Wiege bis zum Werkstor mit Optionen* (»cradle to gate with options«) beinhaltet die Aufwendungen von der Bereitstellung der Rohstoffe bis zum Bauprodukt inklusive weiterer optionaler Lebensabschnitte, die über Szenarien einbezogen werden (A1–A3 + C2–C4 …).
3. Von der *Wiege bis zur Bahre* (»cradle to grave«) beinhaltet alle Aufwendungen entlang des Lebenszyklus (A1–C4).

Als eine zentrale Neuerung der EN 15804 kann gelten, dass es bei der Erstellung von EPDs nun nicht mehr möglich ist, die oftmals mit den Rohstoffeigenschaften eines Bauprodukts verbundenen Vorteile durch seine Wiederverwendung, Rückgewinnung oder sein Recycling (in Form von vermiedenen Emissionen etc.) mit den Aufwendungen am Anfang des Lebenszyklus (Emissionen durch den Energieverbrauch bei der Herstellung etc.) zu verrechnen und in Form eines einzelnen Werts darzustellen. Stattdessen werden die mit der Verwendung des Bauprodukts möglichen Potenziale in einem separaten Informationsmodul D abgebildet. Dies dient der Transparenz und schafft Klarheit, inwieweit und zu welchem Zeitpunkt mit bestimmten Umweltwirkungen durch die Nutzung von Produkten zu rechnen ist. Neben der Untergliederung der Informationen in Module, die die Lebenszyklusabschnitte widerspiegeln, formuliert die Norm weitere Anforderungen an die notwendige Datenqualität und die Vorgehensweise bei der Berechnung der Ökobilanzen, beispielsweise bei der Zuordnung der Umweltlasten.

Für die Ergebnisdarstellung definiert die EN 15804 insgesamt 24 statt der bisher üblichen sieben Indikatoren, die in Umweltproduktdeklarationen für Bauprodukte enthalten sein sollen. Sie gliedern sich in:

- sieben Indikatoren, die die potenzielle Umweltwirkung mit Hilfe einer Charakterisierung im Sinne der klassischen Ökobilanzmethode beschreiben,
- zehn Indikatoren mit Bezug zum Ressourcenverbrauch, für die alle im System verwendeten Ressourcen auf Basis der eingesetzten Primärenergie oder Masse quantifiziert werden,
- drei Indikatoren zur Beschreibung der aus dem Produktsystem anfallenden Abfälle und
- vier Indikatoren zur Beschreibung von aus dem Produktsystem herausgehenden Stoff- und Energieflüssen.

Auf der gegenüberliegenden Seite sind alle Indikatoren mit den jeweiligen Abkürzungen aufgelistet, wie sie bereits in den ersten am Markt befindlichen Umweltproduktdeklarationen nach EN 15804 zu finden sind. Im Ergebnis kann mit solch umfassenden Informationen eine detaillierte Analyse der Umweltauswirkungen von Bauprodukten und den mit ihrer Verwendung verbundenen Aufwendungen auf Gebäudeebene vorgenommen werden. Doch sind zwei Indikatoren speziell für den Baustoff Holz von Bedeutung: das Globale Treibhauspotenzial (GWP), in welchem sich die Eigenschaft des Holzes als Teil des natürlichen Kohlenstoffzyklus widerspiegelt und der Indikator »Einsatz der als Rohstoff verwendeten erneuerbaren Primärenergieträger (stoffliche Nutzung) (PERM)«, mit dem sich der für das Baumaterial Holz einzigartige Umstand abbilden lässt, dass ein aus nachwachsendem Rohstoff hergestelltes Bauteil oder Gebäude am Ende seines Lebenszyklus als erneuerbarer Energieträger verwendet werden kann.

Substitutionseffekte durch die Verwendung von Holz

So lassen sich mit Hilfe der Ökobilanzmethodik neben der Identifizierung möglicher Optimierungspotenziale entlang der Verarbeitungsprozesse von Holz zu Bauprodukten auch die Vorteile der Verwendung von Holz in Bezug auf die zentralen Umweltaspekte Energie und Klimaschutz aufzeigen. Den nachwachsenden Rohstoffen, und hier insbesondere dem Holz, wird bei der Beantwortung zentraler Zukunftsfragen eine wichtige Rolle zugedacht.

Ziel der Nachhaltigkeitsbewertung von Gebäuden ist es, schon während der Planungsphase deren mögliche späteren Auswirkungen auf die verschiedenen Kriterien der Nachhaltigkeit entlang ihres Lebenszyklus zu benennen und zu quantifizieren. Ausschlaggebend für die Wahl einer bestimmten Bauweise sind somit nicht mehr nur die kurzfristig entstehenden Kosten eines Gebäudes; beispielsweise können auch die Folgen der Auswahl des verwendeten Baustoffs für ein Bauteil oder das gesamte Gebäude in Bezug auf den Energieverbrauch oder das Treibhauspotenzial in Zukunft an Bedeutung gewinnen. So lassen sich schon mit der Auswahl des Baumaterials klimaschädliche Emissionen einsparen und der dem Gebäude zuzurechnende Energieverbrauch reduzieren. Denn immerhin 20 Prozent der insgesamt benötigten Energie von Gebäuden werden bereits für ihre Errichtung beziehungsweise die Herstellung der darin verwendeten Baumaterialien verbraucht.[9] Durch die Verwendung von Umweltproduktdeklarationen nach EN 15804 wird Planern, Architekten und Bauherren die Möglichkeit gegeben, anhand der technischen Spezifikationen der Bauprodukte gewünschte Alternativen zusammenzustellen und deren Umweltwirkung miteinander zu vergleichen.

Grundvoraussetzung für die Abschätzung eines möglichen Einsparpotenzials durch die Verwendung von Holz muss jedoch immer der Produktvergleich auf Basis einer gleichen funktionalen Einheit sein, da alternative Bauprodukte oder Bauteile stets auch nur unter Berücksichtigung ihrer gleichen funktionellen Eigenschaften miteinander verglichen werden können. Die zu vergleichenden Produkte müssen dieselben Funktionen erfüllen oder dieselben bauphysikalischen Eigenschaften besitzen (Flächenausmaß, Schallschutz oder Dämmwerte, …). Die Ergebnisse zahlreicher vergleichender Ökobilanzstudien, welche nach diesem Grundsatz vorgegangen sind, belegen, dass mit dem Einsatz von Holz als Baumaterial in vielen Fällen der Energieverbrauch reduziert wird, da für die Herstellung von Holzbauprodukten weniger Energie aufgewendet werden muss. Auch der mit dem Einsatz von Holz verbundene Ausstoß an Treibhausgasen ist somit in den meisten Fällen geringer. Zwar ist dieser Effekt immer auch abhängig von den jeweiligen Alternativprodukten und bleibt damit starken Schwankungen unterworfen[10], doch kann die im Schnitt erreichbare Substitutionswirkung durch den Einsatz von Holzprodukten auf die Vermeidung von durchschnittlich 1,9 Tonnen CO_2e fossiler Treibhausgasemissionen pro eingesetztem Kubikmeter Holz eingegrenzt werden.[11] In Kombination mit den in Deutschland stofflich verwendeten Holzmengen der Jahre 2005 bis 2009, die sich aus dem heimischen Schnittholz- und Holzwerkstoffverbrauch errechnen lassen, konnte die durch die Verwendung von Holz erbrachte Substitutionsleistung auf annähernd 57 Millionen Tonnen CO_2e im Jahr abgeschätzt werden. Dies ist deutlich mehr als durch die energetische Verwertung von Holz bei der Gewinnung von thermischer und elektrischer Energie an Treibhausgasemissionen aus fossilen Energieträgern eingespart werden konnte: Für denselben Zeitraum belief sich der energetische Substitutionseffekt durch die Verbrennung von Holz, für dessen Abschätzung der Heizwert von Holz und die im Abschnitt »Energetische und stoffliche Holznutzung« (S. 88) beschriebenen Holzmengen als funktionale Einheit dienten, auf etwa 30 Millionen Tonnen CO_2e.[4,12]

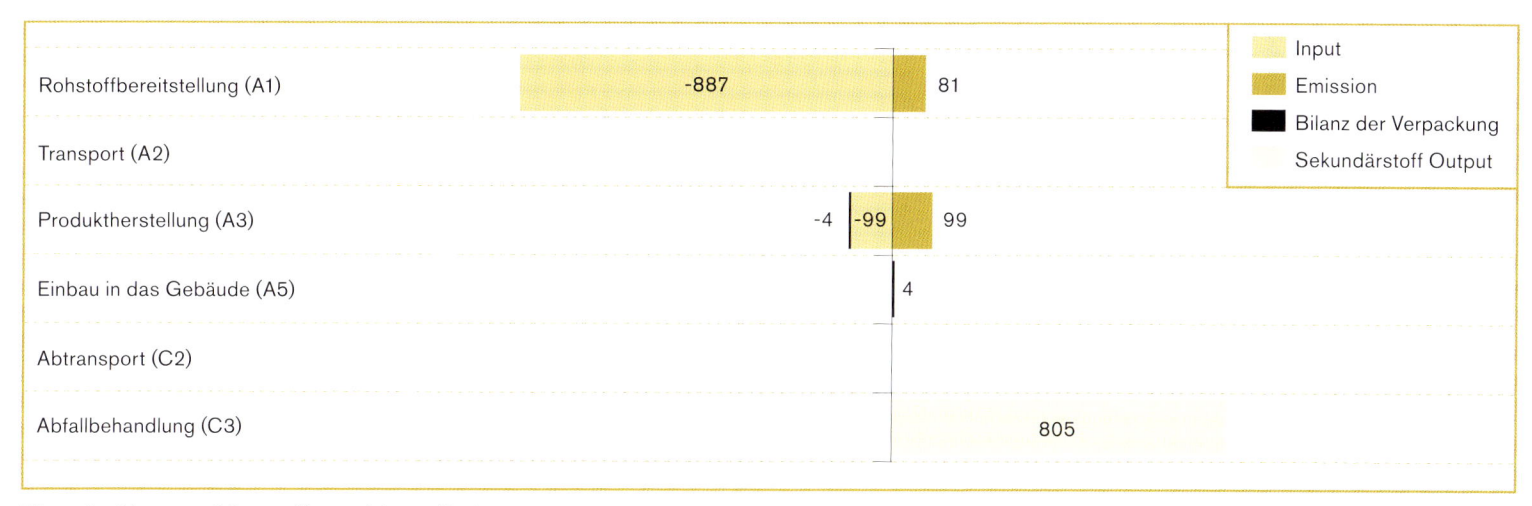

Lebenszyklusabschnitt	Input	Emission	Bilanz der Verpackung	Sekundärstoff Output
Rohstoffbereitstellung (A1)	−887	81		
Transport (A2)				
Produktherstellung (A3)		−99	−4	99
Einbau in das Gebäude (A5)			4	
Abtransport (C2)				
Abfallbehandlung (C3)				805

Bilanz des biogenen CO_2 von Konstruktionsvollholz nach Lebenszyklusabschnitten (EN 15804) [in kg CO_2e]
Quelle: S. Rüter / S. Diederichs: Ökobilanz-Basisdaten für Bauprodukte aus Holz, Hamburg 2012.

Für die Atmosphäre positive Substitutionseffekte finden allerdings nur dann statt, wenn das Holz aus massennachhaltiger Bewirtschaftung stammt. Dies geht aus den Ausführungen zur Entstehung des Nachhaltigkeitsgedankens hervor und betrifft den Umstand, dass bei einer nachhaltigen Bewirtschaftung der Verlust an Biomasse durch die Holzernte über den kontinuierlichen Zuwachs junger Bäume wieder kompensiert wird.

Holz als Speicher von biogenem Kohlenstoff

Wälder – und damit auch das geerntete Holz – sind Teil des natürlichen Kohlenstoffkreislaufs: Bäume entziehen mit Hilfe der Fotosynthese während ihres Wachstums Kohlendioxid (CO_2) der Atmosphäre und lagern ihn in Form von Kohlenstoff (C) ein. Holz besteht zu etwa 50 Prozent seiner Trockenmasse aus Kohlenstoff (C), der im Stamm, den Ästen, Zweigen und Wurzeln als Bestandteil der lebenden Biomasse gespeichert wird. Auch die abgestorbene Biomasse und der Waldboden binden diesen Kohlenstoff so lange weiter, bis er sich durch Oxidationsprozesse bei der natürlichen Zersetzung des Holzes wieder mit Sauerstoff (O_2) verbindet und als Treibhausgas CO_2 in die Atmosphäre entweicht.
Durch die stoffliche Nutzung von Holz wird die Bindung eines Teils des durch die Bäume gebundenen Kohlenstoffs um die jeweilige Nutzungsdauer der Produkte verlängert, beispielsweise in teils sehr langlebigen Holzbaukonstruktionen.
Für die CO_2-Bilanz eines einzelnen Holzprodukts bedeutet dies über den gesamten Lebenszyklus betrachtet ein Nullsummenspiel: Die vom Baum auf das Produkt übertragene Kohlenstoffmenge oxidiert letztlich wieder in die Atmosphäre. Für die Darstellung dieser Tatsache in Ökobilanzen nach ISO 14040/44 mittels der Wirkungskategorie Treibhauspotenzial (GWP) und nach den Vorgaben der EN 15804 ergeben sich folglich zwei mögliche Ansätze:

1. Die Übertragung des durch das Baumwachstum gebundenen Kohlenstoffs auf das Produkt bei der Rohstoffbereitstellung (Modul A1) wird ebenso wenig wie der Abfluss des biogenen Kohlenstoffs aus dem Produktsystem, etwa in Form von CO_2 bei der energetischen Verwertung des Holzprodukts am Lebenszyklusende (Modul C3), dargestellt (Beitrag ist jeweils 0).
2. Der Zufluss des biogenen Kohlenstoffs in das Holzproduktsystem wird als Systemeingang in Höhe des im Holz befindlichen Kohlenstoffs, umgerechnet in CO_2e, als negativer Wert in Modul A1 verbucht (−1). Verlässt dieser Kohlenstoff das System am Ende des Produktlebenszyklus wieder, beispielsweise durch die energetische Verwendung oder die Aufbereitung des Altholzes für seine stoffliche Wiederverwendung (Modul C3), wird die bis dahin gespeicherte Kohlenstoffmenge als Emission ausgewiesen (+1).

Beide Alternativen spiegeln die Tatsache wider, dass die CO_2-Bilanz eines Produkts über seinen gesamten Lebenszyklus betrachtet ausgeglichen ist. Das obenstehende Diagramm zeigt die CO_2-Bilanz von Konstruktionsvollholz, in der sowohl die Kohlenstoffflüsse der stofflichen Nutzung als auch die energetische Nutzung von Holz entlang der Herstellungskette (während der Rohstoffbereitstellung A1 und der Herstellung A3) dem Lebenszyklusabschnitt zugeordnet sind. Neben der im Produkt enthaltenen Kohlenstoffmenge, die im Altholz als Sekundärstoff den Produktlebenszyklus verlässt, um anschließend energetisch verwertet oder stofflich wiederverwendet zu werden (Modul C3), sind auch die Kohlenstoffflüsse enthalten, die beim Einsatz von Biomasse als Brennstoff entlang der Verarbeitungskette (Emission in A1 und A3) sowie bei der Verwendung von Verpackungen aus Holz (A3 und A5) anfallen. Für eine Einbeziehung der gespeicherten Kohlenstoffmenge in die Berechnung der Ökobilanz-Wirkungskategorie

Treibhauspotenzial (GWP) spricht, dass damit der vorgeschlagenen Darstellungsweise und der Intention der EN 15804 entsprochen wird, auch die zeitliche Abfolge von Umweltauswirkungen von Bauprodukten abzubilden und zu kommunizieren. Diese ist insbesondere sowohl im Hinblick auf die zeitliche Dynamik der Wirkung von Treibhausgasen in der Atmosphäre als auch speziell für Bauprodukte aus Holz als Teil des natürlichen Kohlenstoffkreislaufs von Bedeutung. Zugleich wird mit der Darstellung des zeitlichen Auftretens von CO_2-Emissionen die Frage angeschnitten, inwieweit beziehungsweise unter welchen Umständen die Rohstoffbereitstellung von Holz und vor allem die energetische Nutzung des nachwachsenden Rohstoffs als CO_2-neutral gelten kann.

Um dieser Frage nachzugehen, muss man sich von der Einzelproduktbetrachtung, wie sie Produktökobilanzen zu eigen ist, lösen und die Zusammenhänge des Kohlenstoffkreislaufs des gesamten Forst- und Holzsektors auf nationaler Ebene näher betrachten.

Wälder und die nachgelagerte stoffliche Nutzung von Holz sind riesige Kohlenstoffspeicher. So erstreckt sich die Waldfläche in Deutschland über elf Millionen Hektar; 1,3 Milliarden Tonnen[13] Kohlenstoff werden auf dieser Fläche gebunden. Ausschlaggebend für die Atmosphäre beziehungsweise eine mögliche Treibhauswirkung ist allerdings nicht die bloße Existenz des gespeicherten Kohlenstoffs. Vielmehr ist vor dem Hintergrund der Diskussion um den anthropogenen Klimawandel von Bedeutung, welchen Einfluss die Nutzung der Wälder auf die Veränderung des Waldspeichers über die Zeit hat. Vergrößert sich der Speicher, heißt dies, dass mehr Kohlenstoff aus der Atmosphäre gebunden wird, als durch Zersetzung oder Entnahme von Biomasse aus dem Speicher entweicht. In diesem Fall spricht man von einer Senke für das Treibhausgas, die nach der internationalen Sprachregelung mit einem negativen Vorzeichen (–) gekennzeichnet wird. Dies gilt streng genommen aber nur für die lebende Biomasse des Speichersystems Wald, das man zur besseren Quantifizierung im Zuge der Treibhausgasbilanzierung in die fünf Subspeicher oberirdische und unterirdische Biomasse, Totholz, Streu und Boden untergliedert. Nach der Sequestrierung von CO_2 aus der Atmosphäre durch die lebende (oberirdische) Biomasse wird der Kohlenstoff anschließend nur von Speicher zu Speicher weitergegeben. Dies entspricht der Methodik des Beispiels 2 (S. 93) auf Produktebene (–1 und +1) und betrifft die Speicher Totholz, Streu und Boden, aber auch den nachgelagerten Holzproduktespeicher. Verliert ein Speicher mehr Kohlenstoff als er aufnimmt, verkleinert sich dieser und stellt somit eine Netto-Quelle dar, die mit einem positiven Vorzeichen (+) versehen wird (vgl.[4]).

Nach den Ergebnissen einer Inventurstudie aus dem Jahr 2008 hat der Holzvorrat in Deutschland auch seit der Bundeswaldinventur im Jahr 2002 weiterhin zugenommen, da insgesamt zehn Prozent mehr Holz zugewachsen ist als etwa durch Holznutzung dem Speichersystem Wald entnommen wurde.[14] Nach Angaben des Umweltbundesamts (UBA) wurden in Deutschlands Wäldern (ohne mineralische Böden) zuletzt sogar durchschnittlich 25 Millionen Tonnen CO_2 jedes Jahr zusätzlich aus der Atmosphäre gebunden.[15] Die Wälder in Deutschland stellen demnach eine Senke für das klimaschädliche Treibhausgas dar, wobei dieser Effekt nicht unumkehrbar ist: Auch bei einer nachhaltigen Bewirtschaftung kann der Senkeneffekt, beispielsweise aufgrund einer sich ändernden Altersklassenstruktur, abnehmen.

Wie die Historie in Mitteleuropa oder ein Blick in andere Weltgegenden zeigen, trägt eine langfristig nicht (massen)nachhaltige Holznutzung zum Problem der Klimaänderung bei: Entwaldung (das heißt eine Landnutzungsänderung von Wald in andere Flächennutzungsformen) und Degradation von Wäldern in vielen Teilen der Erde gehen einher mit einer drastische Abnahme der grünen Kohlenstoffspeicher. Dies verursacht fast 20 Prozent der gesamten CO_2-Emissionen weltweit und trägt so massiv zum anthropogenen Klimawandel bei. Es gilt also zu unterscheiden, aus welchem Land das Holz kommt, welches genutzt wird. Eine nachhaltige Waldbewirtschaftung, wie sie in Deutschland seit der Entstehung und Umsetzung des Nachhaltigkeitsgedankens praktiziert wird und welche die Kohlenstoffspeicher im Wald langfristig erhält, ist demzufolge eine wesentliche Voraussetzung für einen positiven Beitrag der Holznutzung beim Klimaschutz[16].

Zertifizierungssysteme und somit auch das im Bewertungssystem Nachhaltiges Bauen (BNB) verwendete Kriterium einer »Nachhaltigen Materialgewinnung/Holz« geben allerdings nicht unbedingt Aufschluss über die Massennachhaltigkeit des zertifizierten Walds, aus welchem das Produkt stammt, und somit auch nicht über dessen CO_2-Neutralität.

CO_2-Neutralität und die Berücksichtigung von Holz in der Klimapolitik

Im Rahmen der Klimarahmenkonvention (UNFCCC) haben sich alle Annex-I-Staaten (in der Regel westliche Industrieländer) dazu verpflichtet, jährlich Nationale Inventarberichte (National Inventory Report, NIR) über die anthropogenen Emissionen aller Treibhausgase aus Quellen und über ihren Abbau durch Senken zu erstellen und zu veröffentlichen. Die Wortwahl »ihres Abbaus durch Senken« beschreibt dabei den Effekt, welcher den Abbau von CO_2 aus der Atmosphäre aufgrund des Aufbaus von lebender Biomasse kennzeichnet. Zum Zweck der Berichterstattung werden dementsprechend alle Emissionen systematisch in sechs Quellgruppen eingeordnet, die jedoch keine volkswirtschaftlichen Sektoren repräsentieren. So werden beispielsweise alle Emissionen, die mit der Bereitstellung von Energie zusammenhängen, in der Quellgruppe 1 verbucht. Die beschriebenen Auswirkungen des Kohlenstoffkreislaufs in den Wäldern fallen hingegen in die Quellgruppe 5 – Landnutzung, Landnutzungsänderung und Forstwirtschaft (kurz: LULUCF). Bislang sahen die Regelungen allerdings nicht vor, über die verzögerte Freisetzung von CO_2 aufgrund der Kohlenstoffspeicherwirkung von Holzprodukten Bericht zu erstatten. Man unterteilte der Einfachheit halber, sodass sich der nationale Holzspeicher nicht ändert und somit im Netto weder Emissionen noch eine Senkenwirkung aufgrund der stofflichen Nutzung auftreten: Die Betrachtung der CO_2-Bilanz des Sektors endete beim Holzeinschlag. Da nun die Verluste an Kohlenstoff im Wald durch den Holzeinschlag bereits implizit enthalten sind, können die bei der energetischen Nutzung von Holz entstehenden CO_2-Emissionen nicht noch einmal im Bereich Energie verbucht werden. Diese Vermeidung einer Doppelzählung im Energiesektor wird landläufig mit dem Begriff der CO_2-Neutralität von Holz umschrieben.[16] Damit wird unterstellt, dass die CO_2-Bilanz des Walds ausgeglichen ist, oder aber Emissionen aufgrund des Verlusts an Biomasse im Wald im LULUCF-Sektor gezählt beziehungsweise angerechnet werden. Wird aber beispielsweise Holz aus Ländern importiert, deren Wald-CO_2-Bilanz nicht ausgeglichen ist oder nicht nachgewiesen wird (Nicht-Annex-I-Staaten), kann man nicht mehr per se von einem »CO_2-neutralen« Rohstoff sprechen.

Daher wäre es denkbar, die auf Seite 93 dargestellte der CO_2-Bilanz eines Holzbauprodukts anzupassen: Sofern ein Produkt nicht nachweislich aus einer (massen)nachhaltigen Bewirtschaftung (CO_2-Bilanz des Landes) kommt, wird kein Systemeingang des im Holz befindlichen Kohlenstoffs verbucht (0), während bei Verlassen der gespeicherte Kohlenstoffmenge eine Emission ausgewiesen wird (+1). Neben der jährlichen Treibhausgasberichterstattung unter der Konvention haben sich einige Staaten völkerrechtlich verbindlich unter dem Kyoto-Protokoll verpflichtet, ihre Treibhausgasemissionen während einer ersten sogenannten

Dem Baustoff Holz kommt in Anbetracht des steigenden Energieverbrauchs bei gleichzeitiger Verknappung fossiler Energieträger eine Schlüsselrolle zu.
Foto: Peter Cheret

Verpflichtungsperiode (2008 bis 2012) im Vergleich zu einem Basisjahr zu reduzieren (Deutschland: 21 Prozent gegenüber 1990). Dabei sind für den Waldbereich nach Artikel 3.3 die Auswirkungen aller Landnutzungsänderungen (Aufforstung, Wiederaufforstung und Entwaldung) auf die CO_2-Bilanz des Landes verpflichtend anzurechnen. Unter Artikel 3.4 bestand für die erste Verpflichtungsperiode zudem die Möglichkeit, die Netto-Emissionen aus der Aktivität »Waldbewirtschaftung« auf freiwilliger Basis hinzuzuwählen. Dies ist etwa in Deutschland der Fall. Ziel der Anrechnung ist es, Anreize für die Reduzierung von Emissionen zu schaffen. Allerdings konnte sich die Staatengemeinschaft aufgrund von unterschiedlichen Vorstellungen bei der Verbuchung über die CO_2-Bilanz von gehandelten Holzprodukten nicht auf eine Anrechnung der stofflichen Holznutzung für die erste Verpflichtungsperiode einigen. Mit den Beschlüssen der Klimakonferenz von Durban wurde das Ende 2012 auslaufende Kyoto-Protokoll jedoch verlängert, womit auch eine Reihe von Änderungen bei den Regeln zur Ermittlung der Emissionen aus dem Forst- und Holzsektor verbunden ist. So wurde unter anderem beschlossen, die CO_2-Bilanz der Waldbewirtschaftung in Zukunft verpflichtend einzubeziehen und die zeitliche Dynamik der Emissionen aus der stofflichen Holznutzung über die CO_2-Bilanz des Kohlenstoffspeichers in Holzprodukten anzurechnen. Der Speicher soll über die Produktkategorien Schnittholz, Holzwerkstoffe und Papier abgebildet werden und damit auch den Holzbau als den wichtigsten Verwendungsbereich für Holzhalbwaren einbeziehen. Neben einer realistischeren Erfassung der Emissionen durch die Holznutzung bedeutet dies, die stoffliche Holznutzung speziell im Gebäudebereich zu stärken und somit die damit verbundenen positiven Substitutionseffekte auch in der nationalen Klimapolitik zu fördern. Um dabei dem geschilderten Zusammenhang mit der CO_2-Bilanz der Wälder Rechnung zu tragen, welchen der Rohstoff entnommen wurde, darf nach den vereinbarten Regeln nur Holz angerechnet werden, das aus heimischen Wäldern stammt, deren CO_2-Wirkung ebenfalls im Zuge einer Anrechnung unter dem Kyoto-Protokoll bilanziert wird. Zugleich wird Holz aus Entwaldung von der Anrechnung ausgeschlossen.

Folgt man nun den von der internationalen Staatengemeinschaft beschlossenen Vorgaben, um eine Abschätzung der Speicherwirkung der stofflichen Holznutzung vorzunehmen, so errechnet sich im Durchschnitt der Jahre 2005 bis 2009 aufgrund der in diesem Zeitraum steigenden Verwendung von Schnittholz, Holzwerkstoffen und Papier für Deutschland ein Nettoeffekt von jährlich -17,9 Millionen Tonnen CO_2.[17] Zählt man die durchschnittliche CO_2-Bilanz der Wälder in Deutschland für diesen Zeitraum hinzu, beläuft sich die gesamte Speicherwirkung der vergangenen Jahre sogar auf -38,3 Millionen Tonnen CO_2.[12]

Zusammenfassung und Ausblick

Mit Blick auf gleich zwei der wesentlichen Herausforderungen unserer Zeit – dem steigenden Energieverbrauch bei gleichzeitiger Verknappung fossiler Energieträger und dem durch deren Verbrennung hervorgerufenen anthropogenen Klimawandel – hat der nachwachsende Rohstoff Holz eine besondere Bedeutung. Speziell der Verwendung von Holz im Bausektor kommt dabei eine Schlüsselrolle zu. Allein durch den reduzierten Energieeinsatz bei der Herstellung von Holzbauprodukten und der Errichtung von Holzgebäuden ließen sich in den vergangenen Jahren fast doppelt so viele Emissionen in Deutschland einsparen wie mit der Substitution fossiler Brennstoffe durch den Energieträger Holz. Berücksichtigt man auch die Wirkung des heimischen Forst- und Holzsektors als riesigen Kohlenstoffspeicher mit seiner natürlichen Senkenfunktion, gelangt man zu der Erkenntnis, dass die gesamten Treibhausgasemissionen von Deutschland ohne die Leistungen der Forst- und Holzwirtschaft (-125 Millionen Tonnen CO_2e / Jahr) ungefähr 16 Prozent höher wären.[12]

Zugleich zeigt speziell der Marktanteil holzbasierter Gebäude in Deutschland, dass der Beitrag der stofflichen Nutzung zum Klimaschutz weiter ausbaufähig ist. Hierbei gilt es jedoch das Gesamtsystem im Auge zu behalten: Entscheidend für eine verbesserte kaskadische Nutzung des Holzes ist die Holzherkunft aus einer (massen)nachhaltigen Bewirtschaftung. Mit der Etablierung der Systeme zur Nachhaltigkeitsbewertung von Gebäuden können die sektorspezifischen Merkmale und Vorteile des Einsatzes von Holz aus Baumaterial nicht zuletzt hinsichtlich seines Energieverbrauchs und seiner Treibhausgaswirkung nun klar dargestellt und kommuniziert werden. Zugleich schafft die Klimapolitik mit der Anrechnung der stofflichen Nutzung von Holz einen politischen Rahmen, der die Vorteile einer kaskadischen Nutzung des heimischen Rohstoffs deutlich werden lässt und einen Anreiz setzt, diese weiter auszubauen. Was liegt näher, als diese beiden Themen in Zukunft stärker miteinander zu verbinden?

Literaturverweise und Quellen

1. Bundesministerium für Verkehr, Bau- und Stadtentwicklung (BMVBS): Leitfaden Nachhaltiges Bauen, Berlin 2011.
2. Presse- und Informationsamt der Bundesregierung: Wegweiser Nachhaltigkeit 2005. Bilanz und Perspektiven. Presse- und Informationsamt der Bundesregierung. Kabinettsbeschluss vom 10. August 2005, Berlin 2005.
3. Sebastian Rüter / Stefan Diederichs: Ökobilanz-Basisdaten für Bauprodukte aus Holz. Arbeitsbericht aus dem Thünen-Institut für Holztechnologie und Holzbiologie 2012 / 01, Hamburg 2012.
4. Sebastian Rüter: Welchen Beitrag leisten Holzprodukte zur CO_2-Bilanz?, in: AFZ – Der Wald 15 / 2012, S. 15–18.
5. Statistisches Bundesamt: Bauen und Wohnen. Baufertigstellungen von Wohn- und Nichtwohngebäuden (Neubau) nach überwiegend verwendetem Baustoff. Lange Reihen. 2000–2011, Wiesbaden 2012.
6. DIN: Umweltmanagement – Ökobilanz – Grundsätze und Rahmenbedingungen. DIN EN ISO 14040:2006-10.7 CEN (2012) Sustainability of construction works –Environmental product declarations – Core rules for the product category of construction products. EN 15804:2012.
7. CEN: Sustainability of construction works – Environmental product declarations – Core rules for the product category of construction products. EN 15804:2012.
8. Sebastian Rüter: Umwelt-Produktdeklarationen für Bauprodukte nach EN 15804, in: Holztechnologie 4 / 2012, S. 56–57.
9. United Nations Environment Programme (UNEP): Buildings and Climate Change – Status, Challenges and Opportunities. UNEP Division of Technology, Industry and Economics, Sustainable Consumption and Production Branch, Paris 2007.
10. Stefan Albrecht / Sebastian Rüter / Johannes Welling / Marcus Knauf / Udo Mantau / Anna Braune / Martin Baitz / Holger Weimar / Christian Sörgel / Johannes Kreißig / Sabine Deimling / Stefan Hellwig: Ökologische Potenziale durch Holznutzung gezielt fördern. Arbeitsbericht aus dem Thünen-Institut für Holztechnologie und Holzbiologie 5 / 2008, Hamburg 2008.
11. Roger Sathre / Jennifer O'Connor: A Synthesis of Research on Wood Products & Greenhouse Gas Impacts, Technical Report No. TR-19R, Vancouver 2010.
12. Eckhard Heuer: Kohlenstoffbilanzen – Schlüssel zur forstlichen Klimapolitik, in: AFZ – Der Wald 15 / 2011, S. 16–18.
13. Katja Oehmichen / Burkhard Demant / Karsten Dunger / Erik Grüneberg / Petra Hennig / Franz Kroiher / Mirko Neubauer / Heino Polley / Thomas Riedel / Joachim Rock / Frank Schwitzgebel / Wolfgang Stümer / Nicole Wellbrock / Daniel Ziche / Andreas Bolte: Inventurstudie 2008 und Treibhausgasinventar Wald. Landbauforschung – VTI Agriculture and Forestry Research Sonderheft 343, Braunschweig 2011.
14. Heino Polley / Petra Hennig / Frank Schwitzgebel: Holzvorrat, Holzzuwachs, Holznutzung in Deutschland, in: AFZ – Der Wald 20 / 2009, S. 1076–1078.
15. Umweltbundesamt (Hg.): Berichterstattung unter der Klimarahmenkonvention der Vereinten Nationen und dem Kyoto-Protokoll 2012 – Nationaler Inventarbericht zum Deutschen Treibhausgasinventar 1990 – EU-Submission, Dessau 2012.
16. Bundesministerium für Reaktorsicherheit und Umwelt (BMU): Erneuerbare Energien in Zahlen – Nationale und Internationale Entwicklung, Berlin 2009.
17. Sebastian Rüter: Projection of Net-Emissions from Harvested Wood Products in European Countries – For the period 2013–2020. Arbeitsbericht aus dem Thünen-Institut für Holztechnologie und Holzbiologie Report 1 / 2011, Hamburg 2011.

Erstellung von Ökobilanzen

Holger König

In der Bewertung der Nachhaltigkeit von Gebäuden ist die anwendungsorientierte und damit praxisnahe Bilanzierung von Stoffeigenschaften und -kreisläufen ein essenzieller Aspekt. Der Begriff der erneuerbaren Energie ist hierbei eine maßgebliche Größe und gewinnt künftig weiter an Bedeutung.

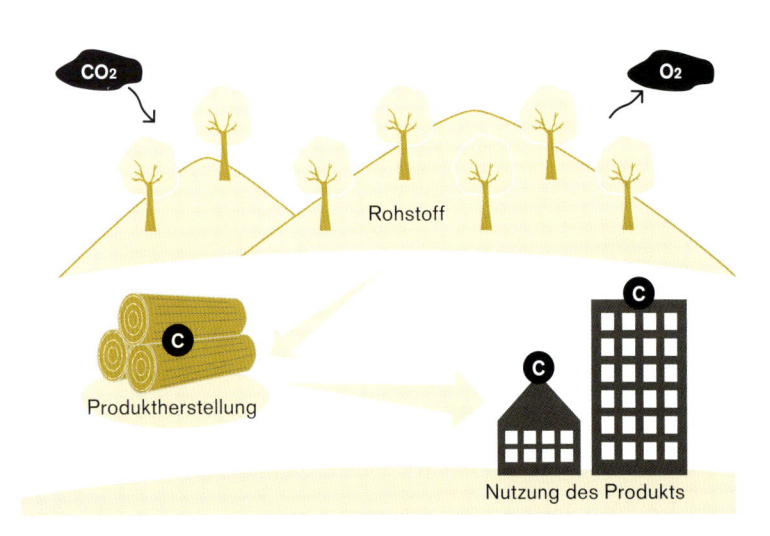

Kohlenstoff und Fotosynthese
Quelle: Holger König

Lange Zeit beschränkte sich die Baustoffkunde ausschließlich auf die Betrachtung der stofflichen, physikalischen und chemischen Eigenschaften der Materialien. Aspekte wie Gesundheit, Komfort, Umweltbelastung und Umweltfolgen spielten dagegen keine Rolle. Erst in der zweiten Hälfte des 20. Jahrhunderts wurde allmählich ein Zusammenhang zwischen Umwelt- und Gesundheitsschäden sowie den Aktivitäten der Baustoffindustrie hergestellt. In den Sechziger- und Siebzigerjahren kam es zu Gesundheitsskandalen im Zusammenhang mit Asbest (Zuschlagstoff in Putzen und Platten), Formaldehyd (Spanplattenkleber) und Pentachlorphenol (Holzgiftmittel). Die Schwefeldioxidproduktion bei Verbrennungsprozessen wurde in den Siebzigerjahren als Ursache des Waldsterbens (»Saurer Regen«) erkannt und das wachsende Ozonloch entstand als Folge der Freisetzung von Fluorchlorkohlenwasserstoff (FCKW) aus Treibmitteln, unter anderem für geschäumte synthetische Baudämmstoffe. Die finanziellen Folgen dieser gesundheitlichen Schädigungen und Umweltzerstörungen ließen die politischen Institutionen und Behörden aufschrecken und führten in Deutschland und Teilen Europas zu einer Veränderung der wissenschaftlichen, politischen und juristischen Rahmenbedingungen.

Die Baustoffe

In der Diskussion über die »richtige« Energie, die sich in Deutschland aus der Anti-Atomkraft-Bewegung entwickelte, ergab sich schnell die Unterscheidung in nicht erneuerbare und erneuerbare Energie. Im Baubereich blieb diese Erkenntnis unberücksichtigt, sodass das Stoffverständnis weiterhin vom naturwissenschaftlichen Denken des 19. Jahrhunderts geprägt ist und sich an der Gliederung der Chemie in anorganische und organische Stoffe orientiert. Ob die Quelle des Kohlenstoffs eine nachwachsende oder eine endliche Ressource ist, spielt dabei keine Rolle. Eine

Bauen mit Baustoffen aus nicht erneuerbaren Rohstoffquellen
Quelle: Holger König

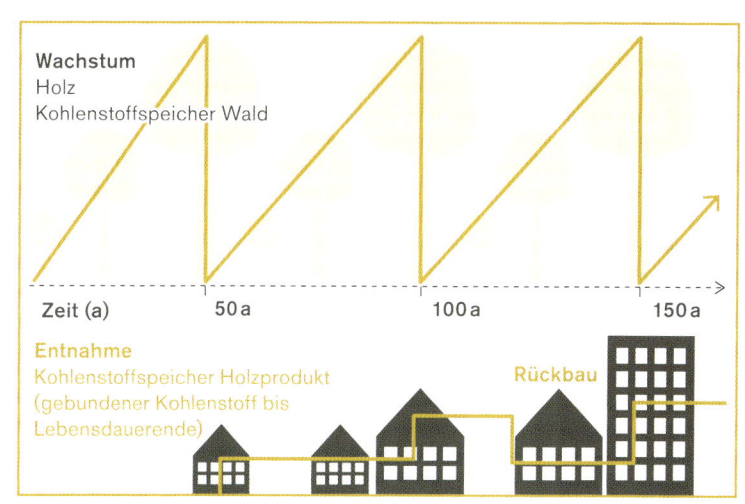

Gebäude als Kohlenstoffzwischenlager
Quelle: Holger König

alternative Einteilung, die die Stoffherkunft berücksichtigt, unterscheidet zwischen mineralischen, vegetabilen (pflanzlichen), animalischen und synthetischen Baustoffen[1], wobei die pflanzlichen Stoffe erneuerbaren und die synthetischen nicht erneuerbaren Kohlenstoff enthalten. Die synthetischen Materialien nehmen dabei eine Zwitterstellung zwischen mineralischen und vegetabilen Stoffen ein, da ihre Ausgangsstoffe zwar ursprünglich pflanzlicher Herkunft sind, sie über Jahrmillionen aber tief greifende Veränderungen erfahren haben und zu Kohle, Erdgas oder Erdöl umgewandelt wurden. Einerseits nahezu unverrottbar und andererseits leicht entflammbar, zeigen sie eine zwiespältige Grundcharakteristik. Mit der Bedeutung der Knappheit der Ressourcen, erstmals aussagekräftig formuliert durch die vom Club of Rome in Auftrag gegebene Studie *Die Grenzen des Wachstums*[2] von 1972, bekommt diese Stoffgliederung eine weitreichende Bedeutung, da die fossilen organischen Rohstoffe auf unserem Planeten endlicher Natur sind.

Baustoffe aus fossilen und nachwachsenden Rohstoffen

Am Beispiel der organischen Baustoffe sollen die spezifischen Stoffeigenschaften und fundamentalen Unterschiede von nicht erneuerbarem und erneuerbarem Kohlenstoff unter ökologischen Gesichtspunkten erläutert werden. Kunststoffe erobern seit über 100 Jahren immer mehr Lebensbereiche, da sie in eng fokussierten Nutzungsspektren eindeutige Vorteile gegenüber anderen Materialgruppen aufweisen. Ihnen lassen sich extrem unterschiedliche Eigenschaften zuweisen, die von sehr geringem bis zu sehr hohem Gewicht, von resistent gegen Fäulnis bis zu verrottungsfähig, von hart bis weich und von hoch elastisch bis zu reißfähig reichen können. Der in Jahrmillionen entstandene und abgelagerte Kohlenstoff wird durch die Nutzung der fossilen Rohstoffe heute freigesetzt und ergibt durch die Anreicherung in der Atmosphäre das Phänomen des Treibhauseffekts. Pflanzen verwandeln durch Fotosynthese das Kohlendioxid aus der Luft mithilfe der Energie des Sonnenlichts in Saccharide. Diese Grundsubstanz wird unter anderem in Zellulose umgebaut, eine Aufbausubstanz für die Faser- und Holzbildung. Dabei wird der für den Menschen lebensnotwendige Sauerstoff freigesetzt. Da der Kohlenstoff im Holz und in den daraus hergestellten Bauprodukten gebunden ist, stellen Bäume, Holzprodukte und Gebäude mit Bauprodukten aus Holz einen – zeitlich limitierten – Kohlenstoffspeicher dar.

Verknappung der Ressourcen

Beinahe jeden Tag wird im Wirtschaftsteil der Tageszeitungen oder in den Nachrichten im Fernsehen, Radio und Internet über knapp werdende Rohstoffe berichtet. Dies können seltene Erden sein, Metalle oder fossile Rohstoffe. Vor allem der Bauboom in Schwellenländern wie China führt zu kurzfristigen Engpässen und letztlich langfristiger Verknappung nicht erneuerbarer Rohstoffe. Im Unterschied hierzu besitzen die nachwachsenden Rohstoffe ein im Prinzip unerschöpfliches Wachstumspotenzial. Ihre Begrenzung besteht durch die Verfügbarkeit der Fläche. Die Entnahme von Baumstämmen zur Nutzung für Produkte schafft Platz für neue Bäume. Wenn das Holz in langfristig nutzbaren Produkten etwa für die Gebäudeproduktion verwendet wird, wächst der Kohlenstoffspeicher an.

Am Ende des Lebenszyklus eines Bauprodukts beziehungsweise am Ende des Betrachtungszeitraums des Gebäudes wird der nachwachsende Rohstoff wieder dem Gebäude entnommen und beseitigt oder einer anderen Nutzung zugeführt. In der Ökobilanzierung des Gebäudes wird der Kohlenstoffspeicher dann wieder auf »Null« gestellt.

Erstellung von Ökobilanzen

Lebenszyklus eines Baums
Quelle: Holger König

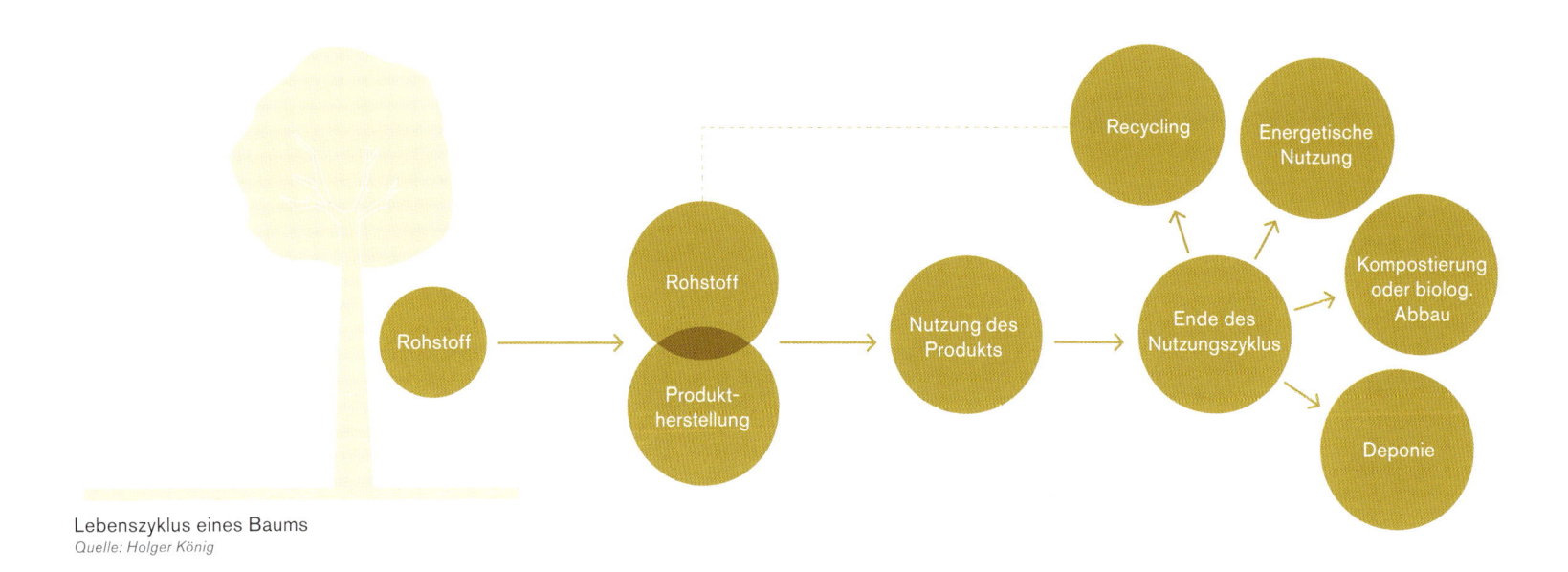

Lebenszyklusbetrachtung und Ökobilanz

Um die komplexen Umwelteinflüsse bei der Baustoffproduktion und deren Verwendung zu erfassen, ist es notwendig, die in anderen Produktzweigen bekannte Methode der Lebenszyklusbetrachtung auf Bauprodukte anzuwenden. Die dabei zu berücksichtigenden Prozesse gliedern sich in drei Phasen:

- Stoffbildung (Gewinnung, Herstellung),
- Stoffgebrauch (Verarbeitung, Nutzung),
- Stoffauflösung (Abbruch, Beseitigung/Rückführung).

Die Lebenszyklusbetrachtung verdeutlicht die Folgen von Produktprozessen, auch wenn diese generationenübergreifend sind, das heißt in eine Zukunft von 50 oder 100 Jahren reichen. Die Gliederung in Baustoffe mit nicht erneuerbarem und erneuerbarem Kohlenstoff, der Zurichtungsgrad und die Lebenszyklusbetrachtung finden sich heute in der Ökobilanzierung wieder.
Die Ökobilanzierung (»Life Cycle Assessment« – LCA) als ganzheitlicher Ansatz berücksichtigt den gesamten Lebenszyklus einschließlich des damit verbundenen Ressourcenverbrauchs und bewertet die damit verbundenen Umweltwirkungen.
Während bisher meist nur die direkten Auswirkungen der Herstellung bezogen auf Standort oder Nutzung betrachtet und möglichst minimal gehalten wurden, versucht die Methode der Ökobilanz auch Problemverlagerungen an andere Orte oder in andere Umweltmedien zu berücksichtigen und zu reduzieren. Dieser Ansatz schließt den gesamten Lebenszyklus ein, also neben der Herstellung auch die Nutzung und die Entsorgung des Produkts – von der Wiege bis zur Bahre (»cradle to grave«).[3]

Das Ende des Lebenszyklus (»End of Life« – EOL) eines Materials oder Bauprodukts bedarf einer besonderen Analyse, da in Abhängigkeit von den Rohstoffen unterschiedliche Entsorgungswege möglich sind. Diese haben einen wesentlichen Einfluss auf die Ergebnisse der Ökobilanz. Das Bundesministerium für Verkehr, Bauen und Stadtplanung (BMVBS) stellt zur Durchführung der Berechnung eine öffentliche Datenbank mit Ökobilanzmodulen zur Verfügung (Ökobau.dat – Informationsportal Nachhaltiges Bauen). Die in der Datenbank zum Einsatz kommenden Rechenregeln entsprechen sowohl internationalen Konventionen als auch branchenspezifischen Regeln. Die hier durchgeführten Ökobilanzierungen bedienen sich der Datenbank Ökobau.dat als Basisinformation. Zur Erleichterung der Berechnung sind eindeutige Entsorgungsszenarien für bestimmte Rohstoffkategorien vorgegeben. Diese beinhalten in der Folge bestimmte Verrechnungsregeln, etwa Gutschriften für Recyclingpotenziale bei Metallen.

Materialbezogene »End of Life« (EOL)-Regeln:
- Mineralische Produkte ins Recycling.
- Metalle ins Recycling. Gutschriften für Primärprodukte wegen Recyclingpotenzial.
- Brennbare Produkte (Kunststoffe, Holz, Holzwerkstoffe) in die Verbrennung. Gutschriften über KWK-Stromproduktion.
- Reststoffe auf die Deponie.

Für die Bauprodukte aus nachwachsenden Rohstoffen ist von Bedeutung, dass das CO_2-Speicherpotenzial, das im Gebäude enthalten ist, auf »Null« gestellt wird. Allerdings wird durch die vorgesehene thermische Verwertung der Rohstoffe die bei der Kraft-Wärmekopplung erzeugte Stromproduktion dem Gebäude gutgeschrieben.

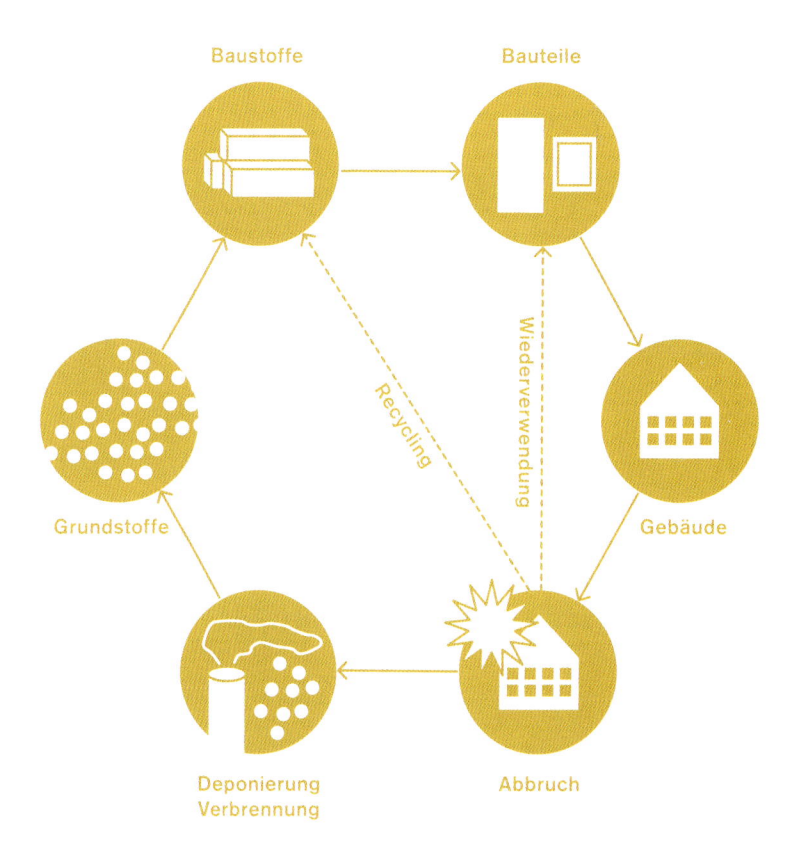

Energie- und Stoffweg: Von der Wiege bis zur Bahre
Quelle: Holger König

Erstellung von Ökobilanzen 101

Reinhard Bauer Architekten: Finanzamt Garmisch-Partenkirchen, 2010
Foto: Jens Weber

Für eine vergleichende Ökobilanzierung wurden sechs Gebäude ausgewählt, bei denen in vielen Bauteilen nachwachsende Rohstoffe eingesetzt wurden. In der nachfolgenden Tabelle sind die wichtigsten Kenndaten dieser Gebäude dargestellt. Die Modellierung und Berechnung der Objekte wurde mit der Software LEGEP durchgeführt. Das Ziel bestand darin, neben dem physischen Gebäudemodell auch ein digitales Informationsmodell mit der exakten Beschreibung des Aufbaus aller Bauteile, der Mengenermittlung und der Lagezuordnung zu formulieren. Dieses Informationsmodell stellte die Grundlage für die Berechnung der Herstellungskosten, des Energiebedarfs, der Lebenszykluskosten sowie der Ökobilanz dar. Zu jedem Gebäude wurde zudem eine »Standardausführung« mit konventionellen Bauprodukten, die weitgehend aus nicht nachwachsenden, das heißt aus mineralischen, metallischen und synthetischen Rohstoffen bestehen, modelliert. Die aufgelisteten Gebäude sind in Raum, Fläche und Gestalt mit den realen Gebäuden identisch. Sie erfüllen auch dieselben energetischen Zielwerte. Die Modellierung dieser

»zweieiigen Zwillinge« macht die Unterschiede der verschiedenen Konstruktionsweisen deutlich. Bei den Auswertungen für die Ökobilanz wurden die Gebäude ab der Unterkante Bodenplatte des Erdgeschosses berechnet. Vorhandene Kellerbauteile und Gründungsbauteile sind nicht Bestandteil der Bilanzierung. Diese Bauteile (Fundamente, Rüttelstampfsäulen, Bohrfundamente, Voll- oder Teilunterkellerung) haben erfahrungsgemäß einen verzerrenden Einfluss auf das Ergebnis bezüglich der Funktion des Gebäudes und seiner Materialqualität. Das folgende Diagramm zeigt die unterschiedlichen Werte der Kubaturen sowie die Bruttogrundfläche der sechs Objekte auf. Die Anwendung eines integralen Planungs- und Berechnungswerkzeugs wie der Software LEGEP erleichtert die Systematisierung der Qualitäten in den empirisch vertrauten Sektoren (Kosten und Energiebedarf) und erlaubt eine Überprüfung der ökologischen Berechnungsergebnisse auf signifikante Unterschiede. Dieser Arbeitsansatz vermeidet die Schwächen monofunktionaler Studien, die ihre Ergebnisse nur schwerlich Plausibilitätsprüfungen unterziehen können.

Kennwert	Einheit	Finanzamt Garmisch-Patenkirchen	Gemeindezentrum Ludesch	Fachhochschule Salzburg-Kuchl	Wohnungsbau München-Sendling	Wohnungsbau Erlangen	Jugendzentrum München
Abkürzung		FA Garmisch	GZ Ludesch	FH Kuchl	MFH Sendling	MFH Erlangen	JZ München
Nutzungskategorie	Typ	Bürogebäude	Verwaltung Bibliothek Büro	Hörsaalgebäude	Mehrfamilienwohngebäude	Mehrfamilienwohngebäude	Jugendzentrum
Baujahr	Jahr	2010	2005	2009	2012	2013	2010
Geschosse	Anzahl	2 z.T. UG	2 + UG	3 + UG Bestand	3 + Staffelgeschoss + UG	6 + UG	2
Bruttogrundfläche (BGF)	m²	6.001	3.582	1.474	1.520	1.621	642
BGF ohne UG	m²	4.835	2.064	entfällt	1.257	1.394	entfällt
Nettogrundfläche (NGF)	m²	5.370	3.079	1.209	1.266	1.366	563
NGF ohne UG	m²	4.318	1.811	entfällt	1.039	1.168	entfällt
NGF (beheizt)	m²	5.133	2.742	1.209	851	1.190	427
Bruttorauminhalt (BRI)	m³	21.948	9.946	5.782	4.817	4.691	1.743
BRI ohne UG	m³	17.640	5.895	entfällt	3.876	3.965	entfällt
Holzverbrauch Herstellung	m³/m³	0,063	0,093	0,085	0,086	0,061	0,096
Holzverbrauch Herstellung	m³/m²	0,231	0,266	0,332	0,273	0,201	0,261
Architekt		Reinhard Bauer Architekten	Hermann Kaufmann	Dietrich Untertrifaller Architekten	Hermann Kaufmann/ Lichtblau Architekten	Gewobau Erlangen/ B&O	Lichtblau Architekten

Übersicht ausgewählter Gebäude nach Kennwerten
Quelle: Holger König

Die Materialwahl

Für diese Untersuchung wurden nur Gebäude ausgewählt, bei denen Holz auch die primäre Tragkonstruktion bildet. Werden nachwachsende Rohstoffe nur punktuell am Gebäude eingesetzt, zum Beispiel in der Fassade, im Fußboden oder in der Dachdämmung, so zeigen sich in der Ökobilanz keine signifikanten Unterschiede zu konventionellen Gebäuden, da die verwendeten Mengen an nachwachsenden Rohstoffen zu gering sind. Erst die Ausführung der Primärkonstruktion, also der tragenden Bauteile der Außen- und Innenwände, der Decken und des Dachs aus Holz oder Holzwerkstoffen führt zu einem sichtbar unterschiedlichen Ergebnis. Die Auswertung der verschiedenen Materialinhalte unterscheidet zwischen nicht erneuerbaren Rohstoffen (mineralisch, metallisch, synthetisch) und nachwachsenden Rohstoffen (Holz, Holzwerkstoffe, Pflanzen- und Tierfasern). Die Bezugsgröße ist wegen der besseren Vergleichbarkeit der Objekte 1 m² Bruttogrundfläche über Terrain (Einheit ist Kilogramm). Deutlich ist zu erkennen, dass die Gebäude aus nachwachsenden Rohstoffen 50 bis 65 Prozent des Gewichts der konventionell gebauten Gebäude erreichen. Darüber hinaus zeigt das Ergebnis den sehr geringen Anteil an nachwachsenden Rohstoffen bei konventioneller Bauweise von 0,5 bis ein Prozent des Gesamtgewichts des Gebäudes. In Gebäuden mit vielen Bauteilen aus nachwachsenden Rohstoffen erreichen diese bis zu 25 Prozent des Gesamtgewichts. Die Materialgruppe aus nachwachsenden Rohstoffen erreicht keinen höheren Anteil, weil die relativ wenigen mineralischen und metallischen Bauteile in den Holzgebäuden eine sehr hohe Rohdichte aufweisen. Die Bodenplatten der Holzgebäude bestehen aus Beton und wiegen so viel wie zwei Holzdecken mit Bodenaufbau. Weiter werden die Erschließungskerne bei allen Objekten ebenfalls aus mineralischen Materialien hergestellt.

Ökobilanz

Die Ökobilanz der Gebäude besteht aus zwei Teilen:

1. Energie- und Stoffflussbilanz mit
   Ressourcennachweis (inklusive Materialliste),
   Primärenergienachweis, nicht erneuerbar, erneuerbar.

2. Wirkungsbilanz mit fünf Indikatoren:
   Treibhauspotenzial,
   Ozonschichtabbaupotenzial,
   Sommersmogpotenzial,
   Versauerungspotenzial,
   Überdüngungspotenzial.

Die folgenden Diagramme (siehe S. 106–107) stellen alle Gebäude im Vergleich dar. Die Bezugsgröße ist 1 m²-Nettogrundfläche (NGF) pro Jahr. Dies entspricht der Bezugsgröße im Zertifizierungssystem. Ausgewertet wird nur das Gebäude für einen Betrachtungszeitraum von 50 Jahren mit den Phasen Herstellung, Instandsetzung und Entsorgung. Die Versorgung mit Energie wird nicht berücksichtigt, da bei beiden Gebäudevarianten dieselben Leistungskennzahlen beim Energiebedarf vorausgesetzt werden. Jeder Indikator spricht ein anderes Problemfeld an, deshalb darf es nicht verwundern, wenn sich die Ergebnisse nicht linear entwickeln, das heißt ein Gebäudetyp nicht bei allen Indikatoren gleich gut abschneidet. Die durchgeführte Ökobilanzierung orientiert sich an den Regeln der in Deutschland existierenden Zertifizierungs- und Bewertungssysteme:

- Bewertungssystem Nachhaltiges Bauen (BNB) des Bundesministeriums für Verkehr, Bau und Stadtentwicklung (BMVBS)
- Deutsches Gütesiegel Nachhaltiges Bauen der Deutschen Gesellschaft für Nachhaltiges Bauen (DGNB)
- Bewertungssystem Nachhaltiger Wohnungsbau (BNW) der Wohnungswirtschaft

Der nicht erneuerbare Primärenergiebedarf summiert den Einsatz von endlichen abiotischen energetischen Ressourcen wie Steinkohle, Braunkohle, Erdöl, Erdgas und Uran. Kohle wird hauptsächlich zur Energieerzeugung verwendet, die Nutzung von Uran bezieht sich ausschließlich auf die Energieerzeugung in Atomkraftwerken. Erdgas und Erdöl kommen im Wesentlichen zur Energieerzeugung zum Einsatz, sind aber auch ein stofflicher Bestandteil von Kunststoffen. Alle Holzgebäude erreichen bei der nicht erneuerbaren Primärenergie geringere Werte als die Standardgebäude. Der Unterschied beträgt zehn bis 20 Prozent. Dies liegt an den relativ hohen Werten der nicht erneuerbaren Primärenergie für den Kubikmeter trockenes Holz in der Ökobilanzdatenbank. Dadurch entstehen geringere Unterschiede zu den konventionell gebauten Gebäuden, als die Materialmenge erwarten ließe.

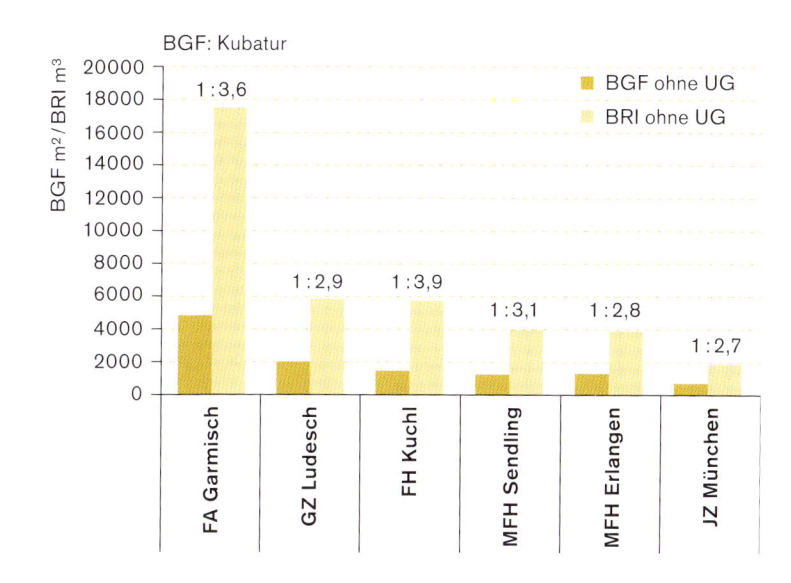

Kubatur und Fläche ausgewählter Gebäude im Vergleich
Quelle: Holger König

Primärenergie erneuerbar

Der erneuerbare Primärenergieverbrauch umfasst die verfügbare Energie in Biomasse, die Wasserkraft, Windkraft, Solarenergie und Geothermie. Der Unterschied zwischen der genutzten Endenergie und der dafür notwendig eingesetzten Primärenergie wird durch die Primärenergiefaktoren deutlich. Für eine Kilowattstunde elektrische Endenergie müssen in Deutschland mindestens drei Kilowattstunden Primärenergie eingesetzt werden. Alle Gebäude mit hohem Anteil nachwachsender Baustoffe weisen hohe Anteile von erneuerbarer Primärenergie auf. Es werden fünf bis acht mal höhere Werte als bei den konventionell gebauten Gebäuden erreicht. Der hohe Anteil an erneuerbarer Primärenergie resultiert aus dem im Material enthaltenen Heizwert der nachwachsenden Rohstoffe. Der pflanzliche Kohlenstoff belastet die Atmosphäre nicht, wenn er verbrannt oder auf natürliche Weise abgebaut wird.

Treibhauspotenzial

Das Treibhauspotenzial (Global Warming Potenzial – GWP) beschreibt den anthropogenen Anteil an der Erwärmung des Erdklimas. Es wird als CO_2-Äquivalent angegeben. Um die Verweildauer der Klimagase in der Atmosphäre zu berücksichtigen, wird ein Integrationszeitraum angegeben, zum Beispiel GWP 100 für 100 Jahre. Der Indikator Treibhauspotenzial ist nicht geeignet, um eine Aussage über die Menge des gespeicherten Kohlendioxids durch die nachwachsenden Baustoffe im Gebäude während der Nutzungsphase zu treffen, da der Kohlendioxidspeicher am Ende des Lebenszyklus thermisch verwertet wird. Trotz dieses vorgegebenen Entsorgungsszenarios wird die Entlastungsfunktion des Holzbaus für die Atmosphäre mit Reduktionspotenzialen von 36 bis 70 Prozent gegenüber der Standardbauweise deutlich.

Erstellung von Ökobilanzen

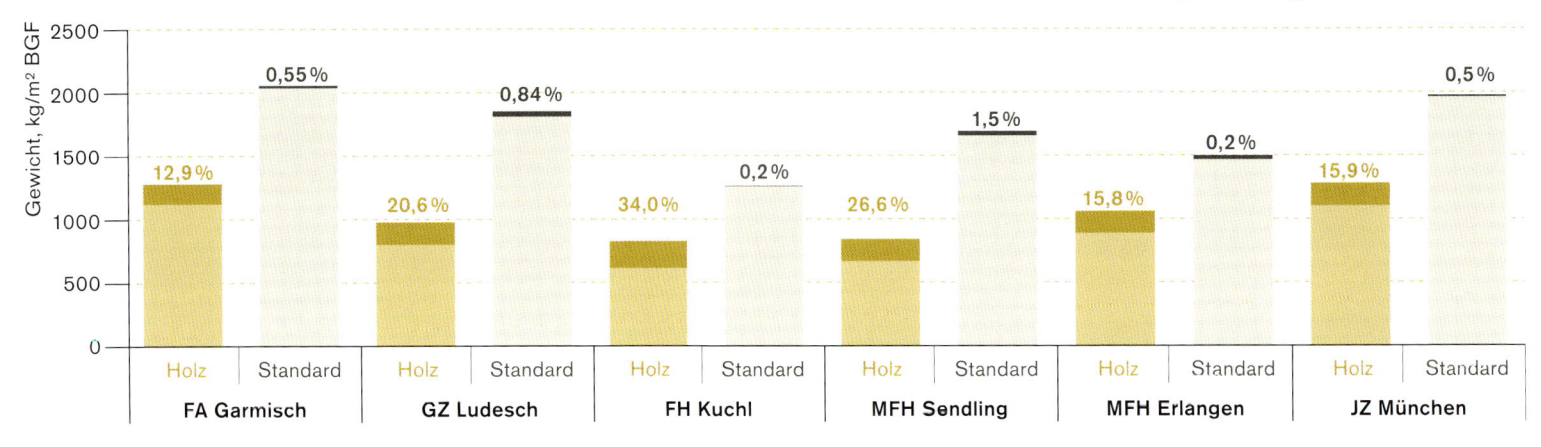

Materialkonzepte Gebäude (gesamt) nicht regenerierbar, nachwachsend (% nachwachsend an Gesamtgewicht)
Quelle: Holger König

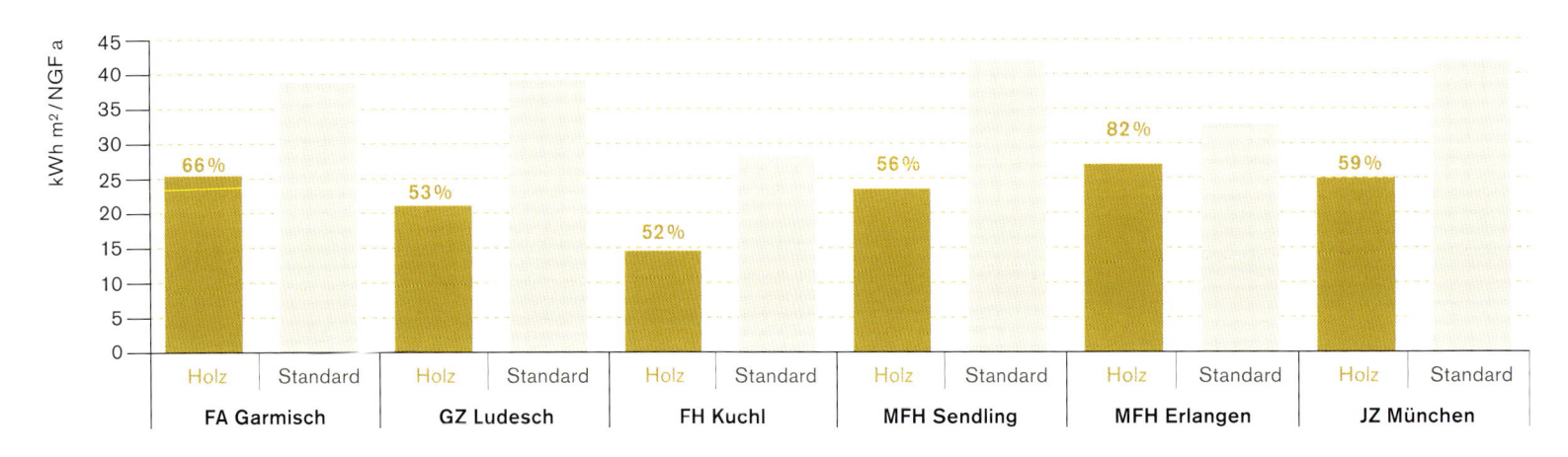

Legend: nachwachsend, nicht regenerierbar
Y-axis: Gewicht, kg/m² BGF

Gebäude	Holz (% nachwachsend)	Standard (% nachwachsend)
FA Garmisch	12,9%	0,55%
GZ Ludesch	20,6%	0,84%
FH Kuchl	34,0%	0,2%
MFH Sendling	26,6%	1,5%
MFH Erlangen	15,8%	0,2%
JZ München	15,9%	0,5%

Ökobilanz Gebäude nach 50 Jahren, Indikator Primärenergie nicht erneuerbar (% von Standardvariante)
Quelle: Holger König

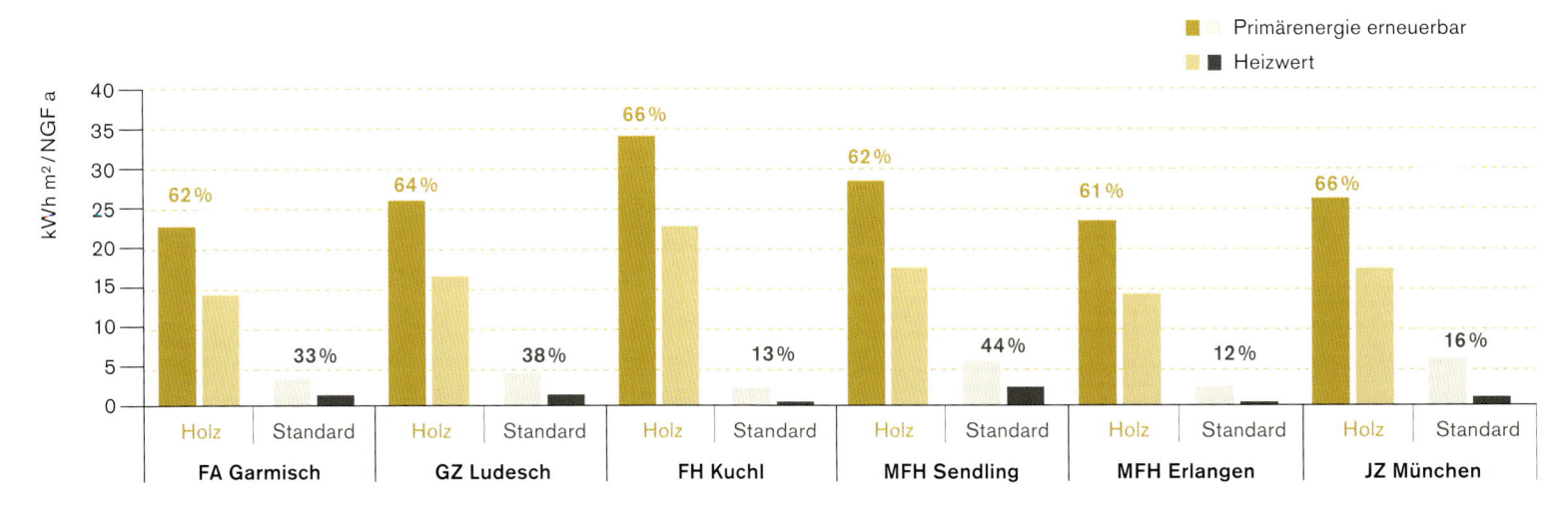

Y-axis: kWh m²/NGF a

Gebäude	Holz (% von Standard)
FA Garmisch	66%
GZ Ludesch	53%
FH Kuchl	52%
MFH Sendling	56%
MFH Erlangen	82%
JZ München	59%

Ökobilanz Gebäude nach 50 Jahren, Indikator Primärenergie erneuerbar und Heizwert
Quelle: Holger König

Legend: Primärenergie erneuerbar, Heizwert
Y-axis: kWh m²/NGF a

Gebäude	Holz Primärenergie erneuerbar	Holz Heizwert
FA Garmisch	62%	33%
GZ Ludesch	64%	38%
FH Kuchl	66%	13%
MFH Sendling	62%	44%
MFH Erlangen	61%	12%
JZ München	66%	16%

Zukunftsfähiger Baustoff Holz

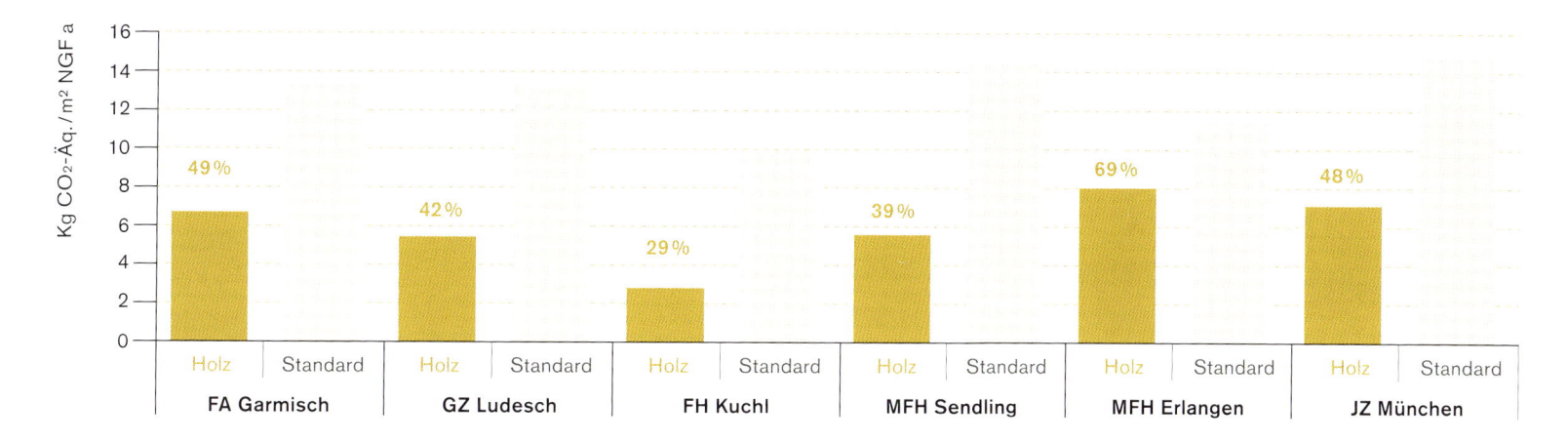

Ökobilanz Gebäude nach 50 Jahren, Indikator Treibhauspotenzial (% von Standardvariante)
Quelle: Holger König

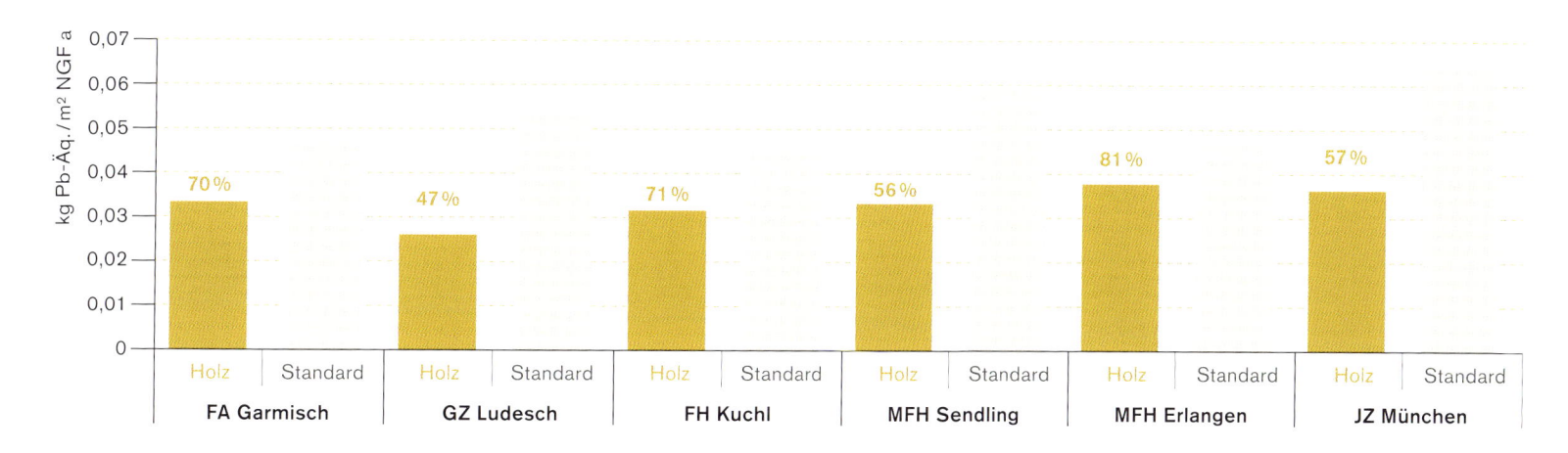

Ökobilanz Gebäude nach 50 Jahren, Indikator abiotischer Ressourcenverbrauch (% von Standardvariante)
Quelle: Holger König

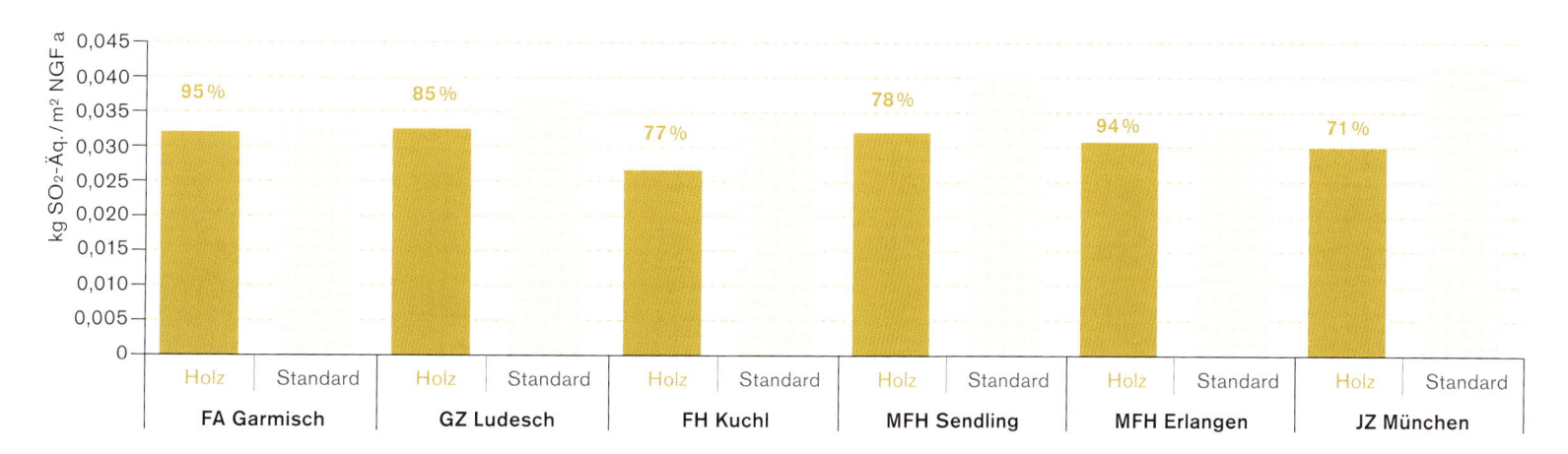

Ökobilanz Gebäude nach 50 Jahren, Indikator Versauerungspotenzial (% von Standardvariante)
Quelle: Holger König

Erstellung von Ökobilanzen

Dietrich Untertrifaller Architekten:
Campus Kuchl, Fachhochschule Salzburg, 2009
Foto: Dietrich Untertrifaller Architekten ZT GmbH

Hermann Kaufmann mit Lichtblau Architekten:
Wohnungsbau München-Sendling, 2012
Foto: Lichtblau Architekten

Hermann Kaufmann: Gemeindezentrum Ludesch, 2005
Foto: Bruno Klomfar

Sommersmogpotenzial

Das Sommersmogpotenzial wird als Ethen-Äquivalent (C_2H_4-Äquivalent) angegeben. Im Gegensatz zu seiner Filterfunktion in sehr hohen Atmosphärenschichten ist bodennahes Ozon bei hoher Konzentration ein Schadstoff. Verursacher unter den Baustoffen sind vor allem die Lösemittel. Sie entstehen meist beim Aufbringen und späteren Ausgasen aus Beschichtungen. Bei der Berechnung wird zurzeit kein Unterschied zwischen natürlichen Lösemitteln wie zum Beispiel Citrusterpenen und künstlichen Lösemitteln wie Nitrozellulose gemacht. Deshalb darf es nicht verwundern, wenn Gebäude mit Bodenbelägen und Fassadenverkleidungen, die mit Naturharzen beschichtet sind, relativ höhere Werte aufweisen als Gebäude mit vielen mineralischen Oberflächen.

Versauerungspotenzial

Das Versauerungspotenzial wird als Schwefeldioxid-Äquivalent (SO_2-Äquivalent) angegeben. Der Effekt der Versauerung des Regens (Verringerung des ph-Werts) entsteht durch Umwandlung von Luftschadstoffen in Säuren. Die Holzgebäude leisten hierbei eine Entlastung, da vor allem die Primärkonstruktion wesentlich geringere Werte als die mineralischen Konstruktionen aufweist. Die Entlastung liegt zwischen 15 bis 30 Prozent für das gesamte Gebäude über den Betrachtungszeitraum.

Abiotischer Ressourcenverbrauch

Die Verknappung der Ressourcen, die nicht den Energieträgern zuzuordnen sind, wird mit dem Indikator abiotischer Ressourcenverbrauch beschrieben (Einheit kg Antimon-Äquivalent). Es wird somit erstmals möglich, den Beitrag von Holz zur Schonung von nicht erneuerbaren, nicht energetischen Ressourcen aufzuzeigen. Entsprechende Erfahrungen mit diesem Indikator sind noch zu sammeln und Bewertungsgrundlagen zu entwickeln. Die Gebäude mit einem hohen Anteil nachwachsender Rohstoffe erreichen nur 50 bis 80 Prozent des abiotischen Ressourcenverbrauchs der Standardvariante.

Erweiterung der Nachfrage

Die Vergleiche zwischen Gebäuden in konventioneller Bauweise, die zahlreiche Bauprodukte aus endlichen Ressourcen enthalten und Gebäuden mit einem hohen Anteil an Bauprodukten aus nachwachsenden Rohstoffen haben erhebliche Entlastungspotenziale aufgezeigt, die letztere Bauweise für das Ökosystem bietet. Ein Großteil der heute üblichen Bauaufgaben vom Wohn- bis

Gewobau/B&O GmbH & Co. KG: Wohnungsbau Erlangen, 2013
Quelle: Gewobau/B&O GmbH & Co. KG

Lichtblau Architekten: Jugendzentrum München, 2009
Foto: Lichtblau Architekten

zum Gewerbebau lässt sich mit Bauteilen aus nachwachsenden Rohstoffen umsetzen. Bei den gezeigten Objekten wurden Produkte aus nachwachsenden Rohstoffen von der Tragkonstruktion in Außen- und Innenwänden, Decken, Stützen und Dächern über Fassadenverkleidung, Sonnenschutz und Dämmung bis hin zum Innenausbau eingesetzt.

Das Forschungsprojekt zur Ermittlung der Nachwuchspotenziale hat sich zum Ziel gesetzt, das Besondere der Produktgruppe der nachwachsenden Rohstoffe durch eine vergleichende Ökobilanz noch besser herauszuarbeiten. Nachwachsende Rohstoffe unterscheiden sich von allen anderen Baustoffen durch das Nachwuchspotenzial, das sich jedoch nur durch Bewirtschaftung von Wald und Feldern realisieren lässt. Gleichzeitig ist heute zu betonen, dass Nachhaltigkeit in der Land- und Forstwirtschaft nicht unter dem Diktat der Profitmaximierung stehen darf, die sich durch die erkennbaren Folgen von Monokultur, Pestizid- und Düngereinsatz sowie Gentechnik bereits als kurzlebiger Irrtum erwiesen hat. Eine nachhaltige Bewirtschaftung behält immer die Vorteile für die nächste Generation im Auge. Die wirtschaftliche Nutzung ist jedoch nur möglich, wenn eine Nachfrage besteht. Deshalb ist es ein wichtiges Ziel, die Nachfrage für Bauprodukte aus nachwachsenden Rohstoffen zu sichern und zu erweitern.

Literaturverweise und Quellen

1. Holger König: Wege zum gesunden Bauen, Freiburg 1998.
2. Donnella H. Meadows/Dennis L. Meadows/Jorgen Renders/William W. Behrens III: The Limits to Growth, New York 1972.
3. Holger König/Nikolaus Kohler/Johannes Kreißig/Thomas Lützkendorf: Lebenszyklusanalyse in der Gebäudeplanung, München 2009.

Die Inhalte des Beitrags sind Teil des von der Deutschen Bundesstiftung Umwelt geförderten Forschungsprojekts Az. Nr. 29239. Sie wurden in der Ausstellung *Bauen mit Holz. Wege in die Zukunft* in der Architektursammlung der Pinakothek der Moderne in München 2011/2012 gezeigt und mit dem Beitrag des Autors *Bauen mit Holz ist aktiver Klimaschutz* im Katalog der Ausstellung veröffentlicht.

Urbaner Holzbau aus Sicht der Immobilienwirtschaft

Martina Klingele / Andreas Hanke

»Die Menschen werden sich in einer großen, endgültigen Verschiebung vom Landleben und der Landwirtschaft wegbewegen und in die großen Städte gehen. Das ist die Entwicklung, die vom 21. Jahrhundert am deutlichsten in Erinnerung bleiben wird – wenn man vom Klimawandel einmal absieht. Wir werden gegen Ende dieses Jahrhunderts eine ganz und gar urbane Spezies sein.«[1]

Der kanadische Journalist Doug Saunders zeichnet ein klares Bild zur Zukunft des Wohnungsbaus im 21. Jahrhundert. Das Leben wird urban und eine große Herausforderung für die Schaffung erschwinglichen Wohnraums sein. Dieses Szenario stellt auch schon heute die Wohnungswirtschaft vor die wichtige Aufgabe, die große Nachfrage an neuem Wohnraum zu bedienen. Nicht allein Migrantenströme, sondern auch veränderte gesellschaftliche Zielgruppen kollidieren mit dem umfangreichen Wohnungsbestand der Fünfzigerjahre, der nicht mehr sanierungsfähig ist und damit vom Markt des günstig verfügbaren Wohnraums abgeht.

Andreas Hanke: Mehrfamilienhaus in Bad Aibling, 2012
Foto: Sigrid Reinichs, B & O GmbH & Co. KG

Demgegenüber war der Neubau von Wohnungen in den vergangenen zehn Jahren aufgrund des stark renditeorientierten Denkens in weiten Teilen der Wohnungswirtschaft unattraktiv. Die erforderlichen Lösungen zur Bewältigung der Nachfrage im urbanen Wohnungsbau zeigten aus Sicht der Wohnungsunternehmen häufig Defizite in ihrer wirtschaftlichen Darstellbarkeit auf. Die Anforderung, zeitgemäße Wohngebäude mit geringen Nebenkosten und gar noch ökologisch hochwertig, also mit geringem Primärenergieeinsatz, zu bauen, war gerade in strukturschwachen Gebieten mit geringem Mietspiegel meist nicht rentabel umsetzbar. Dies führte zu einer geringen Neubauaktivität von Wohnungen.

Der nun in prosperierenden Ballungsräumen und Städten entstandene Druck durch die hohe Nachfrage an Wohnungen hat die Neubaubereitschaft bei vielen Wohnungsbaugesellschaften deutlich erhöht. Gesucht werden bundesweit Lösungen, die ein wirtschaftliches und neues »Wohnen in der Stadt« ermöglichen.

In den Fokus geraten sind dabei auch wieder Konzepte, Gebäude in Systembauweise zu errichten, um damit wirtschaftlich handeln zu können. Die jüngeren Generationen der Führungskräfte in der Immobilienwirtschaft stellen hohe Anforderungen an die Rentabilität der Wohnanlagen, es werden aber auch alte Vorurteile gegenüber Baustoffen überdacht und technische Weiterentwicklungen beispielsweise im Brand- und Schallschutz mit ins Kalkül gezogen. Der ökologische Imperativ, Investitionen ökonomisch und ökologisch zukunftstauglich zu gestalten, löst ein Umdenken in der heutigen Wohnungswirtschaft aus und führt zu neuen Wegen beim Bau städtischer Wohnquartiere. Die kritische Haltung bei Wohnungsunternehmen gegenüber Systembauweisen war bis spät in die Neunzigerjahre weit verbreitet und von den Erfahrungen mit den Großsiedlungen der Siebzigerjahre geprägt. Die Überwindung des Vorurteils »Bausystem gleich Massenunterkunft« und die Auseinandersetzung mit dem Baustoff Holz als tragende Struktur ist nun unter den jungen Entscheidern weit verbreitet.

Der Paradigmenwechsel wurde verstärkt, da Holzsystembauten seit den Neunzigerjahren nachweislich zu den ökologisch sinnvollsten und erfolgreichsten Bautypologien zählen. Sehr gute Bewertungen im Zuge der Ökobilanzierung sowie darauf aufbauender

Schankula Architekten: viergeschossiges Wohnhaus in Bad Aibling, 2010
Foto: B & O GmbH & Co. KG

Zertifizierungen als nachhaltiges Gebäude (»Green buildings«) führten in den technischen Abteilungen der Wohnungsunternehmen zu einer präziseren Betrachtung und Neubewertung der Holzbauweise. Der aktuelle Bedarf an Wohnbauten in den Großstädten lässt sich durch den Holzbau besser und nachhaltiger abdecken. Diese Erkenntnis ist in vielen Vorstandsetagen der Wohnungsunternehmen die Grundlage für Entscheidungen zugunsten des nachwachsenden Rohstoffs.

Die Vorteile des Holzbaus, nämlich schneller, genauer und umweltschonender zu sein als konventionelle Baumethoden, bilden starke Argumente, die zukünftig im Wohnungsbau entscheidend sind. Dank industrieller Vorfertigung und flexibler Bausysteme lassen sich Aufgaben im urbanen Kontext wie Nachverdichtungen in kurzer Bauzeit realisieren. Das geringe Gewicht von Bauteilen aus Holz ermöglicht in vielen Fällen vertikale Erweiterungen, ohne die bestehende Tragstruktur wesentlich anzugreifen. Diese Sachverhalte passen zu vielen Wohnungsunternehmen mit ihrem ökologisch ausgelegten Marketing für neue und gesunde Wohnprojekte. 2011 wurde von der B & O GmbH & Co. KG der Architektenwettbewerb »City of Wood« ausgelobt, der innovative Systemlösungen in Holzbauweise für Geschosswohnungsbauten sowie Reihen- und Doppelhäuser suchte. Die Teilnehmer des Wettbewerbs mussten ihre Entwürfe als System schlüsselfertiger Bauten gemeinsam mit einem Holzbaubetrieb inklusive aller Ingenieurleistungen erarbeiten. Das Ergebnis sind vielfältige Lösungen, die alle Bereiche des Wohnungsbaus mit der Holzsystembauweise überzeugend abdecken. Der moderne Holzbau ist eine Alternative, die gestalterisch hochwertige und zielgruppenorientierte Lösungen für die Wohnungswirtschaft bietet. Viele Beispiele moderner Wohnquartiere in Holzbauweise im Passivhausstandard zeigen, dass auch die Immobilienwirtschaft ihre Vorbehalte gegenüber dem Holzbau überwunden hat. Die Nachfrage der Wohnungsunternehmen nach guten Lösungen für Wohnquartiere in ökologischer Holzbauweise werden einen rasant wachsenden Markt erzeugen. Frühere Bedenken, dass Vorfertigung zu Uniformität führt, sind aufgrund der Vielseitigkeit des Holzbaus zu revidieren.

1 Doug Saunders: Arrival City, in Arch+ 206, 207/2012, S.110.

Andreas Hanke ist freier Architekt in Dortmund.
Martina Klingele, Dr., arbeitet seit 2010 als Architektin beim Wohnbauunternehmen B & O GmbH & Co. KG in Bad Aibling und leitet dort die Abteilung F & E-Anwendungstechnik.

3 Zeitgenössischer Holzbau

114 **Holzbausysteme – eine Übersicht**
Peter Cheret / Kurt Schwaner

130 **Wärmeschutz im Holzbau**
Robert Borsch-Laaks

138 **Tauwasserschutz im Holzbau**
Robert Borsch-Laaks

148 **Schallschutz im Holzbau**
Andreas Rabold

154 **Brandschutz im Holzbau**
Stefan Winter

160 **Erdbebensicherheit im Holzbau**
Helmut Zeitter

164 **Baurechtliche Grundlagen
für mehrgeschossigen Holzbau**
Martin Gräfe / Stefan Winter

170 **Urbaner Holzbau aus Sicht des Systemherstellers**
Werner Eckert

172 **Urbaner Holzbau aus Sicht des Bauunternehmers**
Michael Keller

173 **Urbaner Holzbau aus Sicht des planenden Ingenieurs**
Konrad Merz

174 **Urbaner Holzbau aus Sicht der Bauindustrie**
Hubert Rhomberg

Holzbausysteme – eine Übersicht

Peter Cheret / Kurt Schwaner

Sorgfältige Planung und handwerkliche Vorbereitung, vom Herstellen der Bauteile über den Abbund auf dem Hof des Zimmermanns bis hin zum Transport und der Montage vor Ort, besitzen im Holzbau eine lange Tradition. Neue Entwicklungen, die auf die industrielle Bearbeitung des naturgewachsenen Baustoffs Holz zielen, führten in den vergangenen Jahren zur Etablierung zahlreicher Systembauweisen.

Bei aller Unterschiedlichkeit der Konstruktionsweisen, Bauteilaufbauten oder in den jeweils spezifischen Leistungsmerkmalen besteht die grundsätzliche Neuartigkeit aller Holzbausysteme zunächst einmal darin, dass sie die Beschränkungen des tradierten Holzbaus überwunden haben. Die ursprünglichen Bausysteme – zumeist Fachwerkbauten, die heute noch zu Recht als hohe Zimmermannskunst bewundert werden – bedienten sich in der Regel stabförmiger Querschnitte wie Balken, Latten, Leisten oder Dielen. Deren Dimensionen waren durch den naturgewachsenen Baum beschränkt, was sich wiederum auf Spannweiten und die Größe des Gesamtbauwerks auswirkte.

Obwohl sich spätestens seit der Einführung des Brettschichtholzes vielfältige Anwendungsmöglichkeiten bis hin zu Brücken oder weitgespannten Hallenbauten eröffneten, gilt der Holzbau im Allgemeinen als die Bauweise für eher kleinmaßstäbliche Gebäude wie private Wohnhäuser oder Kindergärten im Ländlichen oder bestenfalls suburbanen Raum. Dies ist auch nach wie vor und mit hoher Berechtigung so. Daneben weisen jedoch neue Systementwicklungen eine immense Erweiterung an konstruktiven Möglichkeiten auf, sei es für das Bauen im Bestand oder auch bei der Realisierung großvolumiger, mehrgeschossiger Bauten. Die Entwicklungen laufen in verschiedene Richtungen und werden vor allem von mittelständischen Holzbaubetrieben und der Holzindustrie aus Deutschland, Österreich und der Schweiz vorangetrieben. Deren Produkte reichen von sehr leichten bis hin zu massiven Wänden und Decken und bieten damit eine Reihe konkurrenzfähiger Bauweisen mit hervorragenden Qualitätsmerkmalen und vorbildlicher ökologischer Bilanz an. Während ein Teil der neuen Systeme nach wie vor auf dem Prinzip des Fügens stabförmiger Holzquerschnitte beruht, finden sich bei den führenden Herstellern viele massive, flächige und raumbildende Systemelemente für Wände, Decken und Dächer. Im Unterschied zu den »leichten« Bauweisen, etwa dem Holzrahmenbau, handelt es sich hierbei um massive Bauteile aus gestapelten oder addierten Querschnitten, die mit unterschiedlichen fertigungstechnischen Schritten zu formstabilen, flächigen Elementen gefügt werden. Zwei Produkte sind prinzipiell zu unterscheiden: das Brettstapelholz und das Brettsperrholz.

Der Markt bietet Systeme, bei denen die Tragrichtung der Bauteile der Faserrichtung der einzelnen Holzquerschnitte entspricht. Die Elemente werden einachsig als »stabförmig« gerechnet. Mehrere Elemente nebeneinander lassen sich jedoch zu großflächigen Bauteilen fügen. Dieser Gruppe ist der Holzrahmenbau sowie die Holzbalkendecke mit Querträgern und Tragschicht zuzuordnen. Ferner werden Hohlkastenelemente mit Stegen sowie oberer und unterer Tragschicht (Lignatur usw.), addierte Vollquerschnitte für Wände (TopWall usw.) oder auch alle Arten von genagelten, gedübelten oder geklebten Brettstapelementen verwendet.

Unter der Bezeichnung Brettsperrholz subsumieren sich Systeme aus großformatigen, mehrschichtigen Holzplatten von großer Tragfähigkeit und Flexibilität für die Verwendung als Wand, Decke und Dach. Hier zeigt die Entwicklung den größten Abstand zu den tradierten Bauweisen und führt zu einem neuen Materialverständnis. Erstmals in der langen Geschichte des Holzbaus wird das naturgewachsene Holz vom stabförmigen Bauteil zu einem flächigen, ungerichteten Baustoff. Auch im Bereich der rein stabförmigen Systeme, etwa dem Skelettbau, finden sich aktuelle Weiterentwicklungen zur Realisierung von Gebäuden mit bis zu zehn Geschossen. Mit wenigen Ausnahmen, bei denen nur Dach- oder Wandelemente zu finden sind, bietet die Mehrzahl der Hersteller Systeme für Decken, Wände und Dächer an. Die Elemente unterschiedlicher Bauweisen oder Systeme lassen sich zumeist gut miteinander kombinieren. Trotz verschiedener Ausprägungen und Einsatzmöglichkeiten haben alle Holzbausysteme etwas gemein, denn verglichen mit dem konventionellen Massivbau erfordert der Holzbau teilweise einen höheren Planungsaufwand und dies gilt auch dann noch, wenn die Hersteller der Holzbausysteme detailreiche Planungshilfen bereitstellen. Alle Systeme zielen zudem auf eine möglichst weitreichende Vorfertigung ab. Der vor Ort den Wettereinflüssen ausgesetzte Bauprozess wird in die geschützte Halle verlagert. Denn dort finden sich ideale Bedingungen für die Fertigung komplexer Bauteile mit höchster Präzision und Ausführungsqualität. Die Montage vor Ort ist dann im Vergleich zu allen konventionellen Bauweisen sehr kurz.

Auch der gesamte Planungsprozess verändert sich beim Bau mit Holzbausystemen. Durch den Einsatz von CNC-gesteuerten Abbundanlagen lassen sich die Planungsdaten direkt vom Planer auf die Maschine übertragen. Die logistische Optimierung der Fertigungs- und Montageplanung hat Einfluss auf die Ausbildung der Konstruktion und die Fügung der Bauteile. Besonders an den Schnittstellen der Beteiligten ist eine frühzeitige Kommunikation notwendig und sinnvoll. Für Tragkonstruktionen im Holzbau wie auch im Holzsystembau werden hauptsächlich die Holzarten Fichte, Tanne, Kiefer, Lärche und Douglasie verwendet. Das Holz wird nach festgelegten Qualitätsklassen sortiert und etwa als Konstruktionsvollholz (KVH) oder als Brettschichtholz (BSH)/Brettsperrholz (BSP) weiterverarbeitet. Für Beplankungen kommen Plattenwerkstoffe aus Holz sowie andere Werkstoffe wie Gipskarton- und Gipsfaserplatten zum Einsatz.

Die in diesem Kapitel dargestellten Systeme sind wichtige Vertreter der auf dem Markt angebotenen und mit bauaufsichtlichem Verwendungsnachweis versehenen Holzbausysteme, die besonders für den Einsatz im städtischen Kontext geeignet sind. Aufgrund der Fülle an Detailinformationen wurde der Umfang der Darstellungen im Rahmen dieser Publikation begrenzt. Weitere Informationen finden sich auf den Webseiten der Hersteller und im Literaturverzeichnis dieses Kapitels.

Holzrahmenbau-Vorfertigung im Werk
Foto: Benedikt Wagner, Holzbau Schenk GmbH

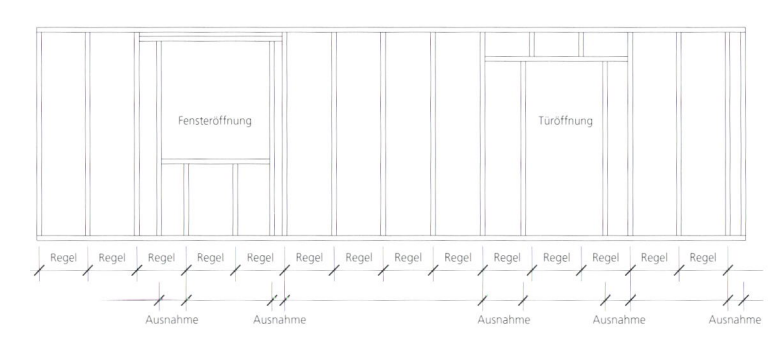

Holzrahmenbauwand mit rasterunabhängigen Bauteilöffnungen
Quelle: Peter Cheret u.a.: Holzbau Handbuch Reihe 1, Teil 1, Folge 7. Holzrahmenbau, S.26.

Flächige Bauweisen aus stabförmigen Komponenten (Holzrahmenbau)

Mit der gezielten Einführung des Holzrahmenbaus im letzten Viertel des 20. Jahrhunderts gelang es hierzulande erstmals eine allgemein gültige Bauweise mit marktgerechten und standardisierten Regeln zu etablieren. In erstaunlich kurzer Zeit verdrängte sie nicht nur die bis dahin üblichen Konstruktionen, sondern war auch Impulsgeber für die Weiterentwicklung des Holzbaus. Heute ist der Holzrahmenbau als energie- und flächensparendes Leichtbausystem weit verbreitet. Er ist hervorragend geeignet, hochwertige und energieeffiziente Gebäude weitgehend vorgefertigt und somit in kurzer Bauzeit wirtschaftlich zu erstellen. Seine Vorteile liegen in der einfachen und wirtschaftlichen Verarbeitung auf der Grundlage eines definierten Regelwerks. Seit der Einführung wurde das Konstruktionsprinzip kontinuierlich weiter entwickelt und auch die Qualitätssicherung bei den verwendeten Hölzern verbessert. Heute wird ein großer Teil aller im Holzbau realisierten Wohnungs- und Gewerbebauten als Holzrahmenbau errichtet. Ein anderer Grund für den Erfolg dieses Bausystems ist der Umstand, dass es jeder ausreichend qualifizierte Zimmererbetrieb ausführen kann.

Im deutschsprachigen Raum sind die Begriffe Holzrahmenbau und Holztafelbau geläufig. Sie beschreiben dasselbe Konstruktionsprinzip, unterscheiden sich aber im Umfang der Vorfertigung. Üblicherweise spricht man von Holztafelbau, wenn die Elemente vollständig, einschließlich aller Oberflächen und Einbauten, industriell vorgefertigt werden, wie etwa im Holzfertigbau. Generell ist bei geschlossenen Bauteilen eine Eigenüberwachung im Werk und eine Fremdüberwachung durch unabhängige zertifizierte Prüfer erforderlich. Mittlerweile verläuft die Grenze zwischen Holzrahmen- und Holztafelbau fließend. Die verschiedenen Bauelemente werden in DIN 1052 »Entwurf, Berechnung und Bemessung von Holzbauwerken« einheitlich als Wand-, Decken- und Dachtafeln bezeichnet. Im vorliegenden Buch wird der Begriff Holzrahmenbau verwendet, der sowohl den handwerklich als auch den industriell geprägten Holzhausbau widerspiegelt.

Der Holzrahmenbau ist aus planerischer und gestalterischer Sicht ein offenes System. Auf der Grundlage des vorgegebenen Konstruktionsrasters für Wände und Decken sind alle Bautypen bis hin zum mehrgeschossigen Wohn- und Verwaltungsbau möglich. Die Größe der Elemente ist durch die technischen Möglichkeiten in der Vorfertigung, die Begrenzungen aus dem Transport und der Montage sowie durch die statischen, bauphysikalischen und haustechnischen Anforderungen bestimmt.

Das Tragwerk setzt sich aus »Schwelle« (unten liegend), »Ständer« oder »Stiel« (stehend) und »Rähm« (oben liegend) zusammen. Verwendet wird in der Regel Konstruktionsvollholz (KVH) oder Brettschichtholz (BSH) mit den Abmessungen von beispielsweise 60 × 180 Millimetern. Seit der Einführung des Holzrahmenbaus ist die Breite des Querschnitts mit 60 Millimetern konstant geblieben, während die Dicke der Wand der dazwischen liegenden Wärmedämmung entspricht und wegen des sich ständig verbessernden Dämmstandards zunimmt.

Die Elemente beziehen sich auf einen Konstruktionsraster, der auf die Plattenformate der aussteifenden Beplankung abgestimmt ist. Ein Ausbauraster muss bei der Planung nicht zwangsweise berücksichtigt werden. Zur Vermeidung von unwirtschaftlichen Plattenverschnitten empfiehlt es sich jedoch, den vorgegebenen Konstruktionsraster zu berücksichtigen.

Die statische Wirkungsweise des Holzrahmenbaus beruht auf der gegenseitigen Ergänzung von Stabwerk (Rahmen) und Beplankung. Die vertikale Lastabtragung erfolgt über die Ständer. Durch die Beplankung sind die Ständer gegen seitliches Knicken in der Scheibenebene gesichert. Die Beplankung ihrerseits übernimmt

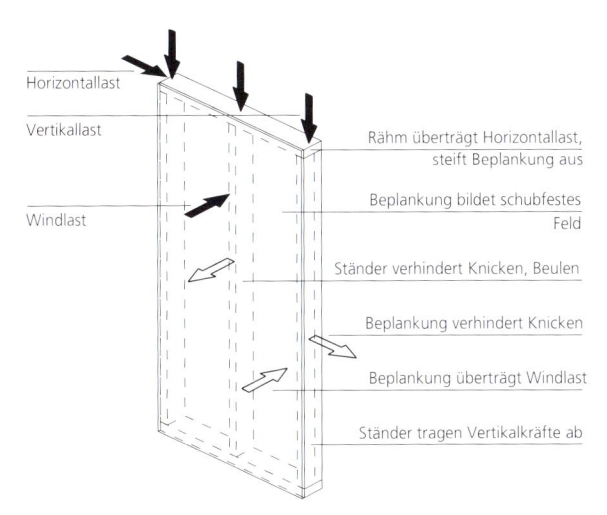

Kräfteverlauf im Wandelement
Quelle: Peter Cheret u.a.: Holzbau Handbuch Reihe 1, Teil 1, Folge 7. Holzrahmenbau, S.12.

Vorgefertigte Elemente im Werk
Foto: Beat Brechbühl, Renggli AG

Wendetisch zur einfachen Vormontage der beiden Seiten eines Elements
Foto: Randek AB

die horizontale Lastabtragung aus Wind und Stabilisierung in Wandebene und wird dabei durch Ständer, Schwelle und Rähm vor dem Ausbeulen gesichert. Die Windlast oder andere horizontalen Lasten rechtwinklig zur Wand werden über die Beplankung in die Ständer geleitet. Die Ständer stehen üblicherweise im Achsabstand von 62,5 Zentimetern, allerdings sind auch andere Achsabstände möglich. Zwischen den regulären Ständern lassen sich je nach statischer oder konstruktiver Anforderung zusätzliche Ständer einfügen. Innenwandanschlüsse sowie Fenster- und Türöffnungen sind dadurch an beliebiger Stelle realisierbar; die nicht durchlaufenden Ständer werden durch Auswechslungen überbrückt. Die vertikale Lastabtragung erfolgt über die Ständer beidseits der Öffnung. Als aussteifende Beplankung lassen sich unterschiedliche Plattenmaterialien einsetzen. Je nach gestalterischen, konstruktiven, statischen, bauphysikalischen oder haustechnischen Anforderungen können beispielsweise Oriented-Strand-Boards- (OSB) oder Gipsplatten verwendet werden. Andere plattenförmige Holzwerkstoffe mit entsprechender allgemeiner bauaufsichtlicher Zulassung sind möglich. Holzfaserplatten sind beispielsweise auch zur Aussteifung von Dächern verwendbar.

Im Unterschied zur Anfangszeit der Einführung des Holzrahmenbaus, als die Gebäudehülle außen mit der aussteifenden Platte und innenseitig mit einer Dampfsperre zu versehen war, hat sich der diffusionsoffene Holzrahmenbau durchgesetzt. Er stellt heute den aktuellen Stand der Technik dar. Dabei wird die aussteifende Holzwerkstoffplatte auf der Innenseite des lastabtragenden Holzrahmens der Gebäudehülle angeordnet. Da die Konvektion, also das Eindringen warmer und feuchter (Wasser in Tropfenform) Luft durch Leckagen im Bauteilaufbau an der Außenseite, erhebliche Schäden durch Tauwasser erzeugen kann, muss die aussteifende Holzwerkstoffplatte luftdicht ausgeführt werden. Bei entsprechender Sorgfalt in der Vorfertigung und der Montage vor Ort ist

Montage eines Holzrahmenbauelements
Foto Frank Schäfer, 2-box Architekten

Transport von Holzrahmenbauelementen
Foto Benedikt Wagner, Holzbau Schenk GmbH

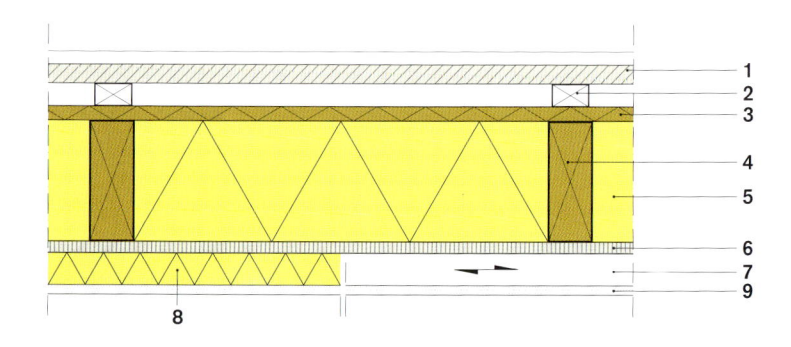

Bauteilschichten AW-1

Nr.	Dicke (mm)	Material
1	–	Fassadenbekleidung
2	30	Lattung, b = 50 mm, e = 625 mm
3	16	hydrophobierte Holzfaserplatte
4	160	Ständer (Konstruktionsvollholz), b = 60 mm, e = 625 mm
5	160	Dämmung
6	15	OSB-Platte
7	40	Lattung, b = 60 mm, e = 400 mm
8	40	Dämmung
9	12,5	Gipskartonbauplatte (GKB)

Außenwandquerschnitt
Quelle: Peter Cheret u. a.: Holzbau Handbuch Reihe 1, Teil 1, Folge 7. Holzrahmenbau, S.125.

die Herstellung der erforderlichen Luftdichtheit in aller Regel gut herstellbar. Die Überprüfung der Luftdichtheit erfolgt durch einen Blower-Door-Test. Bei diffusionsoffenen Bauteilaufbauten fällt im Winter Tauwasser im Bauteil an, das im Sommer zur Raumseite hin (sommerliche Umkehrdiffusion) abgegeben wird. Hierbei muss eine deutliche Robustheit erreicht werden. Ein Faktor für eine rechnerische Trocknungsreserve ≥ 250 g/(m²a) bei Dächern und ≥ 100 g/(m²a) bei Wänden und Decken ist nach DIN 68800-2:2012-02 Baulicher Holzschutz nachzuweisen.

In der DIN 68800-2 ist festgelegt, dass innerhalb des Gebäudes keine chemischen Holzschutzmittel verwendet werden dürfen. Dies unterstreicht und fordert, dass in Außenwänden kein Klima entstehen darf, das Insekten oder holzzerstörenden Pilzen als Lebensgrundlage dient. Das ist der Fall, wenn die Holzfeuchte über einen längeren Zeitraum (etwa sechs Monate) auf über 20 Prozent steigt. Als Faustregel für eine funktionierende diffusionsoffene Außenwand gilt: Der Bauteilaufbau muss von innen nach außen kontinuierlich diffusionsoffener, der s_d-Wert soll von innen nach außen um den Faktor 7 bis 10 kleiner werden. Generell empfiehlt sich im Planungsprozess für einen Holzbau die frühzeitige Abstimmung mit einem Bauphysiker.

Massivholzbausystem *TopWall*: Maßgefertigte Fichtenkanthölzer bilden die Wände, Schwellenhölzer nehmen die geschosshohen Bohlen auf.
Fotos: Günter Bolzern mit Genehmigung der Baugenossenschaft Zurlinden, Zürich

Massivholzbausystem *TopWall*:
Deckenanschluss aus Hohlkastenelementen an Wand

TopWall-System

Zu den stabförmigen Holzbausystemen gehört auch das TopWall-System. Es ist dies ein neuartiges Massivholzsystem für Wände mit vertikalen Stäben, das bei einem großen Gebäudekomplex in Zürich mit sechs Wohngeschossen in Holzbauweise als Wandelement zum Einsatz kam. Entwickelt hat es der Schweizer Holzbauingenieur Hermann Blumer. Das System besteht aus geschosshohen Bohlen aus maßgehobelten Fichtenkanthölzern, die auf der Baustelle ohne Kran nebeneinander aufgestellt werden und eine zehn Zentimeter dicke und 20 Zentimeter breite, hochfeste und tragende Wand aus Massivholz bilden. Zur Fixierung dient eine Schwelle auf der Geschossdecke, in deren vorgebohrte Öffnungen Dübel beziehungsweise Dollen gesteckt werden, die wiederum in Bohrungen am Fuß der Bohlen eingreifen. Ein Arbeiter kann so Bohle neben Bohle stellen. Die Außenwände werden beim TopWall-System beidseitig gedämmt (Steinwolle, innen: 80 Millimeter, außen: 160 Millimeter) und mit 70 Millimeter dicken Glasfaserbetonelementen bekleidet. Es ist unbedingt erforderlich, dass die Schwellen und die Verbundbalken für den unteren und oberen Anschluss von lizenzierten Unternehmen gefertigt werden. Die millimetergenau auf den Rohbau abgestimmten Schwellen werden auf Maß geliefert. Sie müssen hohen Querdruckbeanspruchungen standhalten und feuchtigkeitsresistent sein. Sie dienen auch als Auflager von Holz- oder Betondecken.

Stehende Bohlen können vertikal ähnlich hohe Lasten abtragen wie Beton und erreichen das Mehrfache der Tragfähigkeit von Mauerwerkswänden derselben Stärke. Holz längs zur Faserrichtung verformt sich unter Last nur gering. Bei Temperaturschwankungen ist die Verformung bei Holz sogar geringer als bei Beton oder Mauerwerk. Auch die Verwendung von Laubholz wie Buche, Eiche, Esche, Ahorn und Kastanie ist möglich. Die eingebauten Bohlen sind in den meisten Fällen durch Holzdübel mit anderen Bauteilen verbunden. Sie können so gegebenenfalls herausgetrennt und wiederverwendet werden.

Die Bohlen lassen sich optimal aus den gängigsten Rundholzabmessungen heraus sägen. Das Holz wird dadurch in idealster Weise genutzt. Die Bohlen können als Vollholz in der Länge keilgezinkt sein. Der so erstellte Holz-Rohbau weist auf 100 Meter Länge eine Abweichung von drei bis vier Millimetern und auf 50 Meter Höhe eine Abweichung von etwa drei Millimetern auf. Die bereits im Rohbau vorhandene hohe Präzision eröffnet die Möglichkeit, vorgefertigte Komponenten an die Wände zu montieren: Decken, Dämmstoffe, Außen- und Innenbekleidungen oder Haustechnik. Die Tragfähigkeit von TopWall-Systemelementen soll für Gebäude mit 20 Geschossen geeignet sein. Darüber hinaus ist der Anteil an »Grauer Energie« äußerst gering. Hier liegt der große Vorteil gegenüber einer massiven Konstruktion aus Mauerwerk oder Beton. Die CO_2-Speicherung in Form massiven Holzes ist entsprechend der Lebensdauer des Gebäudes für lange Zeiträume gesichert.

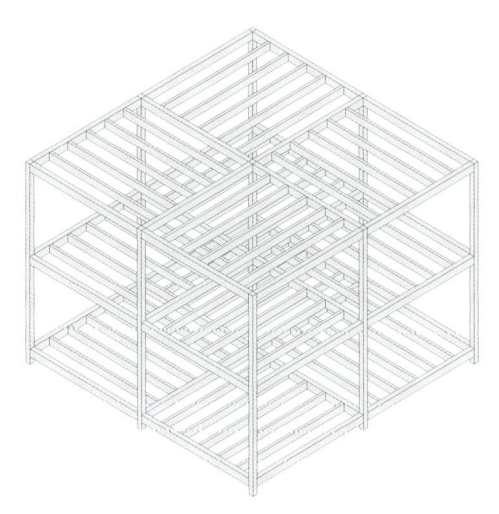

Skelettbau-Prinzip: höhengleiche Anordnung der Deckenbauteile und keine die Außenhülle durchdringenden Bauteile
Quelle: José Luis Moro u. a.: Baukonstruktion vom Prinzip zum Detail, Bd.2, Berlin 2009, S.438.

Skelettbauknoten mit Janebo-System
Foto: Arge Holz

Skelettbau

Der Holzskelettbau gehört zu den stabförmigen Systemen und ist gekennzeichnet durch ein Tragskelett aus senkrechten Stützen und waagrechten Trägern sowie einem gesonderten Aussteifungssystem. Er knüpft an den historischen Fachwerkbau an. Die Methoden des zeitgenössischen Ingenieurholzbaus basieren in der Regel auf der Verwendung von Brettschichtholz und erlauben Stützenabstände bis zu zwölf Meter. Für die tragenden Bauteile wie Deckenbalken und Dachsparren wird Brettschichtholz oder Vollholz eingesetzt. Die Ausbildung der Gebäudehülle unterscheidet sich in einem wichtigen Punkt vom Holzrahmenbau: Im Holzskelettbau wirken die Beplankungen nicht aussteifend gegen horizontale Lasten; dies ist im Holzrahmenbau möglich. Die Sicherung gegen Wind- und Stabilisierungslasten übernehmen die Decken. Sie werden meist als Schubfeld ausgebildet. Die Deckenscheiben geben ihre Lasten in Aussteifungselemente in die Wände ab. Diese bestehen häufig aus diagonalen Streben aus Holz oder Stahl oder aus schubsteif ausgebildeten Wandscheiben. Horizontallasten können in massive Bauteile wie Treppenhäuser eingeleitet werden. Da die Wände keine Tragfunktion übernehmen müssen, lassen sich flexible Grundrisse realisieren. Die Lage innerhalb des baulichen Gefüges ist frei wählbar und bei Bedarf veränderbar. Da sich das Tragwerk auf das Wesentliche reduzieren lässt, sind hallenartige Bereiche mit fließenden Übergängen typisch. Dabei ist

Montage Deckenelement (Dorne in Stützenköpfen) beim LifeCycle-Tower LCT1
Foto: Hermann Kaufmann ZT GmbH

Holz-Beton-Verbund: Endquerträger aus Beton, Längsträger Hohlkasten
Foto: Hermann Kaufmann ZT GmbH

die Sichtbarkeit der Konstruktion charakteristisch, die die Struktur und die Atmosphäre der Innenräume prägt. Im Außenbereich positionierte, tragende Bauteile, die der Bewitterung ausgesetzt sind, sind nach der DIN 68800-2:2012-02 nicht mehr zulässig. Sie sind komplett und dauerhaft gegen Bewitterung zu schützen. Es empfiehlt sich daher, eine geschlossene Gebäudehülle ohne Durchdringungen vor das Tragwerk zu setzen. Höhengleich angeschlossene Haupt- und Nebenträger sowie flächenbündig positionierte Stützen haben sich besonders bewährt. So lässt sich eine geschlossene, luftdichte Gebäudehülle ohne störende Zwischenhölzer einfach realisieren.

Die effektivste Kraftübertragung ist die Pressung der Hirnhölzer längs zur Faser. Bei Gebäuden mit bis zu drei Etagen werden die Stützenlasten aus den Obergeschossen in der Regel über quer liegende Holzpakete (Unterzüge oder Nebenträger) in die unteren Stützen übertragen. Hier entsteht wegen der deutlich geringeren Querdruckfestigkeit gegenüber der Längsdruckfestigkeit eine mehr oder weniger große Stauchung in den liegenden Bauteilen. Bei Bauwerken über vier Geschosse sind Querdruckspannungen zu vermeiden. Mit der flächendeckenden Einführung von Brettschichtholz seit den Sechzigerjahren gelang es dem Holzskelettbau in Bereichen des bisher vom Betonfertigbau dominierten Baugeschehens Marktanteile zu gewinnen. Die neue Auseinandersetzung mit dieser sehr effizienten Bauweise im Zuge aktueller Projekte lässt eine Renaissance erwarten.

Shigeru Ban Architects: Innenansicht der Fassade beim Tamedia-Gebäude während des Baus, Zürich, 2012
Foto: Philipp Rueger, SJB Kempter Fitze AG

Holzbausysteme – eine Übersicht

Montage von Kastenelementen
Foto: Lignatur AG

Flächige Systeme

Einen großen Innovationsschub im Bereich der flächigen Systeme gibt es bei Brettstapelholz und Brettsperrholz. Diese lassen sich in Systeme mit zusammengesetzten Querschnitten (zum Beispiel Lignatur) und in die mit massiven Querschnitten aus Brettsperrholz unterteilen. Systeme aus Brettsperrholz sind in aller Regel Vollsysteme – also einsetzbar für Decken, Dächer und Wände. Sie eignen sich sehr gut für den Bau hoher Gebäude.

Bei flächigen Systemen übernehmen die Bauteile gleichzeitig mehrere Funktionen. Sie tragen die Vertikal- und Horizontallasten in beiden Richtungen ab und sind dabei raumbildend. Die Hülle lässt sich vergleichsweise einfach luftdicht herstellen. Eine Winddichtung und Feuchtesicherung der Dämmung mit sehr kleinem s_d-Wert ist außerhalb der Dämmung bei allen Systemen immer erforderlich, etwa mit einer Holzweichfaserplatte. Eine besondere Eigenschaft ist die Speicherfähigkeit der massiven Holzwände und deren Beitrag zur thermischen Behaglichkeit.

Lignatur

Das in der Schweiz industriell produzierte System bietet Decken- und Dachelemente in Hohlkastenbauweise an. Sie werden aus verschiedenen Nadelholzlamellen zusammengesetzt und nach maschinellem Leimauftrag in einer Hochfrequenzpresse verklebt. Die Produkte erweisen sich für die bauphysikalischen Anforderungen des Schall-, Feuchte- oder Brandschutzes besonders geeignet. Gerade im sensiblen Bereich des Schallschutzes wurde eine sehr wirksame Lösung gegen störende Schallemissionen im tiefen Frequenzbereich entwickelt. Die Elemente eignen sich durch ihren optimierten Querschnitt besonders auch zur Überbrückung großer Spannweiten mit hohen Beanspruchungen. Die industrielle

Lignatur Schalen-, Flächen- und Kastenelement
Foto: Lignatur AG

Korteknie Stuhlmacher Architecten: De Kamers Vathorst,
Innenraum mit Lignatur-Deckenelementen, Amersfoort, 2006.
Foto: Stefan Müller, Lignatur AG

Christoph Bijok: Friedensschule Schwäbisch Gmünd,
Innenraum mit Lignatur-Deckenelementen, 2006
Foto: Lignatur AG

Fertigung garantiert eine große Passgenauigkeit und eine umfassende Qualitätssicherung. Die Elemente werden im Werk präzise mit CNC-gesteuerten Abbundanlagen weiter bearbeitet und für die Montage vorbereitet. Die Produktpalette lässt sich mit anderen Systemen zum Beispiel für Wandbauteile einfach kombinieren.
Der Nachweis der Tragfähigkeit, Gebrauchstauglichkeit und des Brandwiderstands ist nach den einschlägigen Bemessungsnormen des Holzbaus und der Europäischen Technischen Zulassung ETA-11/0137 zu führen. Die Firma Lignatur verfügt über das EG-Konformitätszertifikat 0672 und die Leimbescheinigung B. Sie bietet drei verschiedene Elementtypen an:

Die Kastenelemente (LKE) können im Hohlraum gedämmt sein. Sie werden untereinander zu Deckenscheiben verbunden und überbrücken selbst bei hoher Beanspruchung große Spannweiten einachsig. Nach einer präzisen werkseitigen Vorbereitung der einzelnen Elemente an der CNC-Abbundanlage lässt sich die Montage auf der Baustelle sehr schnell bewerkstelligen. Aufgrund der balkenartigen Elementgrößen und des geringen Eigengewichts ist dieses System für Baumaßnahmen im Bestand sehr gut geeignet. Die Elemente lassen sich leicht einbringen und montieren. Die Kastenelemente besitzen eine Deckbreite von 200 Millimetern. Sie sind mit doppelter Nut und Feder versehen und werden bei der Montage miteinander verschraubt. Es sind Standardlängen bis zwölf Meter und Sonderlängen bis 16 Meter erhältlich.

Die Flächenelemente (LFE) sind standardmäßig 514 beziehungsweise 1.000 Millimeter breit und werden ästhetisch mit Nut und Feder und – je nach statischer Anforderung – mit Schubstahl oder mit Schubdübeln verbunden. Feuerwiderstandsdauern von REI 30 bis REI 90 sind nach ETA-11/0137 für Lignatur-Elemente und auch für Lignatur-Akustikelemente nachweisbar. Zur luft- und dampfdichten Ausbildung der Fugen lassen sich werkseitig elastische Dichtungsbänder einlegen. Flächenelemente sind in Längen bis 16 Metern erhältlich und 120 bis 480 Millimeter dick.

Die Schalenelemente (LSE) sind besonders für den Einsatz im Steildachbereich konzipiert. Die 514 Millimeter beziehungsweise 1.000 Millimeter breiten Elemente werden durch Nut und Feder miteinander verbunden. Sie sind in Längen bis zwölf Meter und einer Dicke zwischen 200 und 240 Millimeter erhältlich; Sonderlängen sind auf Anfrage möglich.

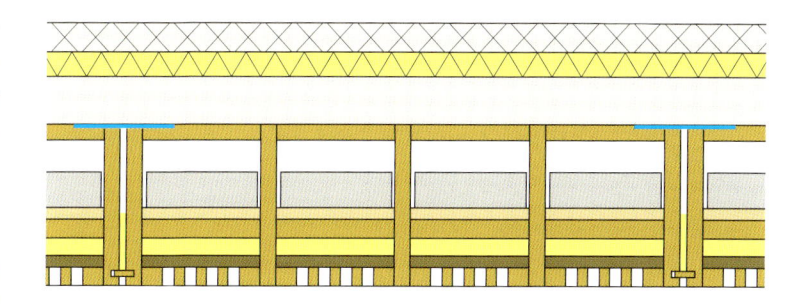

Lignatur-Flächenelement mit Tieftonschallschutztilgern, Akustikperforierung und Brandschutzkapselung mit Holz statt Gips durch zusätzliche mittige Brettlage und nicht brennbare Mineralfaserdämmung als Teil der Brandbemessung
Quelle: Lignatur AG

Holzbausysteme – eine Übersicht

Johannes Kaufmann Architektur: Kindertagesstätte Biberach an der Riß, 2012
Foto: Johannes Sessing

Brettstapel- und Dübelholz

Brettstapelelemente sind Systeme aus flächigen, tragenden Elementen aus Nadelholz, die industriell gefertigt werden. Die Lamellen (Bretter, Bohlen oder Kanthölzer) stehen hochkant nebeneinander und laufen entweder über die ganze Elementlänge ungestoßen durch oder sind durch Keilzinkung kraftschlüssig zu Lamellen verbunden. Für die Keilzinkung ist eine Leimgenehmigung erforderlich. Die hochkant gestellten Holzquerschnitte sind seitlich fortlaufend mittels Nagelung, Dübelung oder Verklebung miteinander verbunden. Die massiven Holzquerschnitte erlauben je nach Elementdicke Feuerwiderstandsdauern von F30 bis F90. Die Verbindungsmittel dienen der Schubübertragung zwischen den einzelnen Lamellen sowohl in horizontaler Richtung zur Erzielung der Scheibenwirkung bei Dach, Decke und Wand als auch bei Decken in vertikaler Richtung zu Verteilung von Einzellasten.

Die Wandelemente übernehmen vertikale Kräfte aus Eigengewicht, Verkehr oder Schnee und horizontale Kräfte aus Wind und Stabilisierung. Da die Elemente schubweich sind, sind tragende und aussteifende Wände sowie aussteifende Decken vollflächig mit Holzwerkstoffplatten zu belegen. Eine Vernagelung führt dazu, dass die Elemente wegen der metallischen Verbindungsmittel nicht auf exakte Abmessungen besäumt werden können. Deswegen werden genagelte Elemente nur noch zu untergeordneten Zwecken verwendet. Anders verhält sich dies bei der Fertigung des Lamellenverbunds mittels Holzdübeln: Die so gefertigten Elemente sind mit CNC- oder Hobelmaschinen bearbeitbar, wodurch eine nahezu beliebige Maßhaltigkeit erreichbar ist, die im Wesentlichen nur von der Genauigkeit der Bearbeitungsmaschinen abhängt. Die Stöße der Elemente erfolgen mit Nut-und-Federverbindung, Fremdfedern oder mit oberseitigen Streifen aus Holzwerkstoffplatten. Schwind- und Quellverformungen insbesondere

Dübelholz-Elemente
Foto: Peter Kaufmann, Kaufmann GmbH

Montage von Dübelholz-Elementen
Foto: Peter Kaufmann, Kaufmann GmbH

quer zur Faserrichtung werden in den Fugen zwischen den einzelnen Lamellen aufgenommen, sodass die Breite der Elemente auch bei Feuchteänderungen nahezu konstant bleibt. Während der Montage sind die Elemente gegen Feuchteeinflüsse zu schützen. Bei Dübelholzelementen werden die Lamellen mit Stabdübeln aus Hartholz (Buche) über Klemmkräfte verbunden. Buchendübel mit einer Holzfeuchte von etwa sechs Prozent werden in die Nadelholzbretter mit einer Feuchte von rund zwölf Prozent eingetrieben. Die Feuchteaufnahme der Dübel lässt – typisch für die Holzart Buche – diese stark quellen. Die Folge ist eine Klemmwirkung, die nicht mehr reversibel ist und zu einer hohen Steifigkeit führt.

Konstruktionen aus Brettstapel- oder Dübelholz sind an keinen Raster gebunden. Die Dicken der Lamellen variieren je nach Hersteller und den an sie gestellten statischen Anforderungen zwischen 24 und in etwa 60 Millimetern. Außen ist immer eine luftdichte Ebene anzuordnen. An der Gebäudehülle werden in der Regel OSB-Platten aufgebracht. Diese dienen der Aussteifung als Schubfeld gegen Horizontallasten. Zum anderen sind diese Platten mit einem s_d-Wert von etwa sechs bis zwölf Metern und mit der entsprechenden Abklebung der Fugen sehr gut für diffusionsoffene Wandaufbauten geeignet. Anders als Massivholzsysteme weisen Brettstapel- und Dübelholzwände wenig Holzverlust auf, da Türen-, Fenster- und Giebelausschnitte bereits bei der Produktion wiederverwertet werden. Außerdem entsteht bei nicht sichtbaren Elementen kaum Hobelverlust, da die Holzlamellen sägerau gedübelt und erst anschließend als Kompaktelement gehobelt werden. Brettstapel- und Dübelholzdecken werden oft im Verbund mit Ortbeton hergestellt. Als Schubverbindung werden Kerven, Knacken, Lochbleche oder Schraubverbindungen verwendet. Nach der Montage dient das Holzelement als Zugelement und als Betonschalung. Der Beton wirkt als Druckelement und erzeugt durch die hohe Masse eine gute Schall- und Schwingungsdämpfung.

Der Verbund von Holz und Beton erlaubt weitgespannte und kostengünstige Holz-Beton-Verbunddecken. Zunehmend werden Holz und Beton bereits im Werk zusammen hergestellt, um den Feuchteeintrag in das Gebäude zu vermeiden. Unabhängig von der Art des Lamellenverbunds ist das Ergebnis immer ein massives flächiges Element, das als Wand-, Decke- oder Dachscheibe miteinander im Verbund das Tragwerk eines Gebäudes bildet. Die Unter- beziehungsweise Innenseiten können sichtbar sein. Verschiedene Oberflächen und Strukturen sind möglich und eröffnen gestalterische Möglichkeiten oder auch durch entsprechende Profilierungen eine Verbesserung der Raumakustik.

Produktion von Dübelholz-Elementen
Foto: Johannes Sessing

Holzbausysteme – eine Übersicht

Roboter-Abbund von Brettsperrholz
Foto: Peter Cheret mit Genehmigung von Metsä wood Merk GmbH (Züblin AG)

Aufbringen des Klebers im Sprühverfahren
Foto: Casten Stoll, Stephan Holzbau GmbH

Brettsperrholz
Foto: CLT Stora Enso

Brettsperrholz (BSP)

Die Entwicklung von Brettsperrholz und seine Anwendung als Bausystem bedingt seit den Neunzigerjahren einen hohen Entwicklungsschub im Holzbau. Die Elemente sind formstabile, aus einer ungeraden Zahl geschichteter und verklebter Brettlamellen gefertigte Massivholzplatten. Die einzelnen Schichten bestehen aus Brettlagen von etwa zehn bis 35 Millimeter Dicke aus den Nadelholzarten Fichte, Kiefer, Lärche und Tanne, die kreuzweise übereinander angeordnet werden. Wenn nötig, lassen sich die Bretter über Keilzinkung zu längeren Lamellen fügen.

Das Ausgangsmaterial sind sägeraue Bretter. Laubholzarten wie Esche, Buche oder Robinie sind in der Schweiz schon verbreitet. In Deutschland gibt es allgemeine bauaufsichtliche Zulassungen für Brettsperrholz. Die Entwicklung zur Verklebung von Buche oder anderen Laubhölzern wird derzeit wissenschaftlich untersucht. Die Lamellen werden im Pressbett gestapelt, mit zugelassenen Klebstoffen einseitig beleimt und mit einer Spezialfolie abgedeckt, unter der ein Vakuum erzeugt wird. Der dabei aufgebaute atmosphärische Druck entspricht dem erforderlichen Pressdruck. Da dieser an jeder Stelle im Raum gleich ist, lassen sich große, ein und doppelseitig gekrümmte, lediglich durch das Pressbett begrenzte Platten fertigen. Eine zweite weitere Möglichkeit, massive Platten herzustellen sind Hydraulikpressen, die die Abmessungen der Platten vorgeben. Andere Rahmenbedingungen für die Maximalgröße der Elemente ergeben sich aus Transport und Montage. Die Gebäudeaussteifung erfolgt durch aussteifende Wände, Dächer und Decken aus Brettsperrholzelementen, die in Kombination mit den Geschossdecken ein räumliches Tragwerk bilden. Da massive Wandelemente wesentlich steifer sind als Wände in Holzrahmenbauweise, kann die Anzahl und Länge der aussteifenden Wandscheiben reduziert werden. Wie bei jeder statisch-konstruktiven Bearbeitung ist hierfür ein entsprechender Nachweis nötig.

Einbringen der Folie zum Vakuumieren
Foto: Casten Stoll, Stephan Holzbau GmbH

Nach der Vakuumierung
Foto: Carsten Stoll, Stephan Holzbau GmbH

Die horizontale Aussteifung setzt eine kraftschlüssige Verbindungstechnik der einzelnen Elemente voraus. Im Wesentlichen kommen Schrauben oder eingeklebte Gewindestangen zum Einsatz. Das Tragverhalten der entstehenden Platte ist zweiachsig möglich. Die Verwendung von Brettsperrholz ist nur in den Nutzungsklassen 1 und 2 nach DIN EN 386 zulässig. Durch den Querschnittsaufbau lässt sich eine entsprechende Längs- und Querverteilung von Einzellasten erzielen. Infolge einer abhängig vom Querschnittsaufbau produzierbaren Lastverteilungskapazität ist die Einleitung von Einzellasten in jedem Punkt der Platte möglich. Mehrgeschossige Giebelwände und großformatige Decken- und Dachplatten lassen sich je nach Pressbett aus einem Stück fertigen. Computergesteuerte Roboter fräsen jedes Bauteil passgenau zu, sodass sich bei 16 Meter Länge nur 1,5 Millimeter Toleranz ergeben. Öffnungen werden in gewünschter Form herausgeschnitten. Der Verschnitt wird optimiert, indem einzelne kleinere Bauteile optimal zueinander geordnet und aus einer Massivholzplatte gefräst werden. Der Abbund aller benötigten Bauteile erfolgt montagefertig im Werk. Neueste Entwicklungen zielen darauf ab, die Verklebung im Bereich der Aussparungen zu vermeiden. Die ausgeschnittenen, nicht verklebten Lamellen können mit Keilzinkenverbindungen wieder in die Produktion eingespeist werden. Platten werden grundsätzlich als industriell gefertigte Rohware in Nicht-Sichtqualität hergestellt. Sind die Plattenoberflächen in Sichtqualität gefordert, so ist eine entsprechende Decklagenausführung erforderlich, wobei diese als mittragend oder nicht mittragend berücksichtigt werden kann. Die Qualitätskontrolle durch Eigenüberwachung ist wie bei Brettschichtholz geregelt. Die Endkontrolle der Bauteile erfolgt durch den verantwortlichen Leimmeister, die Kontrolle der Verleimung und die komplette Dokumentation aller Stoffe und Tätigkeiten im Leimbuch. Unangekündigte Fremdüberwachungen zweimal im Jahr durch unabhängige zertifizierte Institute garantieren eine sehr hohe Qualitätssicherheit.

Verlegung einer Deckenplatte
Foto: Thomas Geffken, Werbeatelier Geffken

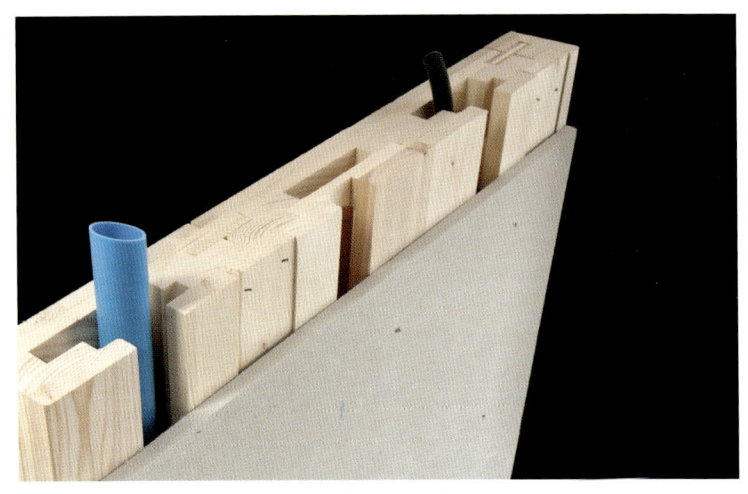

Brettsperrholz-Rippenelement LIGNO Uni Q3 (Wand)
Foto: Lignotrend Produktions GmbH

Brettsperrholz-Rippenelement LIGNO Rippe Q3 Akustik plus (Decke)
Foto: Lignotrend Produktions GmbH

Deckenelemente mit Installationsführung und Splittschüttung
Foto: Lignotrend Produktions GmbH

Lignotrend

Das Holzbausystem besteht aus massiven Flächenelementen aus drei, vier oder fünf verklebten Nadelholz-Brettlagen. Dabei ist die Faserrichtung außen parallel und die mittlere orthogonal zu den äußeren Lagen. Es entstehen geschosshohe, mit Hohlräumen versehene, formstabile und steife Holzblocktafeln als Wände. Längs mit Abstand aufgeklebte Brettschichtholzstege steigern die Tragfähigkeit der Platten für die Verwendung als Deckenelemente.

Die Hohlräume können Installationen aufnehmen. Der produktionsbedingte Raster dieses Systems ist für die Planung von Grundrissen oder Fassaden ohne Bedeutung. Die Oberflächenqualität kann je nach Wunsch unterschiedlich ausgeführt werden. Für erhöhte Schallschutzanforderungen ist das Verfüllen der Hohlräume mit Sand oder ein Aufbau weiterer Schallschutzschichten möglich. Für den Aufbau einer diffusionsoffenen, luftdichten und gedämmten Gebäudehülle sind zusätzliche Bauteilaufbauten erforderlich. Die Wärmedämmschicht ist außenseitig auszuführen. Raumseitig wirkt das Vollholz als ausgleichender Feuchtepuffer.

Die Produktpalette umfasst neben den konstruktiven Bauteilen für Wände, Decken und Dächer auch geprüfte akustisch wirksame Innenbekleidungen aus Weißtanne. Mit dem »upsi«-Träger steht eine für den Passivhaus-Standard hocheffiziente Grundkonstruktion für Außenbekleidungen zur Verfügung.

Johannes und Oskar Leo Kaufmann: Hotel Post in Bezau, 1998
Foto: Ignacio Martinez

Johannes und Oskar Leo Kaufmann: Ferienhaus SU-SI in Höbranz, 2008
Foto: Norman A. Müller, nam architekturfotografie

Raumbildende Systeme, Raumzellen

Raumzellen lassen sich mit allen Vorteilen der Modul- oder Zellenbauweise schnell stapeln und montieren. Konstruktionsbedingt kommt es bei einer Reihung oder Stapelung mehrerer Raumzellen zur Dopplung der Wände und Decken. Die planerische Flexibilität bei der Entwicklung des Grundrisses ist gegenüber anderen Systemen eingeschränkt, was jedoch bei Gebäudetypen mit einer hohen Zahl sich wiederholender Raumeinheiten kaum relevant ist. Ein gutes Beispiel dafür sind die Hotelbauten im Bregenzer Wald in Österreich, darunter das Hotel Post in Bezau und das Ferienhaus SU-SI in Höbranz. Weil sich dort die Saison – im Winter Ski- und im Sommer Wandertourismus – über das ganze Jahr erstreckt, müssen Hotelerweiterungen in möglichst kurzer Bauzeit realisiert werden. Ein Anbieter von Raumzellen aus Holz ist die Schweizer Firma Erne. Die flexibel anpassbaren Container sind werkseitig für unterschiedliche Nutzungsarten vorkonfektioniert. Der Einsatz ist sowohl im privaten Bereich als An- oder Aufbauten bei bestehenden Häusern oder für gewerbliche Zwecke als Einzelbüro möglich. Besondere Anforderungen wie Sicherheitsanforderungen für Banken, erhöhte Hygieneanforderungen für Klinikprovisorien oder Besonderheiten für Schul-, Kindergarten-, Wohn- oder Bürobauten sind in der jeweiligen Ausführungsvariante bereits berücksichtigt. Die Firma Erne bietet auch die Vermietung von Modulen an.

Literaturverweise und Quellen

1. Josef Kolb: Holzbau mit System: Tragkonstruktion und Schichtaufbau der Bauteile, Basel 2010.
2. Peter Cheret: Baukonstruktion. Handbuch und Planungshilfe, Berlin 2010.
3. Bund Deutscher Zimmermeister (Hg.): Holzrahmenbau. Bewährtes Hausbausystem, Karlsruhe 2007.
4. Holzabsatzfonds (Hg.): INFORMATIONSDIENST HOLZ: Holzbau Handbuch, Reihe 1, Teil 1, Folge 7. Holzrahmenbau, Bonn 2009.
5. Holzabsatzfonds (Hg.): INFORMATIONSDIENST HOLZ: Brandschutzkonzepte für mehrgeschossige Gebäude und Aufstockungen in Holzbauweise, Bonn 2005.
6. Holzabsatzfonds (Hg.): INFORMATIONSDIENST HOLZ: Holzbau Handbuch Reihe 1, Teil 1, Folge 5. Holzkonstruktionen in Mischbauweise, Bonn 2006.
7. Holzabsatzfonds (Hg.): INFORMATIONSDIENST HOLZ: Holzbau Handbuch Reihe 1, Teil 1, Folge 4. Holzbausysteme, Bonn 2000.
8. Studiengemeinschaft Holzleimbau e.V. (Hg.): Bauen mit Brettsperrholz – Tragende Massivholzelemente für Wand, Decke und Dach, Wuppertal 2010.
9. Holzabsatzfonds (Hg.): INFORMATIONSDIENST HOLZ: Holzbau Handbuch Reihe 3, Teil 3, Folge 4: Schallschutz – Wände und Dächer, Bonn 2004.
10. José Luis Moro: Baukonstruktion vom Prinzip zum Detail, Band 2, Berlin 2009.

Wärmeschutz im Holzbau

Robert Borsch-Laaks

Nach wie vor hat der Energieverbrauch von Gebäuden einen maßgeblichen Anteil an den für den Klimawandel relevanten CO_2-Emissionen. Gemäß den vom Umweltbundesamt veröffentlichten Quellkategorien liegt der CO_2-Ausstoß von Haushalten und Kleinverbrauchern höher als der von Industrieprozessen oder des Verkehrs. Einer der wichtigsten Ansätze zur Dämpfung des Treibhauseffekts ist daher die Verbesserung des Wärmeschutzes.

Gerade wenn es um energieeffiziente Gebäude geht, erfreuen sich Holzbauweisen wachsender Beliebtheit. Auch in der Bestandssanierung kann der Holzbau wegen der trockenen und schnellen Bauweise, den geringen statischen Lasten und dem hohen Wärmeschutz seine Vorteile ausspielen. Aber auch Holzbauteile besitzen Wärmebrücken, die vor allem durch die Tragwerkshölzer und die kritischen Anschlusssituationen bestimmt sind. Hier besteht Optimierungsbedarf, da wirtschaftlich akzeptable Gesamtlösungen zu finden sind.

Wie viel Dämmdicke für welchen Zweck?

Im Zeitalter computergesteuerter Berechnungen wird der Wärmedurchgangskoeffizient, der sogenannte U-Wert (W/m²K), gerne bis auf die dritte Stelle hinter dem Komma berechnet. Ob dies immer sinnvoll ist, darf hinterfragt werden. Das wäre nämlich so, als ob man dem Zimmermann sagt, dass er bitte aus statischen Gründen einen 20,875 Zentimeter hohen Sparren einbauen muss. Er wird lachen und einen »22er« nehmen.

In der Praxis benötigt man oftmals zügig eine Antwort auf folgende Frage: Welche Dämmdicke benötige ich, um einen bestimmten U-Wert zu erreichen? In erster Näherung besteht ein einfacher Zusammenhang zwischen dem U-Wert, der Dicke der Dämmung und ihrer Wärmeleitfähigkeit. Nimmt man als Bezugsdämmstoff eine Standardware mit λ = 0,040 W/(mK) gelangt man zu folgender Faustformel: Die erforderliche äquivalente Dämmdicke (d_{eq} in Zentimeter) eines Bauteils erhält man, wenn man 4 geteilt durch den gewünschten U-Wert (U_{Ziel}) rechnet. Oder umgekehrt: Teilt man 4 durch eine vorgegebene Dämmdicke, so ist das Ergebnis der erreichbare U-Wert.

Mit dieser Faustformel kann man die Größenordnungen der erforderlichen Dämmdicken je nach angestrebtem Energiestandard leicht erkennen. Der Holzbau der Neunzigerjahre war mit Dämmdicken um 200 Millimeter Vorreiter beim Bau von Niedrigenergiehäusern. In der Zwischenzeit wurde das Dämmniveau sukzessive angehoben, sodass heute der Wärmeschutz von »Drei-Liter-Häusern« (Heizwärmebedarf 30 kWh/m²a) zum guten Ton bei Holzhäusern gehört. Hierfür sind Dämmdicken von 260 Millimetern im Mittel erforderlich. Passivhäuser (Heizwärmebedarf 15 kWh/m²a) erfordern noch einmal einen Sprung in der Dämmdicke. Auch hier ist der Holzbau überproportional am Markt vertreten. Dies ist kein Wunder, da er als einzige Bauweise die Dämmung (zumindest teilweise) in der Tragwerksebene platzsparend unterbringen kann. Die Spannweiten der möglichen und nötigen Dämmstoffstärken haben mehrere Ursachen. Zum einen ist es die Größe der Gebäude und damit der Anteil der Wärme abgebenden Hüllfläche relativ zum beheizten Raumvolumen beziehungsweise zur Nutzfläche, die die Höhe des Dämmniveaus bestimmt.

Natürlich hängt die Menge an zu verbauendem Dämmstoff auch von den sonstigen Qualitäten des Gebäudes, der Fenster und ihre Orientierung, der Lüftungs- und Heiztechnik etc. ab. Die Konstrukteure können und müssen den Einflussfaktor »Wärmebrücken« minimieren, der bei hohen Dämmstärken an Bedeutung zunimmt. Die Entwurfsplanung legt allerdings das grundlegende Niveau fest, auf dem alles andere aufbaut.

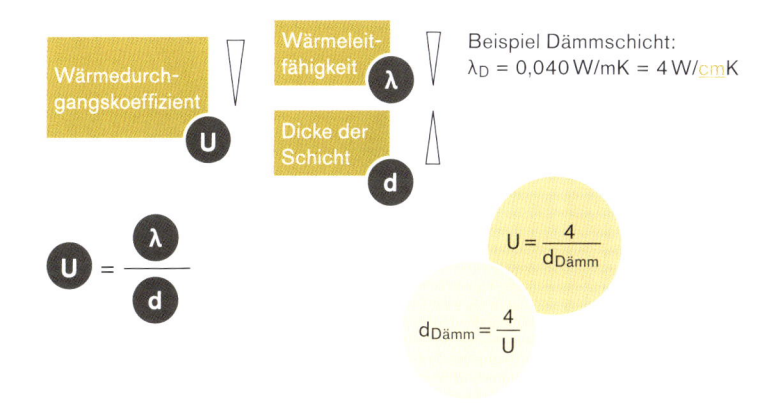

Beispiel Dämmschicht:
$\lambda_D = 0{,}040\,\text{W/mK} = 4\,\text{W/cmK}$

$U = \dfrac{\lambda}{d}$

$U = \dfrac{4}{d_{\text{Dämm}}}$

$d_{\text{Dämm}} = \dfrac{4}{U}$

Faustformel für das Verhältnis von Dämmdicke (cm) und U-Wert (W/m²K)
Quelle: Robert Borsch-Laaks, Grafik: Rainer Wendorff

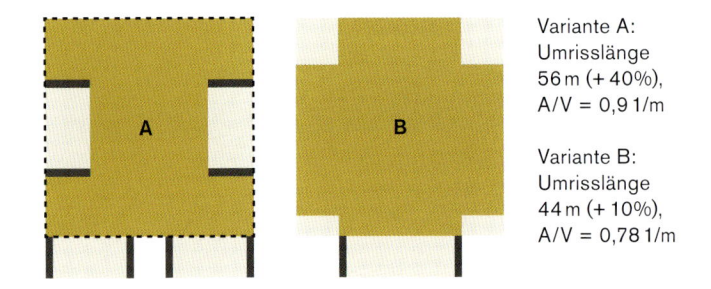

Variante A:
Umrisslänge
56 m (+ 40 %),
A/V = 0,9 1/m

Variante B:
Umrisslänge
44 m (+ 10 %),
A/V = 0,78 1/m

Stark gegliederte Fassadenlinien mit Einschnitten und Anbauten bei zwei Grundrissbeispielen. Die Prozentangaben beziehen sich auf die Umrisslänge des Ursprungsquadrats (40 m). Es entstehen stark unterschiedliche Umrisslängen bei gleicher Grundfläche (100 m²):
links: Umrisslänge 56 m (140 %),
rechts: Umrisslänge 44 m (110 %).
Quelle: Robert Borsch-Laaks / HOLZBAU – die neue Quadriga 6 / 2009

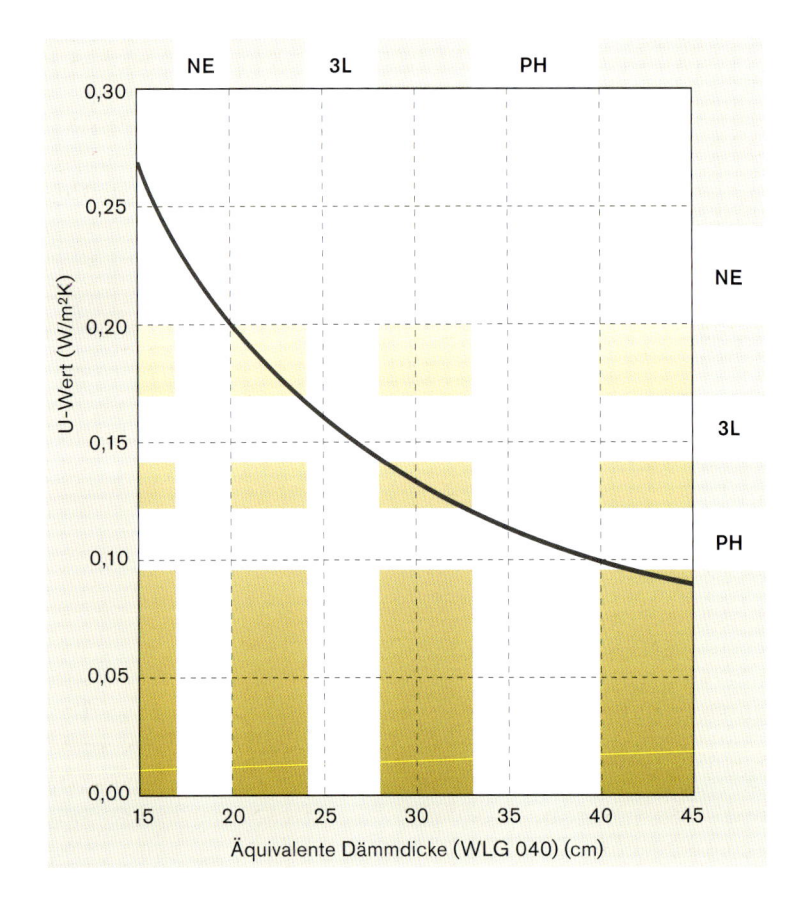

Das praktische Ideal: der quadratische Grundriss
100 m² Grundfläche, Umrisslänge 40 m
A/V = 0,74 1/m (zweigeschossig)

Erforderliche U-Werte und äquivalente Dämmdicken bei verschiedenen Energiestandards (Heizwärmebedarf inklusive Lüftung):
Niedrigenergiehaus (NE): 55 kWh/m²a,
Drei-Liter-Haus (3L): 30 kWh/m²a,
Passivhaus (PH): 15 kWh/m²a
Quelle: Robert Borsch-Laaks / HOLZBAU – die neue Quadriga 2 / 2013

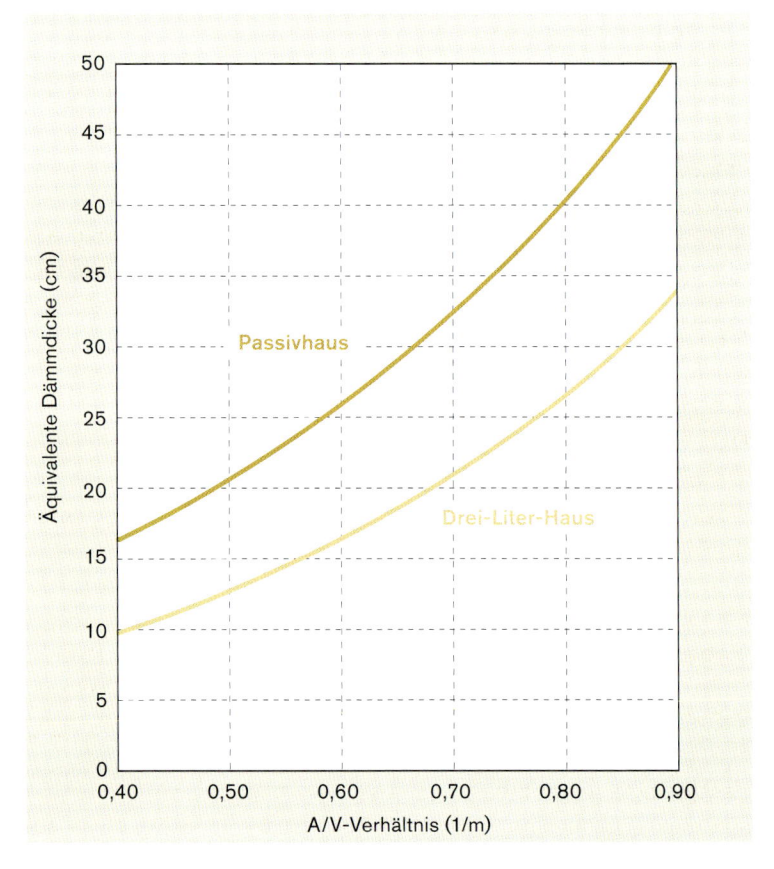

Erforderliche Dämmdicke der nicht transparenten Gebäudehülle in Abhängigkeit vom A/V-Verhältnis (Gebäude mit Vollgeschossen) für zwei verschiedene Baustandards, Randbedingungen: Anteil Fensterfläche 15 % der Hüllfläche, $U_{W,eq}$ = 0,0 / 0,2 W/m²K (PH / 3LH),
Lüftung: 85 % Wärmerückgewinnung (3LH und PH)
Quelle: Robert Borsch-Laaks / HOLZBAU – die neue Quadriga 2 / 2013

Achsmaß (a) (cm)	Breite Sparren / Ständer (b) (cm)			
	6	8	10	12
60	10 %	13 %	17 %	20 %
80	8 %	10 %	13 %	15 %
100	6 %	8 %	10 %	12 %

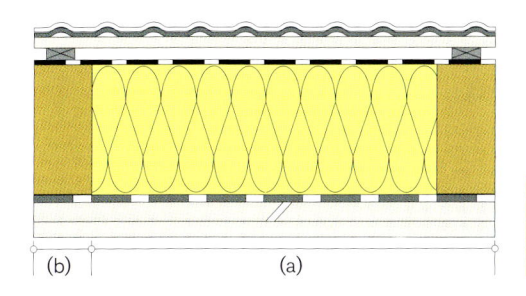

prozentualer Holzanteil: $f_H = b/a$

Typische Holzanteile des Tragwerks bezogen auf den Regelraster, hinzu kommen zusätzliche Holzanteile, die nicht im Raster liegen: bei Dach / Decke: Auswechselungen für DFF, Kamin, Treppenloch, Bodenluke etc. Gauben, Grate und Kehlen – bis 10 %! In der Wand: Fenster nicht im Raster, Innenwandanschlüsse, Elementstöße, 90 % der horizontalen Hölzer (Schwellen, Rähme, Riegel, Stürze) – bis 15 %!

Dämmdicke und Kompaktheit

Um die Kompaktheit der Bauform zu beschreiben, ist die bekannteste und gebräuchlichste Kenngröße das Oberfläche-zu-Volumen-Verhältnis (A/V-Verhältnis). Dieses gibt an, wie viel Wärme abgebende Hüllfläche bei der geplanten Kubatur des Gebäudes erforderlich ist. Der Dämmaufwand, der für einen niedrigen Energiebedarf betrieben werden muss, ist bei einem Mehrfamilienhaus (A/V = 0,55 1/m) nur etwa halb so hoch wie bei einem kleinen Einfamilienhaus (A/V = 0,85 1/m). Dabei beträgt die absolute Höhe des Mehrbedarfs an Dämmdicke für ein »Drei-Liter-Einfamilienhaus« 16 Zentimeter. Beim Passivhaus-Standard steigt der Dämmaufwand sogar um 23 Zentimeter. Die U-Wert-Dämmdicke-Funktion ist eben eine Hyperbel. Wichtig für den Entwurfsprozess ist die Erkenntnis, dass innerhalb der jeweiligen Haustypgruppe (Einfamilienhaus EFH, Doppelhaus DH, Reihenhaus RH, Mehrfamilienhaus MFH) die Spannweite beim A/V-Verhältnis erfahrungsgemäß etwa 0,1 1/m beträgt. Dies bedeutet bei kleinen Gebäuden einen Mehr- oder Minderbedarf von 80 bis 100 (!) Millimetern an Dämm- und damit Konstruktionsdicke – wohlgemerkt für denselben Haustyp und dasselbe Raumvolumen.

Versprünge vermeiden oder geschickt planen

Die ideale Grundrissform, um ein Gebäude mit möglichst wenig Wärme abgebender Oberfläche zu konstruieren, wäre ein Kreis oder ein Vieleck. Bei diesen Sonderformen steigen allerdings durch komplizierte Details meist die Baukosten an, sodass diese für viele Bauherren nicht in Frage kommen. Von den rechteckigen Grundrissen ist eine möglichst quadratische Form am günstigsten (Beispiel: A/V = 0,74 1/m bei einem zweigeschossigen Gebäude mit 100 m² Bruttogrundfläche).

Vor- und Rücksprünge in der Fassade können sich doppelt ungünstig auswirken – müssen es aber nicht. Werden Einschnitte an den Seiten des Baukörpers vorgenommen (etwa für Loggien, einspringende Eingänge oder Freisitze), kann sich die Umrisslänge drastisch erhöhen. Da zu jedem laufenden Meter Umriss im Beispiel sechs Quadratmeter Hüllfläche gehören, steigt bei gleicher Grundfläche der A/V-Wert auf 0,9 1/m! Werden Einschnitte an den Gebäudeecken vorgenommen und die dabei verlorene Wohnfläche an den Seiten geschickt angesetzt, hält sich die Vergrößerung der Gebäudehüllfläche in Grenzen (A/V = 0,78 1/m). Gebäudehüllen mit wenig Vor- und Rücksprüngen in den Fassaden (und analog bei den Dachlandschaften) sparen zusätzlich Kosten, weil die laufenden Meter Anschlüsse, die an jeder Kante mit allen Bauteilschichten herzustellen sind, stets kostentreibend sind.

Regelwärmebrücke des Holzbaus

Die bisherigen Angaben zu den äquivalenten Dämmdicken dienten der ersten Grobeinschätzung. Dabei wurde implizit davon ausgegangen, dass die Dämmebene völlig wärmebrückenfrei ausgeführt wird. Andererseits wurde die mögliche Reduzierung der realen Schichtdicke durch den Einsatz von Dämmstoffen mit besserem λ-Wert noch nicht berücksichtigt. Zunächst soll die Schwächung des Dämmwerts durch die Holzanteile in der thermischen Hülle betrachtet werden. Der Holzanteil einer Konstruktion kann je nach Achsabstand und Breite der Sparren / Ständer sehr unterschiedlich sein. Um den prozentualen Holzanteil (f_H) zu ermitteln, muss man die Breite (b) durch den Achsabstand (a) teilen. Der Holzanteil liegt häufig zwischen sechs und 20 Prozent. Im modernen Holzrahmenbau beträgt dieser im Regelquerschnitt meist weniger als zehn Prozent (60 Millimeter breite Stiele oder Sparren bei einem Achsmaß von 625 Millimetern oder mehr).

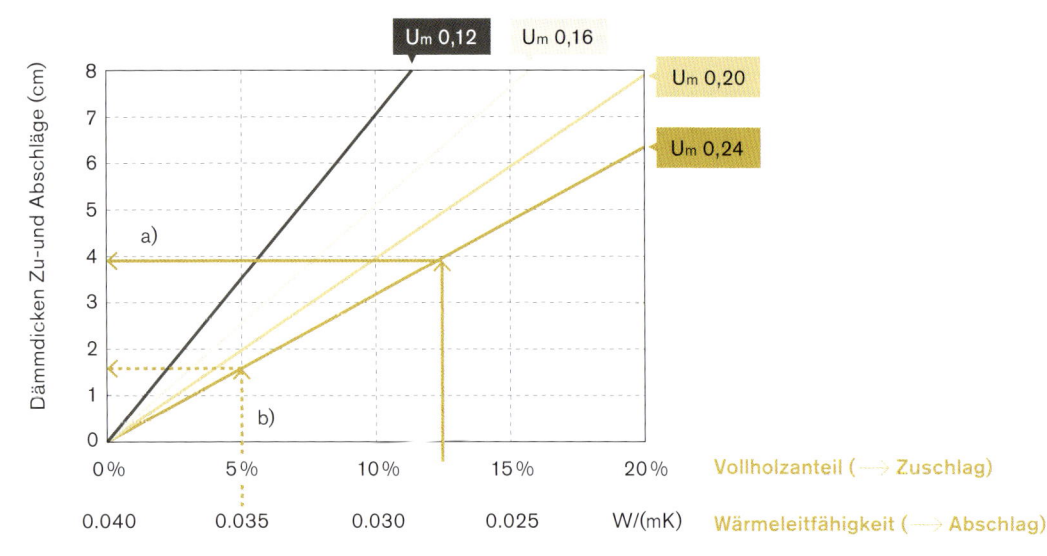

Ein Diagramm für zwei Effekte: Ermittlung der zusätzlichen Dämmstoffdicke in einschaligen Holzbauteilen bei a) verschiedenen Holzanteilen in der Tragwerksebene, Beispiel: 13 % Holzanteil: zusätzlich 4 cm, b) geänderten Wärmeleitfähigkeiten, Beispiel: Wechsel von 0,040 auf 0,035
Quelle: Daniel Kehl / HOLZBAU – die neue Quadriga 6/2009

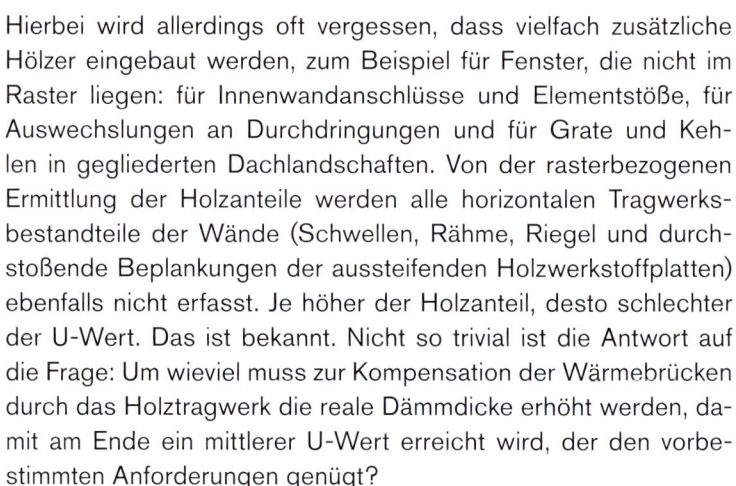

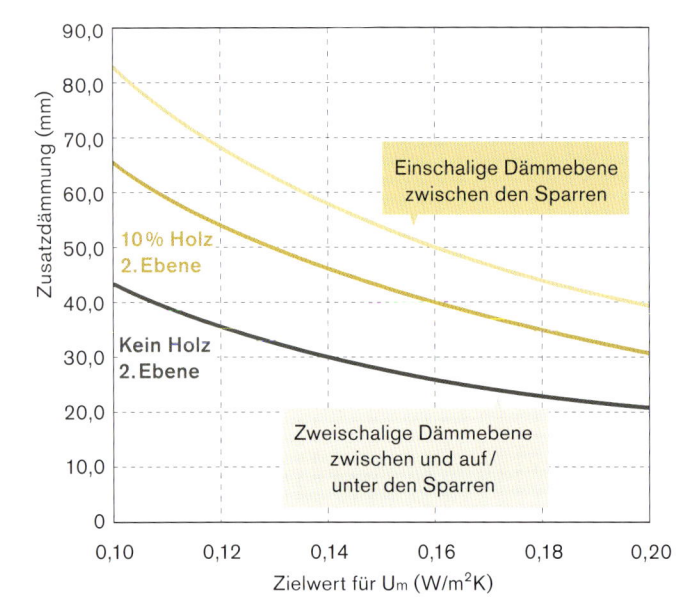

Erforderliche Mehrdämmung zur Kompensation der Wärmebrückeneffekte in Abhängigkeit vom Ziel-U-Wert
Quelle: Robert Borsch-Laaks / HOLZBAU – die neue Quadriga 6/2009

Hierbei wird allerdings oft vergessen, dass vielfach zusätzliche Hölzer eingebaut werden, zum Beispiel für Fenster, die nicht im Raster liegen: für Innenwandanschlüsse und Elementstöße, für Auswechslungen an Durchdringungen und für Grate und Kehlen in gegliederten Dachlandschaften. Von der rasterbezogenen Ermittlung der Holzanteile werden alle horizontalen Tragwerksbestandteile der Wände (Schwellen, Rähme, Riegel und durchstoßende Beplankungen der aussteifenden Holzwerkstoffplatten) ebenfalls nicht erfasst. Je höher der Holzanteil, desto schlechter der U-Wert. Das ist bekannt. Nicht so trivial ist die Antwort auf die Frage: Um wieviel muss zur Kompensation der Wärmebrücken durch das Holztragwerk die reale Dämmdicke erhöht werden, damit am Ende ein mittlerer U-Wert erreicht wird, der den vorbestimmten Anforderungen genügt?

Rechnen ohne Computer

Dazu wurde ein grafisches Verfahren entwickelt (siehe Abbildung oben), das schnelle Antworten liefert. Als Beispiel dient ein Dach mit Zwischensparrendämmung, das die Vorgabe des Referenzgebäudes nach EnEV 2009 – $U_{m, Ziel} \leq 0{,}24\,W/(m^2K)$ erreichen soll. Nach der Faustformel (siehe Abbildung S. 131) ergibt sich eine Dämmdicke von 4/0,24 = 17 Zentimeter. Aber Sparren oder Ständer sind materialbedingte Wärmebrücken und müssen durch zusätzliche Dämmung kompensiert werden. Außerdem wird ein Dämmstoff mit $0{,}035\,W/(mK)$ in Erwägung gezogen. Bei einem zehn Zentimeter breiten Sparren ergibt sich bei 80 Zentimeter Achsabstand ein Holzanteil von 12,5 Prozent. ($f_H = 10/80 = 12{,}5$). Dem durchgezogenen braunen Pfeil in der obenstehenden Abbildung folgend lesen wir an der Y-Achse rund vier Zentimeter mehr Dämmung ab. So steigt die erforderliche Gesamtdämmdicke des Bauteils auf 21 Zentimeter. Die gleiche Grafik kann man für die Veränderung der Wärmeleitfähigkeit verwenden. Interessanterweise haben beide Effekte in gewähltem Grafikraster (Änderung des prozentualen Holzanteils um fünf Prozent und des λ-Werts um

0,005 W/mK) denselben Einfluss auf die Dämmdickenänderung: In diesem Beispiel [0,040 auf 0,035 W/(mK)] können also eineinhalb Zentimeter abgezogen werden (gestrichelter brauner Pfeil in Abbildung). Damit sinkt die erforderliche Gesamtdämmdicke des Bauteils auf 19,5 Zentimeter.

Überdämmung des Tragwerks

Es gehört mittlerweile auch zum wärmetechnischen Allgemeinwissen, dass sich die Wärmebrückeneffekte der Tragwerkshölzer durch Überdämmungen vermindern lassen. Die Frage ist nur: Wie effektiv ist das bei welcher Art der zweiten Dämmlage?
Gerade dann, wenn es darum geht, sehr niedrige U-Werte zu erzielen, steigt der Bedarf zur Kompensation der Wärmebrückeneffekte bei einschaligen Bauweisen drastisch an (bis zu 80 Millimeter bei Passivhaus-Anforderungen). Wird die Dämmebene in zwei Schichten im Verhältnis 1:2 aufgeteilt und ist die überdämmende (dünnere) Lage wärmebrückenfrei (Wärmedämmverbundsystem oder Aufdachdämmung), so halbiert sich der Bedarf an Zusatzdämmung. Hat die zweite Ebene allerdings auch einen Holzanteil von zehn Prozent, etwa durch die Lattungen einer Installationsebene, so ist der Spareffekt nur halb so groß. Wenn die Dicke der Überdämmung weniger als ein Drittel der Gesamtdämmstärke ist, fällt die Abminderung des Wärmebrückeneffekts geringer aus.

Massivholzbauweisen

Tragende Massivwände können ihren Flächenverbrauch nur in einem geringen Maß durch den Dämmwert ausgleichen. Ihre äquivalente Dämmdicke beträgt meist deutlich weniger als einen Zentimeter. Bei Massivholzwänden, die im urbanen Holzbau immer beliebter werden, ist dies grundsätzlich anders. Da die Wärmeleitfähigkeit von Nadelholz (λ = 0,13 W/mK) weniger als ein Fünftel der gängigen Mauerwerkswände und nur ein Zwanzigstel von Beton beträgt, ergibt sich bei einer zehn Zentimeter dicken Brettsperrholzwand eine äquivalente Dämmfähigkeit von immerhin drei Zentimetern (d_{eq}= 0,04/0,13 × 10,00 cm). Wenn die Massivholztragstruktur außenseitig eine wärmebrückenfreie Dämmung durch ein Wärmedämmverbundsystem erhält, so ist der Mehrverbrauch an Konstruktionsfläche im Vergleich zu Holzrahmenbauelementen überschaubar (meist um nur wenige Zentimeter). Werden im Massivholzbau verleimte mehrschichtige Elemente eingesetzt, so ist es durchaus möglich, kostensparend auf innere Installationsebenen für die Elektroverkabelung zu verzichten. Die Luftdichtheit wird auch beim Einfräsen von Kanälen für die Leitungsführung und Unterputzdosen weiterhin gewährleistet.

Wärmebrücken vermeiden

Die gesonderte Betrachtung der zweidimensionalen Wärmebrückeneffekte an Bauteilanschlüssen ist für Häuser, deren Funktionstüchtigkeit wesentlich von der Genauigkeit der wärmetechnischen Planung abhängt – also für Passiv- und andere Niedrigstenergiehäuser – heute selbstverständlich geworden. Die nach EnEV schon seit 2002 geltenden Wärmebrückenzuschläge (ΔU_{WB}) können das Gesamtergebnis der Transmissions-Wärmeverluste bei hoch wärmegedämmten Wänden drastisch erhöhen.
Eine grundlegende Untersuchung, die zur Einführung der Zuschläge führte, zeigte allerdings schon 1994, dass die Wärmebrückeneffekte bei Holzbaukonstruktionen auch ohne besondere Optimierung weit geringer ausfallen als bei Massivbauweisen. Aus diesem Grund ist es für die Holzbauplanung sehr empfehlenswert, von der Möglichkeit der EnEV Gebrauch zu machen, einen detaillierten Wärmebrückennachweis zu führen. Bei guter Detailplanung kann dieser Zuschlag durchaus entfallen oder zumindest deutlich reduziert werden. Moderne Holzbauweisen sind in aller Regel Systembauweisen. Ihre Entwickler haben gute Chancen, die Investition in eine Wärmebrückenanalyse ihrer Anschlusssituationen durch Wiederholung zu amortisieren. An zwei Beispielen soll gezeigt werden, in welche Richtung diese Optimierung gehen kann.

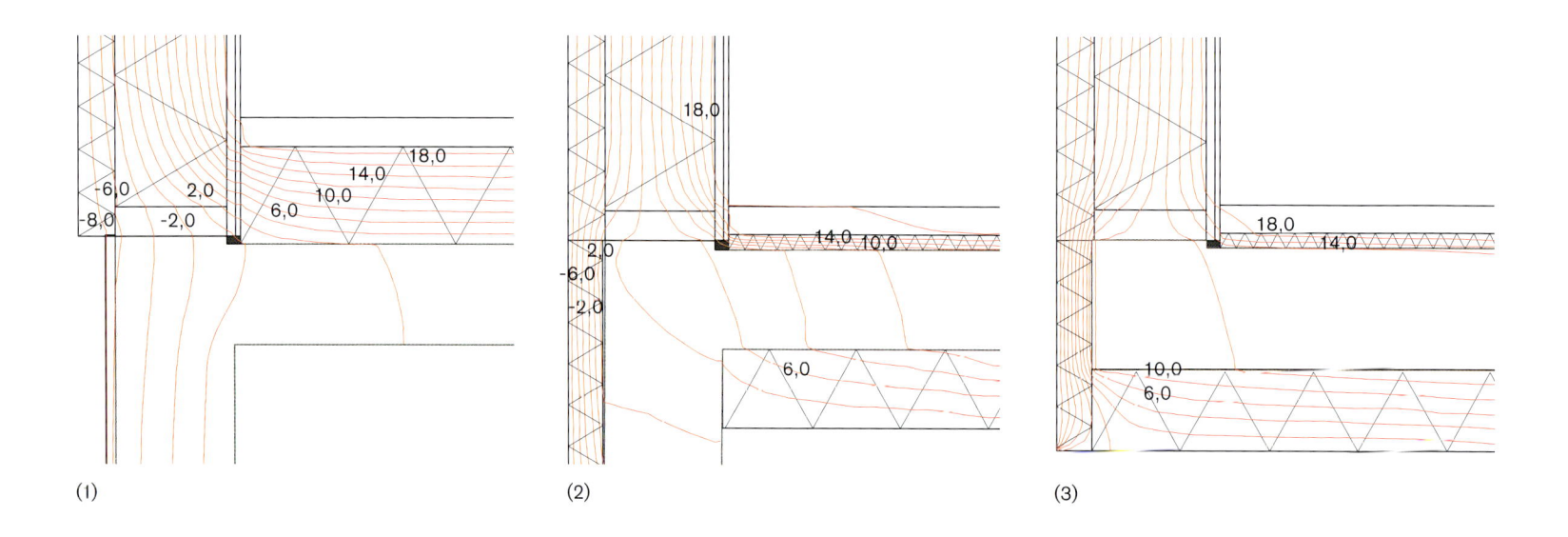

Dämmung nur oberhalb	Dämmung oberhalb und unterhalb, Bodenplatte mit Frostschürze	Dämmung oberhalb und unterhalb, Flachgründung
ψ_e-Wert in Abhängigkeit von Lage der Dämmung der Bodenplatte		
(1)	(2)	(3)
-0,030 W/mK	0,211 W/mK	0,071 W/mK

Dämmdicken:
(1) 240 + 80 mm Wand, 200 mm Boden, λ= 0,040 W/mK,
(2) und (3) 30 + 170 mm Boden und 80 mm Perimeter λ= 0,035 W/mK,
ψ_e-Werte am Sockelpunkt in Abhängigkeit von der Lage der Dämmebene(n), der Kellerdecke oder der Bodenplatte
Quelle: Robert Borsch-Laaks / HOLZBAU – die neue Quadriga 6/2009

Fehlerträchtig: der Sockelpunkt

Es gilt als wesentliche Grundregel zur Vermeidung von Wärmebrücken, dass die Dämmebene nicht durch gute Wärmeleiter (Betondecke oder Kellermauerwerk) durchbrochen werden sollte. Deshalb ist der Regelaufbau am Holzbausockel, bei dem die Dämmung auf der Kellerdecke oder Bodenplatte lückenlos in die Gefachdämmung der Holzrahmenbauwand übergeht, das Ideal zur Konstruktion dieses Anschlussdetails (1). Auf die sonst übliche Perimeterdämmung vor Kopf von Betonplatte und Frostschürze beziehungsweise Kellermauerwerk kann verzichtet werden. Liegt die horizontale Dämmung teilweise (85 Prozent im Beispiel) unterhalb von Bodenplatte oder Kellerdecke, entsteht durch die Kellerwand-Frostschürze eine Schwachstelle, die auch durch eine Perimeterdämmung nicht wirklich beseitigt wird (2).

Bei Passivbauweisen wird vielfach über eine Verlagerung der kompletten Dämmschicht unter die Bodenplatte nachgedacht (3). Für Massivbauweisen mit ihrer starken Wärmebrücke durch die aufgehenden Mauerwerkswände (am Sockel und auch bei allen Innenwänden) mag diese Anwendung eine Berechtigung haben. Für den Holzbau bringt solch eine Konstruktion allerdings keine Verbesserung. Der große Kostenaufwand und die Problematik des Baugrunds bei Flachgründungen können vermieden werden.

Fensteranschlüsse

Auch bei der Positionierung der Fenster im Wandquerschnitt bietet der Holzbau von Natur aus geringe Wärmebrückeneffekte und größere gestalterische Freiheiten. Weit nach außen gerückte Fenster, die zurzeit bei der architektonischen Gestaltung sehr beliebt sind, erzeugen entweder bei monolithischen Massivwänden starke Wärmebrückeneffekte oder führen zu aufwändigen Sonderkonstruktionen zur Lastabtragung in außen gedämmten Wänden. Im Holzrahmenbau bietet sich die Montage der Fenster an der Außenkante des Tragwerks an. Dies erlaubt maximalen Lichteinfall und auch die großen dynamischen Lasten von dreifach verglasten Fensterflügeln können ohne Weiteres vom Tragwerk aufgenommen werden. Aber auch im Holzbau gilt, dass der Fensterblendrahmen als entscheidende Schwachstelle der Überdämmung bedarf. Dabei kommt es weniger darauf an, wie dick die Dämmung ist, die auf den Blendrahmen gezogen wird, sondern wie weit diese den Rahmen warm einpackt. Es ist auch ohne Sonderkonstruktionen möglich, die Fenster in die äußere Dämmebene zu schieben, ohne die Wärmebrückeneffekte zu vergrößern. Damit ist zwar keine komplett außenbündige Fenstermontage möglich, aber der Versprung zwischen Glasfläche und nichttransparenten Fassaden wird minimiert und damit der Solargewinn vergrößert.

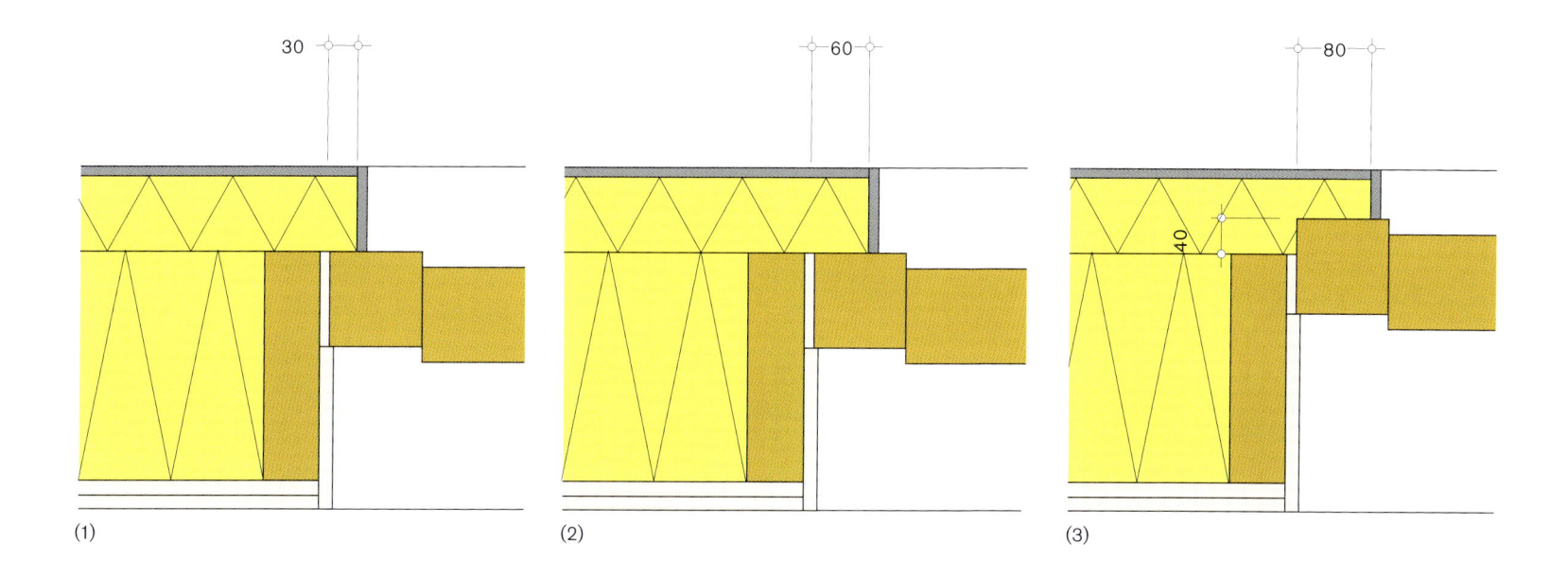

Im Falle von Pfosten-Riegel-Konstruktionen ist es zwingend, mit gedämmten, PHI-zertifizierten Verglasungssystemen zu arbeiten. Die Minimierung der Wärmebrückeneffekte mit Maximierung der Solargewinne zu verbinden, ist bei Massivholzbauweisen besonders gut möglich.

Durch die Montage der Fenster außenseitig auf dem Massivholzelement (160 Millimeter, siehe Abbildung unten), kann der Blendrahmen vollständig in der Dämmebene »versteckt« werden und die Fensteröffnung nahezu vollständig zur Energie gewinnenden Glasfläche werden. Der Ψ-Wert ist deutlich negativ, da der Wärmeschutz des Vollholzblendrahmens durch die nahezu vollständige wärmedämmende Überdeckung um 56 Prozent verbessert wird. Darüber hinaus erübrigt sich bei dieser Konstruktionsweise ein Ausdämmen der Einbaufuge. Außerdem lässt sich die Luftdichtheit des Anschlusses einfach und sicher durch Einlegen und Verpressen eines Kompribands herstellen.

Fenster an Außenkante Ständerwerk		Fenster 40 mm nach außen gerückt
ψ_e-Wert (W/mK) in Abhängigkeit von Fensterposition und Überdämmung des Blendrahmens		
(1)	(2)	(3)
30 mm Überdämmung	60 mm Überdämmung	80 mm Überdämmung
0,016 W/mK	0,001 W/mK	0,001 W/mK

Wärmebrückeneffekt am Fensteranschluss im Holzbau in Abhängigkeit von Fensterposition und Überdämmung
Quelle: Robert Borsch-Laaks

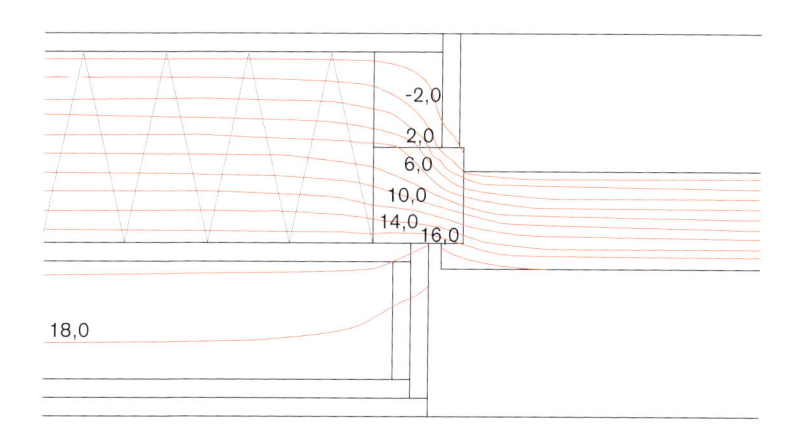

Fenstereinbau in brandtechnisch gekapselte Massivholzwand: Die vollständige dämmende Integration des Blendrahmens ergibt einen negativen Wärmebrückenkoeffizienten (ψ = - 0,024 W/mK).
Quelle: Robert Borsch-Laaks

Literaturverweise und Quellen

1. Daniel Kehl: Das Maß des Wärmeschutzes. Der U-Wert und die Dämmdicke, in: HOLZBAU – die neue Quadriga 6/2009, S. 36–37.
2. Gerd Hauser/Horst Stiegel: Dokumentation der Wärmebrückenwirkung bei Häusern in Holztafelbauart gegenüber konventionell errichteten Gebäuden und Festlegung pauschaler Korrekturfaktoren. DGFH – Forschungsbericht IBH 24/93, Stuttgart 1994.

Tauwasserschutz im Holzbau

Robert Borsch-Laaks

Wie alle organischen Stoffe unterliegt auch das Holz dem »Kreislauf des Lebens«. Als Faustregel gilt: Holz, das über einen längeren Zeitraum freies Wasser in seinen Zellhohlräumen enthält, also einen Feuchtegehalt jenseits der Faserdämmung aufweist, wird kompostiert. Etwaige Undichtigkeiten und falsche Bauteilaufbauten in der Gebäudehülle mit der Folge von Tauwasserbildung können dafür die Ursache sein. Dies zu vermeiden, ist für den Holzbau elementar.

In den vergangenen 20 Jahren hat sich für den Tauwasserschutz im Holzbau die diffusionsoffene Konstruktionsweise von Wänden und Dächern weitgehend durchgesetzt. Ihre große Trocknungsreserve bei unvorhersehbaren Befeuchtungen – insbesondere die schwer kalkulierbare Wasserdampfkonvektion – ist ein Garant für die Robustheit dieser Bauweise. Immer häufiger werden auch unbelüftete und voll gedämmte Flachdächer in Holzbauweise erstellt. Durch die außenseitig dampfdichte Abdichtung oder Verblechung sind nach dem heutigen Stand der Erkenntnis alte bauphysikalische Regeln zu hinterfragen. Es gilt Konstruktionsweisen, die ein ausreichendes Rücktrocknungspotenzial durch sommerliche Umkehrdiffusion bieten, zu entwickeln und ihre Funktionstüchtigkeit objektspezifisch bauphysikalisch nachzuweisen.

Bauphysikalisch auf der sicheren Seite

Der Tauwasserschutz von Holzbaukonstruktionen lässt sich in vielen Fällen mit dem in der DIN 4108-3 genormten Glaser-Verfahren nachweisen. Es ermöglicht die Berechnung von Tauwassermengen und ihrem Trocknungspotenzial.[1] Außenseitig diffusionsoffene, voll gedämmte Holzbauquerschnitte sind laut DIN 4108-3 unter bestimmten Randbedingungen von einem Tauwassernachweis befreit. Wie die rechnerische Überprüfung der Tabelle 1, Zeile 2, zeigt, begrenzt ein innerer Diffusionssperrwert[2] ($s_{d,i}$-Wert) von zwei Meter den Diffusionsstrom von der Raumluft bis zur Unterspannbahn auf 429 g/m².

Zur selben Zeit diffundiert ein Teil von dieser Ebene weg nach außen. Bei dem maximal zulässigen äußeren Diffusionssperrwert ($s_{d,e}$ = 0,3 m) beträgt die rechnerische Tauwassermenge dann 213 g/m², das heißt etwa 40 Prozent der zulässigen 500 g/m². Ab äußeren s_d-Werten unter 0,15 ist die Konstruktion gänzlich tauwasserfrei, weil auch im Normwinter (60 Tage, -10 Grad Celsius,

Diffusionssperrwert	Tauperiode		Verdunstungsperiode			
außen	von innen	nach außen	Differenz	nach innen	nach außen	Summe
$s_{d,e}$	$m_{WT\,i\to sw}$	$m_{WT\,sw\to a}$	Δm_{WT}	$m_{WV\,i}$	$m_{WV\,a}$	$m_{WV\,ges}$
(m)	(g/m²)	(g/m²)	(g/m²)	(g/m²)	(g/m²)	(g/m²)
0,10	429	-648	-219	303	6.064	6.368
0,15	429	-432	-3	303	4.043	4.346
0,20	429	-324	105	303	3.032	3.335
0,25	429	-259	170	303	2.426	2.729
0,30	429	-216	213	303	2.021	2.325

Diffusionsbilanz nach DIN 4108-3:2001 für nachweisfreie Konstruktionen bei $s_{d,i} = 2{,}0\,\text{m}$

80 Prozent relative Feuchte) mehr Feuchtigkeit aus der Konstruktion nach außen diffundieren kann, als gleichzeitig von innen ankommt. Während der Verdunstungsperiode können drei Viertel der winterlichen Tauwassermenge nach innen und mit 2021 bis 6.064 g/m² ein Vielfaches auch nach außen heraus diffundieren. Derartige Konstruktionen weisen also große Verdunstungsreserven gegenüber ungewollt eindringender Feuchte auf.

Trocknungsreserven – warum?

Berechnungen zur Diffusionsbilanz erfassen den tatsächlichen Dampftransport jedoch höchst unvollständig. Schon in den Achtzigerjahren zeigten Laboruntersuchungen des Fraunhofer Instituts für Bauphysik in Stuttgart, dass der Dampftransport per Luftströmung (Konvektion) um ein Vielfaches stärker sein kann als die Dampfwanderung per Diffusion.
Rechnen wir bei Diffusionsvorgängen mit Wassermengen in Größen von Schnapsgläsern oder Fingerhüten pro Quadratmeter Außenhülle, erhöhen sich die über Konvektion eingetragenen Wassermengen deutlich um mehrere Zehnerpotenzen. Das gilt schon bei geringen Druckdifferenzen, wie sie in beheizten Gebäuden bei Frostwetter allein durch die Thermik ausgelöst werden.
Luftdicht zu bauen ist daher Pflicht, jedoch ist keine Ausführung perfekt – hundertprozentig durchströmungsdichte Häuser gibt es nicht. Für die verbleibenden Restleckagen brauchen Holzbaukonstruktionen daher ein ausreichendes Rücktrocknungspotenzial. Hierfür sind Konstruktionen so zu bemessen, dass die per Glaser-Verfahren ermittelte Diffusionsbilanz (Differenz von Tau- und Verdunstungsperiode) eine Trocknungsreserve von 250 g/m² ergibt.[3] Diese Empfehlung aus der Forschung findet derzeit Eingang in die Fachregeln und Normen. Die praktischen Konsequenzen hieraus sind allerdings vielfach noch nicht verstanden worden.

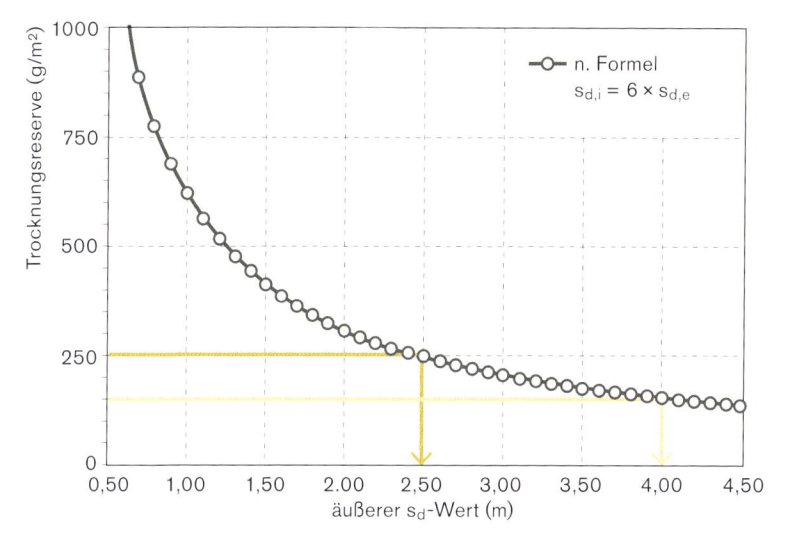

Die Trocknungsreserve in Abhängigkeit vom äußeren s_d-Wert nach der Formel in DIN 4108-3 Tabelle 1, Zeile 3: $s_{d,i} = 6 \times s_{d,e}$
Regelquerschnit mit 240 mm Faserdämmstoff ($\mu = 1$)

Wie dicht darf es außen – wie dicht darf es innen sein?

Außenseitig diffusionsoffene Holzbauquerschnitte stellen immer genügend Trocknungspotenzial für die konvektive Befeuchtung bereit. Bei höheren äußeren s_d-Werten über 30 Zentimeter postuliert DIN 4108-3, Tabelle 1 eine Nachweisbefreiung für die Konstruktionen, bei denen der innere $s_{d,i}$-Wert sechsmal größer ist als der äußere. Hier wird in der alten Norm wieder nur ausschließlich der winterliche Dampfeintrag über Diffusion betrachtet. Der aktuelle Ansatz, eine Trocknungsreserve für konvektiven Dampftransport in Höhe von mindestens 250 g/m² einzuplanen, ergibt sich nur bei s_d-Werten mit maximal 2,5 Metern (siehe Diagramm oben).

Nr. Anhang DIN 68800-2	Wetterschutz	Dämmdicke		Diffusionskennwerte				Feuchtebilanz		
		Tragwerksebene	außen	$s_{d,i}$	μWDVS	$s_{d,e\,Bepl.}$	$s_{d,e\,Rest}$	Tauwasser	Verdunstung	Trocknungsreserve
		(mm)	(mm)	(m)	(-)	(m)	(m)	(g/m²)	(g/m²)	(g/m²)
A.3	Vorhangfassade vor diffus.offener Bekleidung	240	0	2,0	-	0,3	0,3	275	1281	1.006
A.5	WDVS, Mineralfaser auf Gipsfaserbeplankung	240	60	20,0	1	0,2	0,10	0	2123	2.123
A.6	WDVS, Holzfaserdämmplatten direkt auf Tragwerk	240	60	2,0	5	-	0,10	0	2911	2.911
A.3 S	Vorhangfassade vor diffus.dichter Holzwerkstoffbeplankung	240	0	50,0	-	4,0	-	1	164	163

Trocknungsreserven für verschiedene Wandkonstruktionen berechnet nach DIN 4108-3

Wenn die Gebäudedichtheit geprüft wird und die Mindestanforderungen von EnEV und DIN 4108-7 eingehalten werden, lässt sich die erforderliche Trocknungsreserve auf 150 g/m² reduzieren. Dies würde einen maximalen äußeren Diffusionssperrwert von vier Metern erlauben.

Bauphysikalische Konstruktionsphilosophie

Auf die Konstruktion von Holzbauwänden bezogen lassen sich aus bauphysikalischer Sicht zwei gängige Typen unterscheiden:
- Holzrahmenbauwände mit innen liegender Aussteifung durch Holzwerkstoffplatten (meist OSB) und diffusionsoffener äußerer Bekleidung, oft auch als diffusionsoffenes Holzfaser-Wärmedämmverbundsystem ausgeführt.
- Holztafelbauwände mit außen liegender, aussteifender Beplankung, vielfach mit EPS-Wärmedämmverbundsystem und einer inneren Dampfbremse ausgeführt.

Beide Typen lassen sich laut Anhang A der neuen Norm zum baulichen Holzschutz (DIN 68800-2:2012) ohne besonderen feuchtetechnischen Nachweis in die Gebrauchsklasse 0 (früher: Gefährdungsklasse 0) einstufen. Ihre feuchtetechnische Robustheit wird als so sicher erachtet, dass kein vorbeugender chemischer Holzschutz erforderlich ist. Führt man jene Tauwasserberechnungen nach Helmut Glaser (»Glaser-Verfahren«) durch, auf denen diese Bewertung vorgeblich beruhen soll, kommen deutliche Unterschiede zwischen den Varianten zum Vorschein. Die oben stehende Tabelle zeigt die Trocknungsreserven, die bei verschiedenen diffusionsoffenen Varianten des Anhangs A erreicht werden. Im günstigsten Fall (Variante A.3) steht der Tauwassermenge aus dem Winter (275 g/m²) ein Trocknungspotenzial in der Verdunstungsperiode von fast 1.300 g/m² gegenüber. Es verbleibt also eine Trocknungsreserve in Höhe von insgesamt etwa 1.000 g/m². Dieser Wert ist viermal höher, als die Bauphysik fordert. Bei vergleichbar konstruierten Wänden, die außenseitig ein Wärmedämmverbundsystem aus Holzfaserplatten – unmittelbar auf dem Ständerwerk montiert – (Variante A.6, S. 141) haben, sind die Trocknungspotenziale sogar zwei- bis dreifach höher. Auch Konstruktionen, deren Aussteifung sich an der Tragwerks-Außenseite befindet, können ähnlich robuste Bilanzen aufweisen, so auch Holzrahmenbauwände, die über Gipsfaserplatten-Beplankungen außenseitig ausgesteift werden. Diffusionsoffene Plattenwerkstoffe erreichen in Verbindung mit einem Mineralfaser-Wärmedämmverbundsystem ebenfalls Trocknungsreserven über 2.000 g/m² (Variante A.5).

Holztafelbau an der Grenze des Machbaren

In der Norm wird für Holzbauwände eine Reduzierung der Trocknungsreserve auf 100 g/m² zugelassen. Das stellt in gewisser Hinsicht eine Aufweichung der oben angeführten Anforderungen an die mindestens erforderliche Trocknungsreserve dar. Diese Regelung, die von der Fertighausindustrie in die Norm eingebracht wurde, soll die besondere Sicherheit beim Konstruieren von luftdichten Holzbaugefachen durch werkseitige, güteüberwachte Vorfertigung abbilden. Leider hat man es allerdings versäumt, diese Festlegung an den bautechnischen Nachweis einer besseren Gebäudedichtheit zu binden, etwa durch eine Blower-Door-Prüfung. Zusätzlich findet sich bei verschiedenen Wandtypen, die in der Anlage A der Norm aufgeführt sind, am Ende der Legende eine unglückliche Sonderregelung für Konstruktionen, die gemäß der Holztafelbaurichtlinie gefertigt werden. Dort heißt es: »Bei beidseitig bekleideten oder beplankten, werkseitig hergestellten Elementen auch zulässige Kombinationen: […] Dampfbremsschicht 20 m ≤ s_d ≤ 50 m in Verbindung mit […] äußerer Bekleidung oder Beplankung s_d ≤ 4 m«.

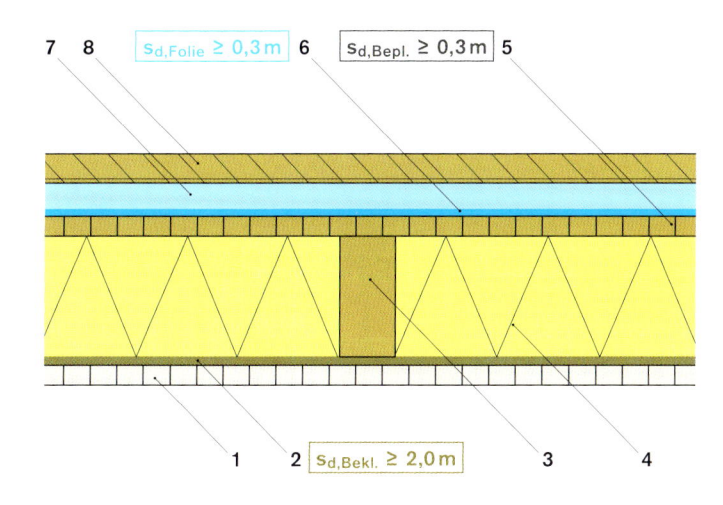

A. 3 Außenwand, nicht belüftet

1. ein- oder mehrlagige raumseitige Bekleidung
2. Dampfbremsschicht $s_d \geq 2\,m$ in Verbindung mit Schicht 1
3. trockenes Holzprodukt
4. mineralischer Faserdämmstoff nach DIN EN 13162, Holzfaserdämmplatten nach DIN EN 13171 oder Dämmstoff, dessen Verwendbarkeit für diesen Anwendungsfall durch einen bauaufsichtlichen Verwendbarkeitsnachweis nachgewiesen ist
5. äußere Bekleidung oder Beplankung $s_d \leq 0,3\,m$
6. wasserableitende Schicht mit $s_d \leq 0,3\,m$
7. nicht belüfteter Hohlraum
8. Dauerhaft wirksamer Wetterschutz durch kleinformatige Fassadenbauteile (Brettschalung, Schindeln, Schiefer etc.) auf Lattung (Lattung kann GK 0 zugeordnet werden)

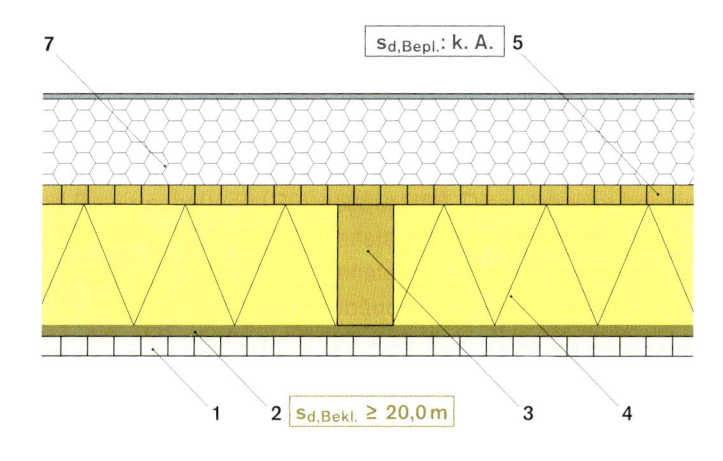

A. 5 Außenwand in Holztafelbauart auf äußerer Beplankung, Wärmedämmverbundsystem mit Hartschaumplatten, Mineralfaserplatten oder Holzfaserdämmplatten

1. ein- oder mehrlagige raumseitige Bekleidung
2. Dampfbremsschicht $s_d \geq 20\,m$ in Verbindung mit Schicht 1
3. trockenes Holzprodukt
4. mineralischer Faserdämmstoff nach DIN EN 13162, Holzfaserdämmplatten nach DIN EN 13171 oder Dämmstoff, dessen Verwendbarkeit für diesen Anwendungsfall durch einen bauaufsichtlichen Verwendbarkeitsnachweis nachgewiesen ist
5. äußere Bekleidung oder Beplankung
7. Wärmedämmverbundsystem mit Hartschaumplatten, Mineralfaserplatten oder Holzfaserdämmplatten, bauaufsichtlicher Verwendbarkeitsnachweis erforderlich

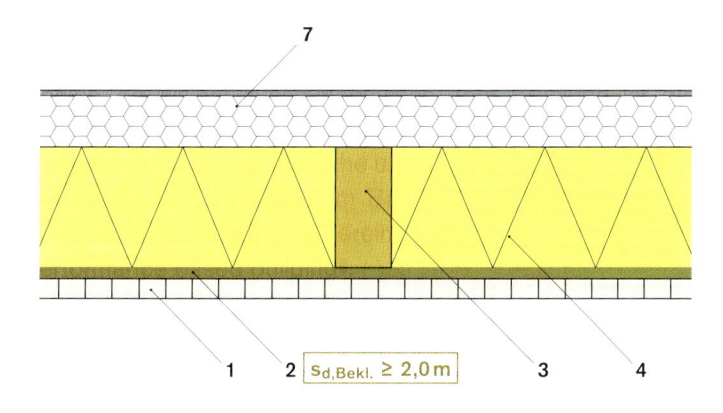

A. 6 Außenwand in Holztafelbauart mit Wärmedämmverbundsystem, Holzfaserdämmplatten, ohne äußere Beplankung

1. ein- oder mehrlagige raumseitige Bekleidung oder Beplankung
2. Dampfbremsschicht $s_d \geq 2\,m$ in Verbindung mit Schicht 1
3. trockenes Holzprodukt
4. mineralischer Faserdämmstoff nach DIN EN 13162, Holzfaserdämmplatten nach DIN EN 13171 oder Dämmstoff, dessen Verwendbarkeit für diesen Anwendungsfall durch einen bauaufsichtlichen Verwendbarkeitsnachweis nachgewiesen ist
7. Wärmedämmverbundsystem mit Holzfaserdämmplatten, bauaufsichtlicher Verwendbarkeitsnachweis erforderlich

Verschiedene Wandkonstruktionen nach DIN 68800-2.2012, Anhang A

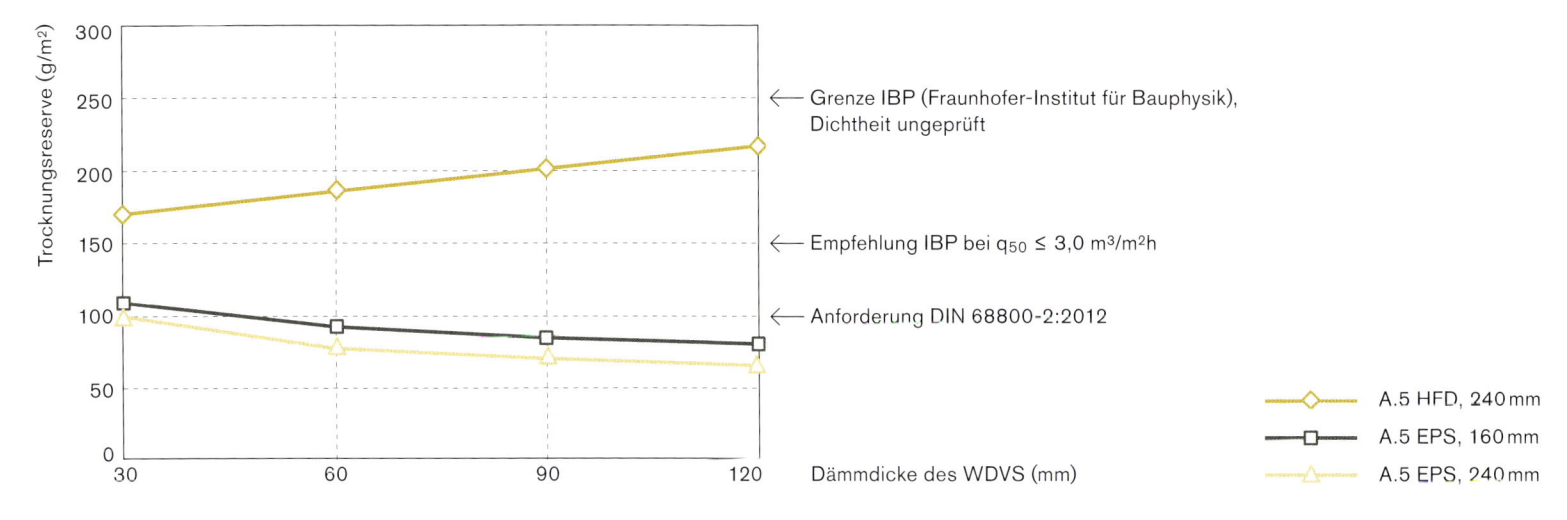

Vergleich der Trocknungsreserven für vorgefertigte Holztafelbauwände mit einer dampfbremsenden, äußeren Beplankung ($s_{d,e}$ = 4 m) und einer inneren Dampfsperre ($s_{d,i}$ = 50 m), Dämmung in der Tragwerksebene: 160 / 240 mm, Faserdämmstoff (μ = 1 λ = 0,04 W/mK), Daten des WDVS: λ_D = 0,04 W/mK, μ_{EPS} = 100, μ_{HFD} = 5, s_{dPutz} = 0,10 m

Im Fall der Konstruktion einer nicht belüfteten Vorhangfassade reduziert der Einsatz von Bekleidungen mit den genannten Diffusionssperrwerten die Trocknungsreserve auf etwa 160 g/m² (siehe Variante A.3, S. 141). Dies bleibt noch im Rahmen der reduzierten Anforderung, ist aber auch nur ein kleiner Bruchteil dessen, was die außenseitig diffusionsoffene Lösung einer gleichartigen Wand bereitstellen kann.

Außendämmung

Diese Sonderregelung konterkariert den Grundsatz der Norm. Für die häufigste Bauweise im industriellen Holzfertigbau (EPS-Wärmedämmverbundsystem, siehe Variante A. 5, S. 141) sind die Ergebnisse der Tauwasserberechnung in vielen Fällen deutlich ungünstiger. Der hohe Diffusionswiderstand der Außendämmung (μ_{EPS} = 100) lässt nur dann eine Trocknungsreserve oberhalb der 100 g/m²-Grenze zu, wenn die Dämmschichten nicht dicker als 30 Millimeter werden (siehe Abbildung oben). Obwohl höhere Dämmdicken die Temperatur an der kritischen Grenze zwischen Dämmung und Beplankung anheben, sinken die Trocknungspotenziale weiter ab, da der Dampfsperrwert des Wärmedämmverbundsystems die Austrocknung nach außen stark behindert. Die Rücktrocknung nach innen beträgt sowieso nur wenige g/m², weil die innere Dampfbremse eine Umkehrdiffusion in diese Richtung weitgehend ausschließt. Insofern stehen die Befreiungsregelungen für diese Gruppe von Holzbausystemen im Widerspruch zu dem, was erreicht werden soll – nämlich feuchterobuste Bauteile. Einzig die Konstruktionen von Variante A. 5, die mit einer Holzfaserdämmung auf der Holzwerkstoffplatte konstruiert wird, erreichen Tauwasserreserven oberhalb von 100 g/m².

Tauwasserberechnung für Flachdächer

Beim Tauwassernachweis für flach geneigte Dächer nach dem Glaser-Verfahren erlaubt DIN 4108-3 in der Verdunstungsperiode die Oberflächentemperatur des Dachs um acht Grad Celsius gegenüber dem Außenklima zu erhöhen. Dies soll dessen sommerliche Erwärmung durch Sonneneinstrahlung abbilden, die zu einer verstärkten »Umkehrdiffusion« von außen nach innen führt. Berechnet man für diesen Fall die Trocknungsreserve, so sollte der innere s_d-Wert auf vier bis fünf Meter begrenzt werden, um ein ausreichendes sommerliches Verdunstungspotenzial gewährleisten zu können (siehe Abbildung nächste Seite). Eine innere Dampfsperre mit einem s_d-Wert über 100 Meter, wie sie leider immer noch als nachweisfreie Konstruktionsweise in derselben Norm freigegeben wird, kann nur Trocknungsreserven von 20 bis 60 g/m² gewährleisten. Einen wesentlichen Schritt zur bauphysikalischen Wahrheit setzt die Neufassung der Holzschutznorm (DIN 68 800-2:2012), da sie die Berücksichtigung der 250 g/m²-Reserve für Dächer festschreibt. Demnach ist der Einsatz von inneren Dampfsperren mit einem s_d-Wert über 100 Meter bei unbelüfteten Konstruktionen nicht mehr zulässig. Es steht zu erwarten, dass mit der kommenden Neufassung auch die DIN 4108-3 diese Befreiungsregel nicht mehr enthalten wird.

Feuchtevariable Dampfbremsen

Die sommerliche Umkehrdiffusion führt zu einer erhöhten relativen Feuchte an der Dampfbremse. Feuchteadaptive Dampfbremsen, die ihren Diffusionswiderstand abhängig von der Umgebungsfeuchte anpassen können, haben sich für diesen Zweck bewährt.

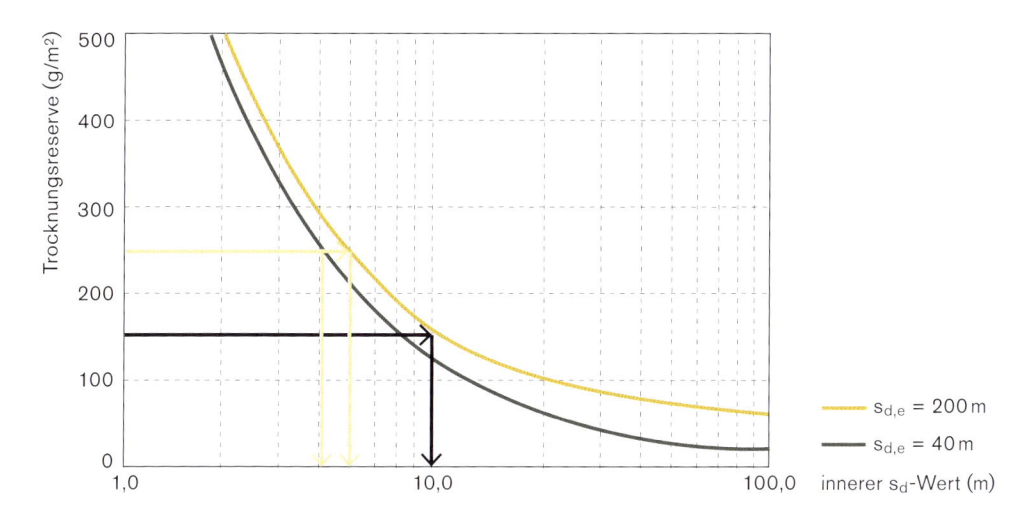

Die Trocknungsreserve in Abhängigkeit vom inneren s_d-Wert bei einem Flachdach in Holzbauweise

Wenn es auf einen hohen Sperrwert (im Winter) ankommt, besitzen sie infolge der anliegenden niedrigen relativen Feuchte (beheiztes Raumklima) einen hohen s_d-Wert. Wenn sich die Verhältnisse im Sommer umkehren, sinkt ihr s_d-Wert auf rund ein Zehntel des Winterniveaus und lässt angesammelte Feuchte aus dem Bauteil zum Raum hin ausdiffundieren. Die Wirkung dieser Dampfbremsfolien lässt sich bei der statischen Berechnung mithilfe des Glaser-Verfahrens nicht abbilden. Mithilfe von modernen dynamischen Berechnungsverfahren (hygrothermische Simulation nach DIN EN 15026) werden die Unterschiede allerdings sehr deutlich. Der Einfluss verschiedener Dampfbremsen auf den Wassergehalt der Dachschalung unter einer Flachdachabdichtung bei hochgedämmten Gefachen (über mehrere Jahreszyklen hinweg) lässt sich dem nebenstehenden Diagramm entnehmen.[4] Während die Dampfsperre mit einem s_d-Wert von 100 Metern zu einer kontinuierlichen Auffeuchtung in Folge der konvektiven Belastung führt, strebt der Wassergehalt bei einem s_d-Wert von fünf Metern einem Niveau zu, bei dem auch die winterlichen Spitzenwerte nicht mehr die zulässige Grenze von 20 Masseprozent überschreiten. Mit variablen Bahnen liegt der Wassergehalt im Mittel weitere vier bis fünf Masseprozent niedriger und bietet zusätzliche Sicherheiten gegenüber »außerplanmäßigen Befeuchtungen«.

Intensive Fachdiskussionen beim Fachkongress *Holzschutz und Bauphysik* in Leipzig im Jahr 2011 führten zum Konsenspapier *Sieben goldene Regeln für ein nachweisfreies Flachdach* (AKÖH – Arbeitskreis Ökologischer Holzbau e.V. [Hg.]).[6]

Diesen Regeln stellten die Autoren der Publikation die folgende eindeutige Aussage voran: »Der Einbau von Dampfsperren in außenseitig dampfdichten Holzkonstruktionen entspricht nicht mehr den Regeln der Technik.«

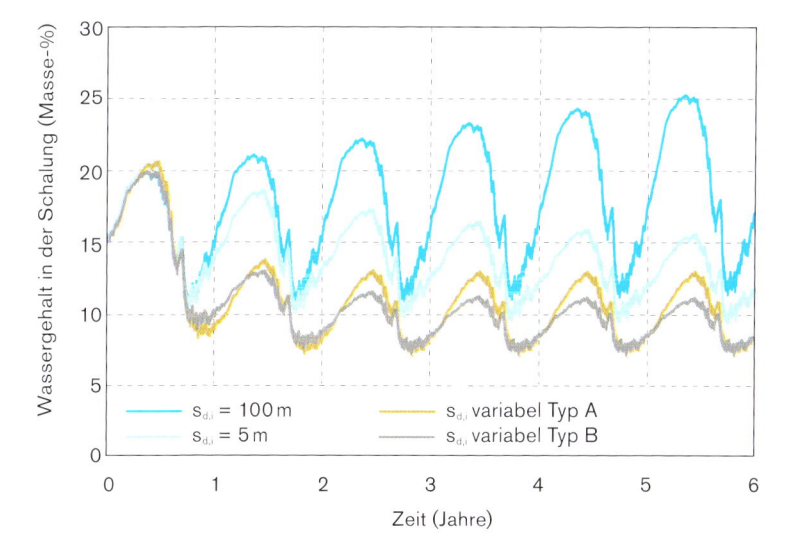

Hygrothermische Simulation zum Wassergehalt (in Masseprozent) in einer Dachschalung (24 mm) unter einer Abdichtung (s_d = 200 m) in Abhängigkeit von der Wahl der Dampfbremse:
Randbedingungen: zwischen den Sparren 300 mm Mineralfaser, λ = 0,035 W/mK, 12,5 mm Gipskarton (innen), Klima: Holzkirchen (außen), normale Feuchtelast nach DIN EN 15026 (innen), Strahlungsabsorption 80%, unverschattet, Luftdichtheitsklasse C: q_{50} = 5 m³/(h·m²), thermische Höhe: 5,0 m, Berechungsstart: 1.10, Anfangsfeuchte entsprechend 80% relative Feuchte
Quelle: Robert Borsch-Laaks[4]

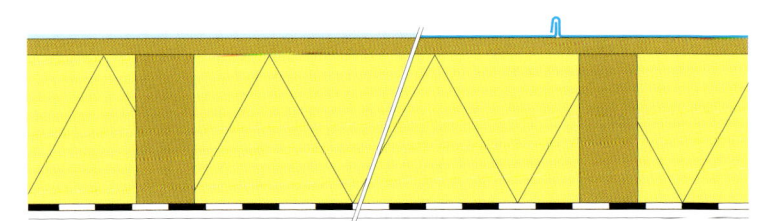

Nachweisfreie Flachdachkonstruktion nach DIN 68 800-2:2012, Anhang A.20
Quelle: HOLZBAU – die neue Quadriga 5/2011; IBK 1, Universität Stuttgart

Voll gedämmtes, nicht belüftetes Flachdach auf Schalung, dauerhaft ohne Verschattung, Legende (Schichtenfolge von unten nach oben):

- raumseitige Bekleidung ($s_d \leq 0{,}5\,m$)

- feuchtevariable diffusionshemmende Schicht
 ($s_d \geq 3\,m$ bei $\leq 45\,\%$ rel. Luftfeuchte
 und $1{,}5\,m \leq s_d \leq 2{,}5\,m$ bei $70\,\%$ rel. Luftfeuchte)

- mineralischer Faserdämmstoff nach DIN EN 13162, Holzfaserdämmplatten nach DIN EN 13171 oder Dämmstoff, dessen Verwendbarkeit für diesen Anwendungsfall durch einen bauaufsichtlichen Verwendbarkeitsnachweis nachgewiesen ist

- technisch getrocknetes Holzprodukt ($u \leq 15\,\%$)

- oberseitige Schalung aus trockenem Holz

- Abbildung S. 144: dunkle Dachabdichtung
 (schwarz beziehungsweise Strahlungsabsorption $\geq 80\,\%$)

- Abbildung S. 145: Metalleindeckung auf strukturierter Trennlage

Die Dachneigung α muss mindestens 2° (3 %) betragen.
Die Dachelemente müssen werksseitig vorgefertigt werden.
Installationen sind raumseitig der Luftdichtung zu führen.
Feuchtebedingte Längenänderungen der oberseitigen Beplankung sind durch ausreichende Fugenbreiten oder durch Beschränkung der Plattenmaße zu minimieren.
Die Verschattungsfreiheit muss baurechtlich auf Dauer sichergestellt sein.

Sieben goldene Regeln für den Holzschutz

In einigen Punkten entspricht die Neufassung der Holzschutznorm (DIN 68 800-2:2012) mit dem im Anhang A.20 nachweisfrei gestellten Flachdachquerschnitt den *Sieben goldenen Regeln*:

- ausreichendes Gefälle unter Berücksichtigung der holzbautypischen Durchbiegung, um Pfützenbildung auf der Abdichtung zuverlässig zu vermeiden;[7]
- hohe Strahlungsabsorption der Außenoberfläche als Antriebskraft für die Umkehrdiffusion (dunkle Dachbahnen),
- Einsatz von geeigneten, feuchtevariablen Dampfbremsen,
- Einbau von trockenen Holzprodukten für Tragwerk, Schalung.

Holzschutz genau genommen

Die neue Holzschutznorm formuliert zu Tauwasser: »Eine unzuträgliche Veränderung des Feuchtegehalts durch Tauwasser aus Wasserdampfdiffusion oder Wasserdampfkonvektion ist zu verhindern. Die Bauteile der Gebäudehülle sind gegen Wasserdampfkonvektion luftdicht auszubilden«. So richtig diese allgemeinen Sätze sind, so wenig helfen sie dem Planer oder dem Sachverständigen zu definieren, was noch erlaubt ist. Die Empfehlungen des Konsenspapiers werden in diesem Punkt deutlicher: Sie fordern die generelle Überprüfung der Luftdichtheit bei Holzflachdächern. Damit soll zum einen die Luftdurchlässigkeit der Gebäudehülle quantitativ ermittelt werden (q_{50}-Wert in m³/m²h). Zum anderen dient die Überprüfung auch einer qualitativen Leckageortung, um gravierende Fehler und Risiken in Teilbereichen entdecken und nachbessern zu können, bevor die Konstruktion endgültig geschlossen wird. Ausdrücklich verweist das Papier auch darauf, dass keine unkontrollierbaren Hohlräume auf der kalten Seite der Dämmschicht existieren dürfen, denn

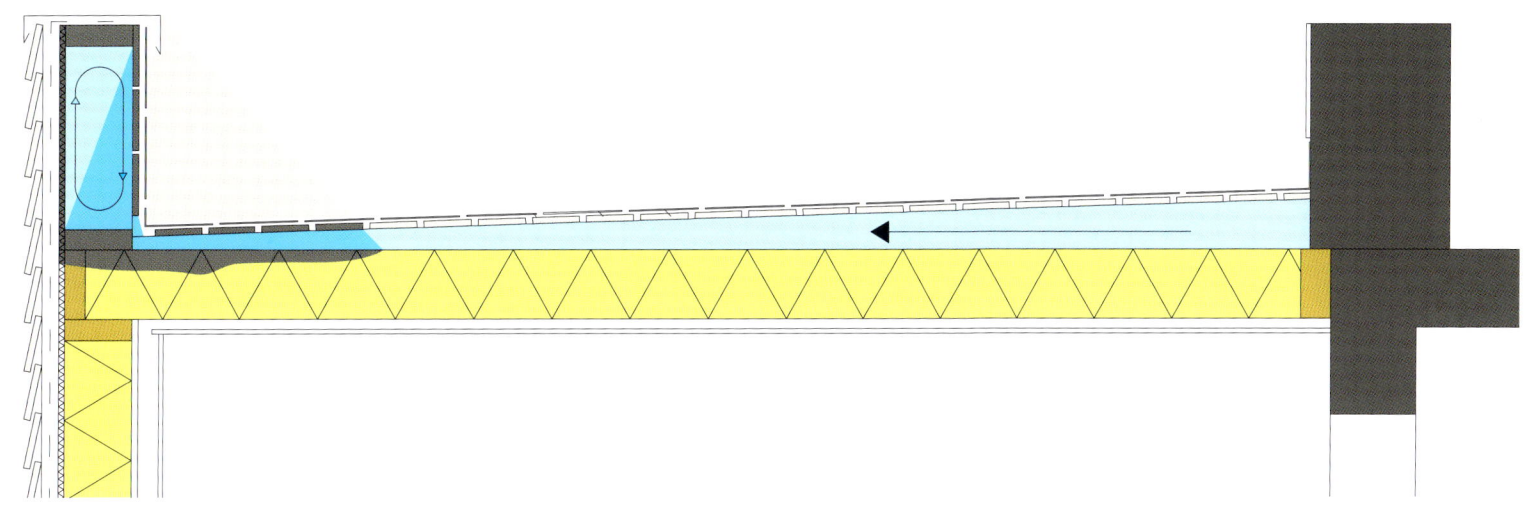

Eingeschlossene Baufeuchte wandert in den Schattenbereich der Attika;
Transportweg: Luftschicht oberhalb der Teildämmung.
Quelle: Martin Mohrmann: Feuchteschäden beim Flachdach, Leipzig 2011; IBK 1, Universität Stuttgart

wie im Schadensfall immer wieder festzustellen ist, kann es in diesen unbelüfteten Schichten zu einer Querverteilung von Einbaufeuchte oder Ähnlichem kommen. Dabei wirken ganz oder teilweise beschattete Bereiche gleichsam wie ein Feuchtemagnet.[8] Angesichts praktischer Erfahrungen der Schadensgutachter fordert die siebte Regel, den Feuchtegehalt von Tragwerk und Schalung beziehungsweise Holzwerkstoffbeplankung am Ende des Bauprozesses zu messen und zu dokumentieren. Hierbei gilt es vor allem sicherzustellen, dass während der Bauphase keine Auffeuchtung stattgefunden hat.[9]

Konvektionsschutz im Detail

Zu den strikten Randbedingungen für eine Freigabe von unbelüfteten Flachdächern in Holzbauweise ist hinzuzufügen, dass Regelungen zur Nachweisbefreiung nicht – wie es oft geschieht – so missverstanden werden dürfen, dass andere Varianten grundsätzlich unmöglich wären. Sie bedürfen lediglich eines besonderen Nachweises. Der Feuchteeintrag aus unvermeidlichen Restleckagen ist am ehesten und sichersten über eine hygrothermische Simulation als Feuchtschutznachweis möglich. Hierbei kann der Feuchteeintrag aus Dampfkonvektion in Abhängigkeit der Luftdurchlässigkeit der Gebäudehülle (q_{50}-Wert in m³/m²h gemäß Luftdichtheitsnorm DIN 4108-7:2010) in die Kalkulation einbezogen und dann vor Ort geprüft werden.

Die Grenzen des Glaser-Verfahrens

Oft wird beim Standard-Tauwassernachweis nach DIN 4108-3 vergessen, dass auch dieser – gerade für Flachdächer – begrenzende Randbedingungen setzt. Der bereits erwähnte Ansatz einer erhöhten Oberflächentemperatur für die Trocknungsperiode in der Berechnung ist nur dann zulässig, wenn Verschattungsfreiheit und hohe Solarabsorption gewährleistet sind. Die neue Holzschutznorm verlangt sogar für das A.20-Flachdach, dass die »Verschattungsfreiheit baurechtlich auf Dauer sichergestellt« sein muss. Dies ist eine harte Randbedingung, die mit dem Bebauungsplan abzugleichen und gegebenenfalls im Nachbarschaftsverhältnis grundbuchlich abzusichern ist! Hieran werden wohl die meisten Versuche, ohne besonderen Nachweis die Holzflachdächer freizugeben, scheitern. Auch dies läuft auf eine objektspezifische Simulationsberechnung zu, da das Glaser-Verfahren Verschattungssituationen nicht darstellen kann. Explizit verweist die DIN 4108-3 in Abschnitt A.2.1 auch darauf, dass Dachbegrünungen und Ähnliches nicht zum Anwendungsbereich der Norm gehören. Sinngemäß gilt dies auch für alle anderen Deckschichten, die die sommerliche Erwärmung reduzieren (Kies, Terrassenbelag). Doch auch solche Dachaufbauten lassen sich mit genaueren Nachweismethoden berechnen. Seit rund 15 Jahren stehen hierfür hygrothermische Simulationsverfahren zur Verfügung. Ihre Berechnungsgrundlagen sind seit 2001 in den WTA-Merkblättern 6-1 und 6-2 festgelegt und in der DIN EN 15026 von 2007 genormt. So empfehlen die Verfasser der *Sieben goldenen Regeln* die Verwendung eines solchen Planungswerkzeugs, wenn eine der Regeln nicht erfüllt werden kann und ein Diffusionsnachweis nach Glaser nicht anwendbar ist.

Die Kräfte der Sonne

Besondere Planungssorgfalt kann und sollte hierbei den Strahlungseinflüssen gewidmet werden. Verschattungen der Dachflächen durch Gelände, Bebauung oder auch Aufbauten (zum Beispiel Sonnenkollektoren) sind mit geeigneten Berechnungstools zu erfassen (vgl.[11,12]).

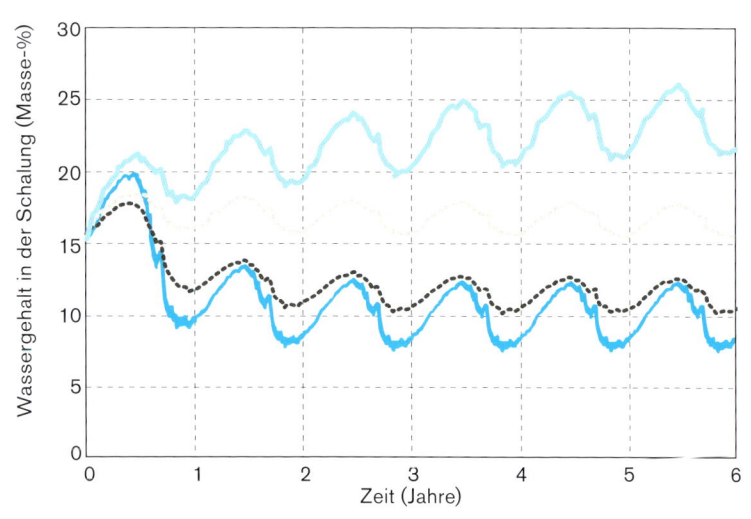

Feuchteverlauf in der Dachschalung bei einem Flachdach in Abhängigkeit von Strahlungsabsorption (a) und Anordnung der Dämmschichten
Quelle: Robert Borsch-Laaks[4]

- Dämmung einlagig, 320 mm, a = 0,8
- Dämmung einlagig, 320 mm, a = 0,3
- Dämmung zweilagig, 240 + 80 mm, a = 0,8
- Dämmung zweilagig, 240 + 80 mm, a = 0,3

Randbedingungen

Dämmung mit 320 mm Mineralfaser, λ= 040 W/mK.
Aufteilung bei zweilagiger Dämmung: 240 + 80 mm.

Klima: Holzkirchen (außen, normale Feuchtelast (innen).
q_{50} = 3,0 m³/(h·m²), Höhe des Luftverbunds: 7 m.

Variable Dampfbremse: Vario KM Duplex.

Hinweis: Nach INFORMATIONSDIENST HOLZ[16] ist es tolerabel, wenn es aufgrund der Startbedingungen (Rechnungsbeginn 1. Oktober mit Ausgleichsfeuchte bei 80 % rel. Feuchte) zur einer Überschreitung der Holzschutzgrenze von 20 Masseprozent im ersten Winter kommt.

Bei Deckschichten (Terrassenbelägen, Begrünungen und Bekiesungen) gilt es verschiedene Ansprüche gegeneinander abzuwägen und zu quantifizieren. Bei eher dunklen und unverschatteten Abdichtungen überwiegt die sommerliche Rückdiffusion gegenüber der winterlichen Tauwasserbildung. Daher führen Zusatzdämmungen oberhalb der Abdichtungen in diesem Fall zu einer etwas ungünstigeren Jahresfeuchtebilanz (siehe Abbildung oben). Dies kehrt sich jedoch um, wenn die Strahlungsgewinne durch Deckschichten oder Verschattungen stark vermindert werden. In diesen Fällen ist es günstiger, einen Teil der Dämmung oberhalb der Schalung und Abdichtung anzuordnen (Richtwert: 30 Prozent der Gesamtdämmstärke). Mit solch einer Konstruktion können nach Schweizer Erfahrungen (vgl.[10]) auch Dachbegrünungen nicht nur als feuchtetechnisch funktionstüchtig nachgewiesen werden, sondern auch in der Praxis bestehen.

Doppelt gedichtet hält besser

Abgesehen von den Simulationsergebnissen gibt es einen weiteren Grund, der unbedingt dafür spricht, Flachdächer mit einer Zusatzdämmung oberhalb der Schalung zu versehen: Auf zwei Dämmebenen lassen sich auch zwei Abdichtungsebenen anbringen.[13] Insbesondere bei vor Ort verschweißten, einlagigen Kunststoffabdichtungen ist das Risiko immens, durch Fehlstellen der Schweißnähte gravierende Fäulnisschäden in der darunter liegenden Beplankung und dem Holztragwerk zu provozieren (vgl.[7]). Die Kombination einer ersten Dichtungsebene unmittelbar auf der Schalung (die gleichzeitig als Abdichtung während der Bauzeit dient) mit einer bewitterten Abdichtung (beispielsweise auf einer Gefälledämmung) schafft beides: eine sicher beherrschbare Dampfbilanz und den Schutz vor Tauwasser (vgl.[14]). Diese untere Abdichtung auf der Beplankung kann und sollte einen hohen

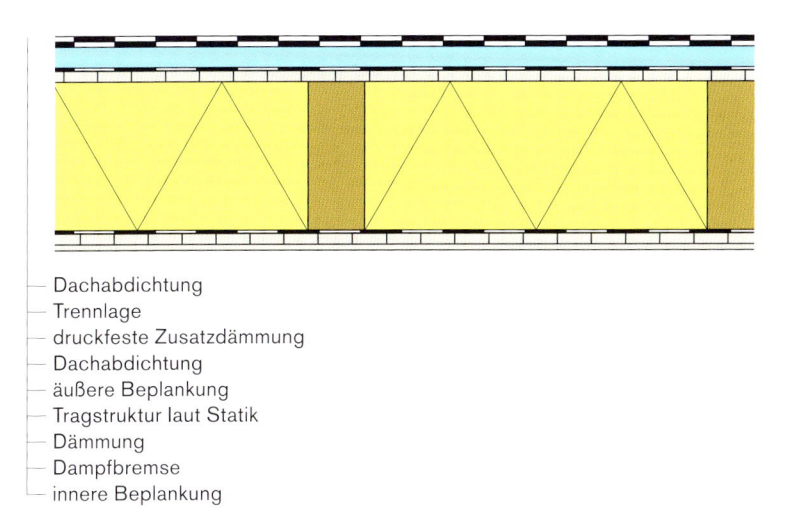

— Dachabdichtung
— Trennlage
— druckfeste Zusatzdämmung
— Dachabdichtung
— äußere Beplankung
— Tragstruktur laut Statik
— Dämmung
— Dampfbremse
— innere Beplankung

Mit Zusatzdämmung oberhalb der Beplankung und einer zweiten
Abdichtungsebene lässt sich bei Flachdächern mehr Sicherheit erreichen.
Quelle: Bernd Nusser / Martin Teibinger: HOLZBAU – die neue Quadriga 5 / 2011

Dampfsperrwert aufweisen (Bitumenkaltklebebahnen mit Alusperre), um alle Feuchteansammlungen, die in der Aufdachdämmung entstehen können, sicher von der Tragwerksebene fern zu halten – auch die Dampfwanderung durch Diffusion aus der Überdämmungsebene (vgl.[15]). Den Wasserdampfaustausch zwischen Beplankung und Raum regelt die Umkehrdiffusion nach innen – unterstützt durch eine variable Dampfbremse.

Fazit

Außenseitig diffusionsoffene Dach- und Wandbauteile garantieren die höchste feuchtetechnische Robustheit und Fehlertoleranz. Tafelbauwände mit dampfbremsender Außenseite und innen noch größerer Diffusionsdichtheit haben nur geringe Reserven für »außerplanmäßige Befeuchtungen« und können daher aus bauphysikalischer Sicht nur unter der Auflage der Vor-Ort-Prüfung der Leckagedichtheit als ausreichend sicher gegenüber Belastungen aus Wasserdampfkonvektion freigegeben werden. Vollgedämmte und unbelüftete Flachdächer in Holzbauweise lassen sich mit geeigneten Werkzeugen bauphysikalisch bemessen. Das Glaser-Verfahren ist hierfür nur eingeschränkt anwendbar – und dann auch nur, wenn ausreichende Trocknungsreserven für konvektive Tauwasserrisiken nachgewiesen werden. Feuchtevariable Dampfbremsen, helle Dachbahnen, Verschattungen und Deckschichten lassen sich nur mittels hygrothermischer Simulation angemessen in einer dynamischen rechnerischen Diffusionsbilanz berücksichtigen. Aber auch bei gewissenhafter Planung haben außen dampfdichte Holzbaukonstruktionen nur eine eingeschränkte Fehlertoleranz. Deshalb sind die Vor-Ort-Prüfung der Luftdichtheit und der Trockenheit der Hölzer und Holzwerkstoffe (unmittelbar vor dem Schließen der Konstruktion) dringend zu empfehlen, um im Streitfall den Nachweis der Ausführungsqualität erbringen zu können.

Literaturverweise und Quellen

1. Helmut Wagner: Luftdichtigkeit und Feuchteschutz beim Steildach mit Dämmung zwischen den Sparren, in: Deutsche Bauzeitschrift DBZ 12 / 1989, S. 74.
2. Normbezeichnung für den s_d-Wert: »Wasserdampfdiffusionsäquivalente Luftschichtdicke« im Folgenden kurz »Diffusionssperrwert« genannt. Formel: $s_d = \mu \times d$ mit μ… Wasserdampfdiffusionswiderstandszahl und d… Dicke einer Materialschicht.
3. Hartwig M. Künzel: Dampfdiffusionsberechnung nach Glaser – Quo vadis?, IBP Mitteilungen 355, Fraunhofer Institut für Bauphysik, Stuttgart / Holzkirchen 1999.
4. Alle hygrothermischen Berechnungen wurden vom Autor mit dem Simulationsprogramm WUFI® 5 (Wärme- und Feuchtetransport instationär) des Fraunhofer Instituts für Bauphysik durchgeführt.
5. AKÖH – Arbeitskreis Ökologischer Holzbau e. V. (Hg.): Holzschutz und Bauphysik. Tagungsband des 2. Internationalen Holz (Bau) Physik-Kongresses, Leipzig 2011 (holzbauphysik-kongress.eu).
6. Download unter: holzbauphysik-kongress.eu.
7. Robert Borsch-Laaks / Axel Eisenblätter: Ohne Netz und doppelten Boden. Risiken von einlagigen Kunststoffabdichtungen bei Flachdächern in Holzbauweise, in: HOLZBAU – die neue Quadriga 5 / 2011, S. 24ff.
8. Martin Mohrmann: Feuchteschäden beim Flachdach – Lehrreiche Beispiele aus der Gutachterpraxis, in: 5, S. 64ff.
9. Borsch-Laaks, Robert / Boromir Radovic / Kurt Schwaner: Akute Einsturzgefahr – Ein Feuchteschaden bei einem flach geneigten Dach mit Begrünung, in: 5, S. 71ff.
10. Markus Zumoberhaus: Sind Schweizer Holzdächer anders? Erfahrungen mit der feuchtetechnischen Dimensionierung unbelüfteter Flachdächer, in: 5, S. 95ff.
11. Robert Borsch-Laaks: Verschattungsanalyse für ein Flachdach, in: 5, S. 74.
12. Christoph Buxbaum / Oskar Pankratz: Im Schatten bleibt es kühl – Feuchteverhalten unbelüfteter Flachdächer mit teilweisen Verschattungen, in: 5, S. 86ff.
13. Bernd Nusser / Martin Teibinger: Flachgeneigte Dächer aus Holz. Planungsbroschüre. Holzforschung Austria, Wien 2010.
14. Bernd Nusser / Martin Teibinger: Gründach versus Foliendach, in: HOLZBAU – die neue Quadriga 5 / 2011, S. 13ff.
15. Daniel Zirkelbach / Beate Schafaczek: Gründächer im Holzbau, in: Holzforschung Austria (Hg.): Bauphysikforum 2011. HFA- Schriftenreihe 32, Wien 2011, S. 74.
16. Daniel Schmidt und Stefan Winter: Flachdächer in Holzbauweise. INFORMATIONSDIENST HOLZ Spezial, Bonn 2008.

Schallschutz im Holzbau

Andreas Rabold

Das Wohlbefinden von Menschen kann durch unerwünschten Lärm stark beeinträchtigt werden. Gerade bei Leichtbauweisen, so auch im Holzbau, gilt es, das bauphysikalisch begründete Regelwerk zum Schallschutz zu beachten und bei den sensiblen Bauteilen wie Decken oder Wohnungstrennwänden in den Bauteilaufbauten zu berücksichtigen.

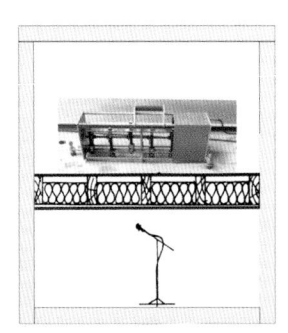

Messung der Trittschallübertragung einer Decke: Trittschallanregung durch das Norm-Hammerwerk (oben), Anregung durch Begehen der Decke (ganz oben)
Quelle: Andreas Rabold

Zum Schutz gegen unzumutbare Belästigungen aus fremden Wohnbereichen werden in DIN 4109[1] Anforderungen an die Schalldämmung der Trennbauteile zwischen den Wohnbereichen gestellt. Gerade im mehrgeschossigen Holzbau gilt als wichtigstes Trennbauteil die Decke, an die Anforderungen für die Luft- und die Trittschalldämmung gestellt werden. Für die Luftschalldämmung gilt das Schalldämm-Maß R – also der Widerstand des Bauteils gegenüber der Schallübertragung. Für die Trittschalldämmung ist der Norm-Trittschallpegel maßgeblich – also der tatsächlich übertragene Pegel bei Anregung der Decke mit einem Norm-Hammerwerk. Diese Anforderungen sind mit heute üblichen Trenndeckenkonstruktionen bei fehlerfreier Ausführung sowohl in Holzbauweise als auch in Massivbauweise problemlos einzuhalten. Dies belegen auch Güteprüfungen der Luft- und Trittschalldämmung von Trenndecken auf der Baustelle. Dennoch wird bei Umfragen unter den Bewohnern von Mehrfamilienhäusern in der Regel die Trittschallübertragung im Massivbau wie auch im Holzbau als die störendste Geräuschquelle genannt.[2,3]

Die Beurteilung der Trittschallübertragung von Trenndecken anhand des bewerteten Norm-Trittschallpegels ($L'_{n,w}$) als alleinige Bewertungsgröße scheint somit – unabhängig von der Bauweise – nicht ausreichend zu sein, um dem subjektiven Empfinden des Bewohners gerecht zu werden.

Schalltechnische Bauteiloptimierung

Als Voraussetzung für die Auswahl geeigneter Deckenkonstruktionen im mehrgeschossigen Holzbau ist im ersten Schritt ein passendes Beurteilungskriterium für die Trittschallübertragung zu wählen. Da der messtechnische Nachweis für die Anforderungen laut DIN 4109 mit einem Norm-Hammerwerk als Anregungsquelle durchgeführt wird, ist die Übereinstimmung zwischen dem

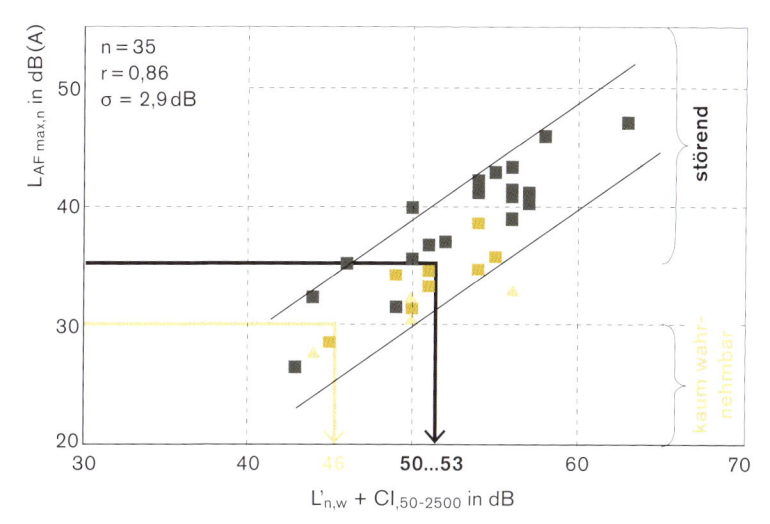

Zielwerte für die Bauteilentwicklung aus dem Zusammenhang
zwischen dem $L_{AFmax,n}$ und dem $L'_{n,w} + C_{I,50-2500}$
Quelle: Andreas Rabold

Ergebnis dieser Messung (dem bewerteten Norm-Trittschallpegel $L'_{n,w}$ beziehungsweise $L'_{n,w}$) und dem subjektiven Empfinden des Bewohners bei der üblichen Anregung durch Begehen der Decke zu hinterfragen. Die Ergebnisse solcher Untersuchungen zeigen relativ einheitlich, dass kein brauchbarer Zusammenhang zwischen den beiden Größen existiert. Zur Veranschaulichung dieses Resultats werden in der nebenstehenden Abbildung Ergebnisse von Norm-Hammerwerks-Messungen mit den Trittschallübertragungen beim Begehen der Decken verglichen und die Ursache der schwachen Korrelation – die frequenzabhängige Darstellung einer typischen Trittschallübertragung beim Begehen einer Holzdecke – aufgezeigt. Wie anhand der Pegel deutlich ersichtlich ist, erfolgt die gesamte Übertragung beim Begehen der Decke unter 100 Hertz. Im Gegensatz hierzu wird bei der Bewertung des Norm-Trittschallpegels nach DIN EN ISO 717-2[4] ausschließlich der Frequenzbereich von 100 bis 3.150 Hertz verwendet.

Um dem Problem der geringen Korrelation zwischen realem Gehen und dem bewerteten Norm-Trittschallpegel zu begegnen, wurde in DIN EN ISO 717-2[4] ein Spektrum-Anpassungswert C_I eingeführt. Durch die zusätzliche Berücksichtigung des Spektrum-Anpassungswerts ($L'_{n,w} + C_{I,50-2500}$) wird die Korrelation deutlich verbessert (Zielwerte für die Bauteilentwicklung aus dem Zusammenhang zwischen dem $L_{AFmax,n}$ und dem $L'_{n,w} + C_{I,50-2500}$).

Zur Festlegung der Zielwerte für eine gute Trittschalldämmung lässt sich nun das subjektive Empfinden berücksichtigen. Die in einigen europäischen Ländern bereits umgesetzte Anforderung an den Norm-Trittschallpegel $L'_{n,w} + C_{I,50-2500} \leq 53$ dB[3] entspricht den Zielwerten für die Bauteilentwicklung aus dem Zusammenhang zwischen dem $L_{AFmax,n}$ und dem $L'_{n,w} + C_{I,50-2500}$ – im Beispiel rechts in etwa einem $L_{AFmax,n} \leq 35-37$ dB(A). Erfahrungsgemäß ist oberhalb dieser Grenze mit störenden Trittschallübertragungen zu rechnen.[8] Für einen $L'_{n,w} + C_{I,50-2500} \leq 46$ dB beträgt der

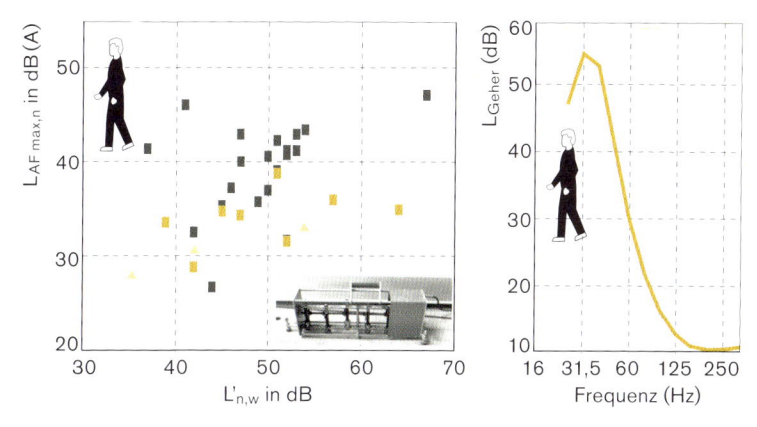

Korrelation von $L'_{n,w}$ und subjektivem Empfinden:
links: Zusammenhang zwischen dem bewerteten Norm-Trittschallpegel $L'_{n,w}$ und dem A-bewerteten Trittschallpegel $L_{AFmax,n}$ beim Begehen von Holzdecken; dunkelgraue Quadrate: Messungen im IFT (Institut für Fenstertechnik) Rosenheim[5], hellgraue Kreise: Messungen an der Hochschule Rosenheim[6], hellbraune Dreiecke: Messungen im Deckenprüfstand von Knauf, Iphofen[7]; rechts: frequenzabhängige Darstellung der Trittschallübertragung beim Begehen einer Decke
Quelle: Andreas Rabold

A-bewertete Trittschallpegel in etwa $L_{AFmax,n} \leq 30$ dB(A) und ist, je nach Umgebungsgeräusch, kaum noch wahrnehmbar. Zur konstruktiven Umsetzung in der Decke stehen für die schalltechnische Optimierung zwei Möglichkeiten zur Verfügung: die Erhöhung der Masse und die Verbesserung der Entkopplung. Durch die Erhöhung der Masse in Form einer Rohdeckenbeschwerung oder einer Beschwerung der Unterdecke wird die Anregbarkeit (Admittanz) reduziert und damit eine geringere Schallabstrahlung erreicht. Die Entkopplung durch einen schwimmenden Estrich oder eine abgehängte Unterdecke reduziert oberhalb der genügend tief abzustimmenden Resonanzfrequenz die Übertragung der Bauteilschwingungen innerhalb der Konstruktion.

Schallschutz im Holzbau 149

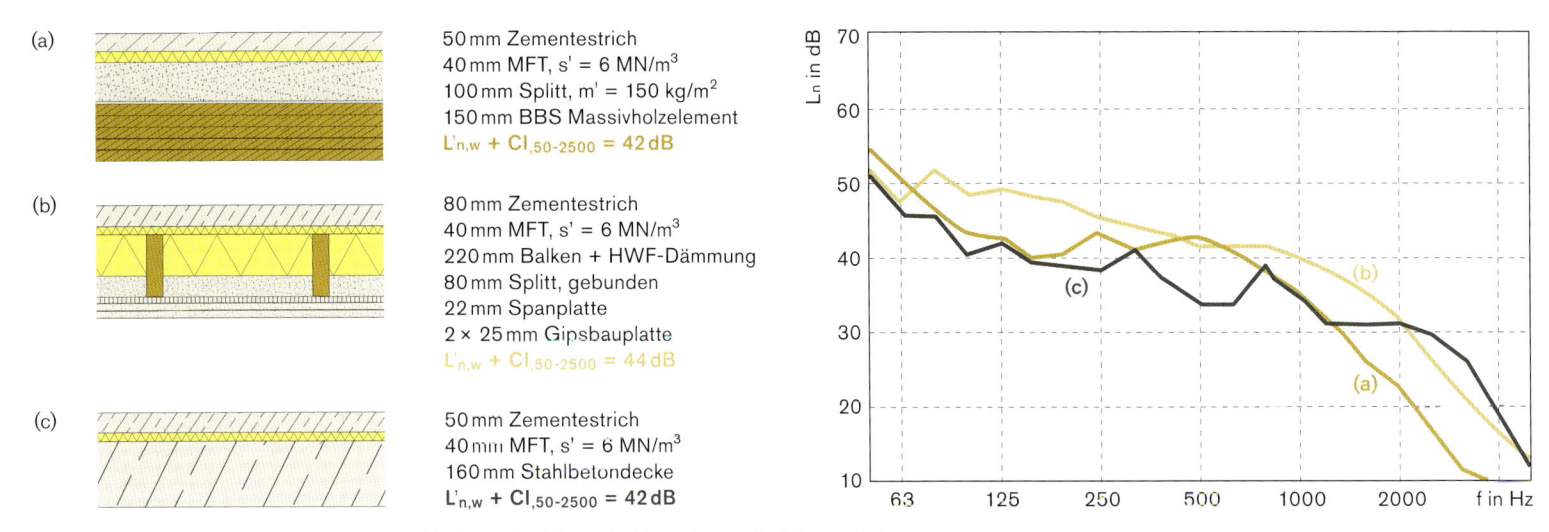

(a)
50 mm Zementestrich
40 mm MFT, s' = 6 MN/m³
100 mm Splitt, m' = 150 kg/m²
150 mm BBS Massivholzelement
L'$_{n,w}$ + CI$_{,50-2500}$ = 42 dB

(b)
80 mm Zementestrich
40 mm MFT, s' = 6 MN/m³
220 mm Balken + HWF-Dämmung
80 mm Splitt, gebunden
22 mm Spanplatte
2 × 25 mm Gipsbauplatte
L'$_{n,w}$ + CI$_{,50-2500}$ = 44 dB

(c)
50 mm Zementestrich
40 mm MFT, s' = 6 MN/m³
160 mm Stahlbetondecke
L'$_{n,w}$ + CI$_{,50-2500}$ = 42 dB

Messwerte optimierter Holzdecken durch Erhöhung der Masse im Vergleich zu Stahlbetondecken
Quelle: Andreas Rabold

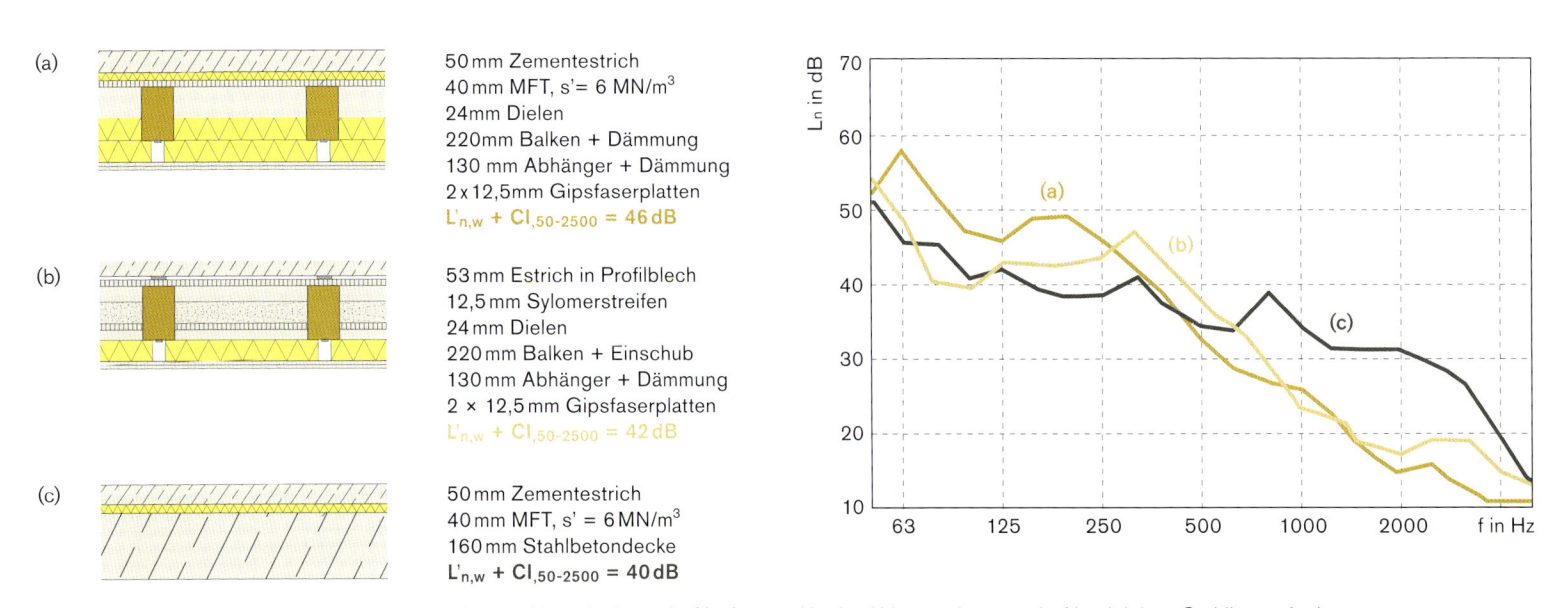

(a)
50 mm Zementestrich
40 mm MFT, s'= 6 MN/m³
24 mm Dielen
220 mm Balken + Dämmung
130 mm Abhänger + Dämmung
2 × 12,5 mm Gipsfaserplatten
L'$_{n,w}$ + CI$_{,50-2500}$ = 46 dB

(b)
53 mm Estrich in Profilblech
12,5 mm Sylomerstreifen
24 mm Dielen
220 mm Balken + Einschub
130 mm Abhänger + Dämmung
2 × 12,5 mm Gipsfaserplatten
L'$_{n,w}$ + CI$_{,50-2500}$ = 42 dB

(c)
50 mm Zementestrich
40 mm MFT, s' = 6 MN/m³
160 mm Stahlbetondecke
L'$_{n,w}$ + CI$_{,50-2500}$ = 40 dB

Messwerte optimierter Holzdecken durch abgehängte Unterdecken – im Neubau und in der Altbausanierung – im Vergleich zu Stahlbetondecken
Quelle: Andreas Rabold

Die Erarbeitung von Konstruktionshilfen für schalltechnisch optimierte Deckenaufbauten erfolgte durch numerische Berechnungen der Trittschallübertragung.[5] Anhand der numerischen Berechnungen des validierten Modells ließen sich die Wechselwirkungen der Deckenkomponenten mit geringem Aufwand untersuchen und optimierte Konstruktionen erarbeiten. Nach der messtechnischen Überprüfung der optimierten Konstruktionen wurden die Ergebnisse in Form von Konstruktionshilfen für verschiedene Holzdeckenkonstruktionen und Holz-Beton-Verbunddecken zusammengestellt. Zusätzlich überprüfte man die Konstruktionen auf ihre Schwingungsanfälligkeit.[17]

Als Beispiel für optimierte Deckenkonstruktionen zeigt die obenstehende Abbildung den Vergleich der Messergebnisse einer Massivholzdecke und einer Holzbalkendecke mit den Norm-Trittschallpegeln konventioneller Stahlbetondecken. Als Optimierungsansatz wurde hier die schallabstrahlende Ebene (Massivholzelement beziehungsweise Unterdecke) beschwert. Ein Beispiel für optimierte Decken durch effektive Entkopplung ist in der Abbildung darunter zu sehen. Die Gegenüberstellung zeigt, dass sich bei entsprechender Konstruktion die gute Trittschalldämmung einer Stahlbetondecke auch mit deutlich leichteren Decken erreichen lässt.

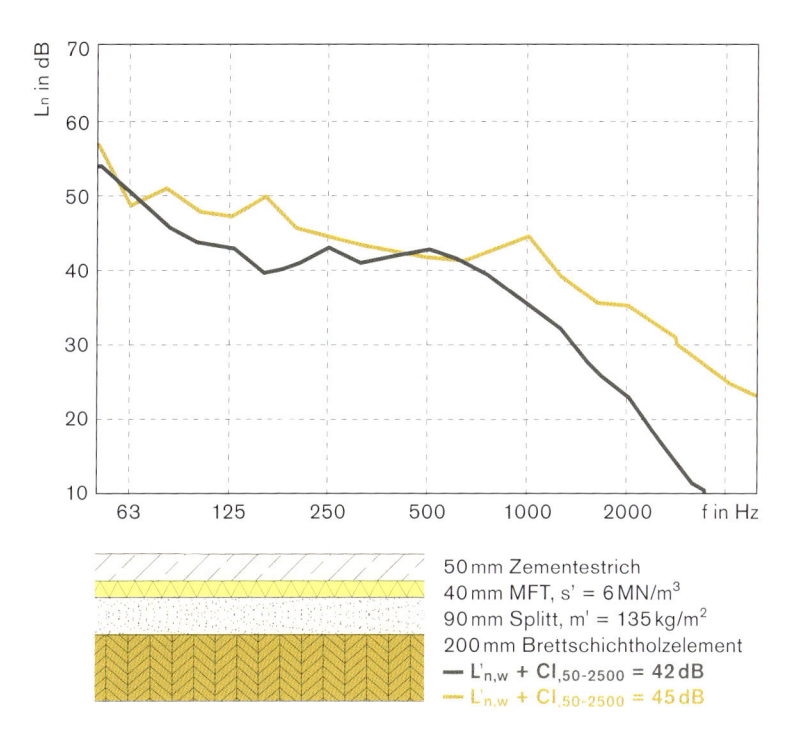

Norm-Trittschallpegel der Wohnungstrenndecke: Deckenaufbau in einem viegeschossigen Gebäude (oben), Vergleich der Messergebnisse am Bau mit Laborergebnissen eines ähnlichen Aufbaus (ganz oben)
Quelle: Andreas Rabold

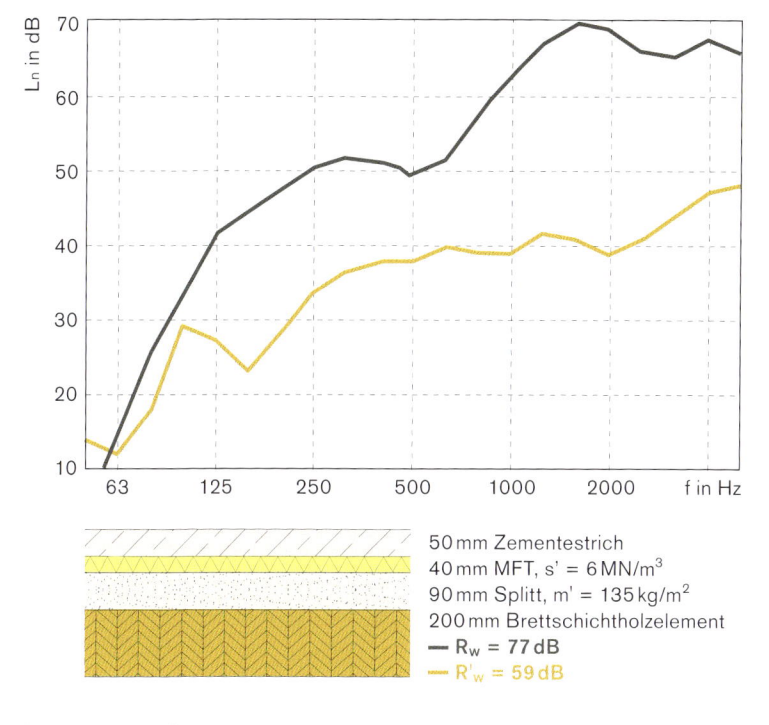

Schalldämm-Maß der Wohnungstrenndecke: Deckenaufbau in einem viergeschossigen Gebäude (oben), Vergleich der Messergebnisse am Bau mit Laborergebnissen eines ähnlichen Aufbaus (ganz oben)
Quelle: Andreas Rabold

Zum Beispiel in Bad Aibling

Zwei aktuelle mehrgeschossige Wohngebäude in Bad Aibling illustrieren die Schallschutzmaßnahmen (Bauherr: B&O, Architekt: Schankula Architekten). Bei den hier realisierten Konstruktionen werden die im Labor ermittelten Luft- und Trittschallwerte den Ergebnissen der Baumessung inklusive der Flankenübertragung gegenübergestellt. Die Konstruktion der Decken und Wände erfolgte in Massivholzbauweise. Die Trenndecke erhielt zusätzlich zum schwimmenden Zementestrich eine Beschwerung aus gebundenem Splitt. Die Untersicht der Trenndecke konnte wunschgemäß in weiten Bereichen sichtbar bleiben. Alle tragenden Wände sind aus Brandschutzgründen mit einer K260-Kapselung aus Gipsfaserplatten (2 × 18 Millimeter) versehen. Die Wohnungstrennwände wurden im zuerst erstellten viergeschossigen Gebäude als komplett getrennte Wandscheiben konstruiert. Im achtgeschossigen Gebäude ließ sich die Trennwandkonstruktion aufgrund der positiven Erfahrungen im ersten Bauwerk und ergänzender Labormessungen auf eine kostengünstigere einschalige Konstruktion mit entkoppelter Installationsebene reduzieren.

Die Ergebnisse der Luft- und Trittschallmessung am Bau wurden mit den Ergebnissen ähnlicher Konstruktionen im Labor ohne Nebenwege verglichen. Den Norm-Trittschallpegel der Trenndecke im viergeschossigen Wohngebäude zeigt die obenstehende Abbildung. Mit einem $L'_{n,w} + C_{I,50-2500}$ = 45 Dezibel liegt das Ergebnis inklusive der Flankenübertragung nach Zielwerte für die Bauteilentwicklung aus dem Zusammenhang zwischen dem $L_{AFmax,n}$ und dem $L'_{n,w} + C_{I,50-25003}$ im »Komfortbereich«. Die Bewohner des Gebäude bestätigen, dass Gehgeräusche kaum noch wahrnehmbar sind. Im achtgeschossigen Gebäude führte man die Trenndecke in den unteren Etagen vergleichbar aus, in den oberen Geschossen wurden Versuchsaufbauten mit Trockenestrich realisiert. Der in der obenstehenden Abbildung gezeigte Vergleich der Baumessungsergebnisse mit den Laborergebnissen ohne Flankenübertragung belegt auch, dass die tieffrequente Trittschallübertragung unter 100 Hertz durch die Flankenübertragung am Bau kaum beeinflusst wird. Beide Messkurven liegen in diesem Frequenzbereich nahe beieinander. Auch die Einzahlwerte inklusive Spektrumanpassungswert unterscheiden sich um nur drei Dezibel. Dies bestätigt auch die statistische Auswertung der im Institut für Fenstertechnik (IFT) Rosenheim für Trenndecken vorhandenen Vergleiche zwischen Labor- und Baumessungen. Die Differenzen lagen dort zwischen 0 und drei Dezibel.[11]

Bei der Luftschalldämmung hingegen dominiert die Flankenübertragung (siehe Abbildung oben rechts). Hier wird das Schalldämm-Maß von R_w = 77 Dezibel für die Trenndecke ohne Nebenwege auf R_w = 59 Dezibel inklusive Nebenwege reduziert. Der Zielwert (Schallschutzstufe II nach VDI 4100:2007) wurde sicher erreicht. Aufgrund der Kapselung der flankierenden Wände mit Gipsfaserplatten lässt sich in der Planungsphase zeigen, dass eine zusätzliche Entkopplung des Deckenauflagers mit Elastomeren für dieses Bauvorhaben nicht erforderlich ist.

Schallschutz im Holzbau

Konstruktionshilfen	Zielwert: $L'_{n,w} + C_{I,50-2500} \leq 53$ dB			$L'_{n,w} + C_{I,50-2500} \leq 46$ dB	
	Verkehrslast			Verkehrslast	
	$p < 2{,}5$ kN/m²		$p < 5$ kN/m²	$p < 2{,}5$ kN/m²	$p < 5$ kN/m²
	≥ 50 mm ZE, m' ≥ 120 ≥ 40 mm TSD, s' ≥ 7 ≥ 60 mm Splitt, m' ≥ 90 ≥ 150 mm MHD, m' ≥ 50	≥ 25 mm TE, m' ≥ 25 ≥ 12 mm TSD, s' ≤ 40 ≥ 120 mm Splitt, m' ≥ 180 ≥ 150 mm MHD, m' ≥ 50	≥ 80 mm ZE, m' ≥ 190 ≥ 20 mm TSD, s' ≤ 20 ≥ 120 mm Splitt, m' ≥ 180 ≥ 150 mm MHD, m' ≥ 50	≥ 50 mm ZE, m' ≥ 120 ≥ 40 mm TSD, s' ≤ 7 ≥ 120 mm Splitt, m' ≥ 180 ≥ 150 mm MHD, m' ≥ 50	–
	≥ 50 mm ZE, m' ≥ 120 ≥ 40 mm TSD, s' ≤ 7 ≥ 70 mm Beton, m' ≥ 170 ≥ 150 mm MHD, m' ≥ 50	≥ 12 mm TE, m' ≥ 13 ≥ 28 mm V20, m' ≥ 16 ≥ 30 mm TSD, s' ≤ 15 ≥ 120 mm Beton, m' ≥ 290 ≥ 150 mm MHD, m' ≥ 50	≥ 80 mm ZE, m' ≥ 190 ≥ 30 mm TSD, s' ≤ 15 ≥ 120 mm Beton, m' ≥ 290 ≥ 150 mm MHD, m' ≥ 50	≥ 50 mm ZE, m' ≥ 120 ≥ 40 mm TSD, s' ≤ 7 ≥ 120 mm Beton, m' ≥ 290 ≥ 150 mm MHD, m' ≥ 50	–
	≥ 50 mm ZE, m' ≥ 120 ≥ 40 mm TSD, s' ≤ 7 ≥ 70 mm Beton, m' ≥ 170 ≥ 100 mm Splitt, m' ≥ 150 ≥ 150 mm MHD, m' ≥ 50	≥ 25 mm TE, m' ≥ 25 ≥ 12 mm TSD, s' ≤ 40 ≥ 70 mm Beton, m' ≥ 170 ≥ 100 mm Splitt, m' ≥ 150 ≥ 150 mm MHD, m' ≥ 50	≥ 50 mm ZE, m' ≥ 120 ≥ 20 mm TSD, s' ≤ 20 ≥ 70 mm Beton, m' ≥ 170 ≥ 100 mm Splitt, m' ≥ 150 ≥ 150 mm MHD, m' ≥ 50	≥ 50 mm ZE, m' ≥ 120 ≥ 40 mm TSD, s' ≤ 7 ≥ 70 mm Beton, m' ≥ 170 ≥ 100 mm Splitt, m' ≥ 150 ≥ 150 mm MHD, m' ≥ 50	≥ 80 mm ZE, m' ≥ 190 ≥ 30 mm TSD, s' ≤ 15 ≥ 70 mm Beton, m' ≥ 170 ≥ 100 mm Splitt, m' ≥ 150 ≥ 150 mm MHD, m' ≥ 50

ZE: Zement-, Anhydrit-, oder Fließestrich mit der angegebenen flächenbezogenen Masse m' in kg/m²
TE: Gipsfaser-Trockenstrichelement mit der angegebenen flächenbezogenen Masse m' in kg/m²
V20: Verlegespanplatten mit der angegebenen flächenbezogenen Masse m' in kg/m²
TSD: Mineralfaser- oder Holzweichfaser-Trittschalldämmplatte mit der angegebenen dynamischen Steifigkeit s' in MN/m³
Splitt: Kalksplitt in Pappwaben oder gebundener Splitt mit Latexmilch oder Zementemulsion mit der angegebenen flächenbezogenen Masse m' in kg/m²
Beton: Holz-Beton-Verbund mit der angegebenen flächenbezogenen Masse m' in kg/m²
MHD: Brettstapel-, Brettschichtholz-, Brettsperrholz-, Hohlkasten- oder Leimprofilholzdecken mit der angegebenen flächenbezogenen Masse m' in kg/m², Elementhöhe nach Statik

Schankula Architekten: vier- (Vordergrund) und achtgeschossiger (Hintergrund) Wohnungsbau in Holz, Bad Aibling bei Rosenheim, 2010 / 2011
Foto: B & O GmbH & Co. KG

Fazit

Für die Zufriedenheit der Bewohner mit der Schalldämmung einer Decke ist das subjektive Empfinden der Trittschallübertragung maßgeblich. Als Maß für dieses Empfinden lässt sich der A-bewertete Trittschallpegel beim Begehen der Decke verwenden. Da zwischen diesem Trittschallpegel und dem $L'_{n,w}$ als Einzahlbewertung nach DIN EN ISO 717-2[4] kein ausreichender Zusammenhang besteht, wurde für die Festlegung der zu erreichenden Zielwerte die zusätzliche Bewertung durch den Spektrum-Anpassungswert $C_{I,50-2500}$ verwendet.

Anhand der nun ausreichenden Korrelation ließen sich Zielwerte ($L'_{n,w} + C_{I,50-2500} \leq 53$ Dezibel beziehungsweise ≤ 46 Dezibel) festlegen und entsprechend ausgelegte Deckenaufbauten als »Demonstratoren« entwickeln. Wie erste Prüfergebnisse in ausgeführten Objekten zeigen, erfüllen Holzbaukonstruktionen bei guter planerischer und technischer Umsetzung die Zielwerte an den Schallschutz auch in der subjektiven Wahrnehmung. Dies ist gerade im städtischen mehrgeschossigen Bauen von entscheidender Bedeutung für die Akzeptanz der Gebäude.

Konstrukti-onshilfen	Zielwert:				
	$L'_{n,w} + C_{I,50-2500} \leq 53$ dB			$L'_{n,w} + C_{I,50-2500} \leq 46$ dB	
	Verkehrslast			Verkehrslast	
	$p < 2,5$ kN/m²		$p < 5$ kN/m²	$p < 2,5$ kN/m²	$p < 5$ kN/m²
	≥ 50 mm ZE, m' ≥ 120 ≥ 40 mm TSD, s' ≤ 7 ≥ 60 mm Splitt, m' ≥ 90 oder ≥ 40 mm Betonpl., m' ≥ 100 ≥ 13 mm V20, m' ≥ 7 ≥ 24 mm Dielen, m' ≥ 11 ≥ 200 mm Balken	≥ 25 mm TE, m' ≥ 25 ≥ 12 mm TSD, s' ≤ 40 ≥ 120 mm Splitt, m' ≥ 180 ≥ 13 mm V20, m' ≥ 7 ≥ 24 mm Dielen, m' ≥ 11 ≥ 200 mm Balken	≥ 80 mm ZE, m' ≥ 190 ≥ 20 mm TSD, s' ≤ 20 ≥ 100 mm Splitt, m' ≥ 150 ≥ 13 mm V20, m' ≥ 7 ≥ 24 mm Dielen, m' ≥ 11 ≥ 200 mm Balken	≥ 80 mm ZE, m' ≥ 190 ≥ 40 mm TSD, s' ≤ 7 ≥ 100 mm Splitt, m' ≥ 150 ≥ 13 mm V20, m' ≥ 7 ≥ 24 mm Dielen, m' ≥ 11 ≥ 200 mm Balken	–
	≥ 50 mm ZE, m' ≥ 120 ≥ 40 mm TSD, s' ≤ 7 ≥ 60 mm Splitt, m' ≥ 90 oder ≥ 50 mm Betonpl., m' ≥ 120 ≥ 22 mm V20, m' ≥ 14 ≥ 220 mm Balken + Däm. ≥ 24 mm Lattung ≥ 12,5 mm GKB, m' ≥ 10 ≥ 12,5 mm GKB, m' ≥ 10	≥ 25 mm TE, m' ≥ 25 ≥ 12 mm TSD, s' ≤ 40 ≥ 30 mm Splitt, m' ≥ 45 oder ≥ 50 mm Betonpl., m' ≥ 120 ≥ 22 mm V20, m' ≥ 14 ≥ 220 mm Balken + Däm. ≥ 100 mm Abh. + Däm ≥ 12,5 mm GKB, m' ≥ 13	≥ 50 mm ZE, m' ≥ 120 ≥ 20 mm TSD, s' ≤ 20 ≥ 60 mm Splitt, m' ≥ 90 ≥ 22 mm V20, m' ≥ 14 ≥ 220 mm Balken + Däm. ≥ 100 mm Abh. + Däm. ≥ 12,5 mm GF, m' ≥ 13 ≥ 12,5 mm GF, m' ≥ 13	≥ 50 mm ZE, m' ≥ 120 ≥ 20 mm TSD, s' ≤ 7 ≥ 22 mm V20, m' ≥ 14 ≥ 220 mm Balken + Däm. ≥ 100 mm Abh. + Däm. ≥ 12,5 mm GF, m' ≥ 13 ≥ 12,5 mm GF, m' ≥ 13	≥ 50 mm ZE, m' ≥ 120 ≥ 40 mm TSD, s' ≤ 7 ≥ 22 mm V20, m' ≥ 14 ≥ 220 mm Balken ≥ 220 mm Balken ≥ 25 mm GF, m' ≥ 20 ≥ 25 mm GF, m' ≥ 20
	≥ 50 mm ZE, m' ≥ 120 ≥ 40 mm TSD, s' ≤ 7 ≥ 220 mm Balken mit ≥ 220 mm HWF, druckfest ≥ 22 mm V20, m' ≥ 14 ≥ 25 mm GKB, m' ≥ 20 ≥ 25 mm GKB, m' ≥ 20			≥ 80 mm ZE, m' ≥ 120 ≥ 40 mm TSD, s' ≤ 7 ≥ 22 mm Balken mit ≥ 140 mm HWF, druckfest ≥ 80 mm Splitt, geb. ≥ 22 mm V20, m' ≥ 14 ≥ 25 mm GKB, m' ≥ 20 ≥ 25 mm GKB, m' ≥ 20	

V20, Dielen: Verlegespanplatten und Massivholzdielen mit der angegebenen flächenbezogenen Masse m' in kg/m²
Betonpl.: Betonplatten, auf der Rohdecke verklebt oder im Sandbett verlegt, Kantenlänge ≤ 0,30 m mit der angegebenen flächenbezogenen Masse m' in kg/m²
Balken, Däm.: Balkenlage nach Statik mit Hohlraumdämmung aus Faserdämmstoff, d ≥ 100 mm
HWF: Druckfeste Holzweichfaser-Dämmplatte, Rohdichte ρ = 140 kg/m³
Lattung: Massivholzlatten, 24 × 48 mm, geschraubt, geklammert oder genagelt, Achsabstand 417 mm
Abh.: Federschienen und Abhänger mit Entkopplung durch Sylomer und Hohlraumdämmung aus Faserdämmstoff, d ≥ 100 mm
GF, GKB: Gipsfaserplatten und Gipskartonplatten mit der angegebenen flächenbezogenen Masse m' in kg/m²

Literaturverweise und Quellen

1 DIN 4109, Schallschutz im Hochbau, Anforderungen und Nachweise November 1989 und Beiblatt 1 zur DIN 4109 Schallschutz im Hochbau, Ausführungsbeispiele und Rechenverfahren, November 1989.
2 Hendrik Reichelt: Schall- und schwingungstechnische Lösungen im Holzbau, Hochschule Rosenheim, 2008.
3 Judith Lang: Schallschutz im Wohnungsbau, Forschungsbericht ifip TU Wien, 2006.
4 DIN EN ISO 717-2, Akustik – Bewertung der Schalldämmung in Gebäuden und von Bauteilen – Teil 2: Trittschalldämmung (ISO 717-2:1996 + AM1:2006); Deutsche Fassung EN ISO 717-2:1996 + A1:2006, 2006.
5 Andreas Rabold/Ernst Rank: Anwendung der Finite-Elemente-Methode auf die Trittschallberechnung, Teilbericht zum Kooperationsprojekt: Untersuchung der akustischen Wechselwirkungen von Holzdecke und Deckenauflage zur Entwicklung neuartiger Schallschutzmaßnahmen, IBP Stuttgart u.a. 2009.
6 Daniel Erhardt/Dennis Morkötter: Gehversuche auf Holzdecken zum Vergleich mit den bewerteten Norm-Trittschallpegeln gemäß DIN EN ISO 717, Studienarbeit, Hochschule Rosenheim, 2010.
7 Jochen Seidel: Trittschall- und Geher-Messungen im Deckenprüfstand der Fa. Knauf Gips KG, Iphofen 2010.
8 Christian Burkhart: Tieffrequenter Trittschall – Messergebnisse, mögliche Ursachen. Tagungsband DAGA '02, Oldenburg 2002.
9 Andreas Rabold/Joachim Hessinger/Stefan Bacher: Schallschutz, Holzbalkendecken in der Altbausanierung. Mikado plus 3, IFT Rosenheim 2008.
10 Andreas Rabold/Patricia Hamm: Schall- und schwingungsoptimierte Holzdecken, in: bauen mit holz 4/2009, S. 38–43.
11 Andreas Rabold/Ulrich Schanda/Joachim Hessinger: Korrelation zwischen Geher und Norm-Hammerwerk bei der Trittschallübertragung, Tagungsband DAGA'11, Düsseldorf 2011.

Brandschutz im Holzbau

Stefan Winter

Für den Brandschutz im Holzbau ist eine Reihe wesentlicher baurechtlicher Vorgaben sowie materialspezifischer Eigenschaften zu beachten. In diesem Kapitel werden diese Material- und Bauteileigenschaften behandelt und Hinweise zu brandsicheren Konstruktionen gegeben.

Entgegen weit verbreiteter Vorstellungen ist das Brandentstehungsrisiko – oder anders ausgedrückt die Wahrscheinlichkeit, dass ein Brand entsteht – von den verwendeten Konstruktionsbaustoffen eines Gebäudes völlig unabhängig! Viele Untersuchungen belegen, was der normale Menschenverstand bestätigt: Die Entstehung eines Brands liegt fast immer an menschlichen Fehlern, entweder während der Nutzung des Gebäudes oder bereits früher bei dessen Planung und Errichtung. In den meisten Fällen ist ein technisches Versagen letztlich auch auf ein weiter zurückliegendes menschliches Versagen zurückzuführen, in seltenen Fällen aber auch auf das Versagen von Technik im Rahmen der vereinbarten und gesellschaftlich akzeptierten Ausfallwahrscheinlichkeiten. Brände, die unmittelbar durch menschliches Handeln wie Brandstiftung, die vergessene Kerze oder den verunglückten Fettlöschversuch entstehen, sind statistisch entsprechend der Verteilung der Bevölkerung oder – erweitert – entsprechend der zivilisatorischen Tätigkeit in den jeweiligen Baukonstruktionen verteilt. Dennoch – Holz ist nun einmal ein brennbarer Baustoff! Dies bedeutet, dass er sich nach der Entstehung eines Brands am Brandgeschehen beteiligen kann und damit eine immobile Brandlast darstellt. Das ist zunächst nicht tragisch, muss aber bei dem Entwurf ausreichend brandsicherer Gebäude adäquat berücksichtigt werden. Dabei ist es wesentlich, zwischen der Brennbarkeitsklasse des Materials und dem Feuerwiderstand der Konstruktion zu unterscheiden. Die Brennbarkeit des Materials der Oberflächen spielt dann eine besondere Rolle, wenn brennbare Oberflächen zu der Ausbreitung eines Brands beitragen können. Daher sind insbesondere in Fluchtwegen nicht brennbare Oberflächen gefordert, um Bereiche wie Flure und Treppenräume von unmittelbar zur Verfügung stehender Brandlast frei zu halten. Ebenso sollte man im mehrgeschossigen Holzbau die sichtbaren Holzoberflächen begrenzen, um ein Mitbrennen aller Raumoberflächen nach

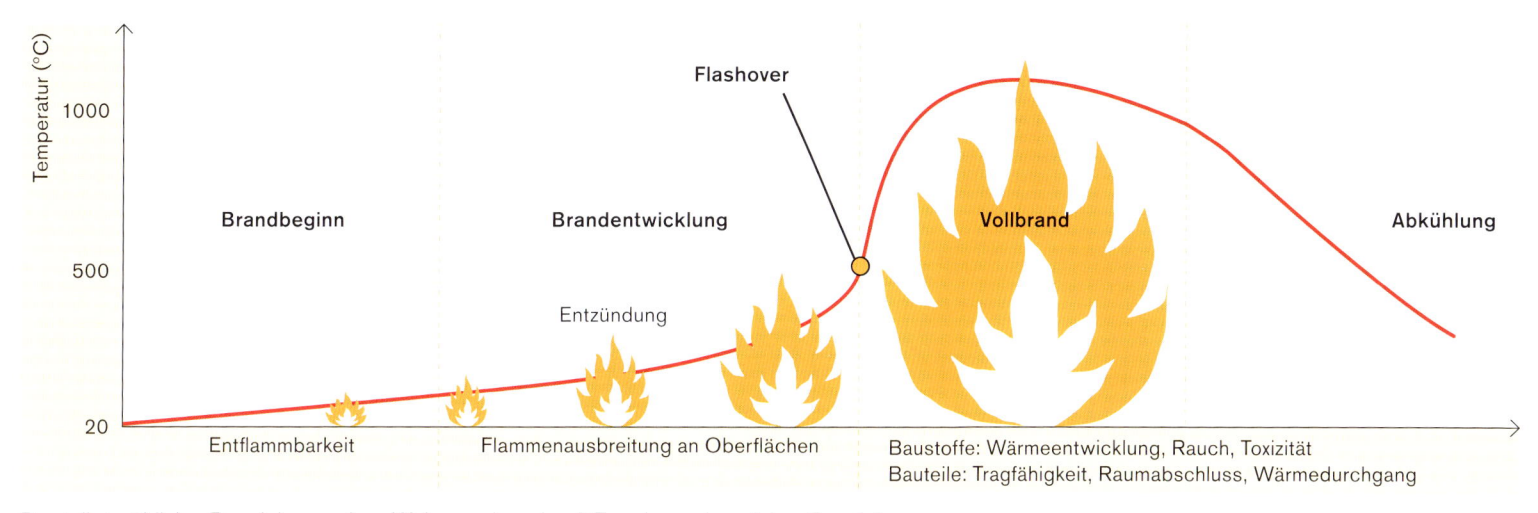

Darstellung üblicher Brandphasen eines Wohnungsbrands mit Zuordnung, in welchen Brandphasen die Brennbarkeit der Baustoffe und der Feuerwiderstand der Bauteile von besonderer Bedeutung sind
Quelle: TU München (TUM), Lehrstuhl für Holzbau und Baukonstruktion

einem Raumvollbrand (»Flashover«) zu verhindern, da sonst häufig eine große Menge nicht vollständig verbrannter Gase entsteht, die sich nach dem Austreten durch Fassadenöffnungen vor der Fassade mit Sauerstoff vermengen und zu sehr intensiver, hoch schlagender Brandbeanspruchung vor der Fassade führen. Als grobe Faustregel kann gelten: Wenn Fußboden und Decke aus brennbarem Material bestehen, dann sollten die Wände nicht brennbar bekleidet sein – und umgekehrt.

Die Brennbarkeitsklassen der Baustoffe werden heute nach europäischen Normen geprüft und klassifiziert. Die Klassifizierung erfolgt nach DIN EN 13501-1. Die nachstehende Tabelle nennt die europäischen Klassifizierungen, die Zuordnung der bauaufsichtlich verwendeten Begriffe und zum Vergleich die alten Klassenbezeichnungen für Baustoffklassen der DIN 4102.

Bauaufsichtliche Bezeichnung	Brennbarkeitsklassen nach DIN EN 13501-1	Baustoffklassen nach DIN 4102
Nicht brennbar	A1, A2	A1, A2
Schwer entflammbar	B, C	B1
Normal entflammbar	D, E	B2
Leicht entflammbar[1]	F	B3

[1] Leicht entflammbare Baustoffe dürfen im Bauwesen in der Regel nicht eingesetzt werden.

Das europäische Klassifizierungssystem regelt zusätzlich zum Brandverhalten die Brandnebenerscheinungen. Für die Rauchentwicklung (smoke release: s1, s2, s3) und das brennende Abtropfen (dropping: d0, d1, d2) werden jeweils drei Klassen angegeben; mit steigender Nummer nimmt die Eigenschaft zu.

Im Holzbau werden als Konstruktionswerkstoffe im Wesentlichen Vollholz, Brettschichtholz, Brettsperrholz und eine Vielzahl plattenförmiger Holzwerkstoffe wie OSB, Furnierschichtholz (LVL) oder Sperrholz verwendet. Die europäische Klassifizierung für die meisten der Holzbaustoffe lautet D-s2,d0, das heißt der Holzbaustoff ist »normal entflammbar«, besitzt die Rauchentwicklungsklasse 2 und ist darüber hinaus nicht brennend abtropfend.

Um das Holz vor Entzündung zu schützen und um die Brandausbreitung zu begrenzen, werden nicht brennbare Plattenwerkstoffe eingesetzt, insbesondere Gipsbauplatten wie Gipskarton-Feuerschutzplatten (GKF) oder Gipsfaserplatten. Gipsbauplatten eignen sich besonders gut, da das im Gips chemisch gebundene Wasser bei Brandeinwirkung ausgetrieben wird und infolge der Verdunstung für einen längeren Zeitraum kühlt. Es entsteht in Abhängigkeit von der Rohdichte und der Dicke der Platte ein zeitlich begrenzter Haltepunkt der Temperatur bei etwa 110 Grad Celsius, der die dahinter liegenden brennbaren Baustoffe vor Entzündung schützt. Der Flammpunkt von Holzbaustoffen liegt beispielsweise bei 270 bis 300 Grad Celsius.

Um diese Schutzeigenschaften der Bekleidungsmaterialien und die Schutzerfordernisse für Holzbaukonstruktionen ergänzend zu beschreiben, wurde eine zusätzliche europäische Klassifizierung der sogenannten Kapselklassen eingeführt. Die mit K2-XX bezeichnete Klassifizierung gibt an, wie lange Holz durch die Bekleidung vor Entzündung geschützt wird. Klassifizierte Materialien zur Kapselung sind bisher immer »nicht brennbar« klassifiziert. Ergänzend spielen die Dämmstoffe bei der Beurteilung des Brandverhaltens einer Holzkonstruktion eine wesentliche Rolle. Sie tragen zum Schutz der tragenden Konstruktion bei und lassen sich zum Beispiel als nicht brennbare Dämmstoffe von Wärmedämmverbundsystemen auch zur Kapselung heranziehen. Als Hohlraumdämmung schützen sie die innen liegenden, tragenden Holzbauteile.

Schankula Architekten: vier- (Vordergrund) und achtgeschossiger
Wohnungsbau (Hintergrund) in Holz, Bad Aibling bei Rosenheim, 2010/2011
Foto: Huber & Sohn GmbH & Co. KG

Oberhalb der Gebäude geringer Höhe sind derzeit in allen Bauteilen nicht brennbare Dämmstoffe vorgeschrieben. Sofern diese Brandschutzfunktion besitzen sollen, müssen sie dicht anliegend eingebaut werden und daneben auch in Innenwänden als Volldämmung ausgeführt werden. Dies verhindert wirksam eine Brandausbreitung innerhalb der Gefache. Gerade die zuverlässig dicht eingeblasenen Zellulosefaser-Dämmstoffe erfüllen diese Anforderung teilweise sogar besser als andere, da sie strömungsdichter sind. Zellulosefaser-Dämmstoffe zählen zwar zur Kategorie normal entflammbarer Baustoffe, bilden aber wie Holz eine Kohleschicht und bleiben somit in den Gefachen stabil. Bei den mineralischen Dämmstoffen ist zu beachten, dass für sie in Bauteilen mit Brandschutzanforderungen in der Regel ein Schmelzpunkt von mehr als 1.000 Grad Celsius gefordert ist.

Brandverhalten von Holzbaukonstruktionen

Auch wenn man es im Holzbau, wie aus den vorangegangenen Ausführungen hervorgeht, mit brennbaren Baustoffen zu tun hat, muss man das Brandverhalten der Gesamtkonstruktion im Auge behalten. Im Gegensatz zum Brandverhalten der einzelnen Baustoffe ist dann der Feuerwiderstand der Bauteile maßgebend. Hierzu wird bei Brandbeanspruchung die verbleibende Tragfähigkeit (Kriterium R – Résistance) sowie der Raumabschluss (Kriterium E – Étanchéité) und die Behinderung des Temperaturdurchgangs (Kriterium I – Isolation) beurteilt.

Im Hinblick auf diese Anforderungen ist der Holzbau als sehr gut kalkulierbar zu bezeichnen. Die Holzbauteile selbst werden durch die einsetzende Holzkohlebildung geschützt. Infolge der geringen Wärmeleitung des Holzes durchwärmen die Bauteile nur sehr langsam und bleiben aufgrund der geringen Temperatur und des geringen Temperaturausdehnungskoeffizienten auch sehr formstabil. Dazu kommt eine sehr gute Berechenbarkeit durch umfangreiche Bemessungsnormen für den Brandfall und gut validierte Modelle für außerhalb der Normen zu beurteilende Fälle. Lediglich auf einen Punkt ist gesondert hinzuweisen: Wie bei allen Hohlraumkonstruktionen sind Brände innerhalb der Konstruktionen schwer zu bekämpfen und können zu überproportionaler Schadensausweitung führen, obwohl der eigentliche Primärbrand vielleicht nur sehr klein und kurz war. Die beschriebene Kombination von nicht brennbaren (und brennbaren) Volldämmungen mit dichtem Einbau soll diesen Hohlraumbränden vorbeugen. Da massive Holzbauteile oder Verbundbauteile aus Brettschichtholz oder Brettsperrholz dagegen keine Hohlräume aufweisen, werden sie insbesondere in den Fällen, in denen sichtbare Holzbauteile gewünscht sind, bevorzugt eingesetzt. Im Brandfall kommt

Montage von Brettsperrholz-Deckenelementen vor Ort beim achtgeschossigen Wohnungsbau in Bad Aibling, 2011.
Foto: Huber & Sohn GmbH & Co. KG

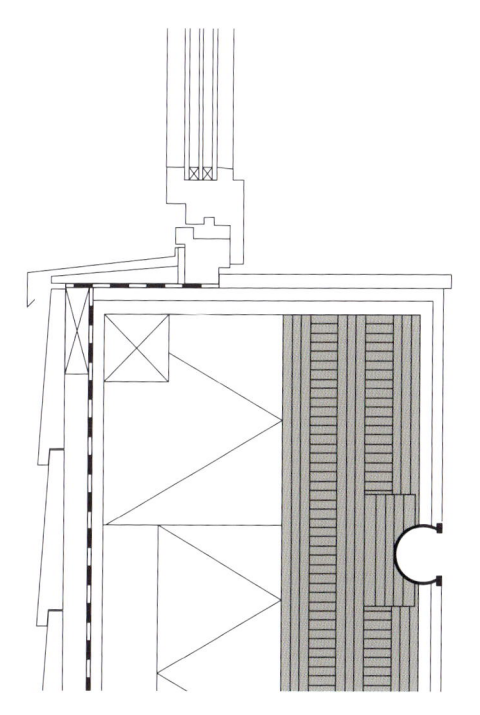

Typische Wandkonstruktion in der Gebäudeklasse 4: Massivwandkonstruktion mit zusätzlicher Außendämmung und innen liegender Kapselung K260, die die Installationen einschließt
Quelle: Bauart Konstruktions GmbH&Co KG; IBK1 Universität Stuttgart

es bei diesen Bauteilen nur zu einem Verkohlen der Oberflächen, ein Ablöschen ist nachgewiesen einfach und auch die Gefahr einer internen Brandweiterleitung ist nicht gegeben.

In den Gebäudeklassen 3–5 lassen sich heute praktisch alle Bauteile mit Feuerwiderstandsklassen von REI 30 bis zu REI 90-K 260 mit geprüften und bauaufsichtlich verwendbaren Konstruktionen realisieren. Selbst für Gebäudeabschlusswände, die wie Brandwände zusätzlich eine mechanische Beanspruchung unter Brandbeanspruchung aushalten (Kriterium M – mechanical resistance), liegen entsprechende Nachweise vor. Die Nachweise können über den Brandschutzteil des Eurocode 5 (DIN EN 1995-1-2 mit nationalem Anhang) und den Ergänzungen der DIN 4102-4 (Neuerscheinung voraussichtlich 2013) geführt werden. Zusätzlich liegt eine große Anzahl von Nachweisen in Form allgemeiner bauaufsichtlicher Prüfzeugnisse vor, die durch Holzbauunternehmen oder Unternehmen der Baustoffindustrie bereitgehalten werden.

Vier bis acht Geschosse in Holzbauweise

Da die Bauordnungen eine geregelte Anwendung ohne Abweichungen nur bis zur Gebäudeklasse 4 und dann bei strikter Einhaltung der Regeln der Muster-Richtlinie für hochfeuerhemmende Holzbauteile M-HFHHolzR (REI 60-K 260), keine sichtbaren Holzbauteile) zulassen, werden bei der Realisierung von mehr als dreigeschossigen Holzgebäuden häufig Abweichungen erforderlich, um zum Beispiel sichtbare Deckenkonstruktionen zu ermöglichen. Viele Bauherren und Architekten wünschen sich, bei einem Holzbau neben den anderen positiven Nebeneffekten der Holzverwendung auch die angenehmen optischen und raumakustischen Eigenschaften des Holzes zu nutzen. Der Wegfall zusätzlicher Bekleidungen führt zudem zu ökonomisch attraktiven und bautechnisch robusten Konstruktionen.

Die entsprechenden Abweichungen in der Gebäudeklasse 4 und in der – in den meisten heutigen Bauordnungen nicht in Holzbauweise vorgesehenen – Gebäudeklasse 5 werden durch die ohnehin erforderlichen Brandschutzkonzepte begründet. In diesen zusammenfassenden brandschutztechnischen Bewertungen von mehrgeschossigen Holzgebäuden werden insbesondere kurze und eindeutig organisierte Rettungswege sowie übersichtliche Rauch- und Brandabschnitte positiv bewertet. Besonders effizient sind (nicht nur im Holzbau) Rettungswege, die durch Rauch nicht oder nur wenig beeinflusst werden (Laubengänge, außen liegende Treppenräume, Sicherheitstreppenräume) und bei größeren zu berücksichtigenden Personenzahlen ein zweiter unabhängiger Rettungsweg. Eine adäquate Brandmeldung sollte zudem heute generell vorgesehen werden, denn diese ist bekanntermaßen der sicherste Weg, um Menschenleben zu schützen. Angesichts der Tatsache, dass der größte Feind für den Menschen der Rauch und nicht das Feuer an sich darstellt, ist eine schnelle Alarmierung und Evakuierung der Gebäude entscheidend. Für Rettungswege werden bei vier- bis achtgeschossigen Gebäuden bisher meist

Schankula Architekten: achtgeschossiger Wohnungsbau in Holz,
Bad Aibling bei Rosenheim, 2011
Foto: Sigrid Reinachs

Treppentürme aus Stahlbeton – in seltenen Fällen auch außen liegende Stahltreppen – vorgesehen. Wegen der höheren Maßhaltigkeit hat sich der Einsatz von Stahlbetonfertigteilen im Vergleich zu Ortbetonlösungen bewährt. Andernfalls kommt es beim hochpräzisen Holzbau zu geometrischen Zwangspunkten.

Beim vier- und achtgeschossigen Wohnungsbau in Bad Aibling von Schankula Architekten wurden eigene Holzbaulösungen entwickelt, um eine Setzungsdifferenz in den oberen Geschossen mit den Stahlbeton- oder Stahltreppentürmen zu vermeiden. Durch Aussparungen in den im späteren Zustand sichtbar bleibenden Deckenelementen, die über den tragenden Innenwänden angeordnet sind und nach dem Verlegen mit Vergussquellmörtel gefüllt werden, wird die besonders setzungsempfindliche Beanspruchung der Deckenelemente quer zur Faser verhindert. Die Wand des darüber liegenden Geschosses steht auf »Minibetonstützen«. Sprinkleranlagen wurden bei diesen Gebäuden nicht eingesetzt. Anders als in vielen Ländern sind vereinfachte Sprinklerungen im Wohnungs- und Bürobau in Deutschland nicht erwünscht, obwohl sie in allen Bauweisen zu einer deutlich erhöhten Bauwerkssicherheit führen und gerade im Holzbau im Vergleich zu durchgängigen Kapselungen durchaus auch wirtschaftliche Lösungen darstellen und damit ein großes Entwicklungspotenzial beherbergen!

Gerade für den Brandschutz ist die Zusammenarbeit in einem guten Planerteam von Projektbeginn an von wesentlicher Bedeutung, um die Anforderungen bereits in den Entwurfsprozess einfließen zu lassen. Dies und die frühzeitige Absprache mit den Genehmigungsbehörden führen zu ästhetisch ansprechenden und ökonomisch sinnvollen Lösungen.

Nichttragende Außenwände und Fassadenbekleidungen

Vielfach äußert sich der Wunsch des Bauherrn und des Architekten bei einem Holzbau darin, das verwendete Baumaterial auch nach außen zu präsentieren. Doch damit dieser Wunsch in Erfüllung geht, müssen einige Voraussetzungen beachtet werden, die an dieser Stelle angeführt werden sollen:

Für Fassaden besteht im Bereich zwischen Gebäuden geringer Höhe und der Hochhausgrenze die Baustoffanforderung »schwer entflammbar«. Brennbare Unterkonstruktionen können verwendet werden, wenn keine brandschutztechnischen Bedenken bestehen. Dem Bauteil »Fassade« werden dabei hinter- und belüftete Bekleidungen oder Wärmedämmverbundsysteme (WDVS) zugeordnet. Davon zu unterscheiden ist die Anforderung an »nichttragende Außenwände«, die bis zur Hochhausgrenze die Brandschutzanforderung REI 30 erfüllen müssen. Bei Brandbeanspruchung von außen darf mit einer reduzierten Brandbeanspruchung gerechnet beziehungsweise geprüft werden (frühere Bezeichnung in Deutschland: W 30). Der Begriff »nichttragende Außenwand« bedeutet, dass die Wände nur ihr Eigengewicht und die direkt auf sie einwirkenden Windlasten aufnehmen müssen und nicht vertikal oder horizontal durch angrenzende Bauteile beansprucht werden. Ist dies der Fall, so gelten für die Außenwände die Anforderungen an tragende Bauteile. Als »nichttragende Außenwände« gelten damit nur Konstruktionen, die je Geschoss ihre vertikalen Lasten (Eigengewicht) an die Geschossdecke abgeben, wie dies bei in die Tragebene eingestellten Konstruktionen der Fall ist. Als Beispiel zur Abgrenzung zwischen Fassade und Wand (Gebäudeklasse 4) kann die Abbildung auf Seite 157 herangezogen werden. Hier befindet sich die Grenze zwischen der außen liegenden Gipsbauplatte und der zweiten wasserführenden Ebene (Folie). Die Brandschutzanforderung REI 30 für nichttragende Wände in Holztafelbauweise zu erfüllen ist einfach, da in der Regel wegen der ohnehin erforderlichen Dämmstärke (innen und außen) einlagig angeordnete Gips- oder Holzwerkstoffplatten von zehn bis 15 Millimetern Dicke, je nach Plattenmaterial, genügen.

Die Erfüllung der Anforderung »schwer entflammbar« an Fassadenmaterialien lässt sich hingegen durch Holzbekleidungen nicht erfüllen. Hier sind besondere konstruktive Maßnahmen erforderlich, um das Schutzziel der Schwerentflammbarkeit – keine selbstständige Ausbreitung des Brands außerhalb des Primärbrandbereichs – trotz der Verwendung eines brennbaren Materials zu erreichen. Auf der Grundlage umfangreicher Untersuchungen in der Schweiz, Österreich und Deutschland ist dazu inzwischen eine Reihe von Konstruktionsvorschlägen entwickelt worden, die im Rahmen von Brandschutzkozepten umgesetzt werden können.[1,2] Diese beruhen im Wesentlichen auf einer geschossweisen Trennung der Hinterlüftungsebene und der geschlossenen Fassadenverbretterungen in Kombination mit festgelegten Überständen, zum Beispiel von Trennblechen. Grundsätzlich wird empfohlen, die Anforderungen hier ebenso wie beim Holzschutz gegen Feuchte konstruktiv umzusetzen und auf den Einsatz von beispielsweise Flammschutzmitteln im Außenbereich zu verzichten.

Haustechnik

Einen wesentlichen Einfluss auf das Brandentstehungsrisiko und den Feuerwiderstand in allen Bauweisen haben haustechnische Installationen und besonders ihre Durchführung durch trennende Bauteile von Nutzungseinheiten. Für die Stahlbetonbauweisen bestehen viele Standardlösungen, die aufgrund der Ausweitung der Holzbauweise auf das mehrgeschossige Bauen erst entwickelt beziehungsweise angepasst werden mussten. Zurzeit stehen genügend Nachweise in Form von allgemeinen bauaufsichtlichen Zulassungen und europäisch technischen Zulassungen für Produkte zu Verfügung. Zudem hat es sich bewährt, die Leitungsführungen in Schächten zu konzentrieren und dort, wenn möglich, die Elektroinstallationen zu separieren. Das erhöht die Übersichtlichkeit ungemein! Daneben ist es vorteilhaft, die vertikalen Schächte in Höhe der Geschossdecken mit Brandschutzschotts auszustatten, um so innerhalb der Nutzungseinheiten keine weiteren Schotts oder Brandschutzklappen zu benötigen. Das gilt sinngemäß auch für horizontale Durchdringungen von Trenn-, Brand- oder Treppenhauswänden.

Die besten Produkte und Planungskonzepte sind allerdings wirkungslos, wenn auf der Baustelle nicht richtig eingebaut wird. Hier ist – in allen Bauweisen – eine bessere Schulung der Ausführenden angezeigt, um Fehlanwendungen zu vermeiden. Zum Thema Brandschutz und Haustechnik ist erst kürzlich sehr gute weiterführende Literatur erschienen, die Planern und ausführenden Unternehmen zur Lektüre vor Baubeginn empfohlen werden kann.[3,4] Brandschutz im mehrgeschossigen Holzbau bis zur Hochhausgrenze ist ohne »Risikozuschlag« auf der Grundlage vielfältig geprüfter Konstruktionen und Konzepte möglich. Das gilt inzwischen für ganz Europa! Eine Übersicht zum internationalen Stand des Brandschutzes im mehrgeschossigen Holzbau liefert die Zusammenfassung der technischen Richtlinien *Fire Safety in Timber Buildings* (2010)[5,2] der TU München. Entsprechend der Weiterentwicklung des Stands der Technik sollten in Zukunft auch die bauaufsichtlichen Regeln fortgeschrieben werden.

Der Brandschutzschott verläuft nicht fachgerecht in der Deckenebene und wird von Kabeln in Leerrohren umgeben.
Foto: Stefan Winter

Leider sind gerade bei der Ausführung von Brandschutzmaßnahmen auf den meisten Baustellen – dies gilt generell für alle Bauweisen – noch immer Defizite festzustellen. Eine sorgfältige Planung sowie eine hinreichende Überwachung von Fertigung und Ausführung sind in jedem Fall erforderlich, um die angestrebten Sicherheiten dauerhaft zu erreichen. Für die Muster-Richtlinie über brandschutztechnische Anforderungen an hochfeuerhemmende Holzbauteile (M-HFHHolzR), die bei Gebäuden der Gebäudeklasse 4 und meist auch bei der Gebäudeklasse 5 anzuwenden ist, benötigen Betriebe, die Bauteile im Rahmen dieser Richtlinie ausführen, eine besondere Eigen- und Fremdüberwachung (ÜZ) entsprechend Bauregelliste (BRL) A Teil 2, Nr. 2.44. Zusätzlich ist die ordnungsgemäße Ausführung auf der Baustelle durch den Prüfingenieur für Standsicherheit zu bescheinigen. Auch hier ist der Holzbau Vorreiter bei der Sicherung einer durchgehend optimierten Bauwerksqualität.

Literaturverweise und Quellen

1. Stefan Winter / Michael Merk: Brandsicherheit im mehrgeschossigen Holzbau. Abschlussbericht Teilprojekt 2. High-Tech-Offensive Zukunft Bayern. TU München, Lehrstuhl für Holzbau und Baukonstruktion, München 2008.
2. Peter Schober u. a.: Fassaden aus Holz. Holzforschung Austria, Wien 2010.
3. Irmgard Matzinger / Martin Teibinger: Brandabschottung im Holzbau. Holzforschung Austria, Wien 2012.
4. Manfred Lippe / Jürgen Wesche u. a.: Kommentar zur Muster-Leitungsanlagen-Richtlinie (MLAR), Köln 2011.
5. Birgit Östman u. a.: Fire Safety in Timber Buildings. European Guideline. SP Trätek, Stockholm 2010 (zu beziehen über TU München, Lehrstuhl für Holzbau und Baukonstruktion).

Erdbebensicherheit im Holzbau

Helmut Zeitter

Eine historisch gewachsene Holzbautradition findet sich bevorzugt in Gebieten mit häufig auftretenden Erdbeben. Nicht ohne Grund: Holzbauten gelten im Allgemeinen wegen der Materialeigenschaften und der Tektonik als robust.

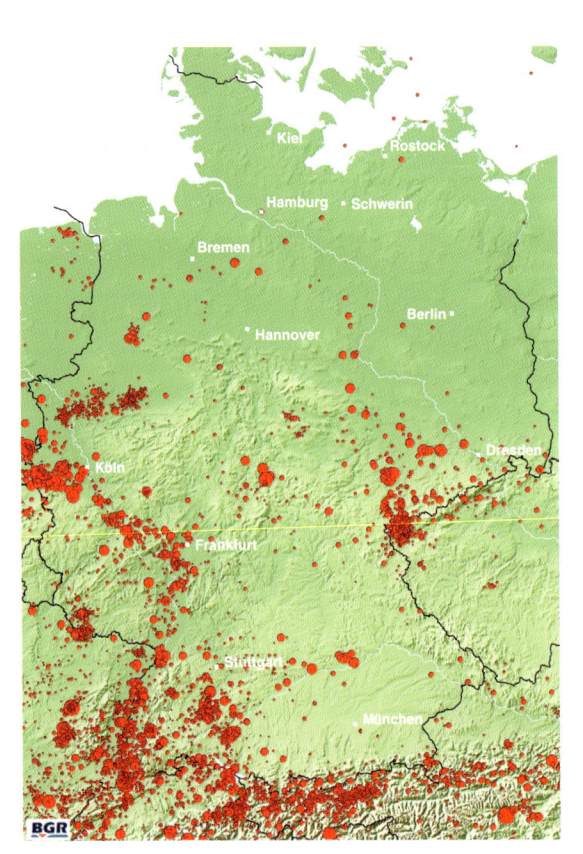

Seismizität in Deutschland seit dem Jahr 800
Quelle: Bundesgenossenschaft für Geowissenschaften und Rohstoffe (BGR)

Über die Medien vernehmen wir in regelmäßigen Abständen die katastrophalen Folgen von Erdbeben. Einige der Starkbebengebiete der Welt sind uns damit präsent geworden. Der Versuch, die Erdbebengebiete darzustellen, wird von der Frage erschwert, nach welchem Kriterium zu sortieren ist. Machen wir dies von der Intensität (schadensorientierte Skalierung) oder der Magnitude (energieorientierte Skalierung) des Bebens abhängig? Ist es die Häufigkeit der bisherigen Beben in der Region oder die Zahl der dabei ums Leben gekommenen Menschen? Sind es die politisch-gesellschaftlichen Schwierigkeiten für den Wiederaufbau oder die unmittelbaren wirtschaftlichen Folgen aus der Zerstörung volkswirtschaftlicher Substanz?

Der Blick zurück auf die Katastrophen und die dabei empfundene Betroffenheit sollten den Blick nach vorne nicht verstellen. Der Holzbau kann aus der Thematik nämlich einiges schöpfen. Zu nennen sind Exportchancen, Argumente für den Inlandsmarkt und einen geschärften Fokus für einen ganz allgemein wichtigen Planungsaspekt: Robustheit. Auch wenn das Risiko eines schweren Erdbebens in Deutschland deutlich geringer ist, täuscht es doch darüber hinweg, dass Erdbeben auch hierzulande erhebliche Schäden verursachen können. Im Bewusstsein der Menschen wird ein Erdbeben allein deshalb zu einer theoretischen Bedrohung, da die Auftretenshäufigkeit gering ist, sodass sich nur wenige an das letzte schwere Erdbeben ausführlich erinnern. Volkswirtschaftlich wirkt sich heute ein Erdbeben deutlich stärker als noch vor 15 Jahren aus. Hochtechnisierte Gebäude und Anlagen wie Rechenzentren sind durchaus empfindlich. Würde das Baseler Erdbeben aus dem Jahr 1356 heute auftreten, wären tausende Tote und etwa 50 Milliarden Euro Schäden zu beklagen.[1] Aus den vergangenen zehn Jahren wird dies auch durch Erdbebenereignisse in den USA und Japan mit besonders großen Opferzahlen und hohen wirtschaftlichen Schäden belegt.

Nagelverbindung mit plastischer Verformung
Foto: Johannes Sessing, Institut für Holzbau, Hochschule Biberach

Für städtebauliche Herausforderungen – ob eine Nachverdichtung oder eine neue Bebauung innerstädtischer Grundstücke – wird in Zukunft daher der Stellenwert robuster Konstruktionen wachsen. In der Planung und Konzeption wird dies über Bedeutungskategorien der Gebäude berücksichtigt. Krankenhäuser und Feuerwehrgebäude (Kategorie IV) werden anders bewertet als Wohnhäuser (Kategorie II). Für eine der Domänen des Holzbaus – Schulen, Kindergärten und Gemeindezentren – lässt sich hier sehr gut argumentieren, da eine relativ hohe Bedeutungskategorie (III) mit der hohen Sicherheit der Holzkonstruktionen kombinierbar ist.

Verhalten von Holzbauten unter Erdbebenlasten

Es würde sicherlich zu weit führen, an dieser Stelle erschöpfend die Eigenschaften von Holzbauten unter dem dynamischen Einfluss eines Bebens zu differenzieren. Um jedoch die Vorteile herkömmlicher Holzhäuser unter dem Aspekt der Erdbebensicherheit verstehen zu können, bedarf es einiger Erläuterungen.
Die Betrachtung des Lastfalls Erdbeben und der dabei anzusetzenden Lasten (nach neuer Nomenklatur »Einwirkungen«) unterscheidet sich von anderen Lastfällen in wesentlichen Punkten:
· Es wird immer die Gesamtstruktur des Bauwerks wirksam, da die vorwiegend horizontalen Beschleunigungen aus dem Untergrund hervortreten.
· Die Charakteristik des Bebens in Wechselwirkung mit lokalen Untergrundverhältnissen lässt sich nur aufgrund einer spärlicheren Statistik festlegen, sodass die »Trefferquote« bei den konkreten Beanspruchungen geringer ist.
· Der Unterschied zwischen den tatsächlich dynamisch wirkenden Kräften und den nach dem Berechnungsalgorithmus der Norm anzusetzenden Ersatzlasten hat gegenüber anderen Einwirkungen größere Streuungen.

· Die Steifigkeit des Tragwerks sollte möglichst realistisch erfasst werden. Im Sicherheitskonzept aller anderen Lastfälle ist eine auf der sicheren Seite liegende Unterschätzung der Steifigkeiten gegebenenfalls angemessen. Im Lastfall Erdbeben kann diese Unterschätzung dazu führen, dass zu geringe Ersatzlasten angenommen werden.

Allgemein ist für den Lastfall Erdbeben wichtig, dass das Tragwerk bei wirtschaftlicher Bemessung Tragreserven aufweist, die sich durch Zähigkeiten ergeben. Im Holzbau sind dies im Wesentlichen mechanische Verbindungsmittel, die diesen Beitrag zur sogenannten »Energiedissipation« leisten. Darunter wird das Konzept verstanden, das auch im Automobilbau Anwendung findet. So wie die Knautschzone des Fahrzeugs bei einem Aufprall die Stoßenergie durch plastische Verformung und Reibung vernichtet, so soll in einer Gebäudestruktur die aus dem Untergrund eingetragene kinetische Energie ebenfalls dissipiert (= zerstreut) werden. Im Detail wird im Holzbau diese Aufgabe von den stiftförmigen, mechanischen Verbindungsmitteln geleistet. Das plastische Verhalten, das auch für den Grenzzustand der Tragfähigkeit im Eurocode 5 (DIN EN 1995) als Hintergrund des Nachweismodells dient, erlaubt eine Verformung bei gleichzeitig zuverlässiger Kraftübertragung. Bei wiederholter Verformung, wie sie bei wechselnder Beanspruchungsrichtung im Erdbebenfall auftritt, wird die Energie durch elastisch-plastische Vorgänge dissipiert – ähnlich wie bei Fahrzeugen, bei denen Knautschzonen die Energie vernichten, ohne die Sicherheit der Fahrgastzelle zu beeinträchtigen. Für Bauteile wie zum Beispiel ein Wandelement, lässt sich damit der Nachweis einer entsprechenden Zähigkeit erbringen. Soll dieses System vollständig funktionieren, ist ein durchgängiges Verfolgen der Aussteifungs- und Verankerungskräfte wichtig. Die wesentlichen aussteifenden Bauteile sind Wand- und Deckenscheiben.

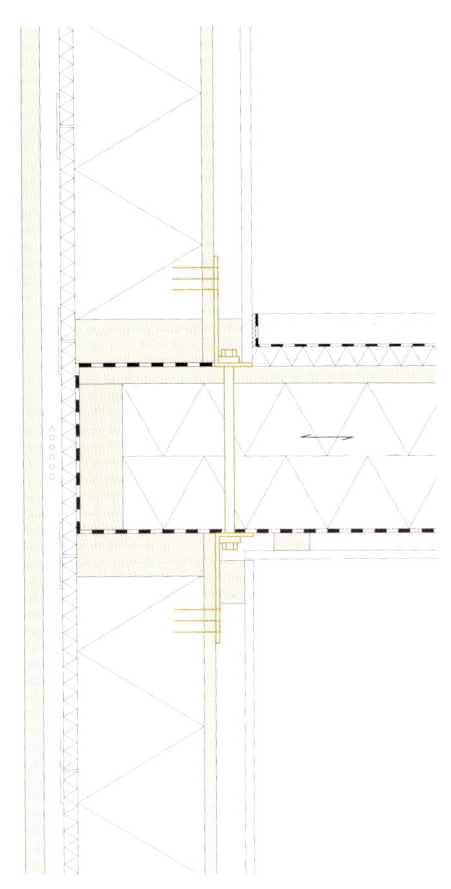

Geschossstoß im Holzrahmenbau
Quelle: INFORMATIONSDIENST HOLZ; IBK 1, Universität Stuttgart

Unter der Voraussetzung, dass das Dachtragwerk ebenfalls als Ganzes in der Lage ist, die Beschleunigungskräfte in die Wände zu leiten, sind die herkömmlichen Kriterien einer sauberen Lastableitung maßgebend. Der Lastfall »Erdbeben« wirkt sich bei ungünstiger Anordnung der aussteifenden Wände in den einzelnen Geschossen auf das Verhalten nachteilig aus, da sich die dynamischen Reaktionen und Verformungen rechnerisch nur sehr begrenzt erfassen lassen. Wand- und Deckenscheiben müssen daher zuverlässig miteinander verbunden sein, sodass dem Geschossstoß besondere Bedeutung zukommt. Insbesondere die Identifikation ungestört wirkender Scheibenbereiche der Decken und Wände stellt den wesentlichen Anspruch an den Entwerfer (Architekt und Ingenieur!) dar. Sowohl die Längskräfte als auch die Einzelkräfte aus der Scheibenwirkung sind sorgfältig zu verankern. Dazu stehen herkömmliche Winkel und Laschen zu Verfügung, die wiederum mit Nägeln oder Schrauben verbunden werden können. Neuere Entwicklungen für die Endverankerung von Wandscheiben leisten dies jedoch bereits in einem einzigen Bauteil.

Bei vorelementierter Herstellung des Bauwerks müssen die Elementfugen sorgfältig verbunden werden. Die dafür in der Regel zum Einsatz kommenden Schrauben leisten einen hervorragenden Beitrag zur Duktilität. Für leichtere Tragwerke wirken sich auch die in der Statik nicht als tragende Elemente angesetzten und nachgewiesenen Bauteile aus. Für die Dämpfung einer dynamischen Reaktion eines Tragwerks sind neben der Masse auch alle weiteren Reibungsmechanismen maßgebend. Daraus folgt, dass der nichttragende Ausbau viel zu dem eigentlichen Verhalten beiträgt.

Neue Normen für Bauten in Erdbebengebieten

Die Betrachtung eines im Vergleich mit den großen Beben der Welt für die deutschen Erdbebengebiete schwachen, aber typischen Bebens ist daher selbstverständlicher Bestandteil einer Bauplanung. Dazu liegt seit zwei Jahren die europäisch harmonisierte Erdbebennorm Eurocode 8 (DIN EN 1998) vor. Neben der Anpassung an den Stand der Wissenschaft und Technik wurden Entwicklungen eingearbeitet, die sich auch in anderen Normen wiederfinden. So wird beispielsweise das durchschnittlich geringere Gebäudegewicht berücksichtigt. Wichtigster Unterschied sind die auf probabilistischer Basis erstellten Erdbebenzonenkarten. Wie bisher sind in Deutschland Nordrhein-Westfalen und Baden-Württemberg am stärksten betroffen. Für den Holzbau zählen diese Bundesländer zu den wichtigsten Absatzmärkten. Neu ist die Berücksichtigung des unmittelbar am Bauprojekt vorliegenden Baugrunds zur Ermittlung der bemessungsrelevanten Beanspruchungen, sodass es neben der auf vier Zonen reduzierten Erdbebenzonenkarte eine Untergrundkarte gibt.

Das Sicherheitskonzept der Erdbebennorm reiht sich dabei in die neue Generation der Berechnungs- und Bemessungsnormen auf der Basis der Teilsicherheitsbeiwert-Methode ein. Damit wurde der entscheidende Schritt auf dem Weg zu den europäischen

Normen gemacht. In Verbindung mit dem Eurocode 5 im Holzbau kann so zunächst unmittelbar gearbeitet werden. Die prinzipiell positiven Eigenschaften von Holzkonstruktionen unter Erdbebeneinfluss werden allerdings aus dem für den Holzbau relevanten Kapitel »Besondere Regeln für Holzbauten« nicht direkt ersichtlich. Bei kleineren Beben bleiben Schäden vollständig aus; bei mittleren Beben sind sie einfach zu beheben, weil Holzbauten leicht zu reparieren sind. Bei starken Beben können die aus dem Untergrund kommenden, vornehmlich horizontalen Verformungen vom Bauwerk aufgenommen werden, ohne zwingend die Standsicherheit zu gefährden. Es liegt in der Verantwortung und Erfahrung des Tragwerksplaners, die Einordnung einer Struktur in die höheren Duktilitätsklassen zu rechtfertigen. Damit werden die für die Energiedissipation erforderlichen Mechanismen zu einem wesentlichen Bestandteil der Zähigkeit einer Konstruktion.

Geschieht dies, dürfen mit dem sogenannten Verhaltensbeiwert q die für die Berechnungen anzusetzenden Ersatzlasten reduziert werden. Die ausführlichen normativen Vorgaben im Mauerwerks-, Stahlbeton- und Stahlbau wurden spezifisch auf die Werkstoffe abgestimmt. In der Kürze der Vorgaben für den Holzbau liegt eine wichtige Chance. Es ist Aufgabe eines entsprechenden Kommentars beziehungsweise einer Anwendungsinformation, die Robustheitskriterien für Holzbauten näher zu definieren, um die offensichtlichen Qualitäten des Holzbaus zu nutzen. Da das europäische Regelwerk in allen Ländern inzwischen die Normengrundlage darstellt, steckt für die vielen europäischen Erdbebengebiete (Griechenland, Italien, Türkei etc.) eine gute Exportoption in der zügigen Umsetzung der hinter der Norm stehenden Aspekte.

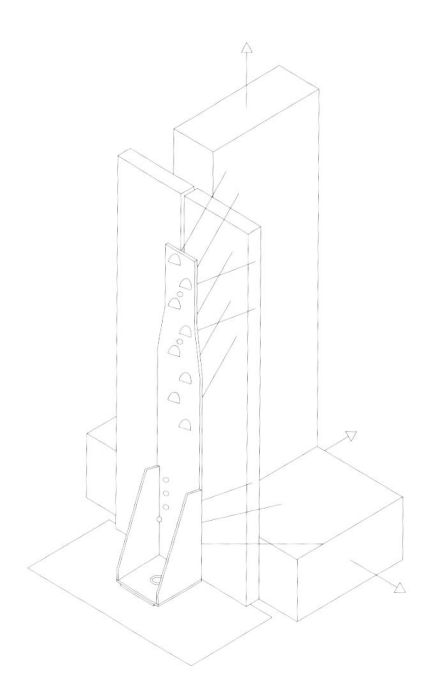

Endverankerung mit gleichzeitiger Tragwirkung für Längskräfte
Quelle: INFORMATIONSDIENST HOLZ; IBK 1, Universität Stuttgart

Robustes Gesamtverhalten

Da die handwerklich errichteten Häuser derart viele Dissipationsmechanismen aus den mechanischen Verbindungsmitteln besitzen, lässt sich dem Holzhausbau ein sehr zähes und damit duktiles Verhalten attestieren. Nicht ohne Grund weist das GeoForschungszentrum Potsdam (GFZ) in seinem Merkblatt *Erdbeben – Was mache ich, wenn in Starkbebengebieten die Erde bebt?* darauf hin, dass Holzrahmenkonstruktionen mit leichten Dächern am wenigstens gefährdet sind. Wie immer ist jedoch eine sorgfältige Planung und Ausführung notwendig, um die unbestreitbaren Vorteile zu nutzen. Das Gesamtverhalten ist damit robust zu nennen, wenn die Aussteifung mit Augenmaß entworfen, der rechnerische Nachweis mit Erfahrung geführt und die zahlreichen Notwendigkeiten bei der Umsetzung des Tragwerkskonzepts beachtet werden. Zu der bauphysikalischen Robustheit moderner Holzhäuser gesellt sich dann auch die mechanische Robustheit, die im Falle des Erdbebens Sicherheit und minimierte Schäden gewährleistet.

Literaturverweise und Quellen

1   Hugo Bachmann u. a.: Handlungsbedarf von Behörden, Hochschulen, Industrie und Privaten zur Erdbebensicherung der Bauwerke in der Schweiz. Dokumentation SGEB, Zürich 1998.

Baurechtliche Grundlagen für mehrgeschossigen Holzbau

Martin Gräfe / Stefan Winter

Bei den Kennwerten für die Standsicherheit ist der Systemholzbau gut mit anderen Bauweisen vergleichbar beziehungsweise als Alternative zum konventionellen Massivbau konkurrenzfähig. Das geltende Baurecht ermöglicht trotz erhöhter Regeldichte für den Brandschutznachweis eine Umsetzung von Holzbauten bis Gebäudeklasse 4.

Die Musterbauordnung MBO 2002 teilt Gebäude in fünf Gebäudeklassen sowie Sonderbauten ein und definiert in Abhängigkeit von diesen Gebäudeklassen Anforderungen an die Standsicherheit und den Brandschutz sowie die dafür erforderlichen Nachweise. Die Gebäudeklassen gliedern sich wie folgt:

· Gebäudeklasse 1: frei stehende Gebäude mit einer Höhe bis zu sieben Metern und nicht mehr als zwei Nutzungseinheiten von insgesamt nicht mehr als 400 Quadratmetern.
· Gebäudeklasse 2: Gebäude mit einer Höhe bis zu sieben Metern und nicht mehr als zwei Nutzungseinheiten von insgesamt nicht mehr als 400 Quadratmetern.
· Gebäudeklasse 3:
  sonstige Gebäude mit einer Höhe bis zu sieben Metern.
· Gebäudeklasse 4: Gebäude mit einer Höhe bis zu 13 Metern; Nutzungseinheiten mit jeweils nicht mehr als 400 Quadratmetern.
· Gebäudeklasse 5: sonstige Gebäude mit einer Höhe bis zu 22 Metern, die nicht unter die Sonderbauten fallen.
· Sonderbauten wie zum Beispiel Hochhäuser mit einer Höhe von mehr als 22 Metern oder Versammlungsstätten.

Die Höhe im Sinne der MBO ist dabei jeweils das Maß der Fußbodenoberkante des höchstgelegenen Geschosses, in dem ein Aufenthaltsraum möglich ist – über der Geländeoberfläche im Mittel. Die Höhenbeschränkungen sind teilweise durch die Feuerwehrausrüstung begründet, so sind 22 Meter die größte Höhe, die sich mit einem typischen Drehleiterfahrzeug noch erreichen lässt. Das primäre Schutzziel im Brandschutz nach § 14 MBO lautet: »Bauliche Anlagen sind so zu errichten, […], dass der Entstehung eines Brandes und der Ausbreitung von Feuer und Rauch vorgebeugt wird und bei einem Brand die Rettung von Menschen und Tieren sowie wirksame Löscharbeiten möglich sind.«

Zur konkreten Umsetzung dieses allgemeinen Schutzziels werden in Abhängigkeit der Gebäudeklassen für tragende und aussteifende Bauteile einerseits Anforderungen an die Brennbarkeit der verwendeten Baustoffe und andererseits an den Grad der Feuerwiderstandsfähigkeit gestellt.

In diesem Punkt liegt die wesentliche Neuerung der MBO 2002 für den Holzbau: Für Gebäude in Gebäudeklasse 4 (GK4) besteht die Möglichkeit, hochfeuerhemmende Bauteile zu verwenden, »deren tragende und aussteifende Teile aus brennbaren Baustoffen bestehen und die allseitig eine brandschutztechnisch wirksame Bekleidung aus nicht brennbaren Baustoffen (Brandschutzbekleidung) und Dämmstoffe aus nicht brennbaren Baustoffen haben«. Tragende Gebäudestrukturen aus Holz sind somit bis zur Gebäudeklasse 4 ohne die Genehmigungen von Abweichungen in hochfeuerhemmender Bauweise möglich geworden.

Hochfeuerhemmende Bauteile

Zur Spezifizierung der Anforderungen an hochfeuerhemmende Holzbauteile und deren Brandschutzbekleidungen wurde die Muster-Holzbaurichtlinie (M-HFHHolzR) erstellt, die inzwischen in allen Bundesländern bauaufsichtlich eingeführt ist. Sie gilt für Holztafel-, Holzrahmen- und Fachwerkbauweise »mit einem gewissen Grad der Vorfertigung«, bisher aber nicht für Holzmassivbauweisen, ausgenommen die Brettstapelbauweise.

Die Richtlinie legt Anforderungen hinsichtlich der zu verwendenden Baustoffe, der Brandschutzbekleidungen und ihrer konstruktiven Ausbildung fest. Sie gibt außerdem Konstruktionsgrundsätze für die Gestaltung von Fugen, Ecken, Bauteilanschlüssen, Öffnungen und Installationsführungen vor und enthält Richtzeichnungen für typische, häufig vorkommende Details. Praktisch bedeutet das für die Gestaltung von hochfeuerhemmenden Holzbauteilen:

· Die Bekleidung muss durchgängig sein und aus mindestens zwei Lagen nicht brennbarer Plattenwerkstoffe mit einer Gesamtdicke von rund 30 bis 40 Millimetern bestehen.
· Fugen innerhalb einer Bauteilfläche und an Bauteilecken und -anschlüssen müssen mit Versatz oder Nut-und-Federverbindungen hergestellt werden.
· Dämmstoffe müssen nicht brennbar sein und einen Schmelzpunkt von mindestens 1.000 Grad Celsius aufweisen.
· Die Führung von Installationen innerhalb der Bauteile ist stark eingeschränkt; gegebenenfalls sind Installationsebenen vor der Brandschutzbekleidung anzuordnen.

Durch diese Anforderungen sollen

· ein Brennen tragender und aussteifender Holzkonstruktionen,
· die Einleitung von Feuer und Rauch in die Wand- und Deckenbauteile über Fugen, Installationen oder Einbauten sowie eine Brandausbreitung innerhalb dieser Bauteile und
· die Übertragung von Feuer und Rauch über Anschlussfugen von raumabschließenden Bauteilen in angrenzende Nutzungseinheiten oder Räume verhindert werden.

Die Brandschutzbekleidung besitzt die Aufgabe, eine Entzündung der tragenden und aussteifenden Holzkonstruktion über einen Zeitraum von mindestens 60 Minuten zu verhindern. Der dahinter liegende Gedanke ist, dass sich die Tragkonstruktion innerhalb der Schutzzeit nicht am Brandgeschehen beteiligen soll und sich das Bauteil damit insgesamt wie eine entsprechende mineralische Massivkonstruktion verhält. Die Einhaltung dieser Eigenschaften wird durch die Klassifizierung K 260 nach DIN EN 13501-2 erreicht, die Prüfung der Bauteile erfolgt nach DIN EN 14135. Das wesentliche Prüfkriterium ist, dass sich die Oberfläche der zu schützenden Tragkonstruktion auf nicht mehr als durchschnittlich 250 Grad Celsius und lokal an einzelnen Stellen bis zu 270 Grad Celsius über der Ausgangstemperatur aufheizen darf und damit noch unter der Zündtemperatur von Holz bleibt.

Die Bauregelliste

Das Bauprodukt »hochfeuerhemmende Holzbauteile« ist in der Bauregelliste (BRL) A Teil 2, Nr. 2.44 gelistet. Vorgeschrieben wird dort ein Verwendbarkeitsnachweis in Form eines allgemeinen bauaufsichtlichen Prüfzeugnisses (abP) und ein Übereinstimmungszertifikat (ÜZ) zur Sicherstellung der geforderten Eigenschaften durch eine anerkannte Prüfstelle. Nach § 24 MBO ist ein Übereinstimmungszertifikat von einer Zertifizierungsstelle »zu erteilen, wenn das Bauprodukt [...] dem abP [...] entspricht und einer werkseigenen Produktionskontrolle sowie einer Fremdüberwachung [...] unterliegt«. Die Fremdüberwachung ist von Überwachungsstellen nach § 25 MBO durchzuführen und »hat regelmäßig zu überprüfen, ob das Bauprodukt [...] dem abP entspricht.« Überwachungs- und Zertifizierungsstellen nach § 25 MBO werden von der obersten Bauaufsichtsbehörde anerkannt, »wenn die erforderlichen personellen und technischen Anforderungen erfüllt sind und die Gewähr dafür bieten, dass die Aufgaben den öffentlich-rechtlichen Vorschriften entsprechend wahrgenommen werden.« Im Rahmen der Fremdüberwachung wird zunächst geprüft, ob die personelle, organisatorische, gerätemäßige und räumliche Ausstattung eine ordnungsgemäße Fertigung erwarten lässt. Während der Fertigung wird die Übereinstimmung der produzierten Bauteile mit den zugrunde liegenden technischen Regeln geprüft und dokumentiert. Dazu kommt die Prüfung der bautechnischen Unterlagen, der Nachweise der verwendeten Baustoffe und der konstruktiven Ausbildung der Bauteile. Wenn also ein Betrieb die Fertigung hochfeuerhemmender Bauteile in Holzbauweise beginnen möchte, muss er sich von einer anerkannten Prüf- und Zertifizierungsstelle fremdüberwachen und für die gefertigten Bauteile ein Übereinstimmungszertifikat ausstellen lassen. Erst dann dürfen die hochfeuerhemmenden Holzbauteile mit dem Ü-Zeichen versehen, in Verkehr gebracht und in einem Gebäude eingebaut werden. Die M-HFHHolzR fordert zudem die Überwachung und Bescheinigung der ordnungsgemäßen Bauausführung durch die Bauaufsichtsbehörde beziehungsweise einen von ihr beauftragten Prüfsachverständigen oder Prüfingenieur für Standsicherheit.

Allgemeine bauaufsichtliche Prüfzeugnisse

Die nach der Bauregelliste erforderlichen allgemeinen bauaufsichtlichen Prüfzeugnisse wurden von den Herstellern von Bekleidungswerkstoffen speziell für ihre Produkte oder, allgemeiner, für genormte Plattenwerkstoffe von Forschungsstellen beantragt. Sie definieren dabei jeweils den Aufbau einer ungestörten Wand- beziehungsweise Deckenfläche mit allen erforderlichen Angaben hinsichtlich der zu verwendenden Baustoffe und der genauen Ausführungsart. Die Ausführung von Fugen, Ecken, Bauteilanschlüssen, Installationen und Öffnungen etc. wird nicht explizit festgelegt, sondern ist stets auf den Einzelfall abgestimmt entsprechend den Leitdetails und Regelungen der M-HFHHolzR auszuführen. Es liegen zum gegenwärtigen Stand sieben allgemeine bauaufsichtliche Prüfzeugnisse (abPs) für hochfeuerhemmende Wand- und Deckenholzkonstruktionen entsprechend der M-HFHHolzR und BRL A, Teil 2, Nr. 2.44 vor. Sie wurden von Herstellern für Brandschutzbekleidungen (Fermacell und Knauf) oder der DGfH bei der Gesellschaft für Materialforschung und Prüfungsanstalt (MFPA) Leipzig und der Materialprüfanstalt (MPA) Braunschweig beantragt. Ein bauaufsichtliches Prüfzeugnis bezieht sich auf

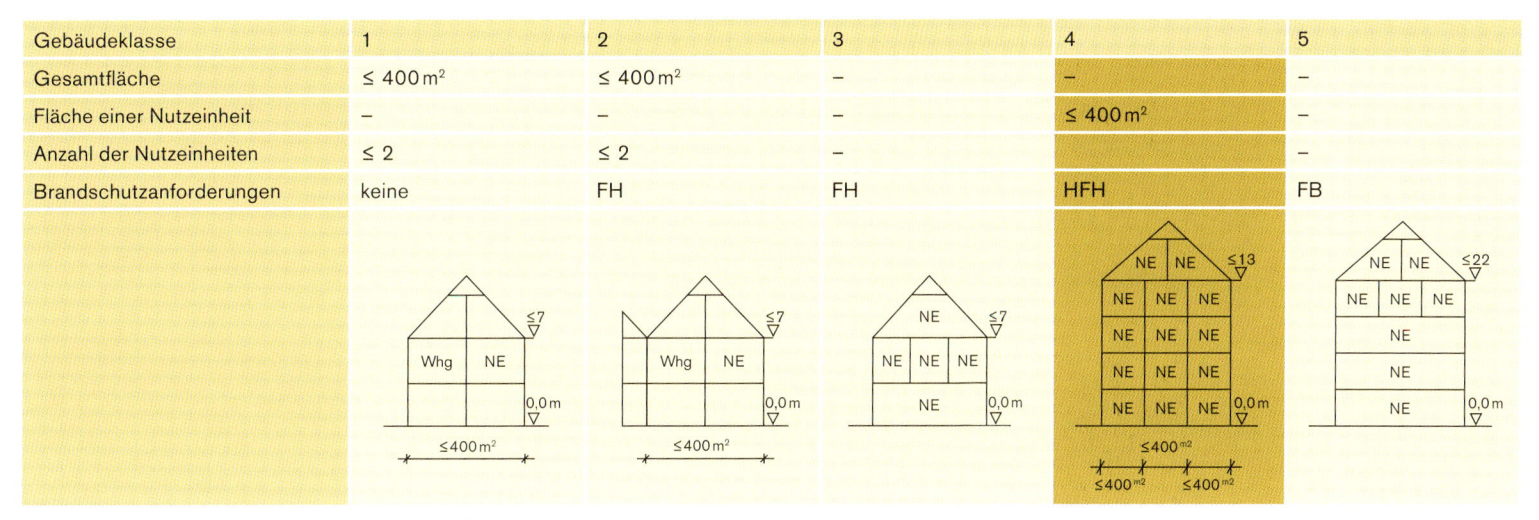

Gebäudeklasse	1	2	3	4	5
Gesamtfläche	≤ 400 m²	≤ 400 m²	–	–	–
Fläche einer Nutzeinheit	–	–	–	≤ 400 m²	–
Anzahl der Nutzeinheiten	≤ 2	≤ 2	–	–	–
Brandschutzanforderungen	keine	FH	FH	HFH	FB

Gebäudeklassen nach MBO (Musterbauordnung)
Quelle: TU München, Lehrstuhl für Holzbau und Baukonstruktion

Wände der Anforderungsklasse REI 90-M/K 260 mit zusätzlicher mechanischer Stoßbeanspruchung. Der Unterschied liegt hier im Wesentlichen in der Anordnung einer zusätzlichen Holzwerkstoffplatte unter der Brandschutzbekleidung. Die Brandschutzbekleidung nach M-HFHHolzR der Kapselklasse REI 60-K 260 besteht in der Regel aus zwei Gipskarton-Feuerschutzplatten (GKF) oder Gipsfaserplatten mit einer Stärke von 18 Millimetern. Nach einigen Prüfzeugnissen können alternativ auch 1 × 25 mm + 1 × 12,5 mm GKF, 1 × 18 mm + 2 × 10 mm GKF, 3 × 12,5 mm GKF oder 4 × 10 mm GKF als Aufbau verwendet werden. Die Anwendung von Alternativen mit mehr als zwei brandschutztechnischen Bekleidungslagen dürfte sich aus wirtschaftlichen und praktischen Gründen auf wenige Ausnahmen beschränken.

Bei der Planung eines konkreten Bauvorhabens mit hochfeuerhemmenden Holzbauteilen muss ein entsprechendes Prüfzeugnis ausgewählt und dessen Anforderungen in der Ausführung umgesetzt werden. Es bildet zudem die Grundlage der vorgeschriebenen Fremdüberwachung, bei der unter anderem kontrolliert wird, ob die im Prüfzeugnis festgelegten Anforderungen praktisch umgesetzt wurden. Wenn das verwendete Prüfzeugnis (geringfügig) von Festlegungen in anderen Regelwerken wie der M-HFHHolzR abweicht, sind die Angaben im Prüfzeugnis maßgebend.

Abweichungen und Kompensationsmaßnahmen

In fast keinem der bisher ausgeführten Bauvorhaben im Geltungsbereich der M-HFHHolzR wurde den dortigen Regelungen vollständig gefolgt, es mussten also Abweichungen beantragt und entsprechende Zustimmungen erteilt werden. Dies hatte teilweise wirtschaftliche und praktische, oft aber auch gestalterische Gründe. Abweichungen definiert die MBO 2002 in § 3 Absatz 3 wie folgt: »Die von der obersten Bauaufsichtsbehörde durch öffentliche Bekanntmachung als Technische Baubestimmungen eingeführten technischen Regeln sind zu beachten. [...] Von den Technischen Baubestimmungen kann abgewichen werden, wenn mit einer anderen Lösung im gleichen Maße die allgemeinen Anforderungen des Absatzes 1 erfüllt werden; [...]«.

Den Nachweis, dass beim Abweichen von einer technischen Regel deren Zweck auf andere Weise entsprochen wird, hat der Bauherr zu erbringen. Gelingt dieser Nachweis, besteht auf die Genehmigung der Abweichungen ein Rechtsanspruch. Im Falle von Abweichungen ist somit ein ganzheitliches Brandschutzkonzept erforderlich, in welchem nachgewiesen wird, dass die Schutzziele nach § 14 MBO durch die abweichende Lösung in gleicher Weise erreicht werden. Wie das im Einzelfall geschieht, lässt sich nicht pauschal beantworten, da immer die Gegebenheiten des jeweiligen Gebäudes und die sonstigen örtlichen Randbedingungen (Möglichkeiten und Ausstattung der lokalen Feuerwehr) zu berücksichtigen sind.

Die häufigsten Abweichungen betreffen die Punkte:
1. Verwendung von sichtbaren Holzoberflächen, das heißt teilweise Weglassung der Kapselung,
2. Reduzierung der Kapselklasse auf beispielsweise K 230,
3. Verwendung brennbarer Dämmstoffe (Zellulose etc.),
4. Verwendung von Massivholzbauteilen als Tragstruktur.

Zu sichtbaren Holzoberflächen

Dieser Punkt hat erfahrungsgemäß die höchste Relevanz, da oft von Bauherren- und Architektenseite gewünscht wird, in einem »Holzhaus« auch die Holzoberflächen zumindest teilweise sichtbar und damit für den Nutzer erlebbar werden zu lassen. Insbesondere sind oft unbekleidete Deckenuntersichten geplant und mit entsprechenden Kompensationsmaßnahmen auch ausgeführt worden. Durch die Kapselung von Holzbauteilen soll verhindert werden, dass sich die Gebäudestruktur innerhalb der Schutzzeit am Brandgeschehen beteiligt, das heißt das gekapselte Holzbauteil soll sich innerhalb der ersten 60 Minuten wie eine entsprechende mineralische Massivbaustruktur verhalten. Auf diese Weise werden Hohlraumbrände verhindert und der Feuerwehr ein sicherer und wirksamer Löscheinsatz ermöglicht.

Mit der Verwendung von unbekleideten Massivholzbauteilen werden nun zusätzliche immobile Brandlasten in das Gebäude eingebracht. Eine mögliche Kompensationsmaßnahme bildet daher die Verkleinerung der Nutzungseinheiten, damit in einem Brandabschnitt die Brandlasten annähernd gleich groß bleiben. Eine weitere sinnvolle Maßnahme kann der Einsatz einer Brandmeldeanlage mit untereinander vernetzten Meldern kombiniert mit einem transparenten Brandschutzbeschichtungssystem sein, um einen frühzeitigen Einsatz der Feuerwehr und eine Selbstrettung der Bewohner vor der großflächigen Entzündung der Holzoberflächen zu ermöglichen. Die Holzbauteile selbst müssen in diesem Fall nach DIN EN 1995-1-2 für den Brandfall bemessen sein.

Wenn eine automatische Löschanlage vorhanden ist, sind sichtbare Holzoberflächen auch in größerem Umfang denkbar. Für übliche Wohnbauten ist diese Maßnahme allerdings oft nicht finanzierbar, da neben den Installationskosten auch hohe laufende Aufwendungen für die Wartung und Instandhaltung anfallen. Zudem sind die Feuerwehren gegenüber automatischen Löschanlagen in Wohngebäuden sehr kritisch eingestellt.

Voraussetzung ist in jedem Fall eine hohlraumfreie Bauweise, um schwer löschbare Brände im Inneren und eine unkontrollierbare Brandweiterleitung zu vermeiden. Kritisch sind in diesem Zusammenhang zum Beispiel Brettsperrholzelemente zu sehen, deren Bretter der inneren Lagen nicht hinreichend dicht aneinander liegend verleimt sind.

Fluchtwege und notwendige Flure und Treppen sollten immer mit nicht brennbaren Oberflächen ausgestattet sein. Sinnvoll ist daher in der Regel die Ausbildung des Treppenhauses mit Stahlbeton; es kann auf diese Weise auch gut zur Gebäudeaussteifung herangezogen werden.

Zur Reduzierung der Kapselklasse

Aufgrund der Kapselung und der oft aus Gründen des Schall- und Wärmeschutzes vorhandenen dicken Mineralwolledämmung erreichen hochfeuerhemmende Holzbauteile oft insgesamt Feuerwiderstände von bis zu 120 Minuten und sind somit für die reine Feuerwiderstandsdauer überdimensioniert. Die Anforderung »K 260« resultiert nicht aus dem Schutzziel, die Selbstrettung der Bewohner oder die Rettung verbliebener Personen durch die Einsatzkräfte zu ermöglichen, da diese Vorgänge gewöhnlich innerhalb der ersten 20 Minuten nach der Branderkennung abgeschlossen sind. Vielmehr soll ein wirksamer Löscheinsatz ohne Gefährdung der Einsatzkräfte ermöglicht werden. Wenn also eine frühzeitige Alarmierung der Feuerwehr durch eine automatische Brandmeldeanlage mit Aufschaltung zur Feuerwehr garantiert wird, erscheint es vertretbar, eine Reduzierung der Kapselklasse zuzulassen. Eine Brandmeldeanlage mit Aufschaltung zur Feuerwehr ist jedoch mit hohen Investitions- und Folgekosten verbunden und sollte zudem Sonderbauten wie Krankenhäusern, Versammlungsstätten, Pflegeheimen und großen Verkaufsstätten vorbehalten bleiben.

Eine weitere mögliche Kompensationsmaßnahme ist auch hier der Einbau einer automatischen Löschanlage, was allerdings mit hohen Kosten verbunden ist. Es kann sich allerdings lohnen darüber nachzudenken, ob nicht die Kosten einer einfachen, aber wirkungsvollen Löschanlage durch die hohen möglichen Einsparungen bei der Reduzierung der Kapselklasse aufgefangen oder sogar übertroffen werden. Bezüglich der sogenannten »home-sprinkler«, wie sie in Nordamerika umfangreich eingesetzt werden, besteht aber in Deutschland noch erheblicher Entwicklungsbedarf, um sie in die bestehenden Regelwerke sinnvoll einzubinden.

Zu brennbaren Dämmstoffen

Die MBO 2002 schreibt die Verwendung nicht brennbarer Dämmstoffe vor, die zudem nach der M-HFHHolzR einen Schmelzpunkt von mindestens 1.000 Grad Celsius aufweisen müssen. Praktisch beschränkt das die Auswahl verwendbarer Dämmstoffe weitgehend auf Mineralwolle. Bei der Beurteilung der Frage, ob trotzdem auch brennbare biogene Dämmstoffe wie eingeblasene Zelluloseflocken Verwendung finden können, ist vor allem das Pyrolyseverhalten des Dämmstoffs ausschlaggebend. Die Bildung von brennbaren Pyrolysegasen im Inneren der Konstruktion ist in jedem Fall zu verhindern, da deren Ausbreitung in benachbarte Nutzungseinheiten und Hohlräume nicht sicher auszuschließen ist. Entscheidend ist somit die genaue Kenntnis der Entzündungstemperaturen und des Pyrolyseverhaltens des Dämmstoffs. DIN 13501-2 fordert eine maximale Temperaturerhöhung von im Mittel 250 Grad Celsius, die auf die Entzündungstemperatur von Holz (etwa 300 Grad Celsius) ausgerichtet ist und das Verkohlen beziehungsweise Anbrennen der Holztragstruktur verhindern soll. Die pyrolytische Zersetzung von einigen brennbaren Dämmstoffen beginnt dagegen teilweise bereits bei deutlich geringeren Temperaturen. Es ist daher zu empfehlen, zum Nachweis der Verwendbarkeit brennbarer Dämmstoffe entsprechende Brandversuche durchzuführen. Sinnvoll ist zusätzlich zur Anordnung einer entsprechend den Eigenschaften des Dämmstoffs geeigneten Bekleidung die flächendeckende Ausstattung mit Rauchmeldern analog zu den Maßnahmen bei Verwendung von brennbaren Bauteiloberflächen.

Zur Verwendung von Massivholzbauweisen

Der Geltungsbereich der M-HFHHolzR erstreckt sich nur auf die Holztafel-, Holzrahmen- und Fachwerkbauweise und schließt so die Verwendung von Massivholzbauteilen wie Brettsperrholz aus. In der Richtlinie enthalten sind bisher ausschließlich Brettstapeldecken. Aus Sicht der Verfasser spricht allerdings nichts gegen die Verwendung von Massivholz als Tragstruktur, da dadurch die brandschutztechnischen Eigenschaften der Bekleidung nicht verschlechtert werden. Die Bauteileigenschaften hinsichtlich Tragfähigkeit, Raumabschluss und Isolation (R, E und I nach DIN EN 13501-2) werden erfahrungsgemäß sogar eher verbessert. Bei Ausführung der sonstigen Konstruktion und Bekleidung nach der M-HFHHolzR kann auch Massivholz als Tragstruktur ohne größere Probleme verwendet werden, vor allem dann, wenn höhere vertikale Lasten abzutragen sind oder Bauteile zur Aussteifung des Gebäudes mit größeren Horizontallasten belastet werden.

Zusammenfassend lässt sich sagen, dass die Anwendung von Holzbauweisen in Gebäudeklasse 4 inzwischen weitgehend geregelt und hinsichtlich der möglichen Ausführungsarten festgelegt ist. Es existieren verschiedene Prüfzeugnisse, die die Ausführung der erforderlichen Kapselbekleidungen definieren. Es ist allerdings eine Reihe von rechtlichen und formalen Anforderungen zu beachten. Insbesondere Planungsbüros und Holzbaubetriebe, die erstmalig einen Holzbau in den Gebäudeklassen 4 oder 5 umsetzen wollen, sollten sich zu Beginn einen Überblick verschaffen und in diesen Bereichen erfahrene Brandschutzplaner hinzuziehen. Es sind jedenfalls häufig Abweichungen zu beantragen, wie die bisher ausgeführten Projekte zeigen. Ziel der aktuellen Bestrebungen von Forschung und Praxis ist es daher derzeit, solche am Markt nachgefragten Bauweisen in die technischen Regelwerke aufzunehmen, damit sie planungssicher umgesetzt werden können.

Das Bauen mit Holz in Gebäudeklasse 4 ist möglich und kann eine technisch, ökologisch und auch wirtschaftlich attraktive Alternative darstellen, wie inzwischen in etlichen Beispielprojekten nachgewiesen wurde. Es setzt jedoch noch mehr als bei anderen Bauweisen eine sehr gute, genaue und bis in alle Details vollständige Planung sowie intensive Zusammenarbeit aller Beteiligten voraus. Das betrifft besonders das frühzeitige intensive Zusammenarbeiten von Tragwerks- und Brandschutzplanern, Überwachungsstellen und Ausführungsfirmen. Besonders zu beachten ist auch, dass Ausbaugewerke wie Elektro- und Sanitärinstallation nicht wie sonst üblich nach Fertigstellung des Rohbaus relativ unabhängig ihre Arbeit beginnen können, sondern ebenfalls sehr frühzeitig in die Planung einzubeziehen sind. Das nachträgliche »ungeplante« Einbauen etwa von Elektroinstallationen ist kaum sinnvoll und führt – falls wegen mangelhafter Planung nötig – in der Praxis zu großen Schwierigkeiten.

Bei einer guten und vollständigen Planung kann der Holzbau dagegen voll seine Vorteile ausspielen: Die Montage auf der Baustelle geschieht sehr schnell und trocken; die Vorfertigung findet weitgehend witterungsgeschützt im Werk unter idealen Arbeitsbedingungen und mit einer von anderen Bauweisen unerreichten Sauberkeit und Präzision statt. Die entstandenen Räume sind praktisch sofort bezugsfertig und nutzbar.

Urbaner Holzbau aus Sicht des Systemherstellers

Werner Eckert

Architekturbüro Arlt: *Lignopark*, Kreuztal, 1999
Foto: Frank Herlet, Lignotrend Produktions GmbH

Mitte der Sechzigerjahre entschied ich mich für eine Zimmererlehre und damit für den Baustoff Holz. Um das Image des Zimmererberufs stand es damals nicht zum Besten: Dem Zimmerer drohte ein ähnliches Schicksal wie den Wagnern oder den Küfern, er wurde zusehends von der als modern angesehenen Bautechnik verdrängt. Der Dachstuhl eines durchschnittlichen Einfamilienhauses bestand damals gerade mal aus drei bis acht Kubikmeter sägefrischem Bauschnittholz für die Dachsparren und -pfetten. Für den Rest des Hauses spielte Holz keine Rolle – es wurde gemauert und betoniert.

Das Wissen beispielsweise über die Bauphysik war bei den Ausführenden damals nur wenig ausgeprägt. Nicht selten wurden fragwürdige Lösungen umgesetzt, die der Holzbauweise einen dauerhaften Imageschaden bescherten. Inzwischen hat die Branche aber eine enorme technische Entwicklung durchlaufen. Der Zimmerer von heute verfügt im Vergleich mit den Kollegen anderer Gewerke häufig über einen klaren bautechnischen Wissensvorsprung. Er bringt nicht nur bauphysikalisches Wissen mit, sondern hat gelernt, wie Produkte und Bauteile richtig und langlebig zu verbauen sind.

Brettschichtholz steht für den Wandel

Mit dem Ausbau der industriellen Fertigung von Brettschichtholz in den Siebzigerjahren begann eine folgenreiche Entwicklung. Nun zerlegte man den Baumstamm in Teilquerschnitte, um anschließend die technisch getrockneten Brettlamellen wieder zu einem eigenspannungsarmen Gesamtquerschnitt zusammenzufügen. So verbesserte sich die qualitative Ausbeute bei der Nutzung des Baumstamms und die im Holz natürlich auftretenden Spannungen und Risse wurden minimiert. Ein großer Vorteil war die höhere Formhaltigkeit und damit die höhere Qualität und Genauigkeit.

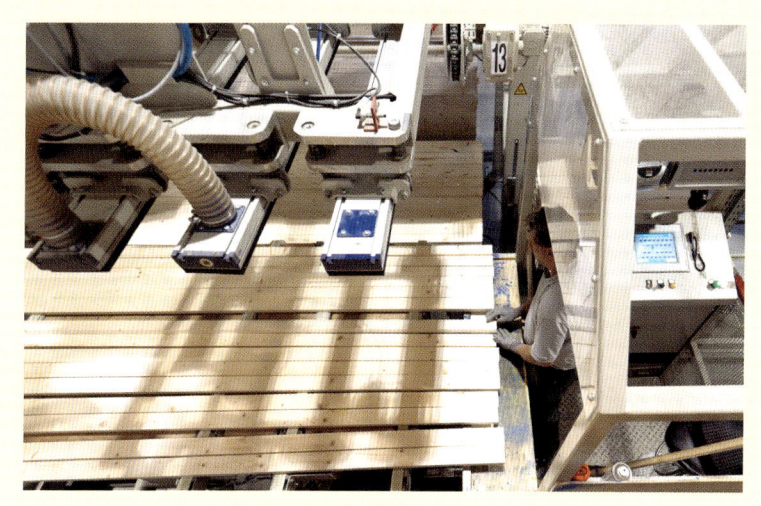

Seitenware-Bretter als Ausgangsmaterial für moderne Holzwerkstoffe
Foto: Uwe Röder-Bischweiler, Lignotrend Produktions GmbH

Die Einführung der Gefährdungsklasse 0 in der DIN 68800 Mitte der Achtzigerjahre und die Erkenntnis der wichtigen Rolle von Gebäudedichtigkeit und weniger diffusionsdichter Bauweisen Mitte der Neunzigerjahre sorgten für einen Qualitätssprung im Holzbau: Das trockene Holz ließ sich nun in vielen Bereichen ohne chemische Behandlung einsetzen und die Gefahr bauphysikalischer Schäden wurde deutlich reduziert.

Formstabile Flächen für die Architektur

Im Jahr 1991 begannen wir, Sägewerksnebenprodukte (Seitenware) kreuzweise zu verleimen und flächige, geschosshohe Blöcke aus massivem Holz herzustellen – anfangs als tragendes Wandelement, später endlos gefertigt als Decken- und Dachelemente. Damals wurde das Produkt noch als Holzblocktafel bezeichnet, rückblickend war es die Geburtsstunde von Brettsperrholz, wie heute die gebräuchliche Bezeichnung lautet. Seitdem erfreut sich dieses Material eines enormen Zuspruchs und ist wesentlicher Bestandteil des zeitgenössischen Holzbaus.

Die Entwicklung vom stabförmigen Balken zum flächigen, massiven und dabei formstabilen Element erwies sich als weiterer Meilenstein, der der Holzbauarchitektur neue gestalterische Spielräume eröffnete. Und das nicht nur in konstruktiver Hinsicht, da das tragende Bauteil gleichzeitig die fertige Sichtoberfläche im Innenbereich bildet.

Der nächste Entwicklungsschritt ist die Erweiterung statischer und bauphysikalischer Spielräume. Gelingt es, die Leistungsfähigkeit der Bauteile aus Brettsperrholz zu steigern, so lassen sich auch neue Märkte im urbanen Bauen erschließen. Um die nicht optimalen Holzeigenschaften insbesondere im Bereich Schallschutz zu kompensieren, wird bei uns der Ansatz verfolgt, die kreuzweisen Brettlagen auf Abstand anzuordnen, sodass sich Ergänzungsmaterialien wie Gewichtsschüttungen, Splitt oder Holzweichfaserplatten einbringen lassen. Zur materialeffizienten Steigerung der Tragfähigkeit bauen wir heute bereits die Brettsperrholzelemente seltener voll massiv auf, sondern meist als Rippen- oder Kastenelemente. In Decken aus Brettsperrholz-Rippenelementen lassen sich Installationen und zusätzliche Maßnahmen für eine Verbesserung des Schallschutzes oder der Raumakustik integrieren.

Wichtig für den Planer sind neutral geprüfte, mit Zahlen, Daten und Fakten belegte Kennwerte der Gesamtbauteile, also der Kombination des Elements mit Zusatzschichten. Denn nur geprüfte Lösungen bieten Planern die Sicherheit bezüglich der Gebrauchstauglichkeit der Gebäudeteile aus Holz, die sie gegenüber den Investoren zu verantworten haben.

Kann der Holzbau Nachhaltigkeit in diesem Sinne auch auf der Ebene der Gebäudenutzbarkeit und damit des Gebäudewerts bieten, so wird das sein Image langfristig noch weiter verbessern. In den vergangenen 45 Jahren hat sich das Verhältnis von Holzpreis zu Lohnaufwand von 1:30 auf 1:4 verändert. Diese Verschiebung um einen siebenfachen Faktor spricht für die industrielle Vorfertigung. Multifunktionale Flächenbauteile aus Holz von hoher bautechnischer Qualität lassen sich in einer geschützten Werkhalle sehr präzise und wirtschaftlich herstellen. Rohbauten können so in kürzester Zeit fertiggestellt werden.

Werner Eckert gründete 1992 die Firma Lignotrend Produktions GmbH und ist geschäftsführender Gesellschafter.

Urbaner Holzbau aus Sicht des Bauunternehmers

Michael Keller

Mehrgeschossiger Holzbau ist aus Sicht eines Generalunternehmers künftig einer der Bereiche im Bauwesen mit dem größten Markt- und Entwicklungspotenzial. Die in den vergangenen Jahren in ganz Europa entstandenen Pilotprojekte zeigen eindrucksvoll, welches Potenzial in den am Markt vorhandenen Holzbausystemen steckt. Bisher haben Generalunternehmer den Holzbau allenfalls an Subunternehmer vergeben und deshalb kein oder nur wenig eigenes Holzbauwissen aufgebaut. Bedingt durch die zunehmende Akzeptanz des Holzbaus bei den Endkunden, vollzieht sich derzeit ein Umdenken in den Führungsetagen der Generalunternehmungen hin zum Aufbau eigener Holzbauabteilungen. Sie schätzen mehr als bisher den Einsatz nachwachsender Rohstoffe und wissen die Vorteile der am Markt verfügbaren Holzbauprodukte und -systeme in Bezug auf ihre Wärmedämmung, Vorfertigung und schnelle Bauzeit zu nutzen. Die traditionellen Geschäftsbereiche der Generalunternehmer – Wohnungsbau, Gewerbe- und Verwaltungsbau sowie öffentliche Gebäude – lassen sich heute alle in Holzbauweise ausführen.

Generalunternehmer verfügen über die Erfahrung bei der Entwicklung und Organisation großer Projekte in Kombination mit Baustoffen wie Stahlbeton, Mauerwerk und Stahl und können deshalb schlüsselfertig Holzbauten anbieten. Wenn sie eine Bauaufgabe objektiv analysieren, also wie sich mit welchem Material in welcher Bauweise das wirtschaftlichste Ergebnis erzielen lässt, sind sie es gewohnt, eine ganzheitliche Betrachtung zunächst ohne Präferenz für einen bestimmten Baustoff vorzunehmen.

Hinzu kommt, dass im urbanen Raum eine deutlich steigende Nachfrage hochwertiger Wohn- und Bürobauten zu verzeichnen ist. Das Angebotspotenzial und die Leistungsfähigkeit eines Generalunternehmers sind darauf zugeschnitten. Komplexe Aufgaben in bestehenden Baustrukturen mit anspruchsvoller Architektur in möglichst kurzer Bauzeit mit vorgefertigten Bauteilen zu realisieren – eventuell verbunden mit teilweise aufwändigen Infrastrukturmaßnahmen und Gründungsproblemen –, sind seine Stärken. Diese Anforderungen können mittelständisch geprägte Holzbauunternehmen nur bedingt abdecken. Durch die Integration von eigenständigen Holzbaubetrieben in die Konzernstrukturen großer Generalunternehmen ist ein kurzfristiger Markteinstieg möglich geworden. So lässt sich die Marktdurchdringung und der Marktanteil für den Holzbau deutlich erhöhen.

Der Holzbau hat sein schlechtes Image hinter sich gelassen und erlebt eine erstaunliche Renaissance. Holz ist in den vergangenen Jahren zur dritten festen Größe unter den Baustoffen geworden. Das damit einhergehende Postulat nach Wirtschaftlichkeit in Verbindung mit hohen Nutzungsstandards, systematisierten Abläufen, optimierten Terminplänen und solventen Auftragnehmern stellt ganz allgemein eine ernstzunehmende Herausforderung dar, der sich der Holzbau im Sinne einer ganzheitlichen Herangehensweise und Projektentwicklung stellen muss.

Durch die begrenzte Interessenswahrnehmung der gesamten Holzbaubranche, niedrige Ertragsmargen und sehr geringe Forschungs- und Entwicklungsbudgets haben die ausführenden Zimmerer- und Holzbauunternehmen vorübergehend eine kleinteilige Entwicklung vollzogen. Dadurch verloren sie das Potenzial zur Realisierung von Großprojekten. Dies lässt sich durch die Eingliederung in funktionierende Generalunternehmungen in mancher Hinsicht wieder rückgängig machen. Fazit: Der Einstieg großer Baukonzerne und das damit verbundene Kapital stellen einen wichtigen Impuls für den Holzbau dar.

Michael Keller ist seit 1987 bei MERK-Holzbau GmbH & Co. KG und seit 2012 Vertriebsleiter der Züblin Bau GmbH in Aichach (vormals MERK-Project GmbH).

Urbaner Holzbau aus Sicht des planenden Ingenieurs

Konrad Merz

Materialseitig sind die Produkte und Systeme, die dem Ingenieur zur Konzeption von mehrgeschossigen Holzbauten zur Verfügung stehen, sehr vielfältig. Er kann damit alle Bauaufgaben, die heute im normativen Rahmen möglich sind, problemlos umsetzen. Bei der Vielzahl der möglichen Bauweisen ist es, vor allem für Ingenieure, die sich nicht täglich mit dem Thema Holzbau auseinandersetzen, allerdings schwierig, einen Überblick zu wahren.

Die Werkzeuge für die Bemessung und konstruktive Ausbildung sind im Großen und Ganzen ebenfalls vorhanden. Die Normen und die Produktunterlagen der Hersteller erlauben das Bearbeiten der üblichen Bauaufgaben, wenn auch im Moment eine gewisse Unsicherheit im Zusammenhang mit dem Übergang von nationalen Normen auf EN Normen besteht.

Potenziale

Bis zur Hochhausgrenze und sogar darüber hinaus ist theoretisch und praktisch sehr viel machbar – das zeigen gebaute Beispiele und Forschungsvorhaben. Unter den gegenwärtig herrschenden wirtschaftlichen Randbedingungen muss der Holzbau allerdings Nischen suchen, in denen seinen Stärken besonders zum Tragen kommen und in denen der Preis nicht das alles beherrschende Kriterium ist. Dazu zählen sicher Bauaufgaben, bei denen die Stichworte Schnelligkeit, Vorfertigung, und Leichtigkeit im Vordergrund stehen. Im innerstätischen Bereich sind das Zubauten und Aufbauten, bei denen Aspekte wie Tragfähigkeit des Bestands, Beeinträchtigung der Nachbarschaft während der Bauphase und Minimierung von Betriebsunterbrechungen eine große Bedeutung haben. Spielen bei der Materialwahl neben diesen, den Ingenieur tangierenden technischen Randbedingungen die »Soft Skills« des Materials Holz wie Ökologie, Optik und Haptik eine Rolle, so sind diese Argumente natürlich zusätzlich hervorzuheben. Im Verbund mit den technischen Vorteilen geben diese oft den Ausschlag für die Verwendung von Holz. Häufig sind Hybridlösungen die zielführendere Variante als ein einseitiges, doktrinäres Festhalten an einer reinen Holzlösung. Die Kombination kann dabei sowohl auf der Ebene der Gebäudeteile, das heißt etwa Decken aus Stahlbeton und Wandelemente aus Holz, als auch auf der Ebene Bauteil wie zum Beispiel Holz-Beton-Verbunddecken erfolgen.

Barrieren

Die eingangs erwähnte Vielzahl der möglichen Holzbausysteme führt auf Seite der Anwender zu einer gewissen Verunsicherung. Die Qual der Wahl wird noch verstärkt, wenn schon in der Planungsphase Ausführende und Produzenten konsultiert werden, die sich auf Kosten einer neutralen Beratung, auf dem Rücken von Mitbewerbern zu profilieren versuchen. Die vielen verschiedenen Systeme führen zu einer Aufsplitterung des Markts. Es gibt keine Industriestandards, die sich durchsetzen. So wird auf der Seite der Planer das Rad immer wieder neu erfunden, was den Aufwand erhöht und zur Tendenz beiträgt, dass der Holzbau als aufwendig in der Planung gilt, was wiederum eine abschreckende Wirkung hat. Das Haupthindernis für eine schnellere Verbreitung des urbanen Holzbaus in Deutschland ist, zumindest momentan, der Brandschutz. Einerseits sind die Vorschriften strenger als in den Nachbarländern. Die ab Gebäudeklasse 4 geforderte Kapselung verteuert den Holzbau massiv. Andererseits fehlen praxistaugliche Hilfsmittel für die planerische Umsetzung der Brandschutzanforderungen, wie sie etwa in der Schweiz vorliegen.

Konrad Merz ist seit 1994 Geschäftsführer von merz kley partner ZT GmbH im österreichischen Dornbirn.

Urbaner Holzbau aus Sicht der Bauindustrie

Hubert Rhomberg

Die Vision: ein Holz-Hybridhochhaus mit 30 Etagen und 100 Meter Höhe
Quelle: Thomas Knapp, Hermann Kaufmann ZT GmbH

Als seit vier Generationen in der Baubranche tätiges Unternehmen haben wir früh erkannt, dass Ressourceneffizienz im 21. Jahrhundert zu einer wirtschaftlichen Notwendigkeit wird. Wissend, dass die Baubranche mit ihrer herkömmlichen Bauweise 40 Prozent des Ressourcenverbrauchs (Energie, Rohstoffe) weltweit verantwortet, stellten wir uns gemeinsam mit Experten aus allen entscheidenden Bereichen der Bauwirtschaft – Architektur, Statik, Bauphysik, Gebäudetechnik, Prozessmanagement, Marketing – die Frage: Wie lassen sich Gebäude errichten, die bei höchstem Komfort sowie höchster Funktionalität und Sicherheit deutlich weniger Ressourcen verbrauchen?

Angesichts der dramatischen Verstädterung – bereits jetzt wohnen 50 Prozent der Weltbevölkerung in Städten mit mehr als einer Million Einwohnern und verbrauchen drei Viertel der weltweiten Energie – haben wir uns dabei auf das Bauen im urbanen Raum spezialisiert. Innerhalb eines mehrjährigen Forschungsprozesses kristallisierten sich zwei wesentliche Lösungspfade für Ressourceneffizienz heraus: Bauen mit Holz und Systembau. Inspiration und Ansporn war uns dabei der Chemiker und Umweltforscher Prof. Dr. Friedrich Schmidt-Bleek, der eine Dematerialisierung um den Faktor 10 fordert und mit seinem Konzept des »ökologischen Rucksacks« einen Indikator dafür entwickelt hat, wie nachhaltig ein Produkt beziehungsweise in unserem Fall ein Gebäude ist. Der »ökologische Rucksack« misst, wie viele Ressourcen bei Herstellung, Gebrauch und Entsorgung eines Produkts verbraucht werden. Als logische Konsequenz ergab sich für uns daraus, dass wir die Materialien mit sehr großen »Rucksäcken« durch ressourceneffizientere ersetzen müssen. Holz, einer der ältesten Baustoffe, ist hier die Lösung. Als nachwachsender Rohstoff ist er in vielen Teilen der Erde verfügbar. Als CO_2-Speicher spielt er eine wichtige Rolle für die weltweite Klimabilanz und hat als Baustoff das Potenzial, das Gebäudegesamtgewicht um 50 Prozent zu verringern.

Montage einer Holz-Beton-Verbundrippendecke
Foto: Hermann Kaufmann ZT GmbH

Weitere Vorteile sind seine hohe Festigkeit, hohe Wärmedämmfähigkeit und die hundertprozentige Recyclierbarkeit. Darüber hinaus bietet der moderne Holzbau konstruktiv und architektonisch eine Vielzahl von neuen Möglichkeiten.

Mit Holz in die Höhe

Wenn Holz in der Stadt zum Einsatz kommen soll, gilt es nicht nur großvolumig zu bauen, sondern auch in die Höhe. Was noch bis vor wenigen Jahren kaum für möglich gehalten wurde, wird heute Realität: eine ressourceneffiziente Lösung für holzbasierte, mehrgeschossige Gebäude bis zu 30 Etagen oder 100 Meter Höhe. Zur Marktreife gebracht haben wir ein weltweit einsetzbares Holz-Hybrid-System für großvolumige Gebäude, das individuell gestaltet und in kürzester Zeit errichtet werden kann – den LifeCycle-Tower (LCT). »Green Building-Standards« werden in der Regel durch eine Optimierung der Gebäude mitsamt Technik erreicht, um einen nachhaltigen Energiegewinn sicherzustellen. Dies ist unserer Meinung nach jedoch zu wenig. Um wirklich einen maßgeblichen Schritt in Richtung einer sogenannten »Low-Carbon-Bauindustrie« zu gehen, muss das Produkt von der Wiege bis zur Bahre betrachtet und schon bei der Planung darauf geachtet werden, welche Stoffe wie zum Einsatz kommen. Bei unserem System setzen wir von Anfang an auf »Urban Mining:« Wir kennen Art und Menge der im Gebäude verbauten Materialien und wissen, wie sie am Ende des Gebäudelebenszyklus wiederverwendbar gemacht werden können. Neu und bisher einzigartig ist dabei der Ansatz, Holz als tragendes und gleichzeitig ungekapseltes Element im Hochbau einzusetzen. Die ungekapselte Struktur spart zusätzlich Ressourcen. Sie macht den Baustoff Holz für die Bewohner und Nutzer direkt erlebbar und sorgt für ein gesundheitsförderndes Raum- und Wohnklima.

Das Tragwerk des LifeCycle-Tower-Systems besteht aus Holz-Beton-Verbunddecke und Holz-Doppelstützen.
Quelle: Thomas Knapp, Hermann Kaufmann ZT GmbH

Der Baustoff Holz ist durch seine unverkleidete Struktur im Innenraum des LifeCycle-Towers direkt erlebbar.
Foto: Darko Todorovic

Hohe Flexibilität durch modulare Systembauweise

Bislang basiert der Städtebau überwiegend auf konventionell gefertigten Prototypen mit komplexer Bauabwicklung. Dies bedingt hohe Baukosten, lange Errichtungszeiten und hohe Planungs- und Ausführungsrisiken. Mit unserem System setzen wir auf Systematisierung und Industrialisierung des Fertigungsprozesses, wie wir ihn aus der Automobilindustrie seit Jahrzehnten kennen.

Das bis ins Detail durchdachte Holz-Hybrid-Bausystem wird nach Plan vorgefertigt und kann universell eingesetzt werden – als Bürohaus, Hotel oder Wohngebäude, für Gastronomie oder Einzelhandel. Die modulare Systembauweise bietet weitere Vorteile:

- Umnutzung und Renovierung werden durch die modulare Systembauweise um ein Vielfaches vereinfacht.
- Die Fassade lässt sich nach den verschiedensten Anforderungen und Wünschen des Bauherrn konfigurieren.
- Hohe Flexibilität in der Raumaufteilung, da keine tragenden Trennwände notwendig sind.
- Effiziente, optimal an Standortgegebenheiten anpassbare Energieversorgung (Wärme, Strom), wobei der Fokus auf der Nutzung erneuerbarer Energiequellen liegt (Niedrigenergie-, Passivhaus- oder Plusenergiestandard).

Ressourceneffizienz in großem Maßstab

Mit dem Bau der ersten beiden Projekte in Vorarlberg ließ sich beweisen, dass das System funktioniert und auch in punkto Brandschutz – im Holzbau ein zentrales Thema – genehmigungsfähig ist. Prototyp ist ein 2012 in Dornbirn gebautes achtgeschossiges Bürogebäude, der LifeCycle-Tower LCT ONE, das uns und weiteren Mietern als Firmensitz dient. Gleichzeitig beherbergt es den *LifeCycle-Hub*, der als eine Art Zukunftsmuseum nachhaltige Lösungen für die Bauwirtschaft präsentiert. Als erstes Kundenprojekt wird 2013 das neue Wasserkraft Kompetenzzentrum der Vorarlberger Illwerke AG in Vandans/Montafon im LCT-System errichtet, das mit über 10.000 Quadratmeter Bruttogeschossfläche eines der größten und nachhaltigsten Holz-Hybridgebäude der Welt sein wird.

Das System zeigt, dass sich die von der EU 2011 im Ressourceneffizienzprogramm geforderten Ziele realisieren lassen und eine Dematerialisierung um den Faktor 2 bereits heute in der Bauwirtschaft möglich ist. Das neue Produkt in der Baubranche kann als universales Modell weltweit eingesetzt werden und damit einen großen Beitrag zum Übergang zu einer CO_2-armen Wirtschaft leisten. Mit seiner Verbreitung setzt es Impulse für ein wirtschaftliches Wachstum, das intelligent (wissensbasiert und innovativ), nachhaltig (umweltverträglich und dadurch auf lange Sicht nachhaltiger) und integrativ ist (neue, regionale »Green Jobs« stärken den sozialen und territorialen Zusammenhalt). Wir sind überzeugt, dass mehrgeschossiger Holzbau speziell im urbanen Kontext die Lösung für eine nachhaltige, ressourcenschonende Bauweise ist.

Hubert Rhomberg ist Geschäftsführer der Rhomberg Holding GmbH und der Tochterfirma Cree GmbH.

Der erste LifeCycle-Tower wurde 2012 in Dornbirn realisiert.
Foto: Norman A. Müller

4 Dokumentation

180 **Einführung**
Peter Cheret

182 **Neubauten im urbanen Kontext**
Beispiele für neues Bauen

210 **Aufstockungen**
Beispiele für Nachverdichtung

222 **Sanierungen**
Beispiele für Sanierungskonzepte

Einführung

Neubauten im urbanen Kontext

Esmarchstraße 3, Berlin
Wohnbau 182

Görschstraße 48, Berlin
Wohnbau 184

Fritz-Kandl-Gasse 7, Wien
Wohnbau 194

Mühlweg 74, Wien
Wohnbau 196

Raiffeisenstr. 56, Ludesch
Gemeindezentrum 198

Lerchenstr. 7–25, Salzburg
Wohnbau 200

Aufstockungen

Bebelallee 64–70, Hamburg
Wohnbau 210

Flachgasse 35–37, Wien
Wohn- und Gewerbebau 212

Beatrijslaan 71, Rotterdam
Wohnbau 214

Mozartstraße 1, Dornbirn
Wohnbau 216

Gegenüber dem konventionellen Massivbau offeriert der Baustoff Holz eine ganze Reihe von Vorteilen. Das geringe Gewicht, die Möglichkeiten weitgehender Vorfertigung und in deren Folge die optimal kurzen Bauzeiten bieten neben den ökologischen Vorteilen nicht zuletzt auch handfeste ökonomische Argumente, wenn es um innerstädtische Aufstockungen geht. Eine Vielzahl von gebauten Beispielen zeigt, dass Holzbauweisen angesichts des wachsenden Bedarfs an Wohnraum durchaus in der Lage sind, für diese Art der städtischen Verdichtung langfristig Marktanteile zu sichern. Trotzdem sind in den urbanen Zentren mehrgeschossige Holzbauten noch die Ausnahme. Die bis dato wenigen oder gerade im Bau befindlichen Neubauten zeigen jedoch das wachsende Interesse am Holzbau dieser Größenordnung. Architekten und Planer im Austausch mit leistungsfähigen Holzbaubetrieben sind gefordert, die auf den konventionellen Massivbau ausgerichteten baulichen und rechtlichen Rahmenbedingungen zu erfüllen.

Badenerstr. 378/380, Zürich
Wohn- und Gewerbebau 186

Wagramer Str. 151–153, Wien
Wohnbau 188

Pariser Straße 11, München
Wohnbau 190

Mühlebachstrasse 8 und Hufgasse 11, Zürich
Wohn- und Gewerbebau 192

Ammerwald 1, Reutte
Hotel 202

Metallstrasse 20, Zug
Hotel 204

Färbergasse 17, Dornbirn
Gewerbebau 206

Via Cenni, Mailand
Wohn- und Gewerbebau 208

Sanierungen

Drottninggatan 53, Stockholm
Wohnbau 218

Schottenplatz 2, Konstanz
Schulbau 220

Max-Horkheimer-Str. 10–16, Wuppertal
Studentenwohnheim 222

Mühlfeldstr. 1, Schwanenstadt
Schulbau 224

Die Anpassung an diese allgemein anerkannten Standards setzt Innovationen frei – von der Weiterentwicklung von Holzbausystemen bis hin zur Entdeckung neuer Gestaltqualitäten.

Ein dritter Bereich mit guten Aussichten für den Holzbau liegt im Bereich der Fassadensanierungen. Ein großer Teil der Nachkriegsbauten genügt längst nicht mehr den aktuellen Standards und muss energetisch ertüchtigt beziehungsweise erneuert werden. Auch hier liegen die Vorteile einer Leichtbauweise auf der Hand: Vorgefertigte Fassaden aus Holz sind aufgrund der industriellen Vorfertigung in der Lage, höchsten energetischen Standards zu genügen. Die vorliegende Dokumentation zeigt eine Auswahl beispielhafter Bauten, die belegen sollen, dass der Baustoff Holz sehr gut geeignet ist, sich auch in wachsenden Großstädten zu behaupten.

Peter Cheret

Einführung

Esmarchstraße 3, Berlin

Wohnbau

Im Berliner Stadtteil Prenzlauer Berg realisierte 2008 eine Bauherrengemeinschaft ihren Wunsch nach individuellem und finanzierbarem Wohnraum in einem ökologischen Holzgebäude. Bei diesem Bauwerk handelt es sich um die erste siebengeschossige Holzkonstruktion in einer europäischen Großstadt. Das Architekturbüro Kaden Klingbeil entwickelte in einer Baulücke ein Holzgebäude, das die Ansprüche an zeitgemäßen urbanen Holzbau erfüllt und als Nebeneffekt eine Vorbildfunktion für weitere Projekte dieser Art besitzt.

Das Haus besteht aus zwei Gebäudeteilen, einem Treppenhaus aus Stahlbeton und einem Wohnbereich in Holzbauweise. Abgesehen von den beiden vorelementierten Brandwänden zu den Nachbargebäuden sowie zwei Ortbetonkernen für die Haustechnik besteht die Konstruktion des Wohnteils vorwiegend aus Holzbaustoffen. Die tragende Pfosten-Riegel-Konstruktion aus Brettschichtholz wird durch raumabschließende, dämmende Massivholzwände geschlossen. Zwischen dem gleichmäßig gerasterten Außentragwerk und den inneren Betonschächten spannen frei die Holz-Beton-Verbunddecken.

Das Brandschutzkonzept beinhaltet drei Kernelemente: kurze, rauchfreie Fluchtwege, eine Rauchmeldeanlage sowie eine lücken- und hohlraumlose Brandschutzbekleidung (Kapselung) tragender und aussteifender Holzbauteile mit Gipsfaserplatten. Mit diesem Konzept ließ sich eine signifikante Erhöhung des Feuerwiderstands erreichen. Das »Schachbrettmuster« der Fassade erschwert den Brandüberschlag von Geschoss zu Geschoss über die Fensteröffnungen.

Die industrielle Vorfertigung der Holzkonstruktion garantierte eine große Ausführungs- und Qualitätssicherheit sowie eine sehr kurze Bauzeit. Nach neun Monaten konnte die Bauherrengemeinschaft ihr Haus beziehen. Mit dem Bau dieses Gebäudes wurde bewiesen, dass Holzkonstruktionen mit 22 Meter Höhe und sieben Geschossen – nur noch wenige Zentimeter von der Gebäudeklasse »Hochhaus« entfernt – in Deutschland konstruktiv sicher und unter Beachtung aller Brandschutzvorgaben realisierbar sind.

Fotos: Kaden Klingbeil Architekten

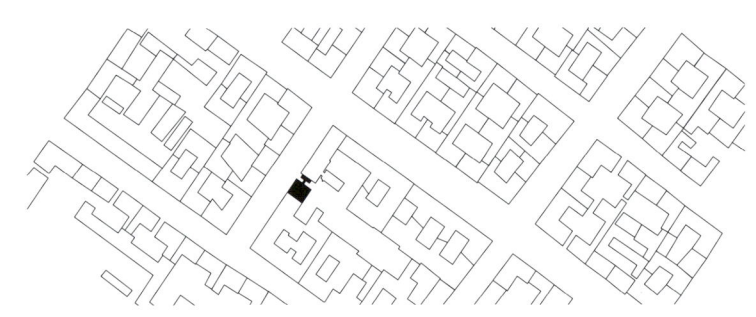

Lageplan

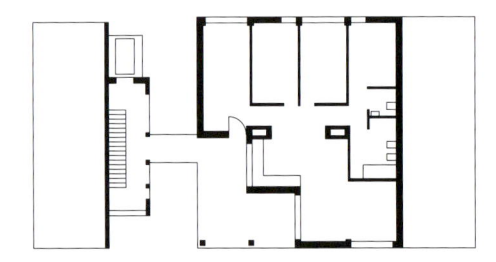

Obergeschoss

Tragwerk
Die Außenwände bestehen aus einem Holzskelett, dessen Stützen und Unterzüge aus Brettschichtholz in Knoten aus Stahlblech miteinander verbunden sind. Auch die Windverbände aus Stahlblech setzen dort an. Im Inneren des Gebäudes liegen die Geschossdecken unterseitig flächenbündig auf einem Unterzug aus Stahlbeton auf, der von Brandwand zu Brandwand spannt und von den ebenfalls aus Beton hergestellten Medienschächten unterstützt wird.

Hülle
Die geschlossenen Felder der Skelettkonstruktion sind mit Brettstapelholz (210 mm) ausgefacht und auf der Innenseite mit Gipsfaserplatten (2 × 12,5 mm) beplankt. Die Außenseite ist mit einer Gipsfaserplatte (12,5 mm) gekapselt. Eine mineralisch verputzte Steinwolleplatte (100 mm) bildet die Außenhaut.

Geschossdecke
Die Holz-Beton-Verbunddecken bestehen aus Brettstapelholz (160 mm) und einer Betonschicht (100 mm). Während die untere Holzlage sichtbar bleibt, folgt auf die obere Betonlage, die auch die Verbindung zum Tragwerk herstellt, ein konventioneller Bodenaufbau aus Parkett (18 mm), Zementestrich (45 mm) auf einer Trägerplatte (30 mm) für die Fußbodenheizung und die Trittschalldämmung (20 mm).

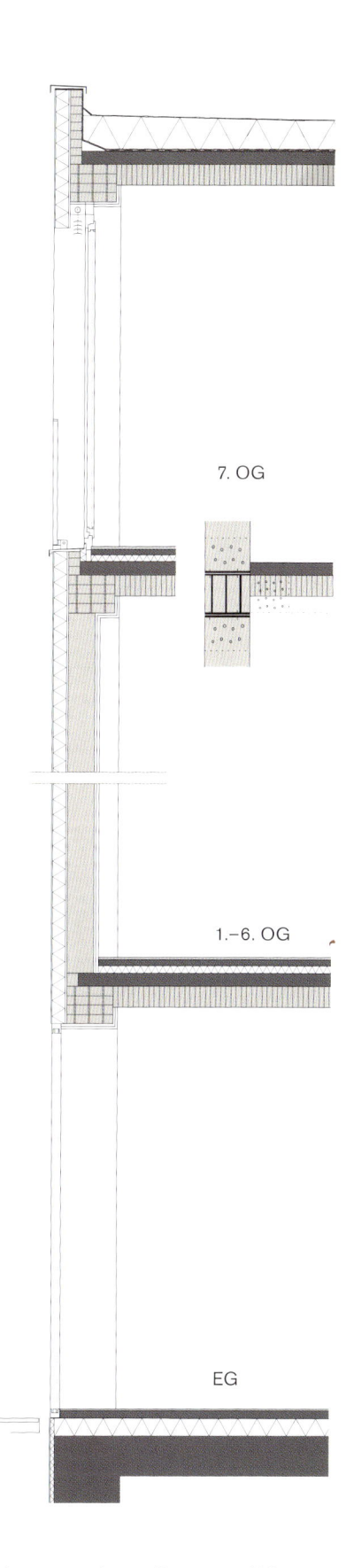

Bauzeit	August 2007 bis Mai 2008
Bauherr	Bauherrengemeinschaft e3 Bau GbR, Berlin
Architekten	Kaden Klingbeil Architekten, Berlin
Tragwerksplaner	Bois Consult Natterer SA, Etoy
Brandschutzgutachten	Dehne, Kruse Brandschutzingeniuere GmbH & Co.KG, Gifhorn
Holzbau	Holzbau Merkle GmbH, Bissingen-Teck
BGF	1.270 m²
Baukosten (300 + 400)	1.282 € brutto/m² BGF

Görschstraße 48, Berlin

Wohnbau

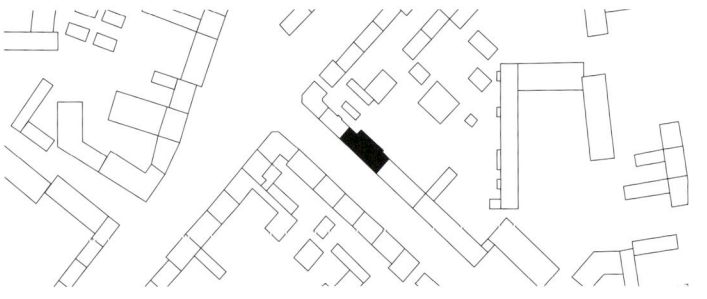

Lageplan

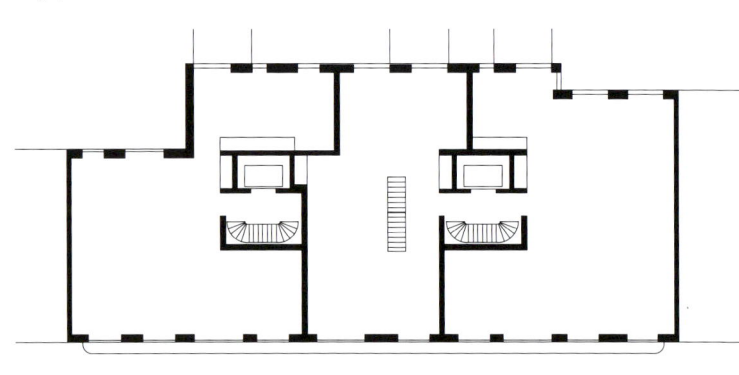

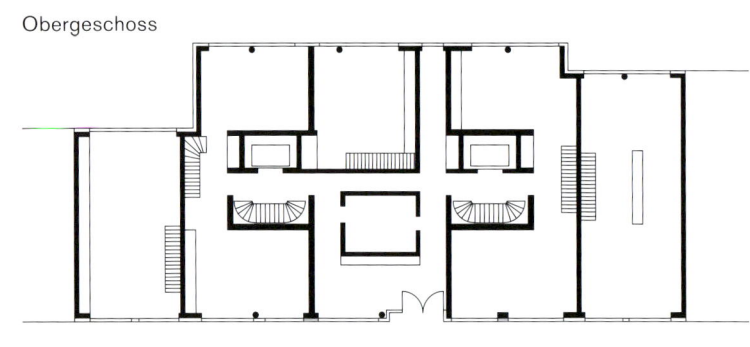

Obergeschoss

Erdgeschoss

Um das Marktsegment des Holzsystembaus für den mehrgeschossigen Wohnungsbau in Innenstädten systematisch zu erschließen, wurde vor dem Bauprozess an der TU Braunschweig untersucht, wie ein Wohnungsbau aus Holz in der Gebäudeklasse 4 mit einer Höhe der obersten Fußbodenoberkante von 13 Metern über Geländeniveau konzipiert sein muss, damit er im Rahmen der deutschen Musterbauordnung genehmigungsfähig ist und ohne Einzelfallprüfungen auskommt. Die Verfasser der Studie beantworten die Frage nach der Konstruktion eines Mehrfamiliensystemhauses mit einer Kombination aus Skelett- und Holztafelbau. Das aus der Studie erwachsene Konzept erwies sich in der Praxis als sinnvoll: Grundrissflexibilität und nutzungsneutrale Räume, zentrale Erschließung und freie Adaptierbarkeit nach Lage des Grundstücks sind gegeben.

Bei dem Pilotprojekt in Berlin-Pankow schlossen sich 13 Parteien zusammen, um auf zwei unbebauten Grundstücken ein Wohngebäude zu errichten. Der partizipative Anspruch der Baugruppe ließ sich bei diesem Typus des »gestapelten Einfamilienhauses« dank flexibler Vorfertigungsmöglichkeiten im industriellen Holzbau besonders gut bedienen. Das Gebäude ist als fünfgeschossiger Holzbau mit Stahlbetonanteilen konzipiert. Die vertikale Lastabtragung erfolgt über eine Holzskelettkonstruktion mit Stützen aus Brettschichtholz und deckengleichen Unterzügen aus Furnierschichtholz. Die Deckenelemente sind aus Brettsperrholz-Massivdecken in Elementgrößen von 3 × 6 Metern konstruiert. Im Bereich der Balkone kragen die Decken bis zu zwei Meter über die fassadenseitigen Unterzüge aus. Die Holzskelettkonstruktion der Außenwände wurde mit 36 Zentimeter dicken Holzrahmenelementen und großformatigen Fensterelementen ausgefacht. Hoch beanspruchte Bauteile wie Fundamente, Keller, Brandwände und Treppenhauskerne sind in Stahlbeton gebaut. Für den Brandschutz wurde ein objektbezogenes Gutachten erstellt, das weitreichende Vereinfachungen in Konstruktion und Brandschutz erlaubt. In Abweichung von der Musterholzbaurichtlinie wurden die Brettsperrholz-Massivdecken holzsichtig ausgeführt und lediglich mit einer transparenten B1-Beschichtung versehen – die Kapselklasse der Außenwände wurde so von K60 auf K30 reduziert. Die Schallschutzanforderungen laut DIN 4109-2 und den Richtlinien des Vereins Deutscher Ingenieure (VDI) wurden mit einer Entkopplung der Bauteile und einer sechs Zentimeter starken Splittschüttung zur Erhöhung der Masse der Brettsperrholz-Massivdecken erfüllt.

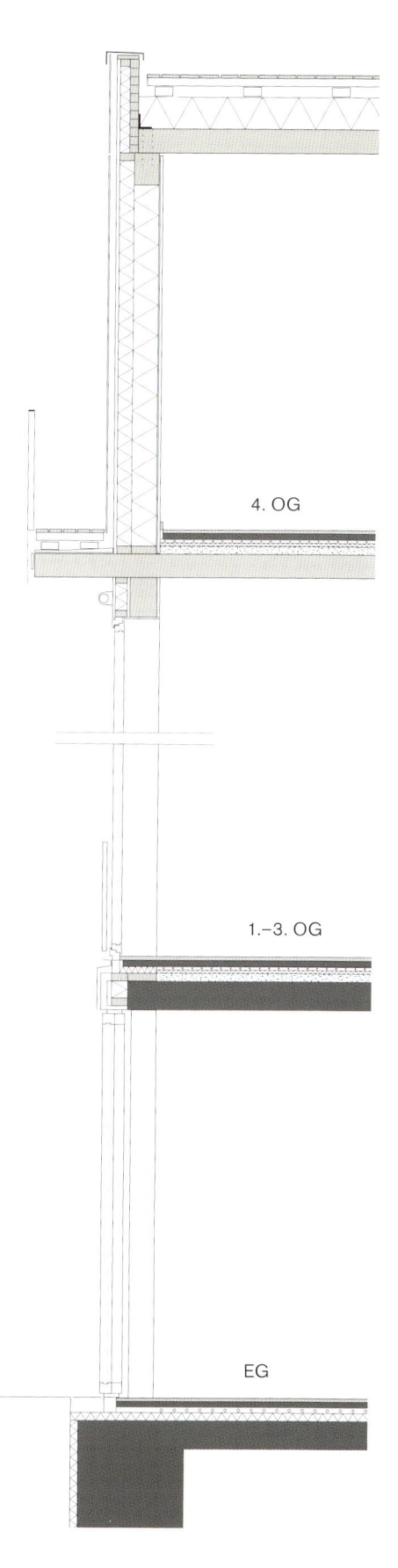

Tragwerk

Erdgeschoss und Erschließungskerne sind in Stahlbeton ausgeführt. Ab dem ersten Geschoss spannen Massivholzdecken von den innen liegenden Treppenhäusern zu den in diffusionsoffener Holzrahmenbauweise realisierten Außenwänden und kragen im Bereich der Balkone auch darüber hinaus aus.

Hülle

Die mit mineralischer Wärmedämmung (320 mm) ausgefachte Holzrahmenkonstruktion wurde auf der Außenseite mit einer nicht brennbaren Holzzementplatte (18 mm) versehen. Die Wetterschutzschicht besteht aus einer Faserzementplatte (8 mm) auf einer stehenden Traglattung (50 × 50 mm).
Eine horizontale Brandsperre auf Blähgraphitbasis verhindert die Brandausbreitung. Die Innenseite ist mit Feuerschutzplatten (18 mm) aus Gipskarton auf luftdicht abgeklebten OSB-Platten (15 mm) bekleidet.

Geschossdecke

Nach einer Belagsschicht (25 mm) aus Linoleum, Fliesen und Parkett folgt ein Aufbau aus Zementestrich (45 mm), Trägerplatte (50 mm) für die Fußbodenheizung und Sandschüttung (60 mm) im Wabenkern auf einer Holzmassivdecke (198 mm).

Bauzeit	Oktober 2010 bis Oktober 2011
Bauherr	Baugruppe 3 × grün Gbr, Berlin
Architekten	IfuH Institut für urbanen Holzbau, Berlin Atelier pk, Berlin; roedig.schop architekten, Berlin; Rozynski Sturm Architekten, Berlin
Tragwerksplaner	IFB frohloff staffa kühl ecker, Berlin
Brandschutzgutachten	Dehne, Kruse Brandschutzingenieure GmbH & Co.KG, Gifhorn
Holzbau	A-Z Holzbau Zimmerei GmbH, Berlin
BGF	2.877 m²

Neubauten im urbanen Kontext

Lageplan

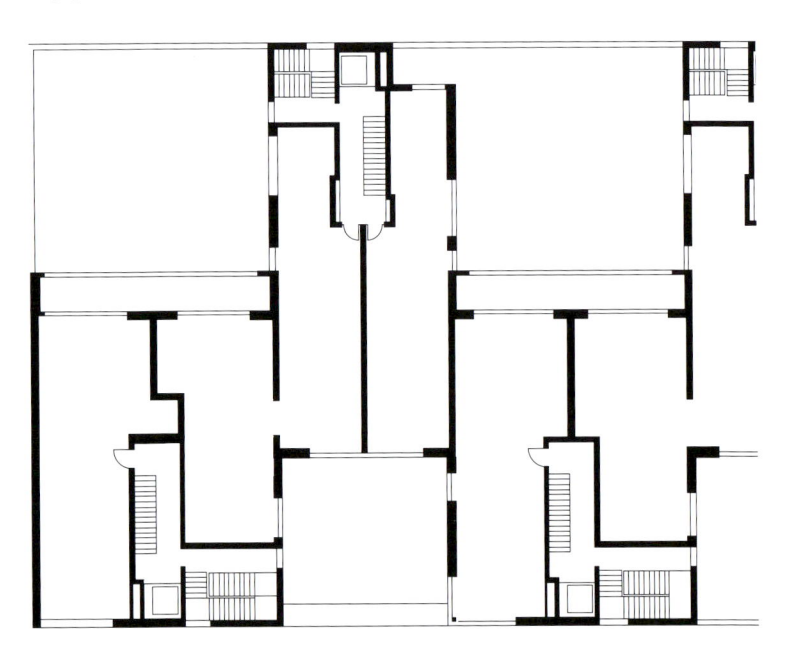

Obergeschoss

Badenerstrasse 378 / 380, Zürich

Wohn- und Gewerbebau

Dieses Gebäude wurde zum Großteil in Holzbauweise konstruiert, um den Kriterien der »2000-Watt-Gesellschaft« (Energiebedarf pro Kopf) zu entsprechen, denen sich die Stadt Zürich verschrieben hat. Es ist damit das erste Bauwerk in der Stadt, das diesen hohen Standard erfüllt. Die Architekten reagierten auf die lärmbelastete Badener Strasse mit geschlossenen Baukörpern, während rückseitig zum Park Balkone das Volumen auflösen. Sie entwickelten ein offenes Wohnkonzept, das für Single-, Zweipersonenhaushalte sowie Kleinfamilien geeignet ist. Die offene Struktur erlaubt unterschiedliche Wohnformen, da jeweils ein Raum sowohl als geschlossenes Individualzimmer als auch zur Wohnraumerweiterung genutzt werden kann. Terrassen in den oberen Geschossen erhöhen die Wohnqualität zusätzlich. Das Sockelgeschoss mit Supermarkt, Tiefgarage und Treppenhäusern wurde aus Brandschutzgründen in Ortbeton ausgeführt. Die durchgehende Schottenstruktur der sechs Wohngeschosse besteht vollständig aus dem Holzbausystem *TopWall* des Schweizer Ingenieurs Hermann Blumer: Nebeneinander aufgestellte Vollholzbohlen, die auf einer Schwelle über Dübel befestigt wurden, bilden eine hochfeste tragende Wand. Die Querschnitte von 20 × 10 Zentimetern wurden zugesägt auf die Baustelle transportiert und dort ohne Maschinen aufgestellt – eine Zweiermannschaft baute pro Tag eine Etage. Die Innenwände sind mit zementgebundenen Gipsfaserplatten und die Außenwände mit einer hinterlüfteten Fassade aus glasfaserverstärktem Beton bekleidet. Das stranggepresste Betonprofil ist durch seine geknickte Form besonders stabil. Der Holzsystembau erweckt so nach außen den Eindruck eines Massivbaus.

Die Wohnungstrennwände sind nach demselben Prinzip stehender Bohlen wie die Außenwände konstruiert. Die Geschossdecken bestehen aus vorgefertigten Hohlkastenelementen, die aus Schallschutzgründen mit einer Schlackeschüttung gefüllt sind. Die Holzstruktur ist innen nicht mehr sichtbar, da alle Oberflächen aus Brandschutzgründen mit zementgebunden Holzfaserplatten gekapselt wurden. Mit der Verkleidung aus glasfaserverstärktem Beton erreichten die Architekten, dass sich das Gebäude in die städtische Umgebung mit ihren vorwiegend mineralischen Fassaden selbstverständlich integriert. So kann sich der Baustoff Holz in Zukunft auch im städtischen Wohnungsbau etablieren.

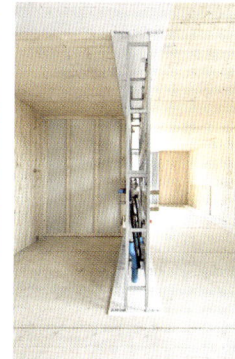

Tragwerk

Der Erdgeschosssockel und die Erschließungskerne bestehen aus Stahlbeton. Die darauf versetzt angeordneten Wohngeschosse sind in Holzbauweise errichtet. Die Schotten und Außenwände aus stehenden Massivholzbohlen (*TopWall*) werden von Hohlkastenelementdecken überspannt.

Hülle

Die Vollholzbohlen (100 × 200 mm) werden nach außen mit mineralischer Dämmung (160 mm) gedämmt, bekleidet mit einer hinterlüfteten Wetterschutzschicht aus Glasfaserbetonelementen. Raumseitig ist die Bohlenwand mit Dämmung (80 mm) belegt und mit Gipsfaserplatten (2 × 12,5 mm) gekapselt.

Geschossdecke

Die Hohlkastenelementdecke (240 mm) ist mit Splittschüttung (50 mm) befüllt. Der Fußbodenaufbau besteht aus Belag (10 mm), verlegt auf Heizestrich (70 mm) und Wärme- und Trittschalldämmung (30 mm). Die Deckenunterseite ist mit einer Brandschutzplatte (18 mm) aus Gipsfasern bekleidet.

Bauzeit	September 2008 bis März 2010
Bauherr	Baugenossenschaft Zurlinden, Zürich
Architekten	pool Architekten, Zürich
Tragwerksplaner	Henauer + Gugler AG, Zürich
Brandschutzgutachten	Makiol + Wiederkehr, Beinwil am See
Holzbau	Zimmereigenossenschaft Zürich; Jäggi Hofer Holzbau, Regensdorf
BGF	13.876 m²
Baukosten (300 + 400)	2.070 € brutto/m² BGF

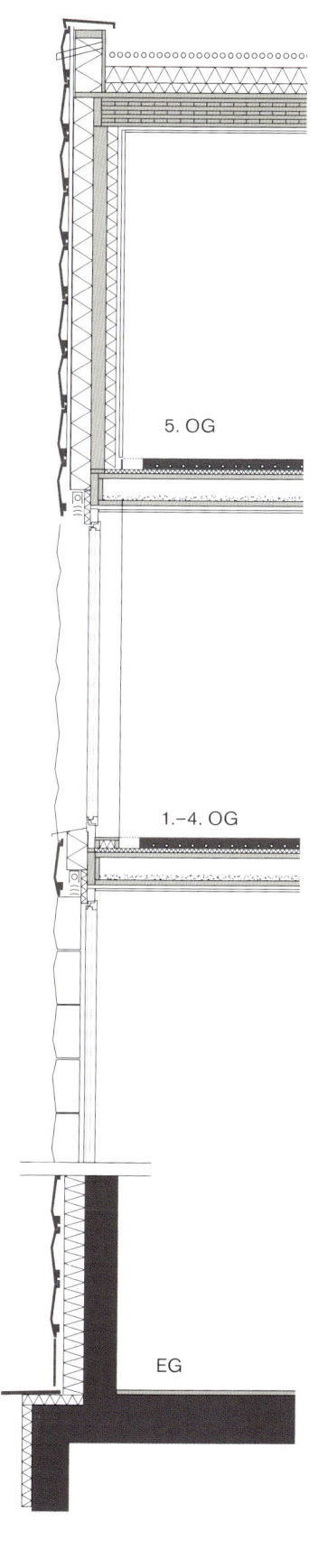

Neubauten im urbanen Kontext

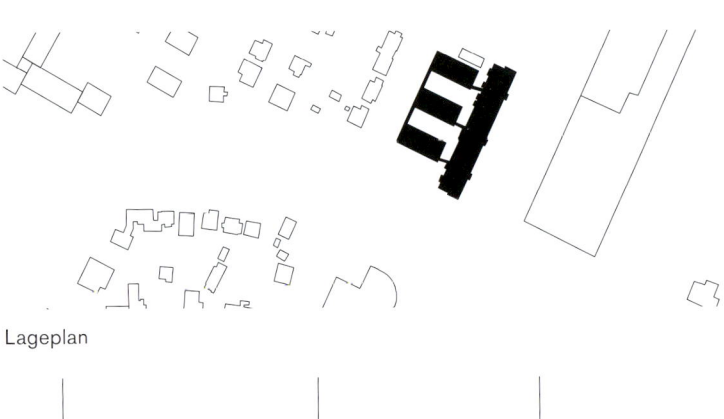

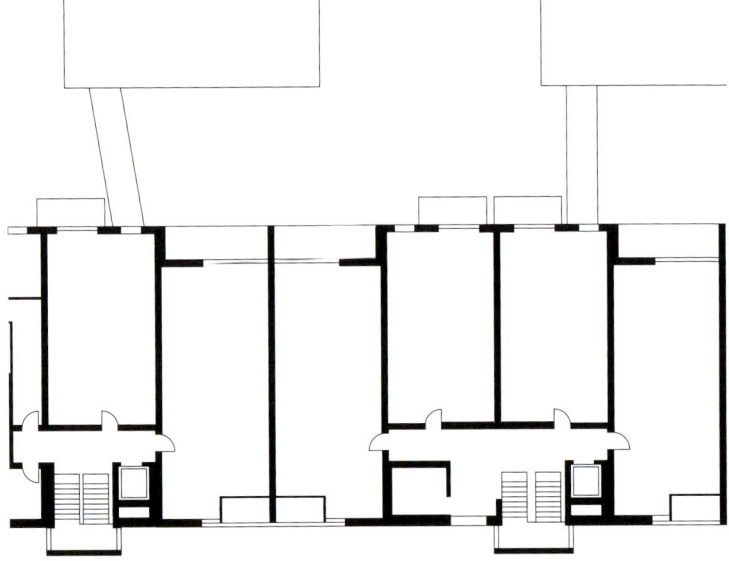

Wagramer Straße 151–153, Wien

Wohnbau

Lageplan

Obergeschoss

Das bisher höchste, in Holzbauweise errichtete Wohngebäude Wiens besitzt sieben Geschosse und umfasst 101 Wohnungen. An seiner Rückseite sind drei Baukörper mit jeweils drei Geschossen angeschlossen, die einen Übergang zur lockeren Bebauung der Umgebung herstellen. Die Wohnanlage entstand als Ergebnis des Bauträgerwettbewerbs *Holzbau in der Stadt* (2009), der das Ziel verfolgte, die innovative Entwicklung des urbanen Bauens mit dem Werkstoff Holz zu forcieren. Das aus diesem Wettbewerb hervorgegangene, 2012 realisierte Siegerprojekt ist ein typischer Mischbau: Die sechs Obergeschosse des straßenseitigen Baukörpers wurden in fünf Monaten als Massivholzkonstruktion aus Brettsperrholz errichtet. Die kreuzweise verleimten Massivholzelemente bilden die Wohnungstrennwände sowie das Trägermaterial der Gebäudehülle. Für die horizontalen Bauteile kamen Holz-Beton-Verbundelemente zum Einsatz. Die Geschossdecken kombinieren die Vorteile beider Baustoffe: Die vorteilhafte Herstellung und Einbringung einer leichten Holzdecke wird ergänzt durch die Masse der Betondeckung. Die Vorfertigung der Wand- und Deckenelemente inklusive aller Durchbrüche beschleunigte nicht nur die Fertigstellung des Rohbaus, sondern garantierte zudem eine saubere Baustelle. Die Holzkonstruktion ist an der Außenfassade verputzt und innen mit Gipskarton beplankt, wodurch eine Entzündung der Holzbauteile ausgeschlossen ist. Das Erdgeschoss und die Treppenhauskerne, die die Gesamtaussteifung übernehmen, bestehen aus Stahlbeton. Eine große Herausforderung waren die strengen Anforderungen seitens der baubehördlichen Richtlinien an den Brandschutz des Holzbaus. So musste im Brandversuch nachgewiesen werden, dass Brettsperrholz durch eine ausreichende Beplankung mit Gipskarton bei 90 Minuten Dauerbeflammung nicht zu brennen beginnt. Die baupolizeilichen Vorschriften wurden so umgesetzt, dass sie die Konstruktion und energetischen Werte des Gebäudes positiv beeinflussen.

Die Wohnhausanlage an der Wagramer Straße macht deutlich, dass Holz nicht nur wegen seiner ökologisch-nachhaltigen Qualitäten und seiner positiven Auswirkungen auf Wohnkomfort und Raumklima ein hervorragender Baustoff ist, sondern auch hinsichtlich Bauökonomie und konstruktiver Eigenschaften im großvolumigen urbanen Bauen seine Berechtigung hat. Das Projekt zeigt einen neuen Ansatz, wie man mit dem Baustoff Holz im urbanen Kontext umgehen, seine Vorteile nutzen und in der Kombination mit anderen Baustoffen die Schwächen ausgleichen kann.

Tragwerk
Erdgeschoss und Erschließungskerne sind in Ortbeton, die sechs Obergeschosse in Schottenbauweise aus Brettsperrholz errichtet.

Hülle
Auf der Außenseite sind die Brettsperrholzwände (95 mm) mit einer Mineralwolle-Putzträgerplatte (84 mm) versehen und verputzt. Auf der Innenseite sind Feuerschutzplatten aus Gipskarton (2 × 12,5 mm) angeordnet. Hierauf folgt eine Installationsebene mit Mineralwolle (50 mm), die mit einer Gipskartonplatte (15 mm) beplankt ist.

Geschossdecke
Die Holz-Beton-Verbunddecke aus Aufbeton (80 mm) und Brettsperrholzplatte (132 mm) erhielt auf der Oberseite einen Aufbau aus Belag (10 mm) auf Zementestrich (55 mm), Trittschalldämmung (30 mm) und Dampfbremse (2 mm) auf Splittschüttung (50 mm). Die Unterseite ist mit Feuerschutzplatten (2 × 18 mm) aus Gipskarton gekapselt und zusätzlich mit Wärmedämmung (50 mm) und einer Gipskartonplatte (12,5 mm) versehen.

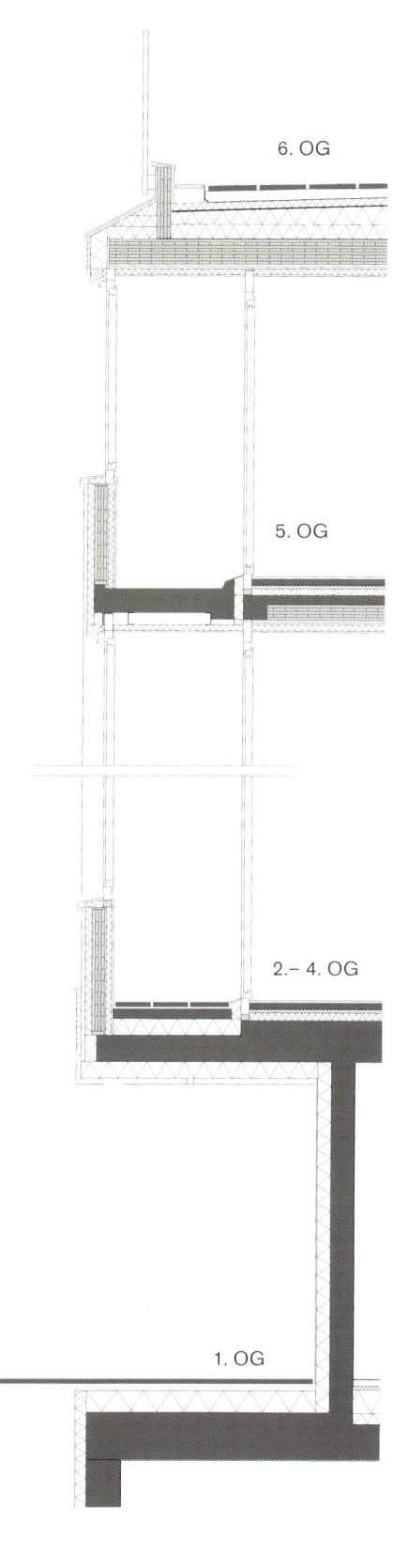

Bauzeit	November 2011 bis August 2012
Bauherr	Familie, Gemeinnützige Wohn- und Siedlungsgenossenschaft, Reg. Gen.m.b.H., Wien
Architekten	Schluder Architektur ZT GmbH (7-Geschosser), Wien; Hagmüller Architekten (3-Geschosser), Wien
Tragwerksplaner	RWT Plus ZT GmbH, Wien
Brandschutzgutachten	BrandRat ZT GmbH, Wien
Holzbau	Aichinger Hoch-, Tief-, Holzbau GmbH & Co. Nfg KG, Regau
BGF	18.500 m²

Pariser Straße 11, München

Wohnbau

Das viergeschossige Rückgebäude in München-Haidhausen ersetzt Werkstätten und Wohnbauten innerhalb des Hinterhofs einer gründerzeitlichen Blockbebauung. Drei Seiten der beengten Bebauungsfläche liegen auf den Nachbargrenzen und sind angebaut. Nicht nur ökologische, sondern auch ökonomische und konstruktive Gesichtspunkte sprachen für die Wahl des Baustoffs Holz. So ließ sich durch das geringere Gewicht der Holzkonstruktion eine kostenintensive Pfahlgründung vermeiden. Die geringen Wandstärken bei Holzkonstruktionen sorgen für eine optimierte Flächenausnutzung auf dem beengten Grundstück. Seit der Novelle der Bayerischen Bauordnung im Jahr 2008 sind Holzbauten dieser Größenordnung auch in Bayern möglich. Beim Wohngebäude in der Pariser Straße entstanden 13 attraktive Wohnungen verschiedenen Zuschnitts, die sich an der 35 Meter langen Front aneinanderreihen oder übereinander gestapelt sind.

Alle Decken, die Innenwände und die nicht verglasten Teile der Gebäudefront wurden in Brettsperrholz ausgeführt. Dabei liegen die Decken, Mehrfelddecken mit Spannweiten bis zu 16 Metern, auf den Innenwänden auf. Die Aussteifung des Gebäudes erfolgt über die Deckenflächen, die die Lasten an die gemauerten Gebäudetrennwände, die hölzernen Innenwände und an den massiven Treppenhauskernen abgeben. Die nichttragenden Wände wurden in normaler Ständerbauweise ausgeführt.

Bei dem Gebäude der Gebäudeklasse 4 waren alle tragenden und aussteifenden Bauteile hochfeuerhemmend F60-B mit Gipskartonfeuerschutzplatten (GKF) zu kapseln. Im oberen Geschoss sind die Anforderungen gelockert und die Wände und Decken lediglich feuerhemmend in F30-B ausgeführt worden. Die nach Südwesten großzügig geöffnete Fassade aus Elementen mit Dreifachverglasung hat einen Glasanteil von fast 90 Prozent. Im Sommer übernehmen Balkone mit hölzernen Schiebeläden die Verschattung. Das Beispiel zeigt, wie man im urbanen Kontext mit der Thematik des Nachverdichtens ökonomisch und ökologisch umgehen kann. In München ist so ein Vorzeigeprojekt, das neue Wege für den mehrgeschossigen Holzbau in Bayern beschritten hat, entstanden.

Fotos: Bettsteller & Wilde Architekten GbR

Lageplan

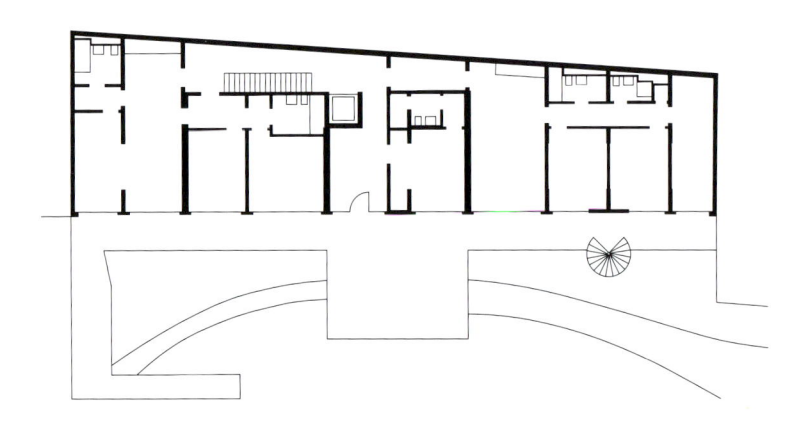

Erdgeschoss

Tragwerk
Das Treppenhaus ist eine Stahlbetonkonstruktion, die Gebäudetrennwände sind gemauert. Sämtliche Wände und Decken bestehen aus Brettsperrholz. Die Wandschotten (130 mm beziehungsweise 100 mm) sind mit Feuerschutzplatten (jeweils 218 mm) aus Gipskarton gekapselt.

Hülle
Die drei an die Nachbarbebauung angrenzenden Außenwände sind gemauert. Die Fassade besteht aus Dreifach-Isolierverglasungen, die von hoch wärmegedämmten Holztüren unterbrochen werden.

Geschossdecke
Das Brettsperrholz (147 mm) ist an der Unterseite mit Feuerschutzplatten aus Gipskarton bekleidet. Der Fußbodenaufbau besteht aus einem Belag (Linoleum, Parkett, Fliesen), Zementestrich (50 mm), Trittschalldämmung (20 mm), Splittschüttung (80 mm) auf Trennlage.

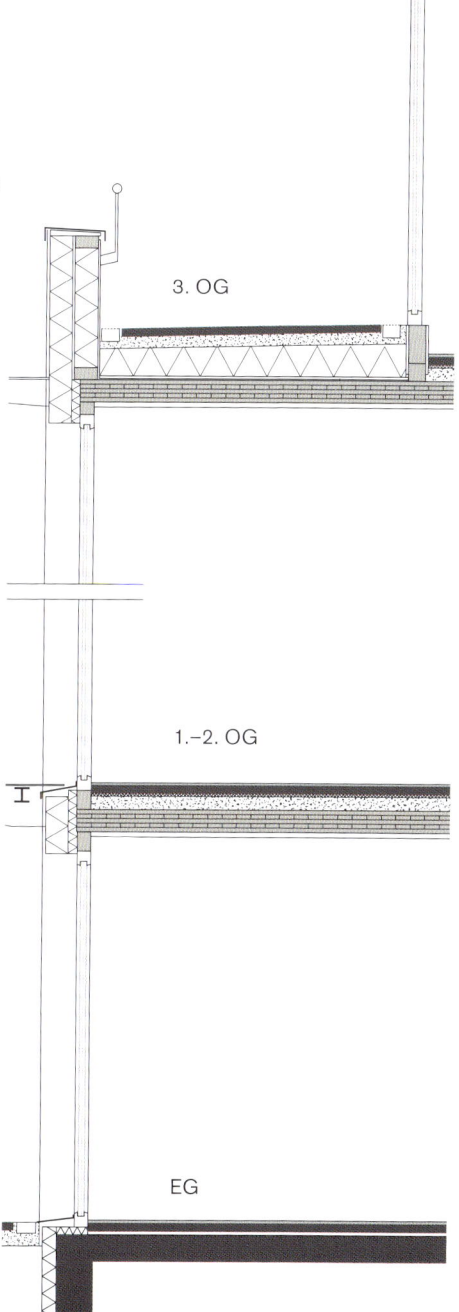

Bauzeit	Dezember 2008 bis Dezember 2009
Bauherr	Wogeno München eG, München
Architekten	Bettsteller & Wilde Architekten GbR, München
Tragwerksplaner	Statikon Planung GmbH, Mühldorf
Brandschutzgutachten	bauart Konstruktions GmbH & Co. KG, München
Holzbau	Josef Obermeier GmbH & Co. KG, Bad Endorf
BGF	1.151 m²
Baukosten (300 + 400)	1.395 € brutto/m² BGF

Mühlebachstrasse 8 und Hufgasse 11, Zürich

Wohn- und Gewerbebau

In der Innenstadt von Zürich, am Bahnhof Stadelhofen, entstanden zwei sechsgeschossige Wohn- und Geschäftshäuser in vorfabrizierter Holzbauweise. Durch die zwei Neubauten wird die vor über einhundert Jahren konzipierte Blockrandbebauung vervollständigt. Dazwischen entsteht ein ruhiger und begrünter Hofraum. Die beiden Gebäude unterscheiden sich teilweise in Größe, Struktur und Ausformulierung. An der Mühlebachstrasse sind flexible Grundrisse umgesetzt worden, die als Büro- und Wohnräume genutzt werden. Das Gebäude an der Hufgasse hingegen ist aufgrund der Lage im Blockinneren für eine reine Wohnnutzung prädestiniert.
Die beiden sechsgeschossigen Gebäude sind als Holzsystembauten ausgeführt. Ihre tragenden Außenwände bestehen aus großformatigen Holzfertigelementen mit integrierten Stützen aus Brettschichtholz. Die meisten Innenwände sind nichttragend ausgeführt, um eine größtmögliche Nutzungsflexibilität zu gewährleisten. Die Decken bestehen aus vorfabrizierten Holz-Beton-Verbunddecken mit sichtbaren Brettstapelelementen als Untersicht. Die Brettstapel sind nicht verleimt, sondern gedübelt und im Beton wird nur eine Armierungslage verwendet. Trotzdem erfüllt die Konstruktion die Anforderungen bezüglich Statik, Schallschutz und Brandschutz problemlos. Die Betondecken mit Holzuntersicht setzen sich gegenüber den heute üblichen Betondecken optisch und akustisch positiv ab und erzeugen im Innenraum ein besonderes Klima. Die Treppenhäuser mit integriertem Liftschacht sind mit Recycling-Beton ausgeführt.
Das Projekt hat das Zertifikat »Minergie-P-Eco«, den wichtigsten Energiestandard in der Schweiz für Niedrigenergiehäuser, erhalten, da schon beim Entwurf des Gebäudes ein Schwerpunkt auf die Energiebilanz des Projekts gelegt worden ist. In der Ausführungsplanung wurde dann nicht nur die Minimierung der Betriebsenergie angestrebt, sondern auch die investierte »Graue Energie« genau analysiert und optimiert. Die Überbauung zeigt, dass auch innerstädtische Bauten sehr ökologisch und energieeffizient erstellt werden können. Diese Kriterien sowie die Optimierung der Holzsystembauweise erhielten in der Planung besonderes Gewicht. Der komplexe Bauprozess stellte hohe Anforderungen an die Logistik sowie an die Präzision der Ausführung.

Fotos: kämpfen für architektur AG

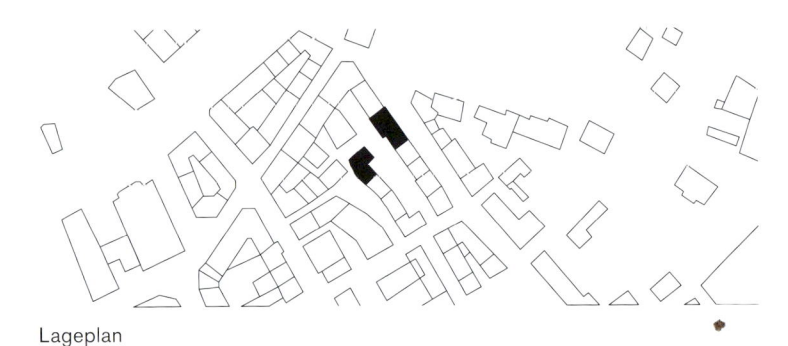

Lageplan

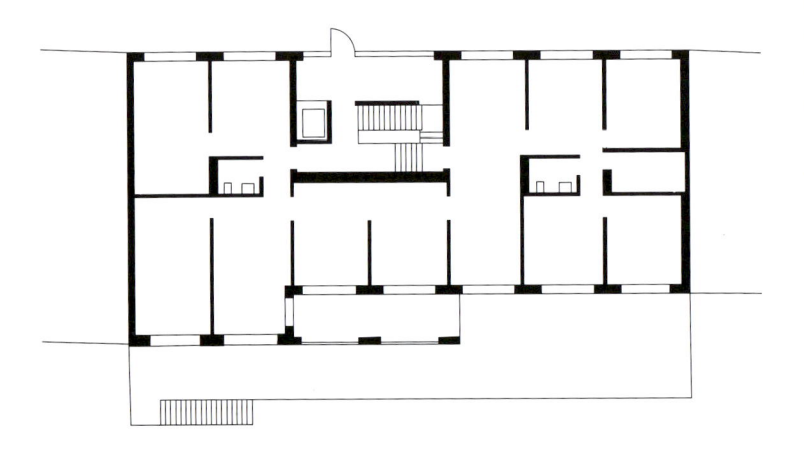

Obergeschoss

Tragwerk
Holztafelbau mit tragenden Außenwänden und innen liegendem Treppenhaus aus Stahlbeton als aussteifendes Element.

Hülle
Die vorgefertigen Wandelemente bestehen aus einer mineralisch gedämmten diffusionsoffenen Holzrahmenbaukonstruktion. Die Ständer (60 × 240 mm) stehen dabei in einem Raster von 60 cm. Außen ist die Konstruktion mit Mineralwolle (40 mm) überdämmt, mit einer Gipsfaserplatte (15 mm) belegt und mit Faserzementtafeln (8 mm) auf einer Unterkonstruktion (125 mm) bekleidet. Die Innenseite ist mit einer Gipsfaserplatte (15 mm) beplankt. Darauf folgt eine ebenso gedämmte Installationsebene (75 mm) auf einer Metallständerunterkonstruktion.

Geschossdecke
Die Holz-Beton-Verbunddecke aus Brettstapelholz (160 mm) und Aufbeton (80 mm), deren Untersicht sichtbar bleiben konnte, erhielt auf der Oberseite einen Aufbau, bestehend aus Parkett (18 mm), Estrich (60 mm), Trittschalldämmung (32 mm) und Schüttung (50 mm).

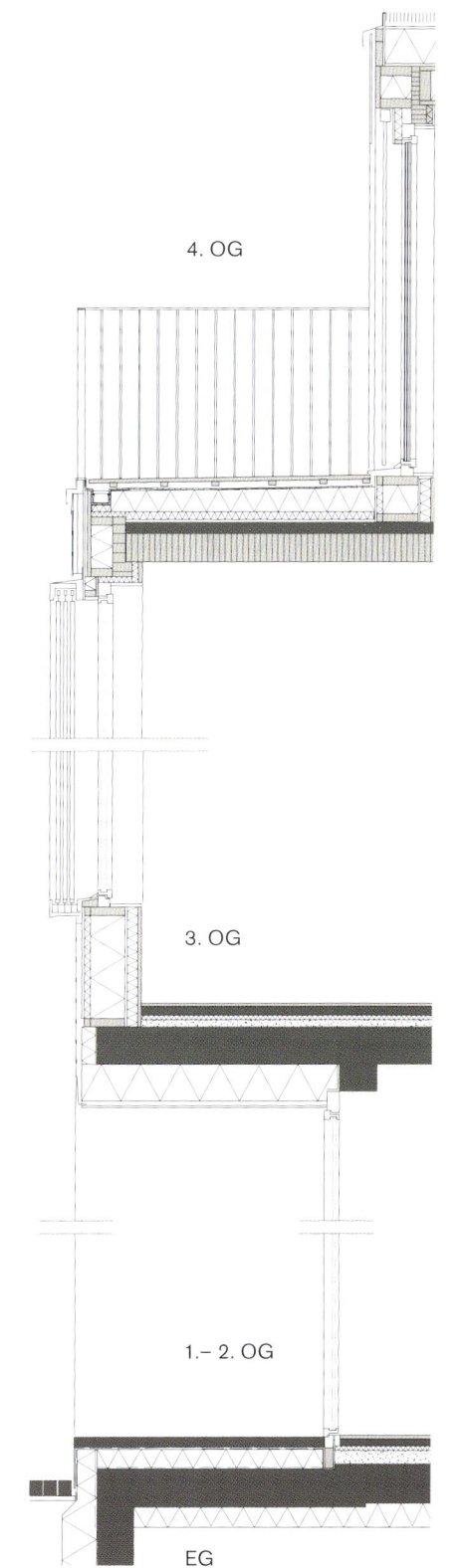

Bauzeit	Februar 2010 bis März 2012
Bauherr	Monika Kämpfen, Zollikon; Muriel Kämpfen, Bern
Architekten	kämpfen für architektur AG, Zürich
Tragwerksplaner	de Vries Engineering GmbH, Zürich
Brandschutzgutachten	Josef Kolb AG, Uttwil
Holzbau	Hector Egger Holzbau AG, Langenthal
BGF	1.129 m² Mühlebachstrasse, 5.366 m² Hufgasse
Baukosten (300 + 400)	6.820 € brutto/m² BGF (Mühlebachstrasse), 1.056 € brutto/m² BGF (Hufgasse)

Neubauten im urbanen Kontext

Fritz-Kandl-Gasse 7, Wien

Wohnbau

Vom Wiener Bodenbereitstellungs- und Stadterneuerungsfonds wurde 2003 ein Bauträgerwettbewerb mit dem Thema *Holz- und Holzmischbauweise* für eine Wohnanlage mit 250 Wohnungen ausgeschrieben. Im Rahmen des Klimaschutzprogramms der Stadt Wien wollte man zeigen, dass auch im geförderten Wohnungsbau der Einsatz von Holzbautechnik mit Niedrigenergiestandard in urbanen Strukturen realisierbar ist. Eines der aus dem Wettbewerb hervorgegangenen Projekte ist die Wohnanlage des Architekten Hermann Kaufmann, deren innerer Hof durch zwei L-förmige und einen rechteckigen Baukörper gebildet wird.

Konstruktiv bestehen die Gebäude aus einer reinen tragenden Brettsperrholzkonstruktion mit massivem Sockelgeschoss und vorgestellten Holzfassadenelementen. Die schallgedämmten Deckenelemente sind quer über die Schottenwände und die tragenden Wohnungstrennwände gespannt. Dadurch werden die Außenwände größtenteils nicht durch Decken belastet. Diese Konzeption ermöglicht aus baurechtlicher Sicht den Einsatz eines nichttragenden, hoch wärmegedämmten Leichtbaufassadensystems. Alle statischen Elemente bestehen aus Brettsperrholz.

Die mit vielen Öffnungen durchbrochenen Längsfassaden sind leichte, hoch gedämmte Holzrahmenelemente – innen mit Gipsplatten, außen mit einer hinterlüfteten Vertikalschalung aus Lärche versehen. Die naturbelassenen Fassaden vermitteln die Qualität der aus Holz gefügten Baustruktur und sind mit farbigen Schiebeläden kombiniert. Durch die bündig gehaltenen Flächen werden diese Holzfassaden gleichmäßig verwittern und mit den Läden und Loggien ein noch lebhafteres Spiel der Farben bieten. Zur Erreichung der Feuersicherheit wurden für die Holzfassaden in Brandversuchen neue Lösungen entwickelt. Statt der teuren Ausführung in Hartholz erreichte man die geforderte Brandresistenz auch mit Lärche, indem die Etagen durch 15 Zentimeter vorstehende Brandschutzabschottungen voneinander getrennt sind. Diese horizontalen, gesimsartigen Fassadenstreifen bestehen aus mit Blech abgedecktem Holz; sie übernehmen auch die Aufhängung und Führung der Schiebeläden. Die außen liegenden Erschließungsgänge sind als Stahlkonstruktion vor den Holzbau gestellt und besitzen nicht brennbare Laufplatten aus Betonfertigteilen. Der berechnete Heizwärmebedarf entspricht Niedrigenergiestandard. Die Warmwasserbereitung wird zur Hälfte durch eine Solaranlage geleistet. Die erzielte Einsparung entspricht dem Raumheizungsbedarf von neuen, sehr gut gedämmten Einfamilienhäusern.

Lageplan

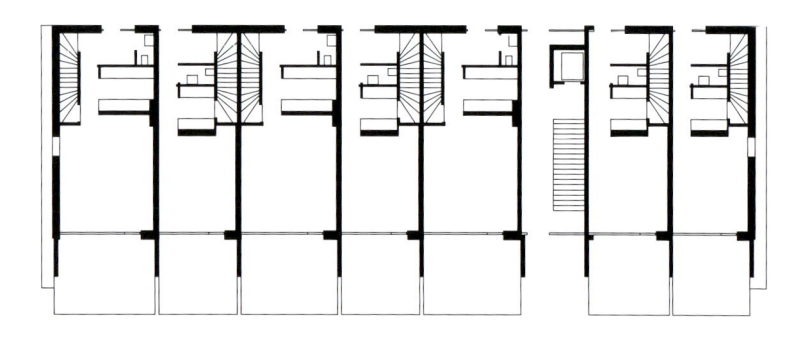

Erdgeschoss

Tragwerk

Die drei Obergeschosse sind aus Brettsperrholztafeln errichtet. Aufgrund der Schottenbauweise sind die vorgestellten leichten Fassadenelemente in Holzrahmenbauweise nicht Teil des Tragwerks. Das Sockelgeschoss ist in Massivbauweise errichtet.

Hülle

Die ausgedämmte (200 mm) Holzrahmenkonstruktion ist beidseitig mit Gipsfaserplatten (15 mm) beplankt. An der Außenseite folgt auf ein Windpapier eine hinterlüftete Lärchen-Schalung (24 mm). Die 150 mm auskragende Führung der Schiebeläden dient der geschossweisen Brandschutzabschottung.

Geschossdecke

Die Brettsperrholzplatte (146 mm) erhielt einen Aufbau aus Belag (10 mm), Estrich (6 mm), Trittschalldämmung (30 mm) und Schüttung (94 mm). Die Unterseite in Sichtqualität blieb unverkleidet.

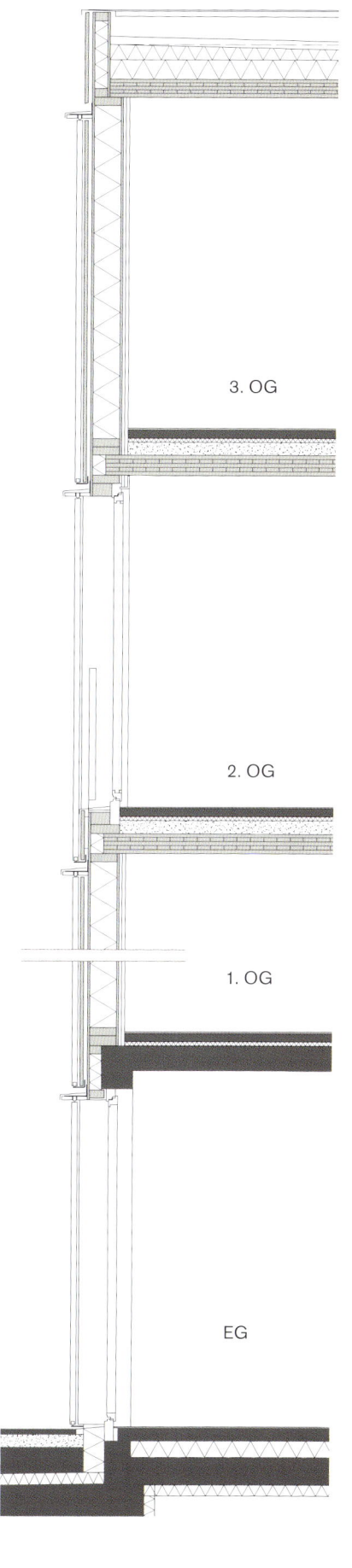

Bauzeit	Juni 2005 bis Oktober 2006
Bauherr	BWS Gemeinnützige Allgemeine Bau-, Wohn- und Siedlungsgen. Reg. Gen.m.b.H
Architekten	Hermann Kaufmann ZT GmbH, Schwarzach
Tragwerksplaner	Merz, Kaufmann und Partner GmbH, Dornbirn
Brandschutzgutachten	IBS Institut für Brandschutztechnik und Sicherheitsforschung GmbH, Linz
Holzbau	Schertler-Alge GmbH, Lauterach
BGF	8.170 m²

Neubauten im urbanen Kontext

Mühlweg 74, Wien

Wohnbau

Ein weiteres Projekt, das aus dem Bauträgerwettbewerb mit dem Thema *Holz- und Holzmischbauweise* hervorging, sind vier kompakte viergeschossige Mehrfamilienhäuser der Architekten Helmut Dietrich und Much Untertrifaller. Während drei Häuser parallel angeordnet sind, ist das vierte um 90 Grad gedreht. In jedem Hauptgeschoss reihen sich vier Wohnungen um das innen liegende Treppenhaus aus Beton. Die verputzten Gebäude werden durch das Spiel der abgesetzten Holzloggien belebt und fügen sich mit ihrer Farbgebung gut in den umgebenden Grünraum ein. Die Gebäude bestehen aus einer Tragstruktur aus massiven Platten und Scheiben aus Brettsperrholz, die an den Stahlbetonkern des Treppenhauses gehängt ist.

Die Außenwände wurden als 16 × 3 Meter große Elemente im Werk mit Fenstern, Dämmung und Grundputz hergestellt und für ein Haus in nur einer Woche montiert. Um die notwendigen Anforderungen F60 innerhalb und F90 zwischen den Wohnungen zu erreichen, sind die Holzbauteile mit Gipsfaserplatten verkleidet. Sichtbar sind die Brettsperrholzelemente nur im Bereich der Loggien. Von allen Projekten am Mühlweg erfüllen diese Häuser als einzige Passivhausstandard.

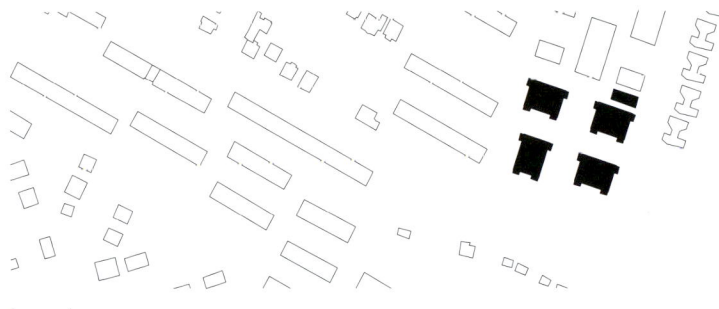

Lageplan

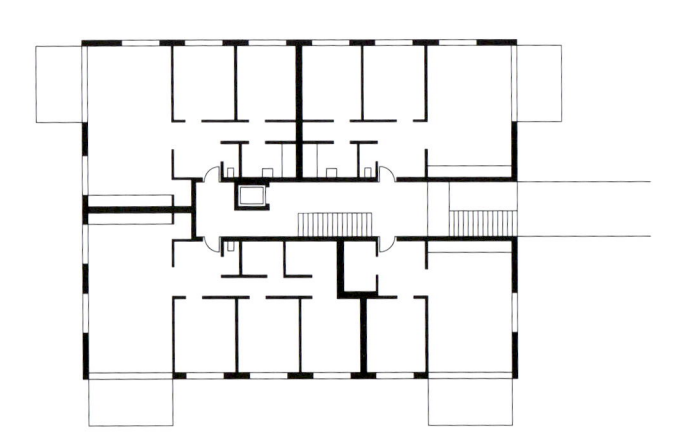

Obergeschoss

Tragwerk
Massive Platten und Scheiben aus Brettsperrholz in Schottenbauweise bilden die Tragstruktur. Das Treppenhaus und die Liftschächte sind aus Ortbeton.

Hülle
Die ausgedämmten Wände (45 × 200 mm) in Holzrahmenbauweise sind auf der Außenseite mit Gipsfaserplatten (15 mm) beplankt, mit Windpapier bekleidet und mit Lärchenholz (24 mm) vor einer Luftschicht (30 mm) verschalt. Auf der Innenseite ist eine gedämmte Installationsebene (50 mm) angeordnet.

Geschossdecken
Die Decke aus Brettsperrholz (146 mm) bleibt auf der Unterseite sichtbar. Der Bodenaufbau besteht aus Belag (10 mm), Estrich (60 mm) und Trittschalldämmung (30 mm) auf Schüttung.

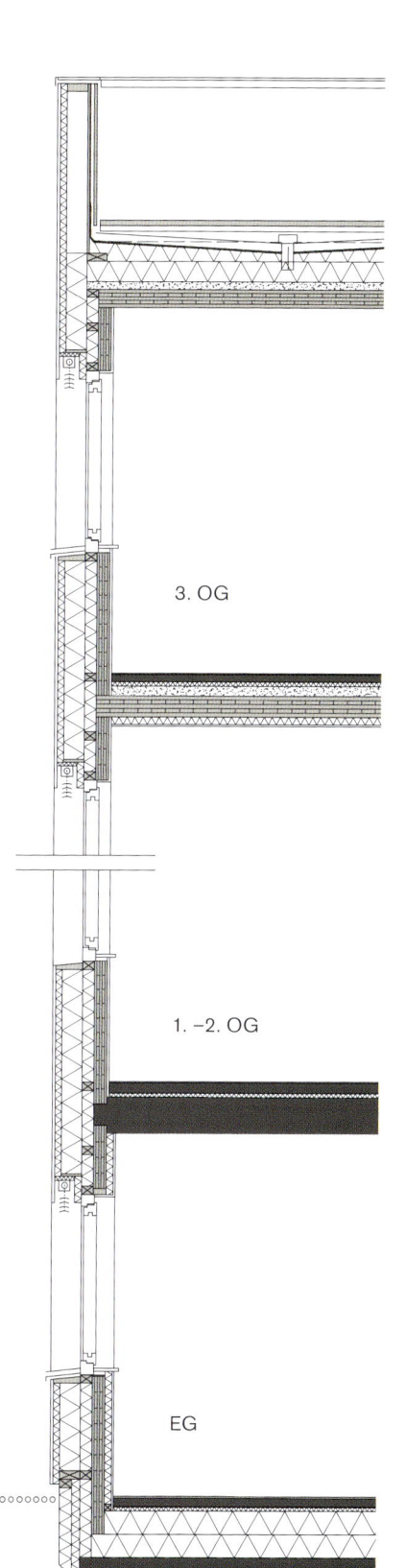

Bauzeit	2005 bis 2006
Bauherr	Bauträger Austria Immobilien GmbH
Architekten	Dietrich Untertrifaller Architekten ZT GmbH, Bregenz / Wien / St. Gallen
Tragwerksplaner	JR Consult ZT GmbH, Graz
Holzbau	KLH Massivholz GmbH, Katsch
BGF	6.750 m²
Baukosten (300 + 400)	1.060 € brutto/m² BGF

Neubauten im urbanen Kontext

Raiffeisenstraße 56, Ludesch

Gemeindezentrum

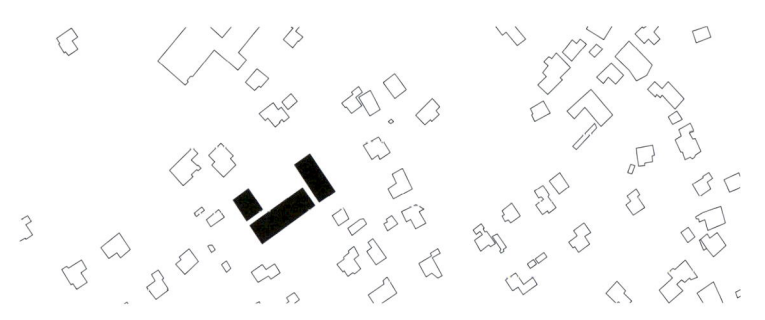

Fotos: Bruno Klomfar (1, 2, 3), Hermann Kaufmann ZT GmbH (4)

Lageplan

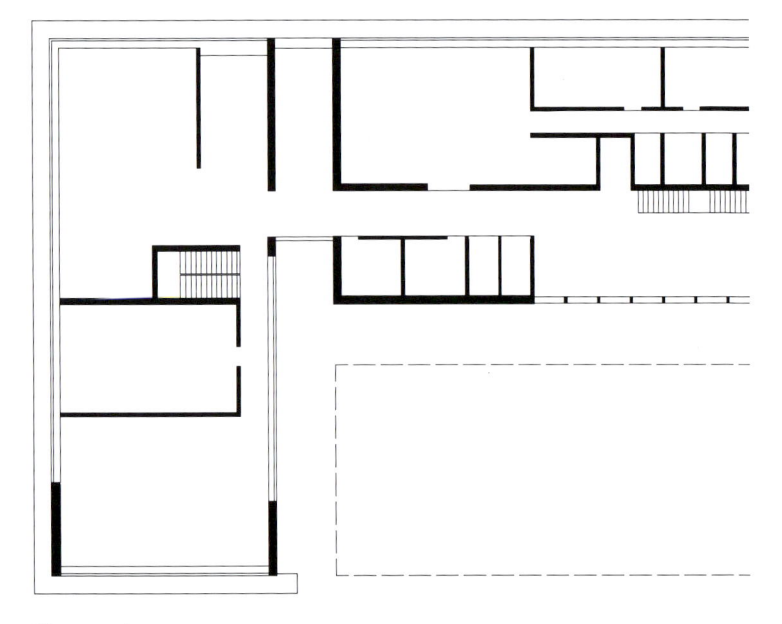

Obergeschoss

Entwickelt unter enger Bürgerbeteiligung dient das Gemeindezetrum der Neudefinition eines Ortszentrums, indem es an städtebaulich sensibler Stelle ein ganzes Spektrum von Funktionen integriert: Café, Bankschalter, Bücherei, Amtsräume, Seminar- und Veranstaltungssäle. Gleichzeitig ist es ein ökologisches Musterprojekt, das in das Programm *Haus der Zukunft* des Österreichischen Bundesministeriums für Verkehr, Innovation und Technologie (BMVIT) aufgenommen wurde. Sein Ziel ist die höchstmögliche Vermeidung von Schadstoffen durch Energieoptimierung und die Sicherstellung der ökologischen Nachhaltigkeit des Gebäudes. Die gesamte Materialwahl und -verwendung unterlag strengen, kontinuierlichen Kontrollen, nicht zuletzt auch, um echte Preisvergleiche zu konventionellen Bauweisen zu ermöglichen.

Alle Wand- und Deckenelemente des zweigeschossigen Gebäudes wurden als Hohlkastenelemente vorgefertigt. Die Außenfassaden und die inneren Wand- und Deckenverkleidungen bestehen aus heimischer Weißtanne, je nach Anwendung in sägerauer, gebürsteter oder gehobelter Ausführung. Für alle Dämmungen verwendete man nachwachsende Rohstoffe – man verzichtete gänzlich auf PVC, Lösungsmittel und Werkstoffe, die Formaldehyde und Fluorkohlenwasserstoff enthalten. Zur Aussteifung wurden einige Wandpartien massiv ausgeführt und schlanke Stahlstützen dort in das Tragwerk integriert, wo sie im Innenraum und an den Fensterbrüstungen gestalterisch und räumlich Vorteile bringen. Die Vorfertigung und Montage vor Ort übernahmen zwei lokale Firmen. Viel Sorgfalt legte man auf die Herstellung der Dichtheit der Konstruktion sowie auf die Vermeidung von Stoffen, die bei der Verarbeitung und in ihrer Auswirkung auf das Raumklima gesundheitsschädlich sein können. Es wurden keine Holzanstriche verwendet, der konstruktive Holzschutz der Außenfassaden wird durch Dachüberstände gewährleistet. Die 350 Quadratmeter große Platzüberdachung aus durchsichtigen Fotovoltaikelementen dient zudem der umweltfreundlichen Erzeugung von Strom, der in das Netz der örtlichen Kraftwerke eingespeist wird.

Das Gemeindezentrum entspricht optimal den gegenwärtigen Bedürfnissen, ohne künftigen Generationen eine Nachnutzung aufzuzwingen oder Entsorgungsprobleme zu hinterlassen. Die Erfahrungen aus diesem Projekt beweisen, dass sich mit Hilfe geeigneter Planungsinstrumente ein gesamtökologischer und nachhaltiger Ansatz auch im öffentlichen Bauwesen ohne wesentliche Mehrkosten realisieren lässt.

Tragwerk
Auf das Untergeschoss aus Stahlbeton wurde eine zweigeschossige Holzkonstruktion aufgesetzt. Die Wände sind in Holzrahmenbauweise konstruiert, die Decken wurden als Hohlkastenelemente vorgefertigt. Zur statischen Aussteifung sind einige Wandpartien massiv ausgeführt.

Hülle
Die Holzrahmenkonstruktion (40 × 300 mm) ist mit Zellulose ausgedämmt und an der Außenseite mit Windpapier und Rauspundschalung versehen. Eine hinterlüftete Schalung aus Weißtanne bildet die Fassade. Auf der Innenseite ist eine gedämmte Installationsebene angeordnet.

Geschossdecke
Die Hohlkastenelementdecke (332 mm) aus einer Dreischichtplatte (26 mm) und Hohlraumbedämpfung (40 mm) erhielt einen Bodenaufbau aus Industrieparkett (22 mm), Estrich (58 mm), Trittschalldämmung (30 mm) und Splittschüttung (40 mm). Die Unterseite ist mit Feuerschutzplatten (15 mm) aus Gipskarton auf Federschienen gekapselt. Der Hohlraum ist mit Schafwolle (40 mm) belegt. Zusätzlich wurde eine abgehängte Akustikdecke aus Weißtanne angebracht.

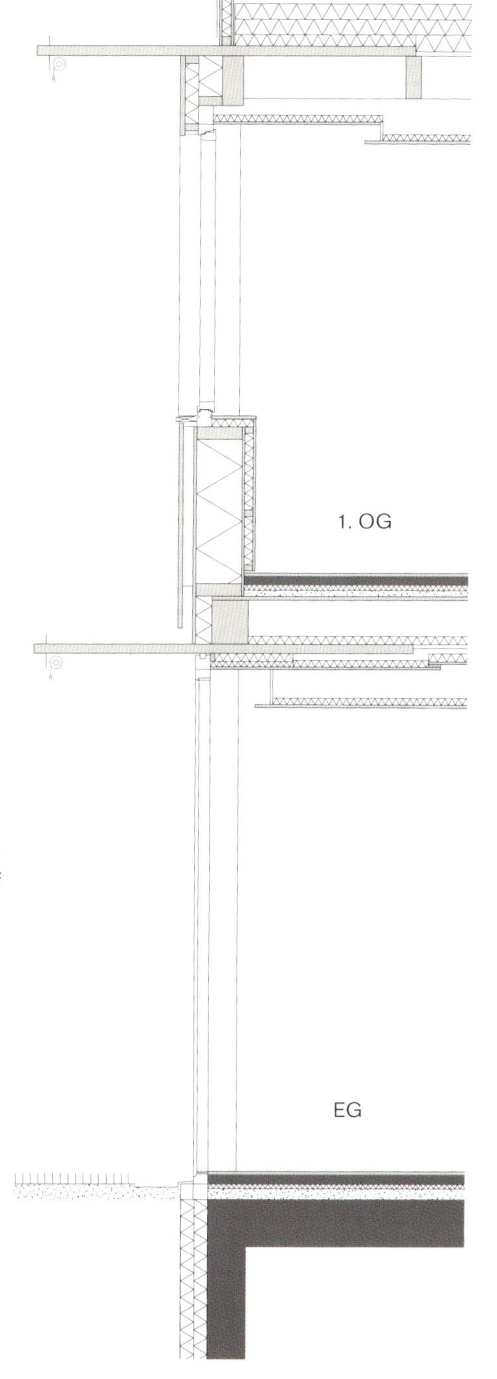

Bauzeit	Mai 2004 bis November 2005
Bauherr	Gemeinde Ludesch Immobilienverwaltungs GmbH & Co.KEG
Architekten	Hermann Kaufmann ZT GmbH, Schwarzach
Tragwerksplaner	Mader & Flatz Ziviltechniker GmbH, Bregenz; Merz, Kaufmann und Partner GmbH, Dornbirn; Zementol VertriebsgesmbH, Dornbirn
Holzbau	KLH Massivholz GmbH, Katsch
BGF	3.770 m²

Lerchenstraße 7–25, Salzburg

Wohnbau

Diese Wohnanlage mit 60 Einheiten ging aus einem Wettbewerb hervor, der die Entwicklung mehrgeschossiger Holzbauten mit Passivhausstandard zum Ziel hatte. Die Wohnungen sind nach Nordwesten und Südosten orientiert und gleichmäßig geöffnet, sodass alle Wohnräume im Tagesverlauf einmal Sonnenlicht erhalten. Die dreigeschossigen Riegel sind aufgelockert durch Erschließungszonen, an die jede Wohnung mit einem separaten, zum Nachbarn versetzten Eingangsbereich andockt. Die Innentreppen sind längs zur Gebäuderichtung positioniert; an sie grenzen in den oberen Geschossen Balkone und Loggien an.

Die Anlage wurde komplett in Holzbauweise errichtet, so auch die brandbeständig ausgebildeten Wohnungstrennwände. Die Verwendung von Beton beschränkt sich auf die Fundamente, das Kellergeschoss sowie die Treppenhäuser. Da der gesamte Baukörper auf einem Raster von 62,5 Zentimetern entwickelt wurde, lassen sich die Öffnungen und Wohnungstypen leicht variieren. Die Wände wurden in Holzrahmenbauweise errichtet und die Decken bestehen aus Brettsperrholzelementen. Die Fassade aus sägerauer Fichtenschalung erhielt eine silbergraue Lasur, die später vom Ergrauen des Holzes abgelöst wird. Alle Außenwände sind bei einer Stärke von 45 Zentimetern mit Zellulose hochgedämmt. Der Heizenergiebedarf ist so gering, dass konventionelle Heizsysteme nicht erforderlich sind.

Fotos: Paul Ott (1, 2), sps-architekten ZT GmbH (3, 4)

Lageplan

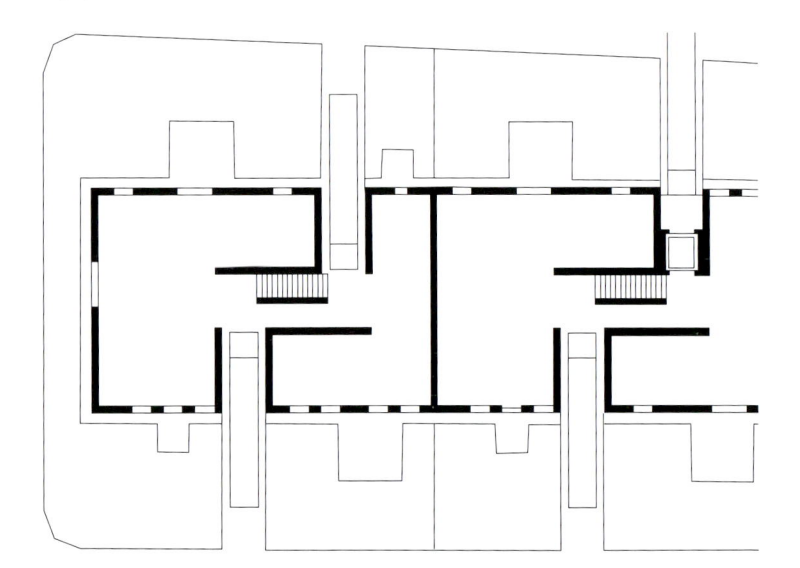

Erdgeschoss

Tragwerk
Wände in Holzrahmenbauweise mit Decken aus Brettsperrholz.

Hülle
Auf die zellulosegedämmte Riegelkonstruktion (60 × 280 mm) folgt auf der Innenseite nochmals eine Dämmebene (80 mm), die von einer OSB- (15 mm) und einer Gipskartonbrandschutzplatte (12,5 mm) begrenzt wird. Auf der Außenseite sind die Riegel mit einer Holzfaserplatte (15 mm) beplankt und mit einer Windbremse geschützt. Den Abschluss bildet eine zweifach imprägnierte sägeraue Fichtenschalung auf Unterkonstruktion (25 mm).

Geschossdecke
Die Decke aus Brettsperrholz (146 mm) ist mit einem Bodenaufbau versehen: Belag (15 mm), Estrich (65 mm), Trittschalldämmung (40 mm) auf Kiesschüttung (35 mm). Die Unterseite der Decke ist mit einer abgehängten Gipskartonplatte (12,5 mm) bekleidet.

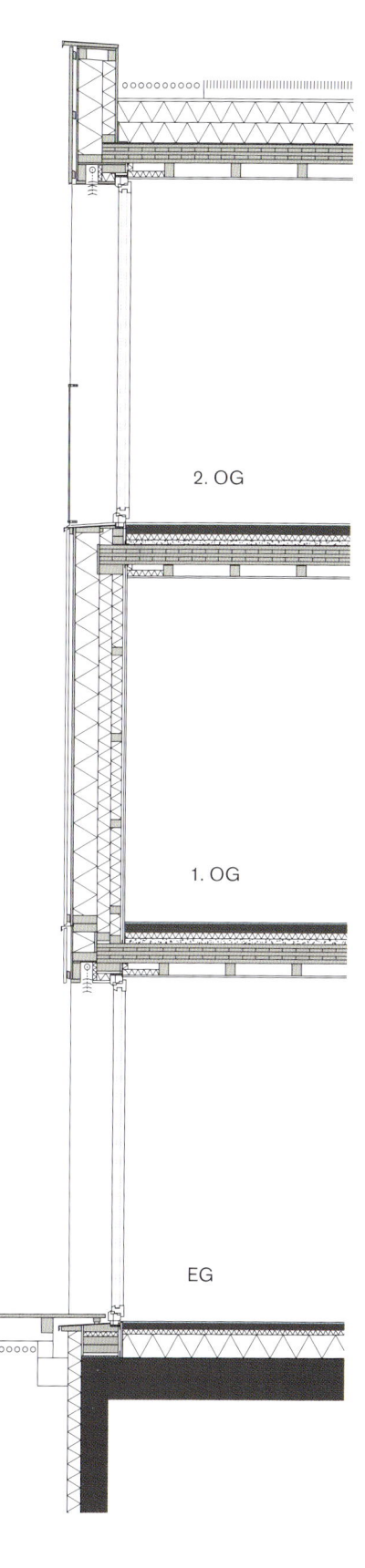

Bauzeit	Juni 2005 bis September 2006
Bauherr	Heimat Österreich, Salzburg
Architekten	sps-architekten ZT GmbH
Tragwerksplaner	Zorn & Nowy ZT GmbH, Wien
Brandschutzgutachten	IBS Institut für Brandschutztechnik und Sicherheitsforschung GmbH, Linz
Holzbau	Meiberger Holzbau GmbH & Co. KG, Lofer
BGF	6.100 m²
Baukosten (300 + 400)	1.016 € brutto /m² BGF

Neubauten im urbanen Kontext

Fotos: Adolf Bereuter

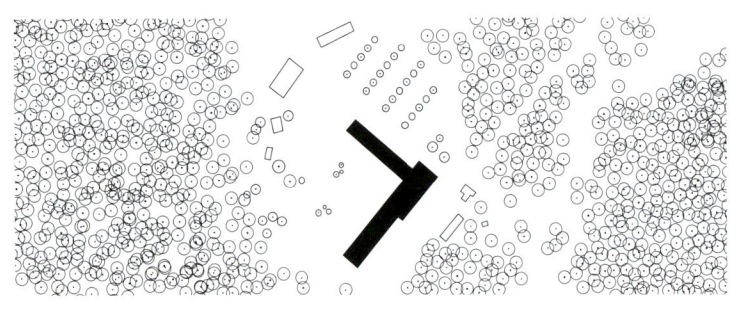

Lageplan

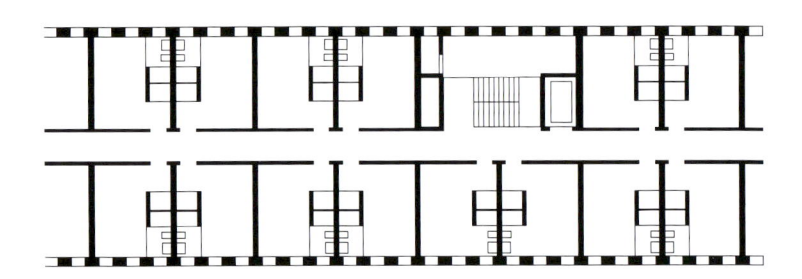

Obergeschoss

Ammerwald 1, Reutte

Hotel

Im Tiroler Teil der Ammergauer Alpen betreibt ein deutscher Automobilkonzern ein Drei-Sterne-Hotel als Seminarzentrum und Erholungsort für seine Mitarbeiter. Der L-förmige Baukörper ersetzt einen in die Jahre gekommenen Vorgängerbau, dessen wohnliche Atmosphäre in eine zeitgemäße Form übersetzt werden sollte. Die unteren Geschosse nehmen hinter einer eleganten Bandfassade die Gemeinschaftsnutzungen auf und sind ebenso wie die Treppenhäuser in Stahlbeton ausgeführt. Darüber befinden sich drei edelstahlverkleidete Zimmergeschosse mit hochformatigen französischen Fenstern. Um 96 Zimmermodule inklusive Nasszellen und Möblierung, sämtliche Wandaufbauten, Wetterschutzschicht (Niedrigenergie-Standard), Installationsschächte sowie Flure in nur 31 Tagen zu produzieren und sie in weiteren zehn Tagen zur Baustelle zu transportieren und in Position zu heben, war eine ausgeklügelte Logistik erforderlich. Die Fertigstellung erfolgte innerhalb von vier Monaten.

Die einzelnen Boxen, deren innere Oberfläche sichtbar geblieben ist, sind aus Brettsperrholz konstruiert. Ein zusätzlicher Anstrich schützt die Nasszellen mit Dusche vor Feuchtigkeit. Nach zwölf Stationen auf 62 Meter Produktionsstrecke im Holzbaubetrieb, Endabnahme und wetterfester Verpackung wurden täglich drei fertige Boxen im Freien gestapelt. Zehn Tage vor Fertigstellungstermin des Gebäudes, nachdem vor Ort die drei Sockelgeschosse in Stahlbeton vorbereitet waren, brachten Tieflader je zwei Module auf die knapp 200 Kilometer entfernte Baustelle, sodass täglich zehn Boxen montiert werden konnten.

Die hohe Ausführungsqualität aller Bauelemente sowie die sich ergebenden Baukosten beweisen, dass sich auch mit gleichbleibend hochwertiger handwerklicher Arbeit der Standard einer industriellen Serienproduktion erreichen lässt. Nicht zuletzt entspricht das Ergebnis dem vom Bauherrn aus der Autoproduktion gewohnten fertigungstechnischen Anspruch.

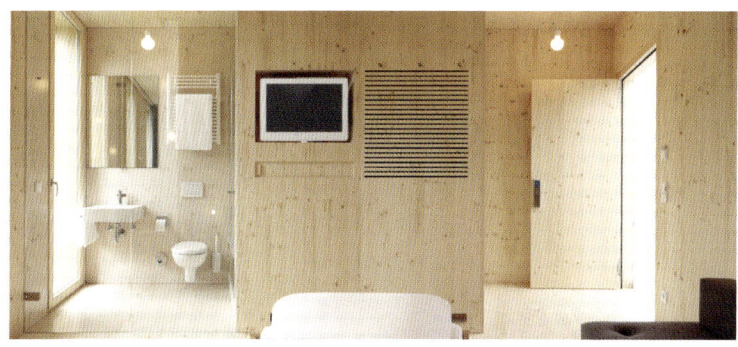

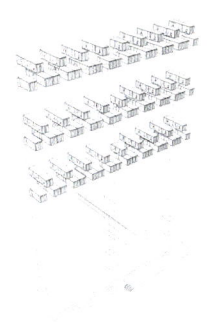

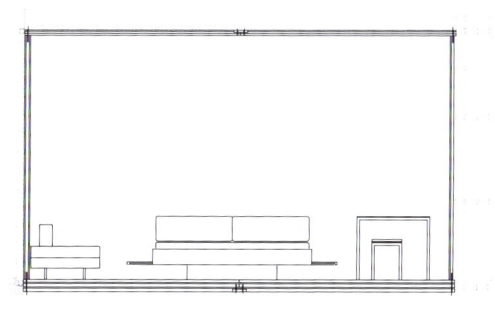

Tragwerk
Die Hotelzimmer bestehen aus vorgefertigen und gestapelten Raumzellen aus Brettsperrholz. Die Sockelgeschosse wurden in Ortbeton errichtet.

Hülle
Die Seitenwände der Zimmermodule bestehen aus zweifach geöltem Brettsperrholz (95 mm), Mineralwolledämmung (50 mm) und Gipskarton (12,5 mm). Für die Außenwände kam Brettsperrholz (72 mm) zum Einsatz. Nach einer Dampfbremse folgt hier ein Aufbau aus Dämmung (380 mm), Windpapier, Hinterlüftungsebene (38 mm) und metallischen, geschosshohen Fassadenplatten.

Geschossdecken
Die Böden der Zimmereinheiten bestehen aus Brettsperrholz (140 mm), ebenso wie die Decken (60 mm). Dazwischen sind Dämmung (50 mm) und ein Luftspalt angeordnet.

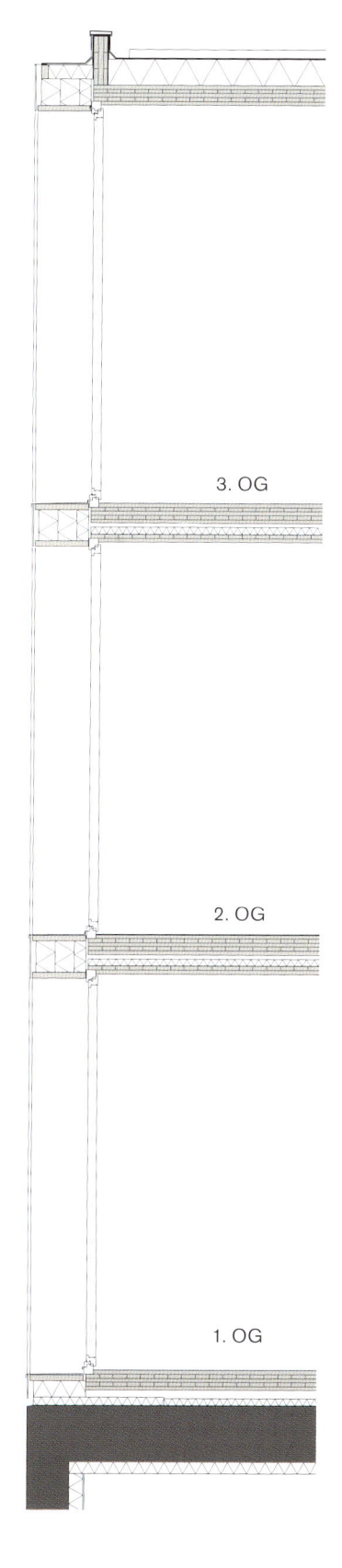

Bauzeit	Juli 2008 bis Oktober 2009
Bauherr	BMW Group, München
Architekten	Oskar Leo Kaufmann und Albert Rüf ZT GmbH, Dornbirn
Tragwerksplaner	merz kley partner ZT GmbH, Dornbirn
Brandschutzgutachten	IBS Institut für Brandschutztechnik und Sicherheitsforschung GmbH, Linz
Holzbau	Kaufmann Zimmerei und Tischlerei GmbH, Reuthe Kaufmann Bausysteme GmbH, Reuthe
BGF	8.150 m²

Neubauten im urbanen Kontext

Metallstrasse 20, Zug

Hotel

Das Hotel mit 82 Zimmern steht in einem parkähnlichen Gelände am Rand der Innenstadt, nur fünf Minuten vom Zuger Bahnhof entfernt. Es ist ein temporäres Gebäude, das eventuell schon nach zwölf bis 15 Jahren einem Straßenbauprojekt weichen soll. Trotz der beschränkten Lebensdauer hat dieses Hotel die Auflagen eines Vier-Sterne-Betriebs zu erfüllen und sollte ein repräsentatives und unverwechselbares Erscheinungsbild bekommen. Es ist das erste fünfgeschossige Hotel mit vorgefertigten Elementen in Holzbauweise in der Schweiz.

Die Basis des Hotelkonzepts bildet ein in seiner Größe variables Zimmermodul in Holzbauweise. Durch die untereinander verschobene Anordnung der Module entsteht nach außen die skulpturale Gestalt des Gebäudes. Seine Lage zwischen Bäumen führte zur Idee einer Außenfassade aus poliertem Chromstahl, in der sich die Umgebung spiegelt. Über den vier Vollgeschossen des Gebäudes wurde ein Attikageschoss errichtet, in dem die Haustechnikzentrale und die Horizontalverteilung der Leitungen untergebracht sind. Die Betonbauarbeiten beschränkte man auf eine Bodenplatte und vertikale Erschließungskerne.

Alle Modulwände aus Brettsperrholz wurden doppelwandig ausgebildet, mit Mineralfaser ausgedämmt und voneinander entkoppelt, um die Schallübertragung zu minimieren. Kalksplittgefüllte Hohlkastenelemente aus Holz und schwimmender Estrich bieten den Schallschutz im Bereich der Zimmerdecken. Die Hotelnutzung erzwingt auch strenge Anforderungen an den Brandschutz. Jeder einzelne Raum stellt einen eigenen Brandabschnitt dar und wurde mit nicht brennbarer Oberfläche ausgeführt. Zusätzlich ist das Gebäude von der Lobby über alle Haupt- und Nebenräume bis in das Technikgeschoss komplett gesprinklert. Alle Holzbauelemente wurden im Produktionswerk in nur zehn Wochen inklusive Wärmedämmung, Leitungen und Elektroanschlüsse vorgefertigt; die Montage nahm weitere fünf Wochen in Anspruch. Vor Ort ließen sich die Konstruktionen sofort belasten und ausbauen. Bei Regen konnte die Baustelle mit vorbereiteten Notdächern innerhalb einer halben Stunde wetterfest gemacht werden. Die scharf kalkulierte Bauzeit von zehn Monaten wurde eingehalten.

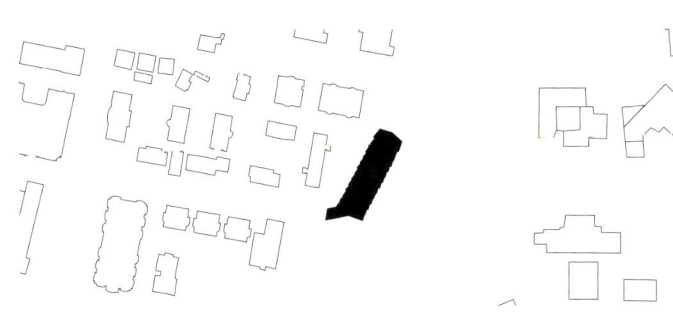

Fotos: Roger Frei (1 2 4), EM2N Architekten AG (3)

Lageplan

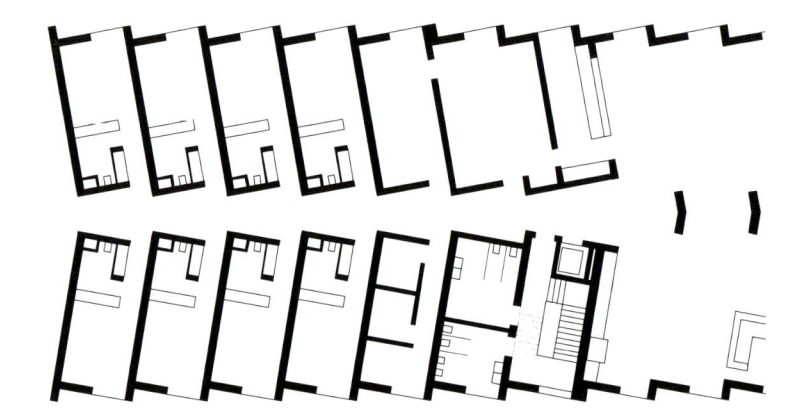

Erdgeschoss

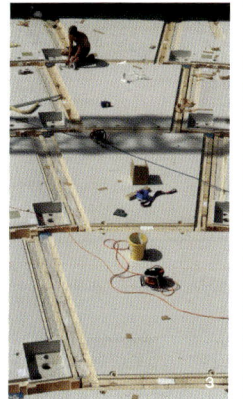

Tragwerk
Holztafelbauweise

Hülle
Die ausgedämmten Ständer (240 mm) sind auf der Innenseite mit einer Dampfbremse belegt und doppelt mit Gipsfaserplatten beplankt. Auf der Außenseite folgt auf eine Lage Gipsfaserplatten ein Windpapier und abschließend die vorgehängte Metallfassade.

Geschossdecke
Die Deckenbalken (140 × 80 mm) sind beidseitig mit Dreischichtplatten (27 mm) beplankt. Die Hohlräume sind mit Kalksteinsplitt befüllt. Der Fußbodenaufbau besteht aus Belag (10 mm), Estrich (60 mm), Trittschalldämmung (40 mm) und Gipsfaserplatte (15 mm). Auf der Unterseite ist die Decke mit zwei Lagen Gipsfaserplatte gekapselt.

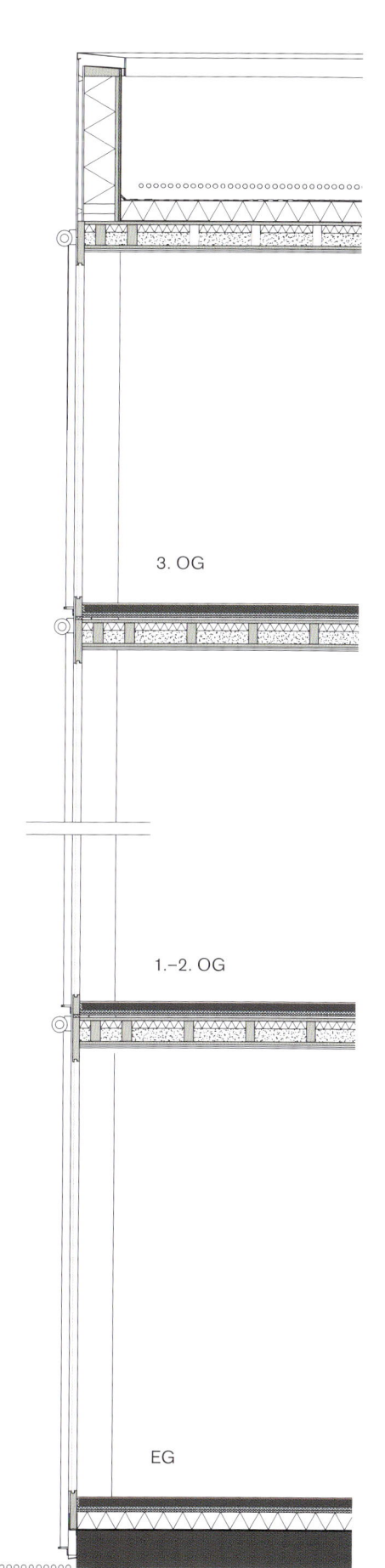

Bauzeit	April 2009 bis Dezember 2009
Bauherr	MZ-Immobilien AG, Zug
Architekten	EM2N Architekten AG, Zürich
Tragwerksplaner	PIRMIN JUNG Ingenieure für Holzbau AG, Rain
Brandschutzgutachten	Makiol + Wiederkehr Holzbauingenieure, Beinwil am See
Holzbau	Holzbau Renggli AG, Sursee
BGF	3.978 m²
Baukosten (300 + 400)	3.670 € brutto/m² BGF

Neubauten im urbanen Kontext 205

Färbergasse 17, Dornbirn

Gewerbebau

Ein Vorarlberger Bauunternehmen entwickelte ein Holzfertigteil-Baukastensystem zur Errichtung von energieeffizienten Hochhäusern bis zu einer Höhe von 100 Metern und bis zu 30 Etagen. Ein achtgeschossiger Prototyp dieses Systems mit 27 Meter Höhe entstand auf dem Werksgelände des österreichischen Unternehmens in Dornbirn. Das Bürogebäude ist das weltweit erste Hochhaus in Holzhybridbauweise, das außerdem noch ein Passivhaus ist. Es wurde komplett im Werk vorgefertigt. Die Systembauweise minimierte Fehlerquellen in der Bauabwicklung und ermöglichte kurze Bauzeiten. Beim Prototyp wurden die rund um den Treppenhauskern verlaufenden acht Geschosse in zehn Tagen wetterdicht montiert. Ursprünglich hätten auch Treppenhaus und Fahrstuhlschacht aus Holz gebaut werden sollen, doch die Brandschutzbestimmen lassen dies in Österreich für ein achtgeschossiges Gebäude (noch) nicht zu.

Die hier erstmals angewendete Holz-Beton-Verbundrippendecke ist der eigentliche Schlüssel, um in die Höhe zu bauen, da es mit ihr gelingt, die jeweiligen Geschosse durch eine nicht brennbare Schicht konsequent zu trennen. Bei der Entwicklung verschiedener technischer Varianten zeigte sich, dass die Hybridlösung den hohen Brandschutz- und Schallschutzanforderungen am besten gerecht werden kann. Die Verbundrippendecken bestehen aus Brettschichtholzträgern und einer 80 Millimeter dünnen Betonschicht. Zwischen den Rippen ist die Haus- und Systemtechnik integriert. Im Fassadenbereich werden die Decken über ein einfaches Rohr-Dorn-Stecksystem gelenkig auf 42 Brettschichtholz-Doppelstützen im Abstand von 2,70 Metern gelagert. Durch den Verbund mit dem Randbalken der Decke aus Beton wird so die geschossweise brandschutztechnische Trennung realisiert. Am Stahlbetonkern, der die Horizontalkräfte aus der Deckenscheibe übernimmt, lagern die Decken auf Stahlkonsolen auf.

Ein nächstes Projekt wird derzeit mit diesem System errichtet: Mit fünf Geschossen und über 10.000 Quadratmetern Bruttogeschossfläche sowie 120 Metern Länge wird das neue Bürogebäude zu den größten und nachhaltigsten Holz-Hybridbauten der Welt zählen.

Lageplan

Erd-/Obergeschoss

Obergeschoss

Tragwerk
Eine an Stahlkonsolen eingehängte Holz-Beton-Verbundrippendecke spannt von einem aussteifenden Erschließungskern aus Stahlbeton zu Brettschichtholzpendelstützen in der Außenwand.

Hülle
Vor der Stützenebene ist eine gedämmte und beiderseits mit OSB-Platten beplankte Holzrahmenbaufassade angeordnet. Auf der Außenseite folgt auf ein Windpapier die Wetterschutzschicht aus vorgehängten Metallkassetten. Auf der Innenseite sind die Fugen der OSB-Platten luftdicht abgeklebt. Vor Bereichen ohne Stützenelemente ist eine gedämmte Installationsschicht angeordnet.

Geschossdecke
Die speziell entwickelten Holz-Beton-Verbundelemente bestehen aus einer Betonplatte (8 cm) mit vier Längsbalken (220 mm × 280 mm) als Zugrippen. An den Schmalseiten bilden Querträger aus Stahlbeton die Auflager.

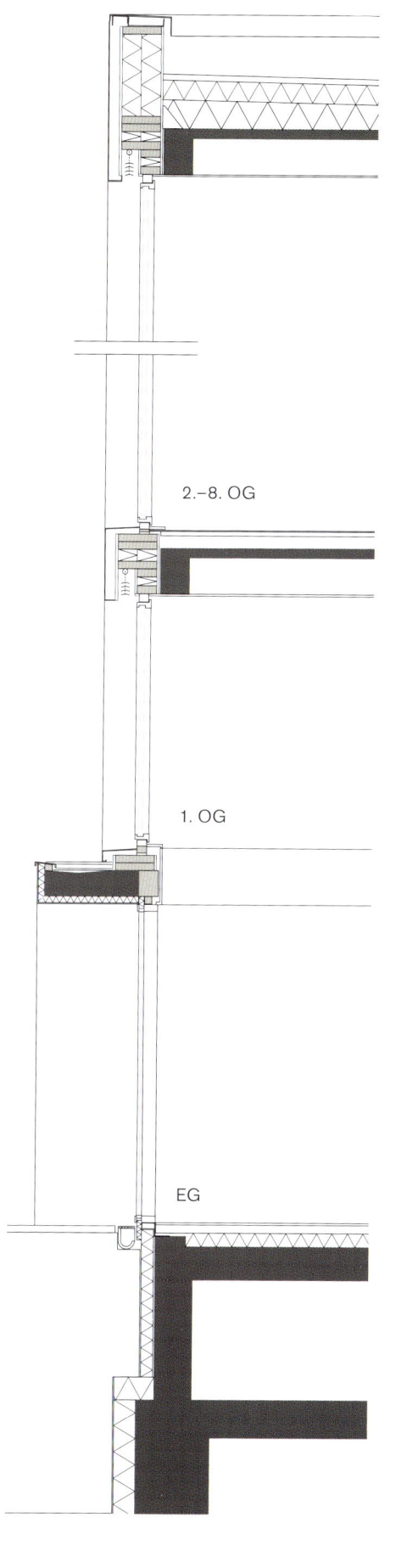

Bauzeit	Juni 2011 bis Juni 2012
Bauherr	Cree GmbH, Bregenz
Architekten	Hermann Kaufmann ZT GmbH, Schwarzach
Tragwerksplaner	merz kley partner ZT GmbH, Dornbirn
Brandschutzgutachten	IBS Institut für Brandschutztechnik und Sicherheitsforschung GmbH, Linz
Holzbau	Sohm Holzbautechnik GesmbH, Alberschwende
BGF	2.319 m²

Via Cenni, Mailand

Wohn- und Gewerbebau

Lageplan

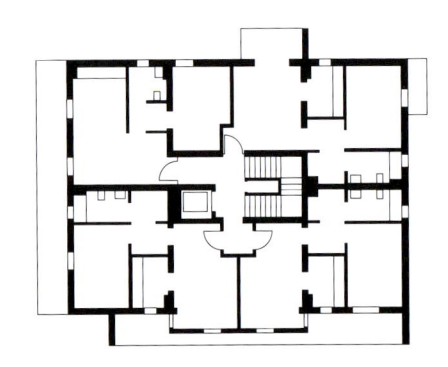

Obergeschoss

Ein aus einem internationalen Wettbewerb hervorgegangenes und in seiner Dimension bislang einzigartiges Projekt wird derzeit in Mailand realisiert. Auf der größten Holzbaustelle Europas entstehen vier neungeschossige Hochhäuser, die durch zweigeschossige Gebäude verbunden sind. Der Standort befindet sich in einem vorstädtischen Gebiet an der Grenze zwischen städtischer und sich auflockernder Bebauung. Das Nutzungsprogramm richtet sich an ein gemischtes Publikum aus Familien, Singles und jungen Paaren, für das neben 124 Wohnungen Gemeinschaftsflächen und ein halböffentlicher Park vorgesehen sind. Die Bauarbeiten sollen innerhalb von 14 Monaten abgeschlossen sein.

Das Projekt wurde mit einer Tragstruktur aus großflächigen Brettsperrholzplatten entwickelt. Auch die Treppenhäuser und Fahrstuhlschächte bestehen daraus. Biegebalken und Stützen werden nur vereinzelt als Verstärkung bei Öffnungen oder Übergängen eingesetzt. Die Hochhäuser sind konstruktiv losgelöst von den niedrigeren Gebäuden, um eine Regelmäßigkeit der tragenden Strukturen sicherzustellen. Die Wandstärken variieren von Etage zu Etage; im obersten Geschoss sind sie etwa 120 Millimeter und im Erdgeschoss 200 Millimeter dick. Die Decken aus Brettsperrholzplatten sind in jedem Geschoss unterschiedlich angeordnet, sodass die Lasten homogen auf die Wände abgetragen werden. Ihre Spannweiten betragen maximal 6,70 Meter bei einer Dicke von 230 Millimetern. Die Holzkonstruktion ist innen mit Gipskartonplatten verkleidet. Hinsichtlich des Brandschutzes unterliegt in Italien die Bauhöhe keiner Einschränkung. Für Gebäude, die höher als zwölf Meter sind, wird jedoch ein Brandschutzzertifikat der Feuerwehr gefordert. Das bei diesen Bauten realisierte Tragwerk erfüllt zudem die Anforderungen an erdbebensicheres Bauen.

Tragwerk
Wandscheiben und Decken aus Brettsperrholz wurden auf einen Ortbeton-Sockel montiert.

Hülle
Die Wandscheiben (120 mm) aus Brettsperrholz wurden auf der Außenseite mit einer mineralischen Dämmung (120 mm) versehen.

Geschossdecken
Die Deckenplatten sind aus Brettsperrholz (225 mm) gefertigt. Der Fußbodenaufbau besteht aus einem Belag (10 mm) auf Fußbodenheizung mit Trägerplatte auf Estrich. Auf der Unterseite ist eine Gipskartonplatte auf Federschienen befestigt.

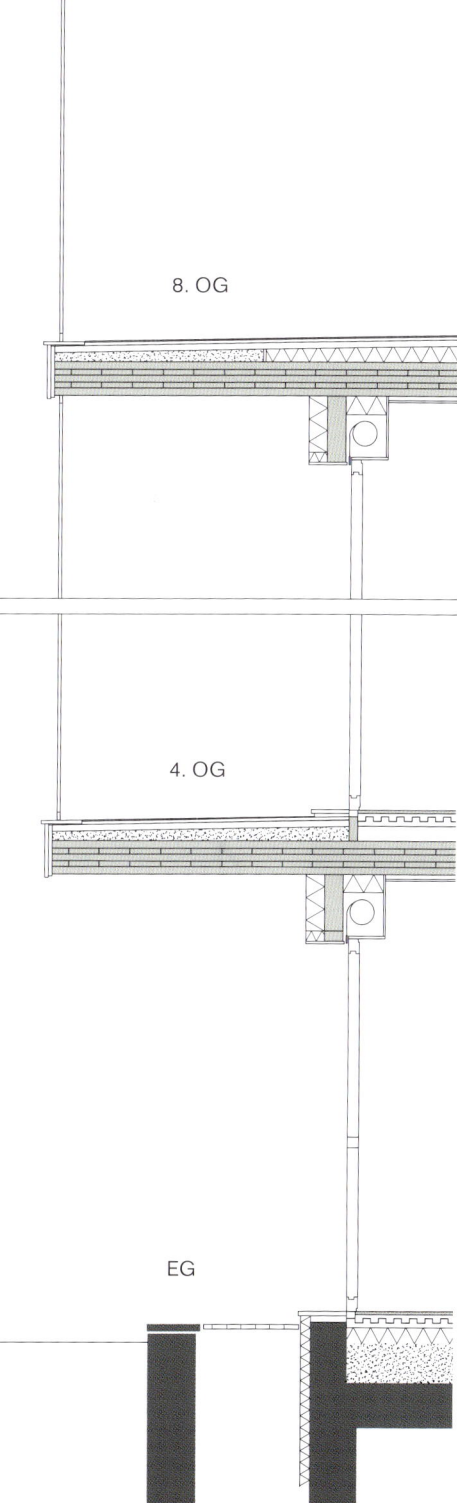

Bauzeit	Januar 2012 bis Juni 2013
Bauherr	Polaris Investment Italia SGR SpA, Mailand
Architekten	Rossi Prodi Associati S.r.l., Florenz
Tragwerksplaner	Borlini e Zanini SA, Mendrisio (Brettsperrholz)
Brandschutzgutachten	Lignaconsult S.r.l., Bozen, E.T.S Engineering and Technical Services SpA, Bergamo
Holzbau	RTI Carron Cav. Angelo SpA, San Zenone degli Ezzelini; Service Legno S.r.l., Spresiano
BGF	30.325 m²

Neubauten im urbanen Kontext

Bebelallee 64–70, Hamburg

Wohnbau

Der Bestand der Wohnanlage in Hamburg-Alsterdorf setzt sich aus einer leicht aufgefächerten Reihung von fünf zweigeschossigen Riegeln und einer quer dazu angeordneten dreigeschossigen Häuserzeile zusammen. Leitidee für die Sanierung war die Schaffung eines zeitgemäßen innerstädtischen Wohnquartiers, das seine Herkunft nicht verleugnet. Die Wohnfläche der Fünfzigerjahre-Siedlung sollte verdoppelt und gleichzeitig der jährliche CO_2-Ausstoß halbiert werden.

Um den offenen Charakter der Siedlung mit ihrer Zeilenbebauung zu erhalten, entschied man sich für eine Aufstockung der bestehenden Bauten. In Kombination mit der erforderlichen energetischen Sanierung des Bestands, seinen konstruktiven, baulichen Voraussetzungen und dem Anspruch des nachhaltigen Bauens für den Neubau wurde die Entscheidung für eine Leichtbaukonstruktion in Holztafelbauweise getroffen. So konnten in kurzer Zeit bei nur geringer Störung der Anwohner auf dem bewohnten Bestand fast 9.000 Quadratmeter Bruttogeschossfläche realisiert werden. Die Erschließung der Aufstockung erfolgt über die bestehenden Kerne, die in Massivbauweise weitergebaut wurden und so den erforderlichen Brandschutz gewährleisten. Sämtliche Wandtafeln und Deckenelemente der Holzaufstockung wurden im Werk vorgefertigt und vor Ort zusammengesetzt. Die Last der Aufstockung wird teilweise über wandartige Stahlbetonträger und außen liegende Stützen abgetragen. Die Holzkonstruktion ist mit einer hinterlüfteten Schindelfassade aus unbehandeltem Zedernholz bekleidet. Um diese normal entflammbare Holzfassade in der gegebenen Gebäudeklasse realisieren zu können, wurden Labor-Brandversuche beauftragt und eine Zulassung im Einzelfall beantragt.

Das mit diesem Projekt erprobte System, mit vorgefertigten Holzbauelementen in relativ kurzer Zeit bewohnte Bestandsgebäude aufzustocken, stellt ein zukunftsfähiges Konzept für Sanierungen und Aufstockungen städtischer Bestandsbauten aus den Nachkriegsjahren dar.

Fotos: Dominik Reipka

Lageplan

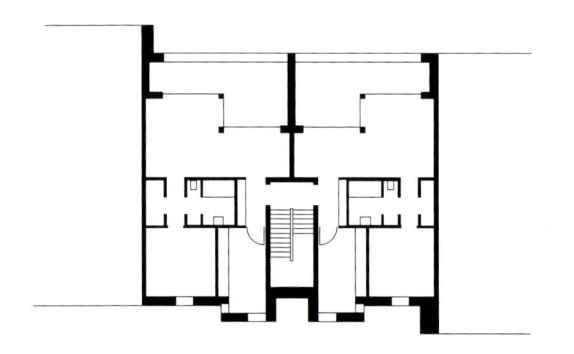

Obergeschoss

Tragwerk
Die Aufstockung besteht aus vorgefertigten Wandtafeln und Deckenelementen in Holzrahmenbauweise. Die Erschließungskerne der Bestandsbauten wurden in Ortbeton weitergeführt und dienen der Aussteifung.

Hülle
Die Holzrahmenkonstruktion (200 mm) ist beidseitig mit Gipsfaserplatten (GFP, 2 × 15 mm) versehen, wobei auf der Innenseite zwischen Konstruktion und Beplankung eine Dampfbremse eingezogen ist. Auf der Außenseite bildet eine hinterlüftete Holzschindelverkleidung aus unbehandeltem Zedernholz die Wetterschutzschicht.

Geschossdecke
Die Balkenlage aus Konstruktionsvollholz (200 × 260 mm) ist auf der Oberseite mit einer OSB-Platte (20 mm) belegt und mit Mineralwolle (220 mm) ausgedämmt. Der Fußboden setzt sich aus Belag (10 mm), Trockenestrich (30 mm) und Trittschalldämmung (40 mm) zusammen. Die auf der Unterseite der Balken angeordnete Dampfbremse wird von einer mit GFP (2 × 15 mm) belegten Sparschalung (20 mm) geschützt.

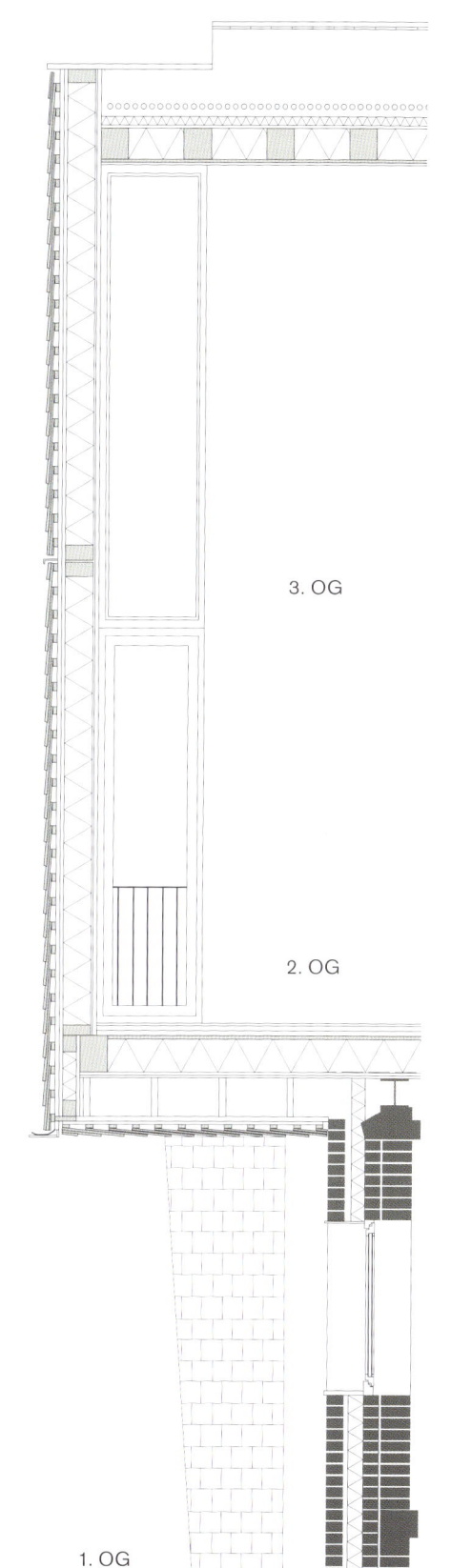

Bauzeit	2007 bis 2010
Bauherr	Robert Vogel GmbH & Co. KG, Hamburg
Architekten	blauraum Architekten BDA, Hamburg
Tragwerksplaner	Dr. Wilhelm Binnewies Ingenieurges. mbH, Hamburg
Brandschutzgutachten	Ingenieurbüro Tim Wackermann GbR, Hamburg
Holzbau	Holzbau Dethlefsen GmbH, Stegelitz / Spremberg
BGF	18.000 m²
Baukosten (300 + 400)	1.504 € brutto/m² BGF

Aufstockungen

Flachgasse 35–37, Wien

Wohn- und Gewerbebau

Der unter Denkmalschutz stehende Industriebau ist eines der ältesten Stahlbetongebäude der Stadt Wien. Er wurde von den Architekten als Büro übernommen und um zwei Geschosse aufgestockt. Das Gebäude war kaum in der Lage, noch zusätzliche Lasten aufzunehmen. Deshalb entwickelte man ein Gefüge aus Überzügen, Scheiben und Platten aus Brettsperrholz, das gemeinsam statisch wirksam ist. Die komplexe Konstruktion hebt sich als reiner Holzbau von Wiener Dachaufstockungen ab, die üblicherweise in Stahl mit Ausfachungen aus Holz gebaut werden. In der ersten Dachgeschossebene über der obersten Bestandsdecke wurde ein in sich ausgesteifter massiver Holzkanal errichtet, der alle Nebenräume aufnimmt. Er trägt die Decke für die zweite Dachgeschossebene und übernimmt die Aussteifung der zweigeschossigen Brettsperrholzwände, die nur auf den Brandwänden und auf einem Lichtschacht in der Mitte des Gebäudes aufliegen, da sie die einzigen vertikalen Lastabtragungspunkte des Altbaus darstellen. Die oberste Decke wird von Brettschichtholz-Überzügen getragen, die auf den Brettsperrholzwänden ruhen. Damit sich der Wohnbereich im zweiten Dachgeschoss stützenfrei zur Terrasse hin öffnen kann, wird das Dach darüber ebenfalls von zwei Überzügen getragen.

Lageplan

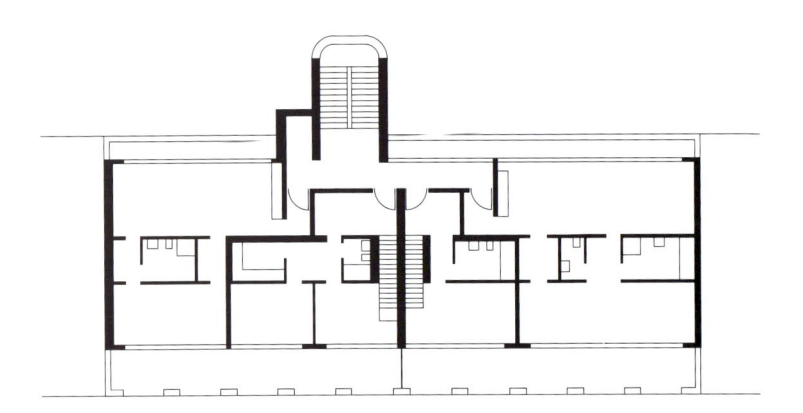

Obergeschoss

Tragwerk
Die Platten und Scheiben bestehen aus Brettsperrholz.

Hülle
Auf der Innenseite ist die Wandscheibe aus Brettsperrholz (94 mm) mit einer Gipskartonfeuerschutzplatte (15 mm) gekapselt. Auf der Außenseite folgen auf eine Dampfbremse eine mineralische Dämmung (180 mm) und eine MDF-Platte (16 mm). In einem Abstand von 120 mm ist eine Wandverkleidung aus gelochtem, gefaltetem Kupferblech angebracht.

Geschossdecke
Die Deckenelemente aus KLH (130 mm) erhielten auf der Oberseite einen Fußbodenaufbau aus Parkett (20 mm), Heizestrich (65 mm), Trittschalldämmung (30 mm) und Splittschüttung (45 mm). Auf der Unterseite ist eine Gipskartonfeuerschutzplatte (15 mm) im Abstand von 50 mm auf Schwingbügeln angebracht. Der Hohlraum ist mit Mineralfaserdämmung (40 mm) ausgefüllt.

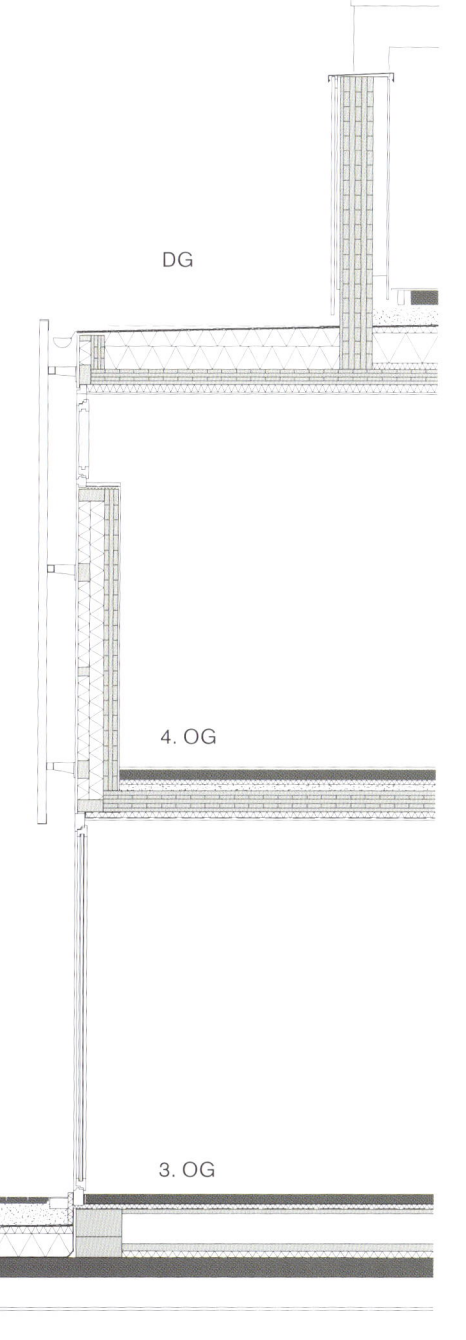

DG

4. OG

3. OG

Bestand

Bauzeit	August 2007 bis Mai 2008
Bauherr	Dietrich Untertrifaller Architekten ZT GmbH
Architekten	Dietrich Untertrifaller Architekten ZT GmbH, Bregenz / Wien / St. Gallen
Tragwerksplaner	JR Consult ZT GmbH, Graz
Brandschutzgutachten	IBO Österreichisches Institut für Baubiologie und -ökologie GmbH, Wien
Holzbau	Kulmer Bau GesmbH & Co. KG, Pischelsdorf
BGF	552 m²
Baukosten (300 + 400)	1.810 € brutto/m² BGF

Aufstockungen

Beatrijslaan 71, Rotterdam

Wohnbau

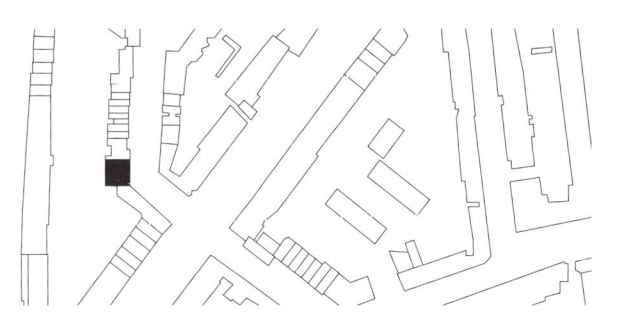

Die ungewöhnliche Aufstockung erweitert die Wohn- und Atelierflächen eines bekannten Theaterperückenmachers. Auf dem Dach einer ehemaligen Kleiderfabrik wurden ein Schlafhaus für die Eltern und ein Doppelhaus für die beiden Kinder zusammen mit einer 120 Quadratmeter großen Terrasse so angeordnet, dass sie ein »Dachdorf« von auffälliger Bildhaftigkeit oberhalb der großen Stadt darstellen. Für den Baustoff Holz entschieden sich die Architekten wegen der eingeschränkten Tragfähigkeit des Altbaus.
Auf der obersten Dachebene des Bestands befindet sich eine Rahmenkonstruktion aus Stahlträgern, auf denen die Dachaufbauten aus vorgefertigten Holzrahmenbauteilen stehen. An den Rahmen hängen zwei hölzerne Treppen, die die beiden Schlafhäuser mit der unteren Etage verbinden.
Ein Autokran transportierte die komplett vorgefertigten Häuser auf die Dachbaustelle. Die gesamte Konstruktion erhielt eine Abdichtung mit einem Polyurea-Spritzcoating und wurde dann mit einer zusätzlichen Deckschicht aus hellblauem Polyurethan überzogen. Polyurea-Kunststoffbeschichtungen werden verwendet, um beispielsweise Wassertanks zu schützen und wasserundurchlässig zu machen. Mit dieser Deckschicht konnte man Terrasse, Dach und Fassaden der Schlafhäuser nahtlos dichten und eine widerstandsfähige, wasserundurchlässige Membran rund um alle Holzbauteile schaffen. Die Plastizität der einzelnen Baukörper kommt so besonders zum Ausdruck.

Lageplan

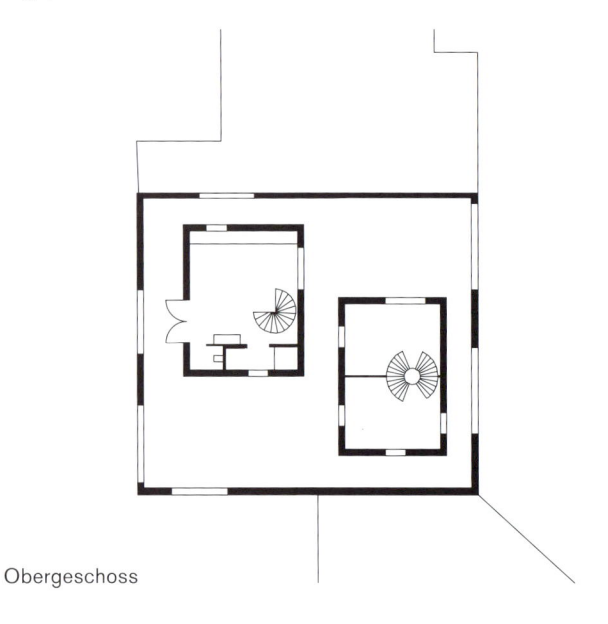

Obergeschoss

Tragwerk
Die Häuser bestehen aus einer vorgefertigten Holzrahmenkonstruktion auf Stahlträgerrost.

Hülle
Die Ständer (41 × 146 mm) im 600-mm-Raster sind mit Mineralwolle (140 mm) ausgedämmt, auf der Innenseite mit einer Dampfbremse belegt und mit Multiplexplatten (18 mm) bekleidet.
Der Aufbau auf der Außenseite besteht aus einer Windbremse und zementgebundenen Holzfaserplatten (18 mm) auf einer Unterkonstruktion (48 mm), die farbig mit Polyurethan (PU) beschichtet wurden.

Geschossdecke
Auf einer Balkenlage aus Konstruktionsvollholz (46 × 221 mm) folgt im Außenbereich eine im Gefälle verlegte, zementgebundene Holzfaserplatte (18 mm) mit PU-Beschichtung (3 mm).
Auf der Deckenunterseite des Bestandsgeschosses wurde eine zusätzliche Dampfbremse und eine Gipskartonplatte angebracht.

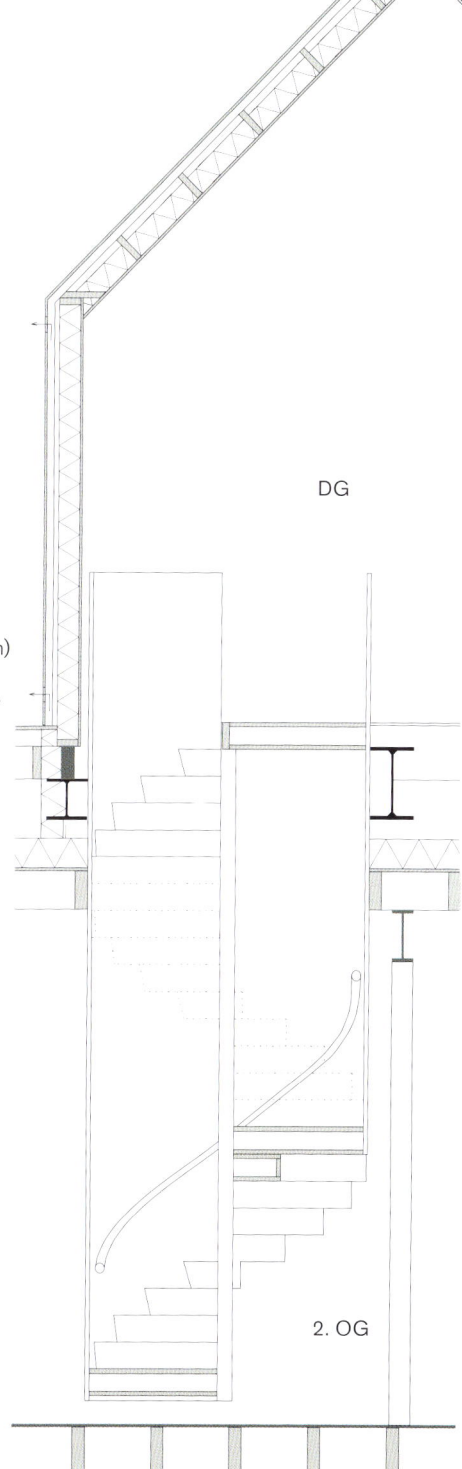

Bauzeit	April 2006 bis Januar 2007
Bauherr	Familie Didden, Rotterdam
Architekten	MVRDV, Rotterdam
BGF	165 m²

Mozartstraße 1, Dornbirn

Wohnbau

Im Zuge der grundlegenden Sanierung eines Kaufhauses in der Stadtmitte von Dornbirn wurde die statisch ursprünglich einkalkulierte Erweiterung von Wohnungen und Büros in einem dritten und vierten Obergeschoss nun in Holzbauweise realisiert. Trotz der gegebenen Gebäudetiefe ermöglicht das Atriumhaus attraktives Wohnen mit guter Belichtung. 21 Wohnungen und zwei Büros gruppieren sich um einen zweigeschossigen, glasüberdachten Innenhof, der der Erschließung der Wohnungen dient und als halböffentlicher Ort funktioniert. Alle Haupträume sind zu diesem Hof orientiert, die Wohn- und Aufenthaltsräume öffnen sich nach außen zu vorgelagerten Terrassen. Dort ist die Hälfte der Auskragung mit Glasoberlichtern bestückt, sodass eine gute Belichtung der Aufenthaltsräume erreicht wird. Große Teile der Fassade bestehen aus transluzenten vorgehängten Glasplatten, die ein einheitliches Fassadenbild über das gesamte Gebäude entstehen lassen. Die Holzkonstruktion ist so von außen nicht erkennbar.

Aus brandschutztechnischen Gründen wurde das Gebäude in Mischbauweise errichtet: Alle Atriumwände, die tragenden Zwischenwände sowie die Dachkonstruktion bestehen aus Holzelementen; die Geschossdecken sind in Stahlbeton ausgeführt. Das Atrium wird gesprinklert. In den Attikahochzügen sind gläserne Lamellen permanent geöffnet; sie werden im Brandfall zur Entrauchung verwendet. Die Dachbauteile liegen zum Atrium hin auf den Wänden und im Außenbereich auf Stahlstützen auf. Alle Elemente wurden im Werk in Holzrahmenbauweise vorgefertigt und in Einheiten von 14 × 2,50 Metern auf die Baustelle geliefert, sodass die geplante Rohbauzeit von nur zwei Wochen eingehalten werden konnte.

Das Beispiel zeigt, wie man im dichten Stadtraum durch einfache Aufstockungen neue Wohntypologien etablieren und unterschiedliche Nutzungen wie Einkaufen und Wohnen miteinander verbinden kann. So wird attraktiver Wohnraum in der Stadt aktiviert.

Lageplan

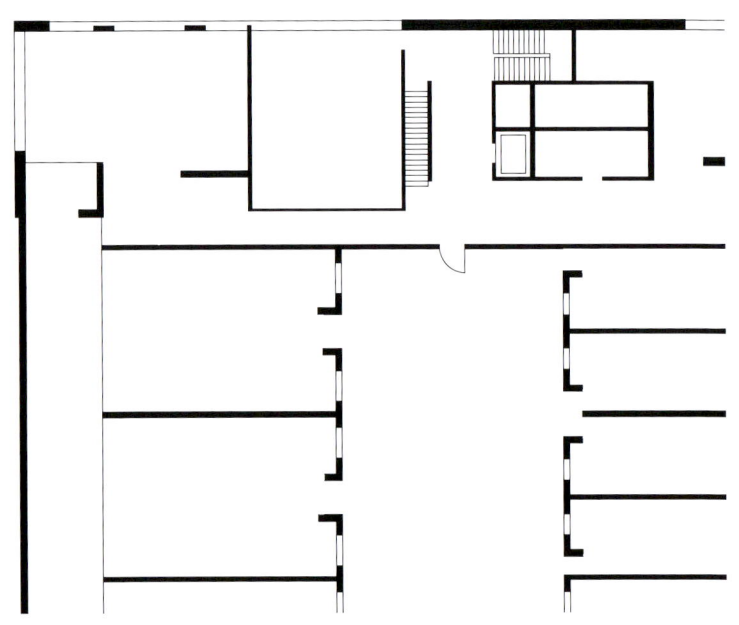

Obergeschoss

Tragwerk
Das Gebäude ist eine hybride Konstruktion aus vorgefertigten tragenden Innenwänden in Holzrahmenbauweise im Atrium und tragenden Stahlstützen auf der Fassadenseite. Die Holzdeckenelemente kragen zweiseitig aus.

Hülle
Die vorgefertigten, gedämmten und beidseitig mit Gipsfaserplatten (15 mm) beplankten Holzrahmentafeln sind auf der dem Atrium zugewandten Seite mit hinterlüftetem Furniersperrholz (16 mm) belegt. Auf Seite der Wohnungen ist die gedämmte Vorsatzschale (40 mm) mit einer Gipskartonplatte (15 mm) bekleidet.

Geschossdecke
Die Zwischendecken sind aus Gründen des Brandschutzes wie die Bestandsdecke in Ortbeton ausgeführt. Der Fußbodenaufbau besteht aus Parkett (15 mm), Estrich auf Trennlage (70 mm), Trittschalldämmung (30 mm) und EPS-Dämmung (60 mm).

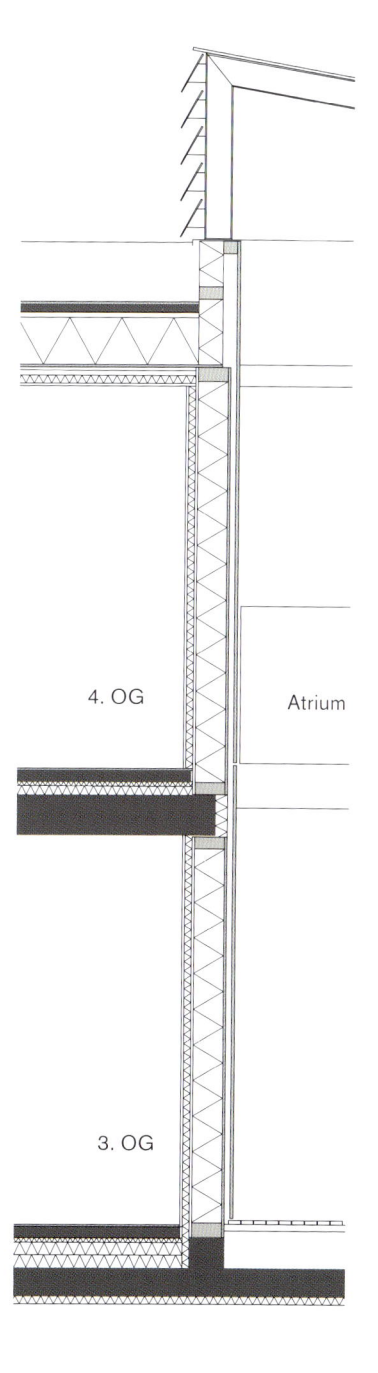

Bauzeit	Oktober 2005 bis August 2007
Bauherr	Sutterlüty GmbH & Co., Egg Schertler-Alge GmbH, Lauterach
Architekten	Hermann Kaufmann ZT GmbH, Schwarzach
Tragwerksplaner	Mader & Flatz Ziviltechniker, Bregenz, Merz, Kaufmann und Partner GmbH, Dornbrin
Brandschutzgutachten	IBS Institut für Brandschutztechnik und Sicherheitsforschung GmbH, Linz
Holzbau	Schertler-Alge GmbH, Lauterach
BGF	3.146 m²

Aufstockungen

Drottninggatan 53, Stockholm

Wohnbau

Lageplan

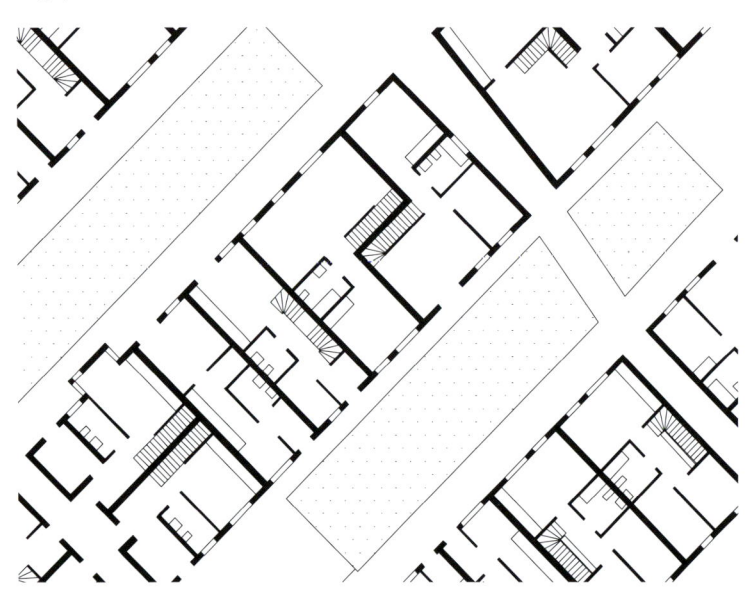

Erdgeschoss

Mit seinen 30 bis 40 Jahre alten Bauten bot das Klaraviertel im Zentrum von Stockholm einen anonymen und unansehnlichen Anblick. Im Zuge der Umstrukturierung und Modernisierung des ganzen Viertels wurde ein ehemaliges Postbankgebäude aus den Sechzigerjahren, das ein ganzes Quartier einnimmt, unter Beibehaltung der Kubatur mit mehreren Lichthöfen und neuen Fassaden aufgewertet. Die Architekten von Equator Stockholm AB versuchten die ehemals senkrechte Struktur der Nutzung von Stadtgebäuden in Form einer vertikalen Anordnung von Verkaufs-, Büro- und Wohnnutzung wieder entstehen zu lassen. Deshalb ließen sie auf dem Flachdach weltweit erstmalig eine komplette Wohnsiedlung inklusive Gassen und Straßenbeleuchtung bauen und schufen damit eine dörfliche Struktur in hochverdichteter Innenstadtlage.

Obwohl die Tragstruktur des Bestandsgebäudes optimale Voraussetzungen für die Lastabtragung der neuen Wohngebäude bot, ließ sich das ungewöhnliche Vorhaben nur unter Ausnutzung des niedrigen Gewichts von Bauteilen aus Holz realisieren. Die Holzrahmenbauweise reduzierte zusätzlich dank hoher Vorfertigung den Aufwand auf der schwer zugänglichen Baustelle. Die Aufstockung erforderte viele Sonderlösungen mit komplexen Details, die nach Auskunft der Architekten nur mit Hilfe der Holzbauweise ökonomisch zu bewältigen waren. Die Zugänge zum Dachviertel sind unabhängig von der unteren gewerblichen Nutzung angeordnet. Die neue Siedlung umfasst 100 Eigentumswohnungen, 60 davon befinden sich unmittelbar auf dem Dach. Die ein- und zweigeschossigen Häuser wurden aus brandschutztechnischen Gründen mit einem keramischen Fassadensystem bekleidet. Doppelte Fluchtwege von jeder Wohnung nach außen auf das Dach ermöglichen das Anleitern der Feuerwehr. Die Wohnungen werden nicht gesprinklert.

Das neu geschaffene Wohnviertel erfreut sich großer Beliebtheit, ganz besonders wegen der zentralen Wohnlage, die nicht durch Verkehrslärm beeinträchtigt ist, und des gleichzeitig grandiosen Fernblicks über die Stadt. Die Wiederentdeckung von Blickbezügen aus den Gassen heraus zu bekannten Kirchtürmen oder Hochhäusern veranlasste Schwedens Planer bereits, von einer neuen, horizontalen Dimension der Stadtentwicklung zu sprechen.

Bauzeit	2000 bis 2003
Bauherr	Fastighets AB Certus, Stockholm
Architekten	Equator Stockholm AB, Stockholm
Tragwerksplaner	ELU Konsult AB, Danderyd
BGF	6.500 m²

Schottenplatz 2, Konstanz

Schulbau

Die Aufstockung des Schulgebäudes umfasst zwei verschiedene Bauwerke, darunter eine Sporthalle. Der Architekt des 2011 errichteten Holzbaus, Josef Prinz, respektierte die Stärken der Bestandsbauten verschiedener Zeitepochen, indem er die Proportionen und Gliederungen der Fassaden aufnahm und weiterentwickelte. Die Anordnung der neuen Räume folgt dem klaren Ordnungsprinzip der bestehenden Gebäude. Eine großzügige, stützenfreie Raumanordnung im Bereich der Aufstockung ergibt vielfältige Nutzungsmöglichkeiten für den Schulbetrieb.

Um die geringe Belastbarkeit des Bestands nicht zu überfordern, verlangte das neue Geschoss eine nicht zu schwere Holzkonstruktion. Alle Wand- und Deckenelemente konnten weitgehend vorgefertigt werden und erlaubten einen wirtschaftlichen, schnellen und für den Schulbetrieb möglichst wenig störenden Bauablauf. Die Deckenelemente bestehen aus vorgefertigten Hohlkastenelementen. Der notwendige Brandschutz wird von Unterdecken in F90-Qualität gewährleistet. Die Außenwände bestehen aus hochgedämmten, vorgefertigten Wandelementen in Holzrahmenbauweise, die nach außen eine dem Bestand angelehnte Putzoberfläche auf einer Trägerplatte aufweisen. In Verbindung mit der körnig geputzten Oberfläche und den hell und silbern gestalteten neuen Fenstereinbauten wird die Erweiterung ablesbar.

Fotos: Josef Prinz

Lageplan

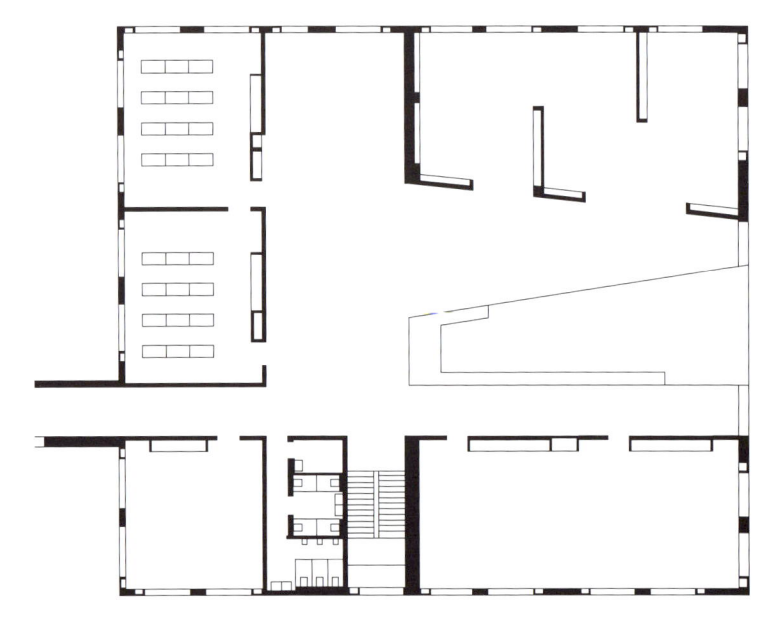

Obergeschoss

Tragwerk
Die Wände sind in Holzrahmenbauweise errichtet, die Decken bestehen aus Hohlkastenelementen.

Hülle
Die mineralisch gedämmte Holzrahmenbaukonstruktion besteht aus Brettschichtholzständern (80 ×16 cm) und ist beidseitig mit Spanplatten P5 (19 mm) beplankt. Außen sind mit Putz (10 mm) versehene, mineralisch gebundene Holzwolle-Leichtbauplatten angeordnet. Die Innenseite ist mit Holzwolle-Leichbauplatten (50 mm) und Gipskartonplatten (20 mm) belegt.

Geschossdecke
Die Geschossdecke besteht aus einer Mehrschichtplatte (38 mm) auf einer Holzbalkenkonstruktion (130 mm), die auf der bestehenden Stahlbetondecke aufliegt. Darauf baut sich der Boden mit Ausgleichsschicht (70 mm), Trittschalldämmung (20 mm), Estrich (40 mm) und Oberbelag (10 mm) auf. Im Bereich der Turnhalle liegen Belag, Estrich, Trittschalldämmung und Ausgleichsschicht auf Holzhohlkastenelementen (200 mm) mit Splittfüllung auf.

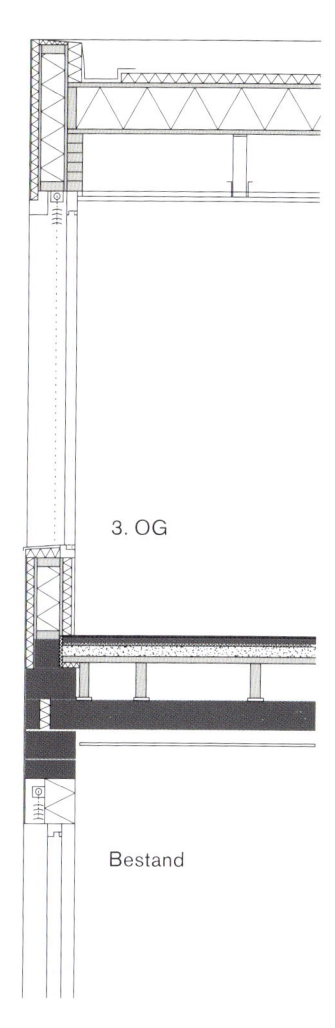

3. OG

Bestand

Bauzeit	Januar 2011 bis September 2011
Bauherr	Stadt Kontanz, Hochbau- und Liegenschaftsamt
Architekten	Josef Prinz, Baindt
Tragwerksplaner	Tragwerksplanung Schmid e.K., Ravensburg
Holzbau	Fluck Holzbau GmbH, Blumberg
BGF	1.000 m²
Baukosten (300 + 400)	2.000 € brutto/m² BGF

Max-Horkheimer-Straße 10–16, Wuppertal

Studentenwohnheim

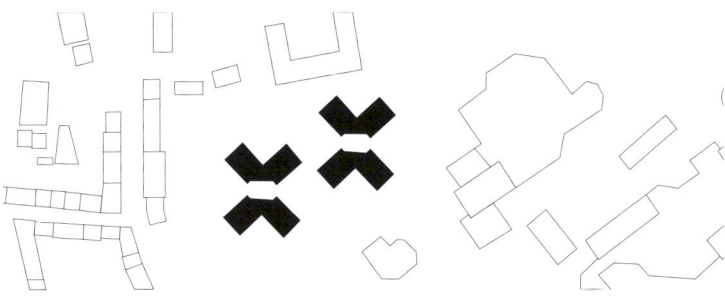

Lageplan

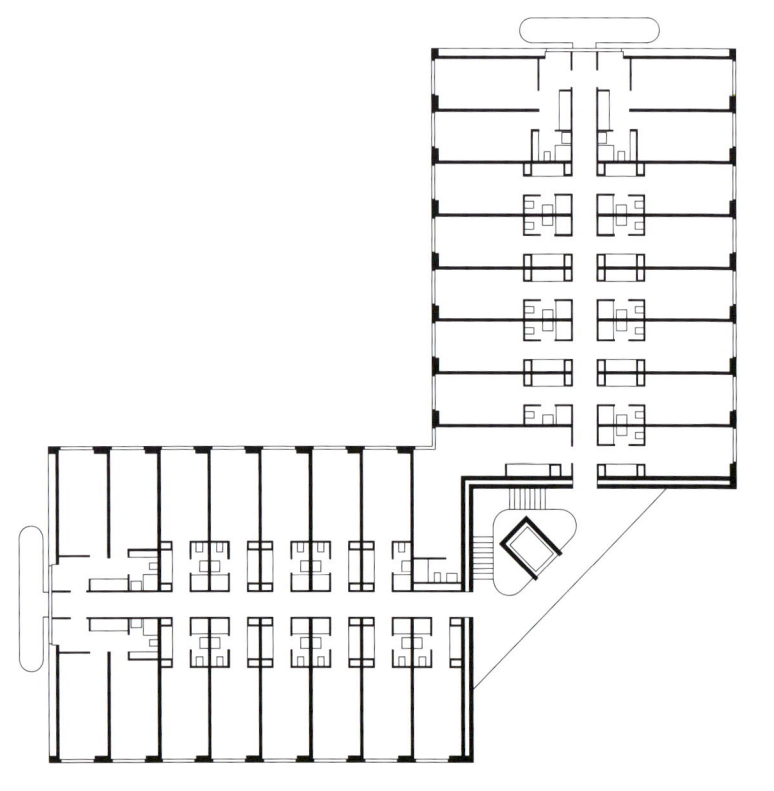

Erdgeschoss

Das 1977 errichtete Studentenwohnheim *Burse* wurde einer umfassenden energetischen Sanierung unterzogen, um die Attraktivität der Anlage langfristig zu steigern. Die vier Gebäudeflügel des kreuzförmig angelegten Komplexes sind wegen der Geländesituation vier- bis siebengeschossig ausgeführt.

Die grundlegende Modernisierung erfolgte in zwei Bauabschnitten, wobei der Gebäudeteil des ersten Abschnitts in Niedrigenergiebauweise und der zweite in Passivhausstandard ausgeführt wurde. Das vorhandene Gebäude besitzt eine tragende Schottenstruktur aus Stahlbeton-Fertigteilen. An den Längsseiten der Gebäudeflügel wurden vorgehängte Fassadenplatten aus Stahlbeton-Fertigteilen demontiert. Das tragende Gebäudegerüst blieb erhalten: Es wurde durch einen vorgesetzten Stahlbetonrahmen um zwei Meter erweitert, die jetzt die Aussteifung des Gebäudes übernehmen, da der ehemals aussteifende Kernbereich mit Treppenhaus in der Mitte des Gebäudes entfernt wurde. Die Planer entschieden sich für eine neue Außenwandkonstruktion aus vorgefertigten Holztafelelementen, die aufgrund des geringen Gewichts unproblematisch vor das aussteifende Rahmentragwerk montiert werden konnten. Die Schottenwände an den Giebelseiten erhielten ebenfalls Holztafelelemente, die im Herstellerwerk mit innerer und äußerer Beplankung, Fenster und Absturzsicherung komplett vorgefertigt wurden. Sie besitzen eine Breite von zwölf Metern und die Höhe der Elemente entspricht mit 2,75 Metern der Geschosshöhe. Pro Wandelement dauerte die Montage auf der Baustelle nicht länger als 120 Minuten. Zur Vorbereitung wurden Metallwinkel an die vorhandene Betonkonstruktion gedübelt. Die Elemente konnten mit einem Baukran direkt vom anliefernden Fahrzeug in die Einbausituation gebracht und an den Metallwinkeln befestigt werden. Die Montage erfolgte ohne Gerüst von innen und die notwendigen Nacharbeiten von außen über Hubarbeitskörbe.

Da in Wuppertal derzeit die Zahl der Studierenden stark ansteigt, hat das Hochschulsozialwerk als Bauherr aufgrund seiner guten Erfahrungen mit diesem Projekt eine weitere Studentenwohnanlage mit einer hoch wärmegedämmten Gebäudehülle aus vorgefertigten Holztafelelementen realisiert.

Tragwerk
Das bestehende Gebäude aus Stahlbeton-Fertigteilen wurde um einen vorgesetzten Stahlbetonrahmen erweitert, der die Tragfunktion übernimmt.

Hülle
Die Ständer (Tiefe = 280 mm) sind ausgedämmt. Die Beplankung auf der Innenseite besteht aus einer OSB-Platte (18 mm) und einer Gipsfaserplatte (12,5 mm).
An der Außenseite folgt auf ein Windpapier eine OSB-Platte (16 mm). Die Wetterschutzschicht besteht aus Faserzementplatten (8 mm) auf hinterlüfteter Unterkonstruktion (30 mm).

Geschossdecken
Die konventionellen Stahlbetondecken des Bestands wurden um zwei Meter verlängert.

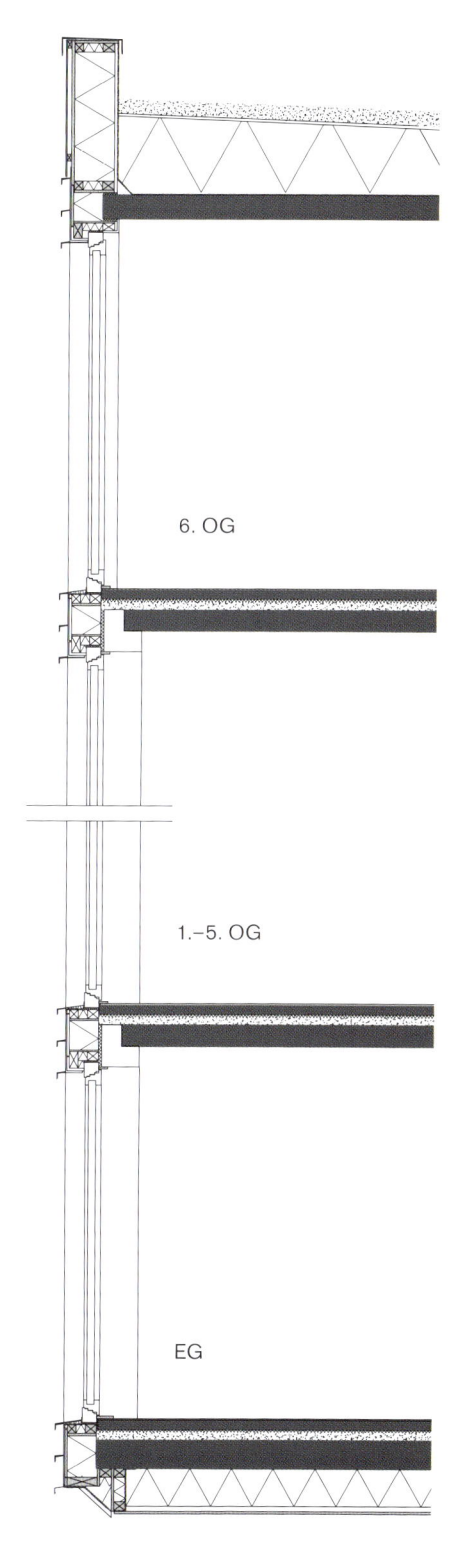

6. OG

1.–5. OG

EG

Außenbereich

Bauzeit	1. Bauabschnitt (BA) 2000, 2. BA 2003
Bauherr	Hochschul-Sozialwerk Wuppertal ÄöR
Architekten	Petzinka Pink Architekten, Düsseldorf (Entwurfsverfasser, 1. BA), Architektur Contor Müller Schlüter, Wuppertal (1. + 2. BA)
Tragwerksplaner	Tichelmann & Barillas Ingenieurges. mbH Darmstadt
Holzbau	O. Lux GmbH & Co, Roth
BGF	1. BA 9.890 m², 2. BA 10.025 m²

Sanierungen   223

Mühlfeldstraße 1, Schwanenstadt

Schulbau

Die in einem Gebäudekomplex von 1972 untergebrachte Musikhauptschule sowie die Polytechnische Schule wurden umstrukturiert und auf Passivhausstandard gebracht. Der 2006 eröffnete sanierte Schulbau war das erste öffentliche Gebäude in Österreich, das nun diesem Energiestandard genügt. Für den Bestand entwickelte Heinz Plöderl (PAUAT Architekten ZT GmbH) eine neue hoch gedämmte Hülle und einen zusätzlichen Erweiterungsbau. Zusammen umschreiben sie einen neuen Innenhof.

Vorgefertigte Holzrahmenbauelemente von bis zu 25 Meter Länge und 3,50 Meter Höhe wurden an den der ursprünglichen Waschbetonfassade vorgelagerten Stahlbetonstützen fixiert, sodass sie nun vollständig die Außenwände des Bestands überdecken. Die Elemente basieren nicht auf einem durchgehenden, sondern einem kreuzweise versetzten Raster, um Wärmebrücken zu vermeiden und den Dämmwert zu erhöhen. Passivhaus-Fenster, Verglasungen und Öffnungen für die Lüftungsanlage wurden schon im Werk in die Fassadenelemente eingebaut.

Die Polytechnische Schule erhielt eine Außenfassade aus Holzwerkstoffplatten, die Turnhalle und die Hauptschule eine Schalung aus Tannenholz. Die Wandelemente mit bis zu 58 Zentimeter Dicke wurden auf der Baustelle mit Zellulose ausgeblasen. Ausgesteift wird die Konstruktion über Decke und Dachscheibe.

Der geschossweise Brandüberschlag wird durch horizontale Bleche verhindert, sodass die Fassade eine F60-Qualität erreicht. Eine gerüstfreie Montage erlaubte eine kurze Bauzeit während des laufenden Schulbetriebs.

Lageplan

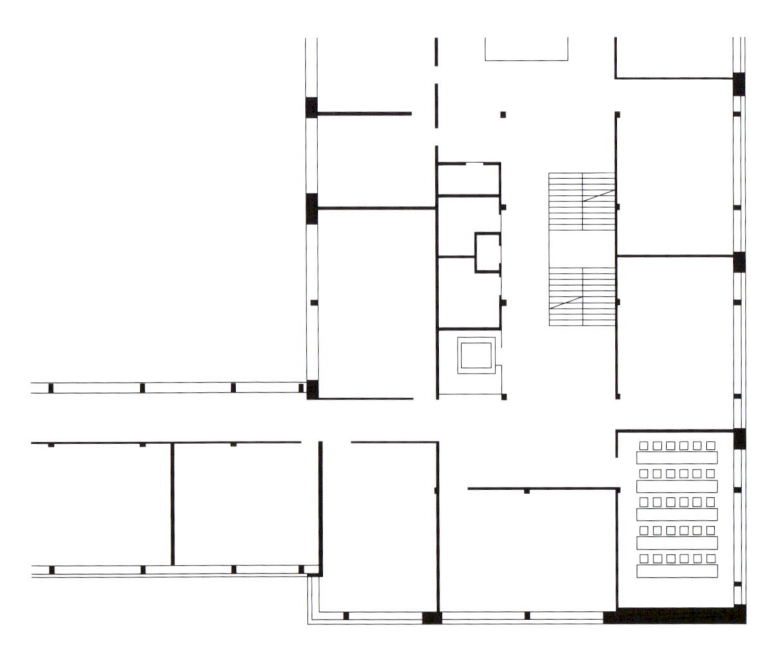

Erdgeschoss

Tragwerk
Die neue Fassade wurde punktuell an den Brüstungen und Wänden der bestehenden Stahlbetonskelettkonstruktion fixiert.

Hülle
Die kreuzweise angeordnete Unterkonstruktion der Fassadenelemente ist mit Zellulosedämmung (bis 580 mm) ausgefüllt und mit Holzwerkstoffplatten beplankt. An der Außenseite ist ein Windpapier angebracht. Die Wetterschutzschicht besteht aus einer hinterlüfteten Nut-und-Feder-Schalung aus Tannenholz.

Geschossdecken
Leichtbauelement, Stahlbetondecke (Bestand)

Bauzeit	Mai 2006 bis Dezember 2006
Bauherr	Stadtgemeinde Schwanenstadt
Architekten	PAUAT Architekten ZT GmbH, Wels
Holzbau	Obermayr Holzkonstruktionen GmbH, Schwanenstadt
BGF	6.230 m²
Baukosten (300 + 400)	1.650 € brutto/m² BGF

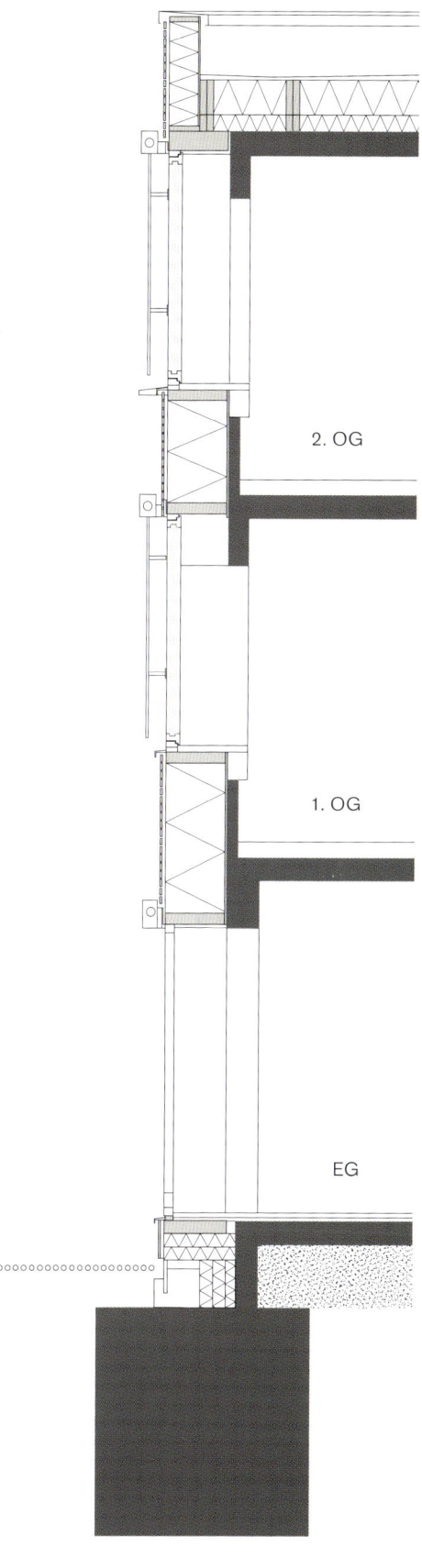

Sanierungen

Anhang

Autoren und Akteure

Alexander Bonde Minister für Ländlichen Raum und Verbraucherschutz Baden-Württemberg (seit 2011), geb. 1975, 2001–2002 Persönlicher Referent in der Landtagsfraktion Bündnis 90/*Die Grünen* Baden-Württemberg, 2002–2011 Bundestagsabgeordneter für Emmendingen-Lahr, 2002–2008 ordentliches Mitglied im Haushalts- und Verteidigungsausschuss, 2008–2011 Haushaltspolitischer Sprecher, Landesvorstandsmitglied Bündnis 90/*Die Grünen* Baden-Württemberg.

Peter Cheret Prof., Architekt, Fachautor, geb. 1953, Studium der Architektur in Konstanz und Stuttgart, seit 1993 Büro mit Jelena Bozic (Cheret und Bozic Architekten in Stuttgart), seit 1994 Professor am Institut für Baukonstruktion und Entwerfen (IBK 1) an der Universität Stuttgart, Herausgeber und Autor von *Urbaner Holzbau*, Fachpublikationen und Architekturpreise.

Arnim Seidel Architekt, Fachautor, geb. 1959, Studium der Architektur in Wuppertal, seit 1992 Leitung der Presse- und Öffentlichkeitsarbeit der Arbeitsgemeinschaft Holz e. V., seit 2002 Inhaber der Fachagentur Holz, Düsseldorf; Herausgeber und Autor von *Urbaner Holzbau*, zahlreiche Fachpublikationen.

Tilman Harlander Prof. Dr. rer. pol. habil., Architektur- und Wohnsoziologe, geb. 1946, 1997–2011 Professur am Institut für Wohnen und Entwerfen an der Universität Stuttgart, Mitglied der Deutschen Akademie für Städtebau und Landesplanung, des Deutschen Werkbunds, der Gesellschaft für Stadtgeschichte und Urbanisierungsforschung, bei der Redaktion *Forum Stadt*, der Jury des Deutschen Städtebaupreises und des Städtebauausschusses der Landeshauptstadt Stuttgart.

Gerd Kuhn Dr. phil. Stadtforscher, geb. 1954, seit 1997 akademischer Mitarbeiter am Institut für Wohnen und Entwerfen an der Universität Stuttgart, Fachautor von *Wohnkultur und kommunale Wohnungspolitik in Frankfurt am Main (1880–1930)*, *Städte und Baugemeinschaften* (mit Stefan Krämer), *Baugemeinschaften im Südwesten Deutschlands* (mit Tilman Harlander), *Plätze zum Leben* (mit Susanne Dürr, Christina Simon-Philipp) und *Soziale Mischung in der Stadt* (mit Tilman Harlander).

Ludger Dederich Prof., Professor für Holzbau an der Hochschule Rottenburg/Neckar, geb. 1964, 2003–2009 Leiter des Arbeitsbereichs Holzbaufachberatung beim Holzabsatzfonds in Bonn, verantwortlich für den INFORMATIONSDIENST HOLZ; 2010–2011 Immobilienmanager eines Sozialkonzerns, seit 2011 Geschäftsführer des Holzbau Deutschland-Instituts e. V. in Berlin.

Matthias Hahn Baubürgermeister, geb. 1948, seit 1997 Beigeordneter für Städtebau der Landeshauptstadt Stuttgart, zuständig für das Amt für Stadtplanung und Stadterneuerung und Baurechtsamt, seit 2005 Beigeordneter für Städtebau und Umwelt, zuständig für das Amt für Stadtplanung und Stadterneuerung, Baurechtsamt und Amt für Umweltschutz.

Alexander Wetzig Baubürgermeister, geb. 1947, Studium der Kunstgeschichte an der Universität München, 1968–1970 Referent für Städtebau und Städtebauförderung (Stadtsanierung) im Innenministerium des Landes Bayern in München, 1985–1991 Leiter des Amts für Stadtplanung in Ulm, seit 1991 Baubürgermeister der Stadt Ulm (Stadtentwicklung, Bauen und Umwelt).

Thomas Deißler Baubürgermeister, geb. 1960, 1984–1993 Sachgebietleiter Bauleitplanung, Liegenschaftsverwaltung, Steuern in Winterbach; 1993–2011 Erster Beigeordneter im Geschäftsbereich Bauen und Finanzwirtschaft in Neuhausen auf den Fildern, seit 2011 Erster Bürgermeister von Weinstadt, verantwortlich für die Stadtentwicklung und das Planungsamt, für Hoch- und Tiefbau und die Eigenbetriebe der Stadt.

Martina Klingele Dr., Architektin, Leitung Abteilung F&E/Anwendungstechnik, B&O GmbH & Co. KG in Bad Aibling, geb. 1965, 1992–1997 wissenschaftliche Mitarbeiterin an der Universität Karlsruhe (heute Karlsruher Institut für Technologie) im Forschungsbereich Schnittstellen, CAD- und Simulationssoftware, Integrale Planung, Energieberatung, Projektleitung im Forschungsbereich Energie- und Stoffflussbilanzen im Bauwesen Karlsruhe, 2003–2010 Projektleitung am Institut für Technikfolgenabschätzung und Systemanalyse des Forschungszentrums Karlsruhe, seit 2009 Dozentin an der Hochschule Augsburg.

Andreas Hanke Architekt, geb. 1962, 1994–1995 Lehrbeauftragter an der Bergischen Universität / Gesamthochschule Wuppertal, 1994–1999 architektonische Qualitätssicherung für die Geschäftsführung der Ruhr-Lippe Wohnungsgesellschaft mbH, seit 1999 Projektpartnerschaft mit Prof. Günter Zamp Kelp, seit 2000 eigenes Architekturbüro, seit 2006 Geschäftsführer Stadtbildplanung Dortmund GmbH, zahlreiche Architekturpreise.

Gerd Wegener Prof. Dr. Dr. habil. Drs. h. c., geb. 1945, 1993–2010 Leiter der Holzforschung München, Inhaber des Lehrstuhls für Holzkunde und Holztechnik am Wissenschaftszentrum Weihenstephan der TU München, seit 2006 Sprecher der Cluster-Initiative *Forst und Holz* in Bayern; Herausgeber von *European Journal of Wood and Wood Products* und *Wood Science and Technology*, Gutachter- sowie Forschungstätigkeiten mit zahlreichen Auszeichnungen.

Thomas Deines Öffentlichkeitsarbeit und Holzmarketing beim Landesbetrieb ForstBW im Ministerium für Ländlichen Raum und Verbraucherschutz Baden-Württemberg, geb. 1970, seit 2003 Vorstandsmitglied im Landesbeirat Holz Baden-Württemberg, Leiter Arbeitskreis Marketing, 2002–2008 Mitglied im Beirat der Entwicklungsgemeinschaft Holzbau in der Deutschen Gesellschaft für Holzforschung, Jury-Mitglied für den Holzbaupreis Baden-Württemberg, 2007–2009 stellvertretender Pressesprecher im Ministerium für Ernährung und Ländlichen Raum.

Sebastian Schreiber Öffentlichkeitsarbeit und Holzmarketing beim Landesbetrieb ForstBW im Ministerium für Ländlichen Raum und Verbraucherschutz Baden-Württemberg, geb. 1975, Studium Forstwirtschaft an der FH Eberswalde, 2000–2010 verschiedene Stationen als Revierleiter mit Ausbildungsbetrieb, Einsatzleiter in der zentralen Holzbereitstellung, 2012 Mitglied im Organisationsteam zum Holzbaupreis Baden-Württemberg.

Thomas Lützkendorf Prof. Dr. habil., Inhaber des Lehrstuhls für Ökonomie und Ökologie des Wohnungsbaus am Karlsruher Institut für Technologie (KIT), geb. 1957, 2000 Habilitation zum Thema Nachhaltigkeit in der Bau- und Immobilienwirtschaft, Obmann beim Deutschen Institut für Normung (DIN), Berater des BMVBS (Bundesministerium für Verkehr, Bau und Stadtentwicklung) zu Fragen des Nachhaltigen Bauens, Mitwirkung an der internationalen und europäischen Normung sowie an der Entwicklung von Nachhaltigkeitsbewertungssystemen.

Sebastian Rüter Wissenschaftler für Holzforschung am Thünen-Institut für Holzforschung in Hamburg, Leitung der Arbeitsgruppe *Holz und Klima* zu den Themen Ökobilanzierung und Kohlenstoffmanagement, geb. 1974, Mitarbeit an zahlreichen Projekten und Gremien, darunter United Nations Framework Convention on Climate Change (UNFCCC), Intergovernmental Panel on Climate Change (IPCC), International Energy Agency (IEA) Bioenergy T38, Ecoinvent, CEN / TC 350.

Holger König Architekt, geb. 1951, seit 1984 Geschäftsführung von Ascona GbR und König – Voerkelius GbR, seit 2001 Geschäftsführung der LEGEP Software GmbH, Projektleiter ökologisch orientierter Forschungsprojekte, Mitglied des Deutschen Teams für SB08 in Melbourne, Auditor für das Bewertungssystem Nachhaltiges Bauen (BNB) und die Deutsche Gesellschaft für Nachhaltiges Bauen (DGNB).

Manfred Hegger Prof., Architekt, Professor für Entwerfen und Energieeffizientes Bauen an der TU Darmstadt, geb. 1964, Gründungsmitglied von HHS Planer + Architekten AG in Kassel, Berater von *World Economic Forum*, *Union Internationale des Architectes* und *Internationale Bauausstellung Hamburg 2013*, Präsident der DGNB, Fachautor zahlreicher Publikationen, darunter *Vitale Architektur*, *Baustoffatlas*, *Energieatlas* usf.

Kurt Schwaner Prof., Bauingenieur, geb. 1949, ab 1968 Studium Bauingenieurwesen Universität Stuttgart, 1974 Gründung des international tätigen Ingenieurbüros Boll und Partner, seit 1981 freiberuflich tätig, seit 1987 Tätigkeit für den INFORMATIONSDIENST HOLZ Düsseldorf, seit 1996 Leiter des Instituts für Holzbau an der Hochschule Biberach, Mitglied in den wichtigsten Gremien und Normenausschüssen im Holzbau, Herausgeber und Autor von *Urbaner Holzbau*.

Robert Borsch-Laaks Sachverständiger für Bauphysik, Dozent, Fachautor, geb. 1948, Mitbegründer des Energie- und Umweltzentrums am Deister, e.u.[z.], in Springe/Eldagsen bei Hannover, 1988 Gründung der Ingenieurgemeinschaft Bau + Energie im e.u.[z.], seit 1993 freiberufliche Tätigkeit als Bausachverständiger in Aachen, Mitglied im Normenausschuß Bauwesen 005.56.93 AA und den WTA-Arbeitsgruppen *Innendämmung im Bestand* und *Hygrothermische Bemessung von Holzbaukonstruktionen*.

Andreas Rabold Dr., Bauingenieur, geb. 1968, Holztechnikstudium an der Hochschule Rosenheim, anschließendes Bauingenieurstudium und Promotion an der TU München, Tätigkeit als Produktingenieur und Prüfstellenleiter am IFT Rosenheim, Lehrbeauftragter an der Hochschule Rosenheim; Lehr- und Forschungsschwerpunkt: Bauakustik für den Holzbau.

Stefan Winter Prof. Dr., Inhaber des Lehrstuhls für Holzbau und Baukonstruktion an der TU München, geb. 1959, 1993–2003 Fachberater des INFORMATIONSDIENST HOLZ für Hessen, seit 2000 öffentlich bestellter und vereidigter Sachverständiger für Holzbau bei der IHK Gießen-Friedberg, 1993 Gründung der bauart Konstruktions GmbH & Co. KG, seit 2006 Prüfingenieur für Baustatik, seit 2012 Vorsitzender des Normenausschusses Bau Fachbereich 04 *Holzbau* und damit Mitglied im Beirat des Normenausschusses Bau im DIN.

Helmut Zeitter Bauingenieur, geb. 1963, 1998 Gründung Ingenieurbüro Wagner Zeitter in Wiesbaden, seit 2003 Mitarbeit im Nationalen Spiegelausschuss zu DIN 4149 – Bauten in deutschen Erdbebengebieten – Lastannahmen, Bemessung und Ausführung üblicher Hochbauten, seit 2004 fachlicher Leiter Bauphysik und Holzbau der Ingenieurkammer Hessen (IngKH), seit 2007 stellvertretender Vorsitzender der Arbeitsgruppe *Bauen im Bestand und Denkmalpflege* der IngKH, Lehraufträge im Fachbereich Bauingenieurswesen und Baukonstruktion an der TH Darmstadt und der FH Wiesbaden, seit 2011 Lehrauftrag für Holzbau im Fachbereich Bauingenieurwesen TU Kaiserslautern, Fachautor *HOLZBAU – die neue Quadriga*.

Martin Gräfe Bauingenieur, geb. 1983, 2003–2011 Studium des Bauingenieurwesens in Darmstadt mit dem Schwerpunkt konstruktiver Ingenieurbau, Diplomarbeit zum Tragverhalten von Holzbauweisen unter Erdbebenbeanspruchung, während des Studiums Mitarbeit an der Universität und in verschiedenen Ingenieurbüros in Darmstadt und Frankfurt am Main, seit 2012 Wissenschaftlicher Mitarbeiter am Lehrstuhl für Holzbau und Baukonstruktion der TU München.

Werner Eckert Firmengründer und geschäftsführender Gesellschafter von Lignotrend Produktions GmbH in Weilheim-Bannholzm, geb. 1951, 1965–1971 Zimmererlehre und Tätigkeit als Zimmerer, 1971–1973 Ausbildung zum staatlich geprüften Hochbautechniker in Freiburg, 1973–75 Mitarbeit im Architekturbüro Gottwald in Titisee-Neustadt, 1975–1978 Bauleitung im Ingenieurbüro Holzbau bei Fürst zu Fürstenberg in Hüfingen, 1978–1994 kaufmännischer Leiter und Geschäftsführer bei Holzbau Amann GmbH in Weilheim-Bannholz.

Michael Keller wissenschaftlicher Mitarbeiter am Lehrstuhl für Holzbau und Baukonstruktion der TU München, geb. 1962, 1987–2004 Mitarbeit bei MERK-Holzbau GmbH & Co. KG in Aichach, 2004–2005 Finnforest Corporation, Vice President Building Projects, 2006–2012 Gründer und Eigentümer von MIKECON Timber Consulting, seit 2012 Leitung Vertrieb Züblin Bau GmbH in Aichach (vormals MERK-Project GmbH), Mitglied der Deutschen Gesellschaft für Holzforschung (DGfH), der Bayerischen Ingenieurkammer, des *Institute of Wood Science London* und des *Royal Institute of Engineers*.

Konrad Merz Bauingenieur, geb. 1958, Studium des Bauingenieurwesens an der Fachhochschule Nordwestschweiz, 1984–1986 Projektleiter bei einem Brettschichtholzhersteller, 1986–1990 Assistent am Lehrstuhl für Holzkonstruktionen an der *École Polytechnique Fédérale de Lausanne*, 1990–1993 Senior Structural Engineer bei MacMillan Bloedel Research in Vancouver, seit 1994 Geschäftsführer von merz kley partner ZT GmbH in Dornbirn und Altenrhein.

Hubert Rhomberg Baumeister, geb. 1967, seit 1999 Geschäftsführer der Rhomberg Holding GmbH, Bregenz; 2010 Gründung der Cree GmbH, gemeinsam mit der RIMO Privatstiftung und mit Signa Holding, zahlreiche Auszeichnungen und aktive Beteiligung an Forschungsprojekten, Tätigkeit als Vortragender zu den Themen Ressourcenproduktivität, Mobilität und Nachhaltiges Wirtschaften, Vorstand der österreichischen Gesellschaft für Nachhaltige Immobilienwirtschaft.

Sonja Fagundes Architektin, geb. 1974, 1996–2001 Architekturstudium an der Hochschule Biberach, freiberufliche Tätigkeit in verschiedenen Architekturbüros, 2003 Gründung des Büros fagundes kunst & architektur, seit 2010 akademische Mitarbeiterin am Institut für Holzbau an der Hochschule Biberach.

Johannes Sessing Architekt, geb. 1971, Studium des Bauingenieurwesens an der FH Augsburg, Architekturstudium an der Hochschule Biberach, seit 2001 akademischer Mitarbeiter, seit 2008 Institutskoordinator am Institut für Holzbau an der Hochschule Biberach, seit 2001 Tätigkeit als angestellter Architekt bei Stemshorn Architekten GmbH in Ulm.

Julia Hess Architektin, Projektkoordinatorin und Redakteurin von *Urbaner Holzbau*, geb. 1967, Architekturstudium an der Universität Stuttgart und an der ETH Zürich, 1995–1997 angestellte Architektin bei Renzo Piano (RPBW), Paris, seit 2005 freie Architektin in Stuttgart, 2005–2008 Honorarlehrkraft am Institut für Baukonstruktion (IBK 2) an der Universität Stuttgart bei Prof. Stefan Behling, 2009–2010 akademische Mitarbeiterin am Institut für Entwerfen und Konstruieren (IEK) bei Prof. José Louis Moro, Organisation von Symposien und Veröffentlichungen, seit 2012 akademische Mitarbeiterin am Institut für Baukonstruktion und Entwerfen (IBK 1) bei Prof. Peter Cheret, Lehrtätigkeit.

Stefan Brech Architekt, geb.1972, 1996–2003 Architekturstudium an der TU Darmstadt, während des Studiums Mitarbeit in verschiedenen Architekturbüros in Darmstadt, 2004 angestellter Architekt bei Heinle, Wischer und Partner GbR in Stuttgart, 2005–2010 Angestellter Architekt bei Auer+Weber+Assoziierte, Stuttgart, seit 2010 Akademischer Mitarbeiter am IBK 1, 2010 Gründung brechwagner architekten in Stuttgart.

nächste Seite:
Holzmaserung Weißtanne
Foto: Bill Noll

Stichwortverzeichnis

A
A/V-Verhältnis	132f.
Abbund	114f., 123, 126f.
Abdichtung	138, 143f., 146
Abhänger	150, 153
Akustikelement	123
Antimon-Äquivalent	108

B
Balken	5, 60, 62, 114f., 119, 150, 153, 171
Duo-	60, 62
Trio-	60, 62
Baugemeinschaft	31ff., 49
Baugruppe	30f., 33
Bauproduktenrichtlinie	82
Bauproduktenverordnung	82, 85
Bekleidung	13, 140f., 144, 155, 157, 165, 169
Beplankung	116f., 140, 142, 146f.
Biomasse	93ff., 105
Blendrahmen	136f.
Bohle	119, 124
Brand	155
Raumvoll-	155
Voll-	155
-beginn	155
-entwicklung	155
-schutz	14, 34, 158f., 164, 173, 176
Brennbarkeitsklassen	155

D
Dämmdicke	130ff., 140, 142
Dämmebene	134ff.
Dämmschicht	136, 144
Dämmstoff	155f., 165, 167ff., 199
Faser-, mineralisch	63
Zellulosefaser-	156
Dämmung	116, 135f., 147f., 151, 172
Aufdach-	135, 147
Gefach-	136
Luftschall-	148, 151
Perimeter-	136
Wärme-	116, 172
Dampfbremse	117, 140, 142ff., 146f.
Dampfsperre	117, 142f.
Dampftransport	139, 147
Decke	10, 38, 104, 119, 122, 125, 148ff., 173, 175f.
Hohlkasten-	119, 122, 152
Holz-	104, 125, 149f., 152f.
Holz-Beton-Verbund-	125, 150, 173, 175f.
Holzbalken-	10, 38, 115, 150, 153
Keller-	136
Leimprofilholz-	152
Massivholz-	150
Stahlbeton-	150
Trenn-	148, 151
Unter-	149f.
Wohnungstrenn-	151
Dielen	114, 150, 153
Diffusionsbilanz	139, 147
Diffusionssperrwert	138ff., 142, 147
Drei-Liter-Haus	132
Dübelung	124

E
Elastomere	151
Emissionen	62f., 78, 87f., 91f., 94ff., 122, 130
Entkopplung	78, 149ff.
Erdbebensicherheit	160f.
Estrich	149ff.
Anhydrit-	152
Fließ-	152
schwimmend	149, 151
Trocken-	151
Zement-	150f.
Ethen-Äquivalent	108

F
Fachwerk	10, 31, 38f., 41, 54, 61, 114, 120, 165, 169
Federschienen	153
Fensteranschluss	137
Feuchteschutz	147
feuerbeständig	12, 36
feuerhemmend	36
feuerhemmend, hoch-	12
FFH-Richtlinie	69
Flachdach	143ff.
Flächenelemente	122f.
Flankenübertragung	151
Forstwirtschaft	59, 61, 63ff., 69f., 95, 109

G

Glaser-Verfahren	138ff.
Grat	133f.

H

Haustechnik	159
Heizwärmebedarf	131f.
Hohlkastenbauweise	115, 119, 122, 152
Holz	
Alt-	93, 98
Balkenschicht-	62
Brenn-	98
Brettsperr-	135, 155f., 168f., 171
Brettstapel-	115, 122
Durchforstungs-	61
Dübel-	124f.
Energie-	66, 68
Fichtenkant-	119
Furnierschicht-	60, 62, 155
Furniersperr-	62
Industrie-	67f.
Laub-	60, 62, 65, 68, 71, 73, 119, 126
Massiv-	119, 125ff., 135, 137, 150f., 153, 167ff.
Nadel-	59f., 62, 73, 122, 124ff., 128, 135
Roh-	73
Schnitt-	39, 60, 62f., 88, 92, 96, 170
Sperr-	68, 155
Stamm-	61f., 67f.
Tot-	72, 94
Voll-	39, 119f., 128, 134, 137, 155
-anteil, prozentual	133f.
-bausysteme	114ff.
-blocktafel	128, 171
-einschlag	61, 69, 88, 95
-entnahme	65
-ernte	61, 69ff., 93
-fertigbau	116
-halbwaren	96
-rahmenbau	33, 41, 115ff., 126, 133ff. 140, 163
-reststoff	63
-schutz	118, 140, 142ff., 159
-schutznorm	142
-skelettbau	115, 120
-tafelbau	116, 140ff., 158
-tafelbaurichtlinie	140
-vorrat	60, 61, 65, 94
-werkstoffe	39, 60, 62f., 67, 75, 96, 98, 101, 104, 117, 147, 155, 171
-zuwachs	65
Holzarten	
Ahorn	61, 119
Buche	61, 68, 119, 125f.
Douglasie	61, 65, 68, 115
Eiche	65, 68, 119
Esche	61, 119, 126
Fichte	61, 65, 68, 115, 126
Kiefer	61, 65, 68, 115, 126
Kirsche	61
Lärche	33, 61, 65, 68, 126
Pappel	61
Robinie	126
Tanne	65, 68, 115, 126
Weißtanne	61, 128
Hybridbauweise	12, 14, 31, 33, 36f., 173ff.
Hydraulikpresse	126

J

Janebo-System	120

K

Kapselung	123, 151, 155, 157f., 167f.
Kastenelemente	114, 119, 122f., 171
Kehle	133f.
Keilzinkung	62, 124, 126
Kerve	125
Knacke	125
Kohlendioxid-Äquivalente	90
Konstruktionsvollholz	62, 93, 115f., 118

L

Lamellen	122, 124ff., 170
Lebenszyklus	14, 54, 62, 76, 78f., 82, 84, 86, 89ff., 100ff.
Leichtbauweise	15, 116, 148, 181
Lignatur AG	36, 115, 122f.
Lignotrend Produktions GmbH	128, 170f.
Luftdichtheit	118, 135, 137, 143ff.

M

Massivholzbau	135f., 151, 167ff.
Mischbauweise	14, 36f., 44

N

Nachhaltigkeitsbewertung	79ff.
Nachhaltigkeitszertifizierungssystem	75, 80
Nagelung	124
Niedrig(st)energiehaus	132, 135
Nullemissionshaus	33
Nut und Feder	123f., 165

O

Ökobilanzierung	62, 84, 90, 99f., 102, 105, 110

P

Papierwirtschaft	61
Passivhaus	33, 111, 132f., 135, 176
Pfosten-Riegel-Konstruktion	36, 137
Platte	34, 62, 67, 83, 103f., 115f., 118, 136, 140f., 150ff., 165ff., 171
Boden-	103f., 136
Faser-	34, 62, 67, 118, 140f., 150ff., 155, 167, 171
Gipsfaser-	115, 140, 150f., 153, 155, 167
Gipskarton-	153
Gipskarton-Feuerschutz-	155, 167
Gipskartonbau-	118
Hartschaum-	141
Holz-	115, 126f.
Holzfaser-	117f., 140
Holzfaserdämm-	140f., 144
Holzweichfaser-	122, 171
Holzwerkstoff-	117, 124, 134, 140, 142, 158, 167
Holzwolle-Leichtbau-	62
Mehrschicht-	62, 115
Mineralfaser-	141
OSB-	62, 117f., 125, 140, 155
Tischler-	62
Verlegespan-	152f.
Plattenwerkstoffe	115, 140, 155, 165f.
Pressbett	126f.
Primärenergie, erneuerbar	90f., 105f.
nicht erneuerbar	79f., 83, 87, 105f.

R

Rähm	116f., 133f.
Raumakustik	123, 125, 128, 153, 171
Raumbildende Systeme	114, 129
Raumzelle	129
Recycling	63, 83f., 89ff., 100f.
Rettungswege	157
Riegel	36, 134, 137
Rohdichte	61, 104, 153, 155
Rohstoff	58ff., 76ff., 86ff., 89f., 98ff.
Rücktrocknungspotenzial	138f.

S

Schalenelemente	123
Schall	148ff.
Luft-	149, 151
Tritt-	148ff.
-dämm-Maß	151
-schutz	110, 122, 128, 148ff., 171
-übertragung	34, 148ff.
Schwefeldioxid-Äquivalent	108
Schwelle	116f., 119, 133f.
s_d-Wert	118, 122, 125, 139, 142f.
Sockelpunkt	136
Sommersmogpotenzial	105, 108
Spektrum-Anpassungswert	149, 152
Sprinklerung	158, 168
Stabwerk	116
Ständer	116f., 133f., 137, 140

T

Tauwasserberechnung	140, 142
Tauwassermenge	138ff.
Tauwassernachweis	138, 142, 145
Tauwasserschutz	138ff.
TopWall-System	115, 119
Treibhausgasbilanzierung	94
Treibhauspotenzial	80, 87, 90ff., 105, 107
Trocknungsreserve	118, 138ff.

U

Umweltproduktdeklarationen	90ff.
Überdämmung	135ff., 147

V

Verbindungsmittel	60, 124, 161, 163
Verdunstungsperiode	139f., 142
Verdunstungsreserve	139
Verklebung	62, 124, 126
Verknappung	83, 86, 88, 96, 99, 108
Verleimung	122ff., 126f.
Versauerung	89f., 107f.

W

Waldwirtschaft	64, 69, 72
Wärmebrücken	180ff.
Wärmedämmverbundsystem	140ff., 155, 185
EPS-	140, 142
Wärmedurchgangskoeffizient	130f.
Wärmeleitfähigkeit	61, 130f., 134f.
Wärmeschutz	130ff.
Wetterschutz	140f.

Die Deutsche Nationalbibliothek verzeichnet diese Publikation in der Deutschen Nationalbibliografie; detaillierte bibliografische Daten sind im Internet über http://dnb.d-nb.de abrufbar.

ISBN 978-3-86922-369-8

DOM publishers

© 2014 by DOM publishers, Berlin
www.dom-publishers.com

Dieses Werk ist urheberrechtlich geschützt. Verwendungen außerhalb der Grenzen des Urheberrechtsgesetzes sind ohne Zustimmung des Verlags unzulässig und strafbar. Dies gilt insbesondere für Vervielfältigungen, Übersetzungen, Mikroverfilmungen sowie die Einspeicherung und Verarbeitung in elektronischen Systemen. Die Nennung der Quellen und Urheber erfolgt nach bestem Wissen und Gewissen.

Herausgeber
Peter Cheret, Kurt Schwaner, Arnim Seidel

Arbeitsgruppe *Urbaner Holzbau*
Thomas Deines, ForstBW
Sebastian Schreiber, ForstBW
Peter Cheret, IBK 1 Universität Stuttgart
Julia Hess, IBK 1 Universität Stuttgart
Stefan Brech, IBK 1 Universität Stuttgart
Arnim Seidel, Fachagentur Holz
Kurt Schwaner, IFH Hochschule Biberach
Johannes Sessing, IFH Hochschule Biberach

Redaktion und Projektkoordination
Julia Hess

Fachlektorat
Arnim Seidel, Peter Cheret

Endlektorat
Stefanie Villgratter

Informationsgrafik und Reinzeichnung
Masako Tomokiyo

Bildrecherchen, Zeichnungen und Redaktion Dokumentation

Akademische Mitarbeiter am IBK 1 Universität Stuttgart
Stefan Brech, Julia Hess, Matthias Neuendorf

Studentische Mitarbeiter am IBK 1 Universität Stuttgart
Belinda Bader, Katrin Herrmann, Larissa Müller, Teresa Solleder

Akademische Mitarbeiter am IFH Hochschule Biberach
Johannes Sessing, Sonja Fagundes

Druck
Printing house Standartu Spaustuve